甘地传

[印]甘地　著

禾白　编译

中华工商联合出版社

图书在版编目（CIP）数据

甘地传 /（印）甘地著；禾白编译 . -- 2 版 . -- 北京：中华工商联合出版社，2018.7（2021.7重印）

ISBN 978-7-5158-2358-4

Ⅰ.①甘… Ⅱ.①甘… ②禾… Ⅲ.①甘地（Gandhi, Mohandas Karamchand 1869–1948）—传记 Ⅳ.

① K833.517=5

中国版本图书馆 CIP 数据核字（2018）第 127020 号

甘地传

作　　者：	〔印〕甘地
编　　译：	禾　白
责任编辑：	林　立　崔红亮
装帧设计：	北京东方视点数据技术有限公司
责任审读：	魏鸿鸣
责任印制：	迈致红
出版发行：	中华工商联合出版社有限责任公司
印　　刷：	唐山富达印务有限公司
版　　次：	2018 年 9 月第 2 版
印　　次：	2021 年 7 月第 2 次印刷
开　　本：	710mm×1020mm　1/16
字　　数：	320 千字
印　　张：	25
书　　号：	ISBN 978-7-5158-2358-4
定　　价：	88.00 元

服务热线：010-58301130
销售热线：010-58302813
地址邮编：北京市西城区西环广场 A 座
　　　　　19-20 层，100044
http://www.chgslcbs.cn
E-mail: cicap1202@sina.com（营销中心）
E-mail: gslzbs@sina.com（总编室）

序

这套励志书由两部分内容组成，一是大师传记，二是名家文集。前者记述大师的人生事迹，评点他们的精彩瞬间；后者辑录名人的文章言论，展示他们的才华睿智。所选者，无不是成功的人生，无不是为后人所推崇和敬仰的人。对于我们每一个人来说，他们都是后人追求的榜样，励志的灯塔。其实，古往今来，所有的成功者，他们的人生和他们所激赏的人生，不外是："有志者，事竟成。"

励志是动宾结构的词，励是磨砺，志是志向，放在一起就是磨砺志向。所以说，励志不是简单的立志，是要像把刀放在石头上磨才能锋利一样，这个磨砺，也不是轻而易举地摩擦一下，而是要下力气的，对刀来说，不仅要把自身的锈磨掉，还要把多余的部分都要毫不留情地磨掉，这简直是一场磨难。所有绚丽的人生都是用艰难磨砺成的，砥砺生命放光华。可见，励志至少有三层意思：

一是立志。国人都崇拜的一本书叫《易经》，那里面有一句话说："天行健，君子以自强不息。"这是一种天人合一的理念，它揭示了自然界和人类发展演化的基本规律，所以一切圣贤伟人无不遵循此道。当然，这里还有一个立什么样的志的问题，孔子说："士不可以不弘毅，任重而道远。"古往今来，凡志士仁人立的都是天下家国之志。李白说：大丈夫必有四方之志，白居易有诗曰：丈夫贵兼济，岂独善一身，讲的都是这个道理。

二是励志。有了志向不一定就能成事，《礼记》里说："玉不琢，不成器。"因为从理想到现实还有很大的距离。志向须在现实的困境中反复历练，不断考验才能变得坚韧弘毅，才能一步一个脚印地逐步实现。所以拿破仑说：真正之才智乃刚毅之志向。孟子则把天将降大任于斯人描述得如此艰难困苦。我们看看历代圣贤，从三大宗的创始人耶稣、默哈穆德、释迦牟尼到孔夫子、司马迁、孙中山，直至各行各业的精英，哪一个不是历经磨难终成大业，哪一个不是砥砺生命放射出人生的光芒。

三是守志。无论立志还是励志都不是一朝一夕、一蹴而就的，它贯穿了人的一生，无论生命之火是绚丽还是暗淡，都将到它熄灭的最后一刻。所以真正的有志者，一方面存矢志不渝之德，另一方面有不为穷变节、不为贱易志之气。像孟子说的那样："富贵不能淫，贫贱不能移，威武不能屈。"明代有位首辅大臣叫刘吉，他说过："有志者立长志，无志者常立志。"这话是很有道理的。

话说回来，励志并非粘贴在生命上的标签，而是融汇于人生中一点一滴的气蕴，最后成长为人的格调和气质，成就人生的梦想。不管你做哪一行，有志不论年少，无志空活百年。

希望你能喜爱这套励志书，让它点燃你的生命之火，让人生变得更加绚烂。

徐　潜

绪　言

　　和我很亲密的几个同仁在四五年前向我建议写一写我的自传，我刚开始动笔，第一页还没写完，在孟买发生了暴动，我的写作工作便停了下来。紧接着发生的一系列事件最终使我进了耶罗弗达监狱。与我同狱的还有捷朗达斯先生，他当时让我别考虑其他事，继续写我的自传。我告诉他，我已经给自己制订了一个学习计划，在完成这个计划前，我不准备干其他的事。实际上，如果在那里服满刑期，我的自传可以写完的，因为我在获释后，还有一年时间可以去完成它。这个时候，史华密·阿南德有提及写自传的事，而且《南非非暴力抵抗运动史》我已经完成，于是我准备为《新生活》写我的自传。史华密建议我专门一本书出版，但我没有时间。每周我总是要给《新生活》写点东西，这样的话我每周写一章，这样写下去，内容是我的自传岂不很好？史华密觉得这样也行，于是我就很忐忑地写了下去。

　　在我沉默的那些时日，有个朋友对我的做法很怀疑。他说："写自传是西洋人的习惯和做法，你这样做太冒失了。我不知道哪个东方人写过自传，除非他深受西方的影响。您要写什么？如果将来您否定了现在的一些原则性的东西，或者改变了现在的打算，那时候，那些依照您说的或者写的而做事的人岂不会犯错误码？不写自传这样的东西，至少现在不写，您难道不觉得更好吗？"

朋友的观点多少影响了我。但是，我的真正意图不在自传。我只是想讲述自己体验真理的很多经历，原因是我的生平只有这种体验，没有别的，用自传的形式讲这个故事，我觉得合适而且是真的。我不在意形式，我在乎的是讲的故事都是我的体验。我相信，把所有这些体验的写出来，与读者分享必定是有益的，这种信念让我感到很欣慰。在政治方面，我的体验现在不仅在印度，而且那些"文明的"世界，也都知道一些。这些体验为我所挣得的"圣雄"荣光，其意义没有多大。"圣雄"的称号让我时常痛苦不已，它从来没有让我感到有什么得意之处。但是我愿意讲讲我的精神体验，也只有我自己明白这些体验，而且在政治方面我做工作时所拥有的力量都来自这些体验。假如这些体验真正属于精神方面，那就没什么值得炫耀的了。它们让我更加谦虚。对过去的每次回顾，都让我明显地感到自己不行。三十多年来我一直努力奋斗的目标就是自我实现，面对神灵，达到"莫克萨"（脱离生与死的自由，近似"解脱"的含义）。我为此而生，也为此而行，为求得实现而孜孜不倦。我的所说所写和我在政治方面的所有冒险，都是为了这一目的；我一直认为，对一个人可能的事，对所有的人也可能，因此我的体验不是闭门造车，而是公开进行的；我也不认为这一事实会降低它们的精神价值。有些事只有一个人和他的造物主才知道，这自然是只可意会不可言传的。当然我要说的体验不在此列，但它们是精神上的，甚至可以说是道德上的，因为宗教的本质就是道德。

这个故事里包括那些属于宗教的、老少皆能明白的事。在此我将这些体验平心静气而又谦虚地讲出来，相信其他的很多体验者会发现他们行动的食粮。我不敢说这些体验已经很完美。但我敢于宣称的只是像个从事科学工作的人一样，虽然将实验做得非常细致，而且颇有远见，但却从不敢说他的结论就是最后的，而是以一种虚心的态度对待它们。我曾经做过深刻反省，一再检讨自己，并分析每一种心理状态。但我依然不敢宣称我的结论没有错误，是最后结论。我干宣称的也只有我所说的这一点。于我而言，它们绝对正确，暂时好像是最后的。因为如果不是这样，我就无法采取行动，我采取行动的每一步骤都是根据它们来判断是接受或者拒绝，从而决定行动。从理性和良知上讲，只要我的行动使我感到满足，我就会坚决依据我原来的结论去行动。

假如我仅仅是对一些学院式的原理加以讨论，那我就不应当写自传。而我的目的在于将这些原理怎么运用到各种实践上加以说明。我给要写的篇章拟定了一个标题：我体验真理的故事。这些故事当然包括非暴力、独身生活，以及一些被认为与真理不同的行为的原则。但是对我来讲，真理至高无上的原则，它包括许多其他的原则。这个真理不只是指言论真实，也指思想真实，不只是我们所理解的相对真理，而是绝对真理，永恒的原理，即神灵。关于神灵，因为他的表现是多方面的，所以有无数的定义。这些表现让我感到惊奇和敬畏，曾经一度使我惶恐。然而我仅仅是把神灵当作真理来崇拜。我依然在寻找追求他。为了这个目标和愿望，即使牺牲我最珍贵的东西，哪怕是生命，我也在所不惜。但是只要这个绝对真理我还不能实现，我就必须坚持我所理解的相对真理。这个相对真理当然也应该是我的护身符和光辉，虽然这条道路如何艰险，径直如刀刃般狭窄锐利，对我而言，它却最为便捷而且容易。我已严于此道，所以就连我所犯的错误像喜马拉雅山一样，我认为那也很渺小。这条道路使我免于悲愁，我在按照我心中灯光指引下前行。前行中我常常隐约看见绝对真理，沐浴神灵的一点光辉，而且只有他是真实的，其他都是不真实的信念，在心里每天都在成长。让那些愿意的人了解在我心里这种信念是怎样滋长的；如果可能，就让他们分享我的体验和信念。更高的信念在我心中一直成长，我有理由说：凡是对我可能的事情，即使对一个小孩也是可能的事。追求真理的工具看似简单但却很困难，这对一个高傲自大的人，它们根本是不可能的，但对于一个纯洁无瑕的儿童，却完全有可能。追求真理的人当是谦逊如尘。尘土可以被世人踩在脚下，然而追求真理的人必须谦虚到为尘土所践踏。只有到了这样，他才能瞥真理的光辉。

我在此所写的任何东西如果让读者有骄傲的感觉，那他就应当肯定我的追求一定有错误，而我看见的也只是海市蜃楼而已。那就让那些像我这样的人毁灭，让真理盛行吧。

我恳切希望不要把以下几章所讲的当作权威。可以把这里所讲的一些体验作为一种图解，各人可根据自己的兴趣和能力再参照它进行试验。我相信仅就这个范围来说，这是有一定帮助的图解；因为我不想掩饰什么，也不准备少讲那些应当说的不堪之事。我犯的错误，我准备完全呈现给读者。我的目的不是要说我多好，而是要讲一讲在非暴力抵抗的科学中我的一些体验。我会将自己的判断尽力做到真切而严谨，因为我希望别人也这样。拿这个标准衡量我自己，我必须与首陀罗同声高呼：

> 如我一样如此邪恶而令人厌恶，
> 这样的坏人哪里有一个？
> 我已抛弃了我的神灵，
> 我没有信仰。

离他还是那么遥远，这使我感到非常痛苦。我很清楚，我的生命中的每一次呼吸都受他左右。我明白我的那些不良的感情使得我离他那么遥远，但是这种感情我还不能完全摆脱。

然而我不得不就此打住了。真正的故事只能从下一章开始。

莫·卡·甘地

1925 年 11 月 26 日于沙巴玛第学院

目　录

我体验真理的故事（一）

甘地家族

甘地家族属于第三个大种姓吠舍的一支——班尼亚种姓，祖先原是做零售买卖的商人。自从我的爷爷开始，几代人一直都担任卡提亚华各邦的首相。爷爷名叫乌塔昌德·甘地，还有个别名叫奥塔·甘地，他是一个做事有原则的人。他曾任波尔班达的首相，但因为某种政治纷扰被迫离开了那里，避难于朱纳卡德。对当地的纳华伯〔当地的军政长官〕，他只用左手致敬，这是一种不恭敬的行为，有人问他为什么这样，他回答说："我的右手是忠于波尔班达的。"

我爷爷的前妻留下四个儿子，续弦后，继室又生了两个。在幼年时候，我从来没有感到，也不知道我爷爷的这些儿子原来不是一母所生。六个兄弟当中，卡朗昌德·甘地〔别名卡巴·甘地〕和杜尔希达斯·甘地两兄弟先后当过波尔班达的首相。卡巴·甘地就是我的父亲，曾任王府法庭的法官。这在当年是一个调解和处理酋长及其族人之间的纠纷的权势职位。卡巴·甘地曾先后在拉奇科特和樊康纳当过一个时期的首相。

我的父亲历经四次婚姻，皆因前妻去世。他的第四任妻子普特丽白

1

为他生了三男一女，当中最小的那个就是我。

父亲虽然性情急躁，但却是一个忠勇大方、慷慨侠义、热爱宗族的人。同时他也是一个廉洁公正的人，在家庭内外极为闻名。他对于本邦的耿耿忠心人所共知。曾经有一个驻印度的英国总督所派的助理政治监督官对拉奇科特的王公讲了侮辱性的话，父亲挺身而出，为维护王公，斥责监督官，监督官因此动怒，要求父亲道歉。父亲不依，而被拘留。但是后来因为父亲毫不屈从，那个监督官无奈之下把他放了。

父亲从来没有想着去经商致富，所以身后也没有多少产业留给我们。

在我的记忆中，父亲似乎只有读到古吉拉特文五年级的水平。他没有受过什么过高的教育，没有学过史地，然而却很有经验。那些丰富的实际经验为他解决纷繁复杂的问题准备了足够的能力，以及能够管理成千上万人的资质。

他没有接受宗教训练的经历，可是他与许多印度教徒一样，因为经常到寺庙里去听人讲解经文而获得宗教经验的。父亲晚年的时候，在我们家里的一个婆罗门朋友的诱导下，也开始诵读纪达经［《薄伽梵歌》］，在每天的祷告中，总是要朗诵几段。

我的母亲是一个极其圣洁的人，这是她给我最深刻的印象。她对宗教的信仰非常虔诚，如果有一天没完成祷告，她都不肯吃饭。她以仁爱慈悲为怀，因此每天必到哈维立——毗湿奴神庙去参拜［毗湿奴 Visnu 在印度教中地位至尊，其信徒戒杀生，为素食者］。在我有限的记忆中，她从来没有错过"查土摩"［意即四个月的一个时期。在四个月的雨季中，许愿绝食或半绝食］禁食期。即使有时候誓愿不易奉行，甚至有病的时候，她也没有失愿，始终信守不渝。在禁食期中，每天只用一餐，对她来说习以为常。有一次在"查土摩"禁食期间，她竟然每隔两天禁食一日。还有一次，也是在禁食期间，她许愿不见太阳不进食。可谁都知道，正值雨季高峰期，太阳露个脸是多么地不容易。我们做儿女的在那些日子里，个个翘首以盼，企望天空呈现一抹阳光。这样有好几天，太阳突然出现了，我们赶紧跑去告诉她。可她总要亲自看一看，但是有时候等她出来，太阳又隐没在了阴云中间，她却平静地说："不要紧，今天上帝不让我吃饭。"于是她又去操持家务了。

我的母亲有丰富的常识。她熟悉许多国家大事，她的才智就连宫廷里的贵夫人也都赏识。在幼年的时候，我有幸经常跟着她出去，因此也记得她与本邦王公的寡母的许多生动的谈话。

这就是我的父母。

1869 年 10 月 2 日，我出生于波尔班达。在那里度过了我的童年，也是在那里进入学校开始学习。印象中，学习乘法口诀时，我学得很困难。还有就是记得当时除了和别的孩子一起戏谑我们的教师以外，其他的事我几乎没什么印象了。这就说明，我智力发育似乎很迟钝，记忆力也不怎么好。

童年逸事

大约在我 7 岁的时候，父亲去拉奇科特做了王府法庭的法官，我在那里上了小学。我现在还记得我的老师的姓名，以及他们的其他特点。我在那里的学习情况和在波尔班达一样，想不起还有什么可值得称道的。后来我转了学，去另一所小学读书，直到中学，那时我已经 12 岁了。我腼腆害羞，与别人来往不多。准时上学，放学后就往家跑，生怕和别人讲话他们会取笑我。

在中学一年级的时候，有一次考试中，发生了一件事。有个名叫齐尔斯的督学，来我们学校视察。他要求我们写五个字，以测验拼写是否正确。五个中有一个"锅"字，我拼错了。老师用他的脚尖轻触我以示写错了，然而我却茫然不知其用意。结果是除我以外，其他学生每一个字都拼对了。过后我才明白，老师原来是示意让我抄袭我身边学生的写法，但我却以为老师是为了防止我们抄袭而站在那里的。后来老师因此指责了我，但是我想，我永远学不会"抄袭"的艺术。

老师虽然这样暗示我抄袭，但我对老师的尊敬仍丝毫不减。尊敬师长是我与生俱来的，我已经学会了遵从和善待长者，不会对他们的有些行为斤斤计较。

还有两件事情值得一述。我并不热衷阅读课外读物，虽然我每天埋头于功课，但却时常心不在焉。所以常常因为作业没能完成，也就没有课外阅读的事儿了。可是有一次，父亲买的一本有关斯罗梵纳孝顺双亲的书引起了我的兴趣，我捧着这本书读得津津有味。这时几个演皮影戏的人来我们家演皮影戏，其中有一个场面就是斯罗梵纳用带子背着失明的双亲朝圣的情景。由此，书中的描述和表演的景象给我留下深刻的印象。我告诫自己："这就是你应当效法的榜样。"斯罗梵纳的死，他父母悲痛的哀号，其情其景，我至今记忆犹新，并且一直深深地感动着我，我曾用父亲为我买的手风琴演奏过这一段悲凄的哀歌。

还有一件事情也和戏有关。有一次，我去看某剧团演出的叫作"哈立斯昌德罗"的戏，这出戏让我着迷，可以说百看不厌。我也很多次独自扮演哈立斯昌德罗。我常常自问："做人为什么不应当像哈立斯昌德罗那样诚实呢？"我决心以他为榜样，服从真理，为追求真理而经受一切考验。那时，哈立斯昌德罗的故事我完全相信是真的。我时常因这个故事而情不自禁地流泪。我想，哈立斯昌德罗可能不是一个历史人物。但不管怎样，我以为这两则故事反映的都是活生生的现实，即使在今天重读这两个剧本，我依然会像从前那样被感动。

童　婚

写这些对我来说是一种满含痛苦的历程，我得不断地咽下许多痛心的眼泪。我多么不想写！但是我知道我是一个事实的崇拜者，我不能回避这一段经历。因此在此记述我在 13 岁就结婚的事既是一种沉痛，也是一种责任。当看到我所照料的、和我那时年岁相当的孩子们时，就会让我不禁想起我的婚姻，不禁为自己悲伤，同时也庆幸他们没有遭遇像我一样的命运，我的早婚是荒唐的。

必须说明我不是订婚而是结婚。在卡提亚华，订婚和结婚是两种礼仪。订婚为一种婚约，是双方的父母预先应许的，那是可以解除的。如果男的死了，女的可不守寡。这和儿女们没有多大关系，完全是双方父母之间的一种协议，有时本人根本不知道。我似乎订过三次婚。之前听说与我订婚的两个女孩都先后死了，因此我想我可能订过三次婚。第三次订婚我还模糊记得，是在七岁的时候。

我大哥早已成亲了。家长决定让我二哥，还有比我大一岁的堂哥和我三人一起结婚。他们这样做完全是为了省事和节省金钱，并没有为我们的幸福着想，更不用说是出于我们的愿望。

印度教徒为了一场婚姻，使得男女双方的父母倾家荡产是常事。为置办衣饰、酒席，往往要花费大量金钱，并且浪费几个月的时间。为了排场，办酒席的时候，互相竞争，攀比谁家的样数多，谁家做得出色。而妇女们，不管是否善于歌唱，却总要高歌欢唱，毫不顾忌叫嚷喧闹打搅邻居。而那些邻居们面对如此情境，还能泰然处之，因为他们知道这么一场婚礼终有一天会光顾他们。

我们的家长之所以要三婚并举，一气呵成，是因为他们知道这些事情的麻烦。花钱一次，即使铺张，也总比办三次的花费合算。再就是父亲和叔叔辈年纪都大了，他们大概是希望在未死以前，能够分享小辈们婚事的喜悦。所以，我们的婚事就一起操办了。

在忙这些事情的过程中，我们对即将来临的事，才有所警觉。当时其实思想很简单，认为结婚不过是穿好衣服、敲锣打鼓、迎接新娘，以及丰盛的酒席和将会有一个陌生的女孩子来和我们共同游玩而已，性的欲望是后来才有的。

为准备结婚，我和二哥从拉奇科特回到波尔班达。

我的父亲即使是个帝万，但仍然还是一个奴仆，他受本邦王公的宠信，所以显得更加如此。直到最后一刻王公才派了几辆专用马车，让我的父亲离开，派马车可以节省两天的路程。然而人算不如天算，命运做了另外的安排。我的父亲从拉奇科特到波尔班达坐马车想用三天赶五天的路。在120英里的最后一程，车子翻了，他被摔成重伤。当他回到家的时候，已是纱布裹身。父亲和我们对于这场婚礼的兴趣已然大减，然而婚礼还得举行。最后，由于少不更事，又沉溺于婚礼的逸乐，我竟然忘却了父亲的伤痛。

我是孝敬父母之人，但是我也耽溺于肉欲。那时我不懂得孝敬父母高于自己的幸福和快乐。我耽于逸乐，像是惩罚我自己，于是，发生了一件令我遗痛终生的事情，这事情以后再谈。尼斯固蓝纳歌中有一句这样说："绝欲而不清心，终难持之有素。"每当我唱起这支歌，或者听见别人在唱，这件令人痛心的丑事便萦绕我的心头，惭愧充满内心。

父亲虽然伤痛在身，但还是参加了婚礼。在婚礼的每一个细节的过程中他所坐的位置至今清晰地嵌在我的脑海里。

当时我自己也想结婚。结婚的每项安排都令我愉快。正因为父亲那天的所做无可厚非，因此回想那些事情至今仍然新颖。直到今天，我还能勾画出当时坐在婚礼台上的情景，以及新婚夫妻的我们如何把婚礼完成后由夫妇分食的用小麦做的合欢糖送到彼此的嘴里，而后又是如何同居的。还有那新婚之夜！两个无知的孩子在懵懂中把自己投身于人生的大海里。我的嫂嫂曾经充分地传授给我初夜应有的知识。当然我不知道也没问过我的妻子是不是也有人教过她那些。那一夜，我们的确很难为情。我不知道和她怎样交谈，谈什么！嫂嫂教我的，并没有使我得到多少帮助。然而事实上，这种事情用不着别人指点。后来我们开始逐渐了解彼此，而且交谈也比较随意。我们虽是同年，但不久我便行使起丈夫的权威。

成为一个小丈夫

那时新人结婚，常会印行一些小册子，内容多是谈论夫妻之爱、节约、童婚和类似的其他问题。对这种小册子，看到了，我会细细研读，那时我已有一种忘我所恶、行我所好的习惯。小册子中所谈论的做丈夫要终生忠于妻子是责任，这让我永远铭刻心上。而我秉性中有一股追求真理的热情，加之当时年纪还小，因此不会去欺骗她，不忠于她的机会自然很少。

忠实的教训也会产生一些不良影响。我曾对自己说："我必须忠实于妻子，妻子也必须忠实于我。"这种标尺性想法将我打造成了一个嫉妒的丈夫。她所遵循的义务自然成为我要求她忠实于我的权利，因此我十分留心这种权利。我绝对不去怀疑妻子的贞节，但嫉妒似乎没有理由。这使我不断地监视她的一举一动，不经我同意，她不能随意走动。从此在我们之间埋下了经常吵架的种子。对佳斯杜拜而言，这形同囚禁，更何况她不是能忍受这种有些屈辱性做法的女子。因此我限制得越紧，她越会决意自由行动，这使我越加苦恼。互相之间不讲话成了我们的常态。我现在才明白，佳斯杜拜是无辜的。一个女子如何能忍受限制她参拜神庙或探望朋友的事？既然我有权利限制她，她怎么会没有限制我的权利？佳斯杜拜当时随意行动而不顾我的限制，原也无可非议。然而当时我要执行我作为丈夫的权威！

看到此，请不要以为我们的生活痛苦不堪。我苛刻，是因为爱情。我想让她成为我理想的妻子，从而满足我的野心，要使她生活纯洁，知我所知，她的生活和思想与我保持一致。

我不知道佳斯杜拜是否也这样想。她目不识丁，性情纯朴，而且自立耐劳，却对我沉默寡言。她虽无知却没有不安之情，我对于学习的孜孜以求是否对她有所刺激和影响，进而产生想和我一样好学的想法，我无从知晓。我想，我只有单方面的雄心。我的情与爱完全集中在她身上，希求有所报答。然而即使得不到，也不至于痛苦，至少一方还有热烈的爱情。

我必须说我非常喜欢她，难以忍受分离。即使在学校读书的时候，我也总是想她，常常期待夜幕降临和随之而来的相聚，总想与她闲聊，有时弄得她深夜难以入睡。这种对爱情的贪婪，完全是因为在我身上的那种热切的责任感，否则我无疑会成为病魔的牺牲品，抑或陷入那不堪其负的生活中。然而我每天的功课作业必须全部完成，也不能说谎。也就是这一点拯救了我，要不然不知还有多少陷阱等着我。

我曾想教佳斯杜拜识字，但教她学习却是在违背她意愿的情况下进行，加之只能在夜间，这样一来性爱又占据了我很多时间。在长辈面前，我们不敢在一起，和她讲话就更不用提了。除此以外，在卡提亚华甚至在今天，还遗留下来一种独特的无用而又野蛮的深闺制度，当时的环境可想而知。我承认那个时候曾努力教导过佳斯杜拜，但效果不大。当从性爱中的酣梦初醒时，我已经置身公众生活了，我想教她的空余时间所剩无几。

现在佳斯杜拜要写一封简单的信都很难，她仅仅识得可数的几个简单的古吉拉特文字。可以肯定，我对她的爱是沾染着色情的，否则今天的她定是一位很有学问的夫人。如今我懂得，纯粹的爱情之下，没有不可能发生的事。

经过无数的事例，终于使我确信：上帝一定会拯救动机纯良的人。童婚在印度教社会虽然是一种残酷的习俗，但这其中的另一种风俗，可以说一定程度上减少了童婚的罪恶。父母们不会允许年轻的夫妇在一起长久生活，小媳妇大多数时间在娘家。我们也不例外，我们自13岁结婚到 18 岁这五年间，生活在一起的时间加起来不过三年。我们能在一起度过半年时光都是很难得的，不到半年她的父母就会把她叫回去。当时这种呼唤非常不受欢迎，但正是这一点拯救了我们。18 岁那年，我去了英国，对我们来说，这种别离是长期而健康的。我从英国回来以后，我们在一起待的时间就更少了，我奔波于拉奇科特和孟买之间，后来便是南非对我的召唤。从此我已能摆脱性爱的纠缠，应付自如。

我的中学生涯

我结婚的时候还是一个中学生。我和二哥因为结婚耽搁了一年；而二哥竟因此辍学了。在当时的印度教社会里，读书与结婚并行。谁知道有多少青年遭受了和二哥一样的厄运。

我婚后继续读书，还深得师长的宠爱。每年学校都往我家里寄送我的成绩单和操行单；对我的评价也很好。在第二年我还得过奖，在五、六年级，还得过四个卢比和十个卢比的奖学金。我取得这样的成绩，我想主要是由于运气好。因为奖学金是保留给卡提亚华的索拉兹地区的优等学生的；而当时来自索拉兹的孩子在四五十个学生的班里不是太多。

对自己的才能我从来没有自豪过，在获得奖励时，我常常会很惊讶。我注重自己的操行，总是小心谨慎，唯恐不周，即使有一点很小的过失，我都会流泪。我在一年级还是二年级的时候，有一次受了体罚，我倒不在意被体罚，但别人以为我是罪有应得，那让我很伤心，所以我哭了。在我读到七年级的时候，又有这样的事。我们的校长叫叶杜吉·齐米，学生都喜欢他。他严于纪律，教导有方，很重视体育尤其是棒球课程，所以他把体育课程列为高年级男生的必修课。在这以前，我几乎没有参加过什么运动，那时候我对运动经常规避，原因之一就是害羞。我还有一种错误的认识，认为运动和教育没有多大关系。现在我认识到那是错误的，也才懂得在课程内体力和智力的训练应当被同等对待。

然而，我虽然很少参加运动，但体质却还算过得去。这得益于我从书本上获得关于长时间在露天散步的知识，并获得了好处。最终养成了散步的习惯，至今坚持不懈。所以我的体格相当强健。

我不喜欢运动还因为我要节约出时间去看护我的父亲。每天放学以后，我都急匆匆赶回家去侍奉老父亲。将运动规定为必修课，正好占用了我去服侍父亲的时间。为此，我去求叶杜吉·齐米校长，希望可以不去参加体育课，以便有更多的时间服侍父亲。但他对我的请求不予理睬。记得那是一个星期六，上午的课结束了，而下午四点钟还有体育课，这就说我还得赶回学校去。我没有表，加上当天还是阴天，我搞错了时间，等到学校时，体育课已经结束，学生们都已放学回家了。第二天齐米校长查点名簿后发现我没上课，便问我原因，我如实相告。但他没相信，认为我在撒谎。在我的记忆中，好像还因此罚我交纳了一个还是两个安那。

我如实以告，却被说成撒谎，让我感到非常伤心！我无法证明我的无辜，极度的痛苦令我号啕大哭。我从此明白：人不但要诚实，还必须谨慎。在学校我因疏忽而犯错，这是第一次也是最后一次。后来罚款似乎被撤销，运动也被免除了，因为我父亲给齐米校长写了一封信，说明了原委。

忽视运动却没有吃亏，可是在其他方面的忽视，直到今天对我自身还是一种惩罚。我不知道因为什么而认为书法不属于教育的部分，这种观念在我头脑中存在了很长时间，到我去英国的时候还有。直到我去了南非以后，我看见当地的律师和青年的字体都十分隽秀，而他们是生长在那里，受教育也在那里。这让我感到惭愧，并非常悔恨自己对书法的忽视。我后来认为写不好字应当是教育不完善的一种表现，从此以后我曾做过很多努力，以期对我的书法有所改善，可是为时已晚，已经无法弥补忽视带给我的缺憾。希望年轻的人们以我为鉴，吸取教训，懂得良好的书法是教育的必需部分。给大家一个建议：孩子学习写字以前，首先应该教他画画。让小孩子从看图识字开始，像观察如花、鸟等不同的事物，等他学会了画东西以后，再让他学写字。这样他就会有了写得一手好字的最初基础。

前面说过，因为结婚我耽误了一年学业，为了弥补时间，老师让我跳了一级，这样事实上在三年级我只读了半年，以后便进入了四年级，紧接着就是暑假。进入四年级以后，课程大多用英文讲授。我如入云山雾罩之境。几何是新开设的课业，我本身学习起来已经相当吃力，加上授课用英文，这使我觉得寸步难行。教员的讲授是很好，然而我却听不懂。后来我几乎丧失信心，想去三年级重新来过，想想把两年的课程压缩为一年，太草率太有野心了。然而当时老师们看我学习还是认真勤奋，才让我跳了级。后来，我加倍努力，在学欧氏几何第十三定理的时候，我忽然感到是那么容易。渐渐地，我觉得几何这门功课既容易又有趣了。

说起梵文，还是比较困难。因为梵文不像几何那样不凭记忆，只需要死记硬背的。梵文教员比较严厉，给我的感觉他在强迫学生读书。教波斯文的老师温和一些，学生说波斯文老师很好，也能理解学生，还说波斯文学起来容易。有一天，我就去了波斯文班上听课。梵文老师看到我去，难过地说："你难道忘记自己是毗湿奴信徒父亲的儿子吗？不学自己宗教的文字了吗？有困难，怎么不找我？我一定要把你们的梵文教好。坚持读下去，你将发现其中趣味无穷。不要灰心，回来吧。"

老师的这种亲切让我无地自容，对这种关怀我必须尊重。到了今天，当我想起潘提亚，心中仍充满感激之情。假如当时我没有学那点梵文，我对研读经典就没有兴趣。我更懊悔那时没有努力获取丰富的梵文知识及其精髓。因此我认为印度教徒的每一个青年，都应当好好学习梵文。

在印度所有高等教育课程中，我现在的认识是：除了当地语文之外，还应当开设印地文、梵文、波斯文、阿拉伯文和英文课程。我们不必害怕这么多语文课程，我相信，我们的教育如果进一步系统化，而孩子们再不以外国语文作为进修的媒介，学习这些语文将是一件简单的事，而不至于令人厌倦，反而会觉得乐趣无穷。学会一种语文知识，再学其他语文知识就会容易多了。

踏入罪恶之门（上）

我的朋友为数不多，在我的中学时代的不同时间段里，有两个人可以视为我的知己朋友。但其中的一个因为我交了另外一个朋友而不再同我来往了。我和第二个朋友的友谊是在一种革新者的精神中结成的，这种友谊关系维持了很久。然而这一友谊却成了我终生的悲剧。

这个朋友本来与我哥哥交好，他是我哥哥的同班同学。他身上的缺点我知道，但我对他仍以朋友相待。母亲、大哥和我妻子都提醒我说，与他交往要谨慎。为了做丈夫的尊严，我不听妻子的警告，虽然我也顾及母亲和大哥的意见，但还是为朋友辩护，而对母亲和大哥说："我知道他确实有缺点，可是他也有你们不知道的优点。我不会跟着他学坏，因为与他交朋友是为了改造他。如果他能改正缺点，相信他将会有所作为。你们不必担心我。"母亲和哥哥似乎接受了我的解释，没有再过问，事实上他们并不满意我说的话。

到后来我才明白我的想法是错误的，作为一个革新者要和他所改造的人保持一种亲密的朋友关系是不应该的。因为真正的友谊体现在精神上的一致，而这种情况人间少有。友谊只有兴味相投，才会持久而有价值。亲密的朋友是互相影响的，而不存在改造的余地。因为人很容易受到坏影响的左右，接受好的东西比较难，所以应当避免排他性的亲密关系。要和上帝做朋友，必须耐得住寂寞和孤独，要不然得和所有的人为友。这种认识可能错误，但是我想启发亲密友谊的打算失败了。

初次见到我这个朋友的时候，拉奇科特正沉浸在一片狂热的"改革"

中。这位朋友对我说，许多老师私下里喝酒吃肉，还有拉奇科特也与他们是一伙，甚至还有中学生参与其中。

听了这些，我惊讶而难过。我问他这些事的原委，他说："我们的民族之所以是孱弱的，原因在于不吃肉。英国人吃肉，所以能够统治我们。我的身体强壮，也跑得快，正是因为我吃肉。老师和那些名人并不傻，他们知道吃肉的好处。你应该像我一样。你先试试，没什么要紧的，看看效果怎样。"

我的朋友不是一次说这些关于肉食的话，这是他想要说服我的许多雄辩似的谈话的高明之处。我哥哥终于坠入其蛊惑之中，他支持我朋友的观点和论据。我的身体与哥哥和那位朋友比较，确实比较羸弱。我的朋友他善于长跑，还长于跳高和跳远。他经常在我面前展示技能，就像你看见别人具有某种才能而自己没有，这往往会使你为之神往一样，我被他的技能迷惑。于是我有了一种强烈的欲望，想要像他一样。

为什么我不能像他一样强壮呢？我害怕贼、鬼和蛇，我心中常常被这种恐惧占据。我怕黑暗到了一种恐怖状态，我不敢在夜里去屋外走动，也不敢在黑暗里睡眠，屋里如果没有灯光，我睡不着，因为一闭眼睛我怕鬼啊、贼啊、蛇啊从不同方向过来。而这些恐惧我无法告诉我身边的妻子！那时候她已经是一个青年了，她胆子比我大，她不怕什么蛇和鬼，也不怕黑暗，哪儿她都敢去。我的这种弱点被我朋友抓住了，他告诉我，他不怕贼也不相信有鬼。而还能徒手抓活蛇，这就是吃肉的好处。

有古吉拉特诗人纳玛德的一首打油诗在我的同学们中间流传着。打油诗说：

英人雄纠纠，印人何其小；肉食者治人，顾昂寓奇妙。

受到所有这些因素的影响，我终于屈服了。我开始相信吃肉是有好处的，以为吃肉可以使我身体强壮，胆识过人；以为全国人如果都吃肉，就可以打倒英国人。

于是我们便选了一天特别的日子，开始了秘密食肉体验。甘地一族都是毗湿奴信徒，我的父母都是虔诚的信奉者，他们经常去哈维立神庙膜拜。古吉拉特盛行耆那教，它的影响力不管何时何地都能感觉到。耆那教和毗湿奴信徒反对肉食，这是在印度的其他地方都没有的。我生长在这种传统中，很清楚，父母如果知道我吃肉破戒，一定会被吓坏。况且，当时我也知道，如果我吃肉，就是对父母的欺骗。所以，对真理的热爱使我十分谨慎。然而我追求"革新"事业，吃肉不是为了满足口腹之欲，而且肉食在我看来没有什么特殊的滋味儿。只是希望我自己和我的同胞因吃肉而变得强壮起来，勇敢地打倒英国人，还印度一个自由。"自治"一词，虽然我还没有听人说过，但自由的意义我已经明白。对"革新"的热忱蒙蔽了我，秘密进行体验。然后我说服自己：只向父母隐瞒所做的事，不算违背真理。

踏入罪恶之门（下）

终于要体验吃肉了。那一天的复杂心情我很难描述。我抱着好奇的心理和"革新"的热切希望，偷偷摸摸做这件事，那给人一种做贼的感觉，因此我感到异常惭愧。然而到底哪一种心情更多一些，我也说不清楚。我们去了河边一个僻静之处，去的时候顺便从面包店里买了面包。在那里，我看见了肉，这是我平生第一次。我没吃出面包和肉有什么味道，而且山羊肉像牛皮一样硬，令人难以下咽。我不得不丢弃离开。

那天晚上我难过了一夜，整夜噩梦连连。每一次睡意来临的时候，我却感觉肚子里像是有一只活山羊在哀号，这时懊悔和惊恐使我坐起来。然而我又自我安慰：这是为了履行某种责任而肉食，于是我又觉得心安理得了。

而我的朋友是不愿放弃的。后来他变着花样为我准备各种带荤的菜肴，而且色香俱全。我们聚餐的地方也上了一个档次，改在了一家政府宾馆的餐厅里，而不再是僻静的河边。宾馆餐厅里桌椅一应俱全，这都是我的朋友和那里的厨师特别安排的。

面对这种诱惑，我的惊恐与懊悔已经无影无踪，变得对面包不再厌恶，也不再因山羊而悲悯。虽然对吃肉不是太喜欢，但开始喜好吃荤菜。这种情况大概持续了一年多。实际上，在这段时间里，吃荤菜总共也就五六次，因为政府宾馆不可能每天都开放，况且经常性地准备那么多昂贵又可口的荤菜毕竟也有困难。对我来说这是一种"革新"，可我没有多少钱支付，所以钱的问题都由我的朋友解决。至于他的钱是怎么来的，我无从知晓。可是他总能设法筹到钱，因为他决意要将我变成一个肉食者。但是由于他的能力还是有限的，到后来，这种聚餐次数越来越少，间隔时间也越来越长了。

每一次我去参加秘密聚餐的时候，就没法再吃家里的饭。当然母亲会叫我在家吃饭，而且要问我为什么。我总是以"我消化不太好，没有食欲"这种托词掩盖。这样做让我心里很不安：因为我在向自己的母亲撒谎，我非常明白：我的父母如果知道我已经变成一个肉食者后该是多么的悲哀！想到这些，我内心便极度郁闷和惶恐。

因此，我常对自己说："吃肉是必要的，在国内推行'饮食革新'也是必要的，但比不吃肉更坏是向父母撒谎，欺骗父母。所以在他们还健在的时候，一定再不能吃肉了。等他们过世后，到那时我就可以自由公开地吃肉，在这以前，我应当克制，不能再去吃肉了。"

做了这个决定，告诉我的朋友以后，我再没有吃肉。我们哥儿俩一度成为肉食者这件事，父母从来不知道。

我不想向父母撒谎这种纯洁的愿望是我戒绝肉食的原因。而我和那位朋友的交往并没有断绝。我没有意识到：我企图改造他的想法只是一厢情愿，反而对我却是一种祸害。

我的这位朋友差点使我做了对我妻子不忠的事情，万幸的是最后我逃脱了。他曾经带我去妓院。去之前告诉我一些知识，并且把一切都安排妥当了，就连逛妓院的账他也提前结清了。当我进入之后，眼前的一切让我瞠目结舌，手足无措。我与那个女人坐在床上，我不知道说什么。最后她忍受不了，对我进行辱骂，并把我赶了出来。当时觉得很失颜面，好像男子汉的气概受到了极大伤害。然而我一脚踏入了罪恶之门，却蒙上帝慈悲，拯救和保护了我。我永远感谢上帝。我的一生中，类似这样的事曾有四次，之所以幸免，多半是一种幸运而绝非我个人的力量。从伦理上说，这种行为是道德上的堕落；暴露肉欲和既成事实一样坏。而从世俗看，人如果没有在肉体上犯罪，就是得救了。我所说的得救，就是从这个意义上说的。

让我继续述说吧。即使发生了这样的事，我还没有清楚地认识到我朋友的恶劣。因此我又经历了许多痛心的事，直至他的那些不道德的行为让我始料不及，才令我恍然大悟。

我必须在这里提及的一件事也是发生在这一时期的。我和妻子曾因为我的这个朋友发生了一些误会。我对我妻子是专一的，但我生性善妒，而我这个朋友借机煽风点火，使我怀疑妻子对我的忠诚。我却如中了魔咒一般相信他的蛊惑而对我妻子常常进行粗暴地折磨。如今想起这些来，我自己都难宽恕自己。也许信奉印度教的妻子才能经受这种折磨，因此我感慨：女子是容忍的化身。仆人因无辜被怀疑可以离职；儿子遇此情形可以与父母分居；而做朋友的则可以断绝交往。然而妻子呢？即使她对丈夫有所怀疑，也只能三缄其口；可是丈夫如果怀疑妻子，那妻子就完了。何处她能喊冤呢？一个信奉印度教的妻子，不能上法庭请求离婚，她的冤屈法律不能为其昭雪。一度以来妻子被我逼得走投无路，这是我永远无法忘却的。

对"非暴力"意义的理解使我完全根除了怀疑的毒瘤。"节欲"的光辉使我懂得妻子是伴侣，是帮手、是共享欢乐和忧愁的人，而不是谁的从属和奴隶。她有权利和她的丈夫一样选择自己要走的路。回顾过往那黑暗的充满疑惑和猜忌的日子，我痛恨我的愚昧和残忍，也为我盲从朋友不辨是非而感到痛心疾首。

偷盗和忏悔

有一段时间，我的一个亲戚和我一样喜欢上了抽烟。抽烟对我们来说仅仅是一件有趣的事情，并不是它有什么好处或者在于它的味道。我的叔叔有抽烟的嗜好，我看见他抽烟的样子就觉得他是一个榜样。但是我们没烟又没钱买烟，因此就把叔叔已经抽剩而抛弃的烟头偷偷摸摸捡来抽。

由于烟头剩的不多且不会经常有。所以我们就去偷发给佣人的零用钱，然后买印度土烟卷。但是买来的香烟没地方存放，也不能在长辈面前堂而皇之地抽。这样的事干了几个星期后就作罢了。这时听说，有一种植物的梗，可以当烟吸，我们又开始抽这种所谓的烟了。

然而这些事让我们觉得既不自由又不能满足我们的欲求，我们觉得很难过。长辈的许可是做事的原则，这让我们难以忍受。于是就想自杀！

但是如何才能自杀呢？毒药从何而来呢？听说一种毒药很有效叫闹阳花子，我们就去丛林中找到了闹阳花子。我们以为这种事晚上办最好，便去了克达济神庙，在神灯上放了酥油，然后在神坛参拜后，准备找一个僻静的角落去自杀的时候。我们却没有这种勇气了，想想，如果没自杀成，一下子死不了那该怎么办？自杀的好处是什么？不就是自由少点，怎么会忍受不了呢？虽然，我们已经吃了两三粒，但我们还是怕死，于是我们去了罗摩吉神庙，平静了一阵子，然后打消了自杀的念头。

从这种经历我懂得：想自杀容易，但付诸行动很难。从那儿以后，当我听见有人嚷嚷着要去自杀，我很少为之所动。也是从此，我们抽烟和偷窃佣人零用钱的恶习被革除了。成人以后，我再没有萌生过抽烟的念头。抽烟，我认为那是野蛮、肮脏和有害的，我不懂抽烟为什么在世界那么狂热。

然而还有一次我所犯的错误比这种偷窃更为严重。十二三岁我开始偷零用钱。而当我 15 岁时的一次，是我偷了那位吃肉的朋友哥哥的手镯上的一小点金子。因为欠了一笔债，大概是 25 个卢比。

金子弄到了，也还了债。但这让我心理上实在受不了，我发誓不再偷窃。我打算向父亲认错，但我不敢面对他。我不怕挨打，我怕的是这会让他很痛苦。最后我决定向他坦白，因为我认为没有坦白，就不会有彻底悔改。

最终我决定向父亲写悔过书，恳求他的宽恕。我在一张字条上写了我的过错，而且请求父亲给予应得的处分，最后我还请求他不要因此自责，我发誓永远不再偷窃。

我父亲当时正因瘘病在床。我用颤抖的双手把悔过书递给他，然后坐在他的对面。

他读完以后，泪流满面，连那张纸都弄湿了。闭上双眼沉思了一会儿后，父亲把纸条撕毁了。他原本是坐着看着悔过书的，后来伤心得又躺下了。我看见他内心痛苦的样子，也情不自禁地哭了起来。如果我是一个画家，今天还能把当时的整个情景画下来。

那些出于慈爱的珍珠般的眼泪，涤净了我的心灵，并且洗掉了我的罪恶。只有经历过这种爱的人，才能体会什么叫作爱。正如圣诗所说的：

只有受过爱之箭伤的人，才晓得爱的力量。

对于我，这是"非暴力"的一堂实例课。当时我以为这不过是一种父爱，直到今天我才懂得这是纯粹的"非暴力"。当这种"非暴力"包容一切的时候，所有的东西都起了变化。它的力量是无限的。

我以为父亲一定会生气，斥责，并自击其额。然而他却是异常地平静，我相信这是因为我坦白悔过，加上永不再犯的诺言。我知道我的悔过使我的父亲感到安心，也使他更加爱我。

父亲离世和我的羞耻

我 16 岁的时候，父亲身患瘘病，卧病在床。我、母亲和一个老仆人轮番看护着他。我主要负责给他包扎伤口，喂他吃饭，并配好他需要的药。我每晚为他按摩腿部，只有他让我去睡或他入睡以后我才去睡。我喜欢侍候他，在我的记忆中，我想不起我哪次疏忽过。我把几乎所有的时间都用在学习和侍奉我的父亲上。只有他同意或者他感到身体好一些，在黄昏时我才出去散散步。

我妻子在这个时候怀孕了。这对我来说是一种双重羞耻。因为第一，我还在念书，却没有克制自己。第二，如此放纵情欲既影响了我上学，又妨碍了我履行孝顺父母的天职。因为从小我把斯罗梵纳看作我的榜样。每天晚上，我的双手在为父亲的双腿按摩，而心已飞到了我的卧室，当完成服侍和按摩以后，我总是满心欢喜，向父亲道晚安后，便急匆匆直奔寝室。这无论从宗教、医学和常识哪个方面说，那个时候是不应该有性行为的。

那段时间，父亲的病情越来越严重。阿育吠陀［Ayurveda，印度最古老的医学典籍］的大夫，赫金［Hakims，指伊斯兰教优难尼（Yunani）医术的术士］术士和地方上的庸医们用尽了所有的膏药、秘方。还有个英国外科医生也来过，他认为只有动手术一种办法。但是我们的家庭医生反对这样做，不主张对年纪大的病人动手术。我们的医生医术高明且比较有名气，我们自然接受了他的意见，不动手术。在我的印象里，如果动手术的话，手术是当时孟买的著名外科医生来主持，或许父亲的伤口会很快长好。然而也许是上帝的旨意，死亡即将降临，没有人能想到更好的治疗方法！父亲从孟买置办的手术器械全无用处。他的思想中已经产生不再活下去的念头。随着身体越来越衰弱，连大小便也不能自理。然而毗湿奴信徒把外部洁净看成一种规矩，非常注重，不到不得已，他还要坚持下床方便。

可怕伴随着夜晚而来。我叔叔在得到父亲病重的消息后从拉奇科特赶了回来。他们兄弟俩感情很好，我叔叔整日陪伴在侧，休息的时候，他打发我们去睡觉，而他坚持与我父亲同榻而眠。虽说都知道危险会随时发生，但谁能想到这一夜就是生死关头。

那天晚上，将近11点的样子，叔叔替换我给父亲按摩，我直接去了我的寝室，我的妻子已经进入梦乡。我回去了，弄醒了她。然而还没有五六分钟光景便有佣人敲门。我惊跳起来。他说："快起来吧，你父亲病重了。"我自然知道"病重了"是意味着什么。我立刻跳下床问："什么事？告诉我实话吧！"佣人答："你父亲走了。"

完了，一切都完了！我紧握双手，内心悔痛交加，跑到父亲的房里。我若当时不被肉欲左右，就可以在他生命的最后一刻陪伴他，为他按摩，让他在我怀中安详离去。我羡慕我叔叔拥有了这种荣耀。他真挚敬爱他的哥哥，所以他获得了最后服侍他的光荣！父亲知道大限已到，于是，他打手势要来纸笔，写了"准备后事"几个字，然后他摘下了手臂上的符箓［印度教徒手臂上都系着一条绳，上面缠着所谓符箓，以期驱邪去病。因为这种符箓，受之父母，所以临终的时候都要取下］和罗勒［tulasi，印度教的神树。用罗勒树的树子做成念珠戴在身上，寓有驱邪去病之意］珠的金链，放在一边，完成这些后不久便与世长辞了。

我在前文说的羞耻，就是当父亲临终而需要我精心服侍的时候，我却放纵情欲。这对我来说是终生难以抹去的污点。我常想：尽管我自认为对父亲的孝心满满，为孝顺他可以不计一切，然而在关键的时候，我却为情欲所困，所以我无可宽恕自己。我以为我忠实于妻子，实则我是一个纵情淫欲的丈夫。我经历很多次痛苦的磨炼和挣扎，才摆脱了情欲的羁伴。

关于这段双重羞耻的故事快结束了，顺便再说说我妻子生的那个孩子吧，那个可怜的孩子还不到三四天便夭折了。我还能说什么呢？只求那些已婚的人们因我而警醒吧。

宗教一瞥

从我六七岁到十六岁在校读书期间，除宗教之外，所有的功课我都学过。在学校里，老师们教给我们很多东西，而我并没有学好。可是我却能随时从周围接触到的事物中获得了许多东西。在此所说的"宗教"实际上是一个广义说法，即自我实现。

自生下来我就属于毗湿奴信徒，因此经常参拜哈维立神庙。但这并没有使我的心灵有所触动。我总归不喜欢神庙里灯火辉煌下那种喧闹氛围，而且据说神庙里也充斥着一些道德不良的行为，这更让我感到兴味索然。参拜哈维立神庙并没有使我得到什么。然而我从那里没有得到的，却从我的保姆兰芭那里得到了补偿。她很疼爱我，我至今记忆犹新。

在前文我已说过，小时候我很怕鬼怪。兰芭经常教我诵念"罗摩那摩"〔Ramanama，反复念着"罗摩"这个名字的句法，以表示对于罗摩的崇拜。罗摩是传说中的古代印度十车王（Dasaratha）的儿子，是毗湿奴（Visnu）神的化身，以孝悌忠信、救妻伏魔著称，为印度最古老的史诗《罗摩衍那》所神化〕，以消除我的恐惧。我不太相信她教的办法，我却信任她本人，所以为消除我对鬼怪的恐惧，从小时候开始我就不断诵念"罗摩那摩"。当然，这仅仅是瞬间的事情，但是幼年时期心灵上播下的良种，没有白费。我想正因为善良的兰芭撒下的种子，"罗摩那摩"至今对我而言，是一剂驱除心魔的良药。

也就是这个时候，我有个堂哥，他笃信《罗摩衍那》，他要我和二哥学习《罗摩护》[Ram Raksha 是从《罗摩衍那》史诗中繁衍出来的经文，恳求罗摩的庇佑]。我们背熟后，还在每天早浴以后进行朗诵。住在波尔班达那段时间里，我们从未间断过这种做法。但是搬到拉奇科特后，我全然将其忘记。因为我不相信它会有魔力。那时之所以诵读，部分原因是向他人夸耀自己诵读《罗摩护》能用正确的发音而已。

然而，有人为我父亲诵读《罗摩衍那》的情形让我印象深刻。我父亲生病时，有段时间住在波尔班达。在那里，我们每晚都请人给他诵读《罗摩衍那》。那位朗诵者是比列斯瓦尔的罗塔·摩诃罗治，他崇奉罗摩。据说他通过人们在比列斯瓦尔神庙里供过大天帝的比尔花叶 [比尔花叶（bilva），一种热带树，印度人用这种树叶盛祭品，奉为圣树] 敷在患处，并经常反复诵念"罗摩那摩"，从而治好了他得的麻风病，而不是用药物治疗。更有的说是信仰使他痊愈了。我不知道这种传说是否可靠。但不管怎样，我们相信那是真的。事实上，当罗塔·摩诃罗治开始诵读《罗摩衍那》诗文的时候，他的身心仿佛摆脱了麻风病的折磨。其歌喉让人动听。当他唱起二行和四行诗的音韵，并阐释诗意时，他自己沉浸在诗文的神韵中，而听众也被感染，进入神圣境界。那时我大概仅仅 13 岁，可我清晰地记得，他的朗诵曾使我心旷神怡。这一切使我深深地爱上了《罗摩衍那》。时至今日，我依然认为杜拉希达斯 [杜拉希达斯（1532—1623）是 16 世纪末 17 世纪初印度著名诗人和精神导师。其著作《罗摩生活之地》家喻户晓。这里的《罗摩衍那》即是这部著作] 的《罗摩衍那》是所有神性文学里最伟大的作品之一。

不到几个月，我们回到了拉奇科特，再没有人为我们诵读《罗摩衍那》了。但是每到"叶迦达希"日 [叶迦达希（Ekadashi）意即一个月中的"第十一日"，为印度教徒的绝食日。据印度教神话：有一个极为俭朴的人请求湿婆天神赐予不死，湿婆允之，但有一个条件，即他可以不死于凡人之手，但必死于一个无母之女。此人得此恩赐后即胆大无边，大闹天宫，梵天、毗湿奴和湿婆三神不得不携眷逃避于一树洞之内，因过于拥挤，遂由他们的气体凝成一女，即无母之女，遂除此害。这个神女名叫叶迦达希，后人为纪念其恩典，每至月之十一日即行绝食，以示感戴］这一天，总要朗诵《薄伽梵歌》[《薄伽梵歌》（Bhagavadgita）大约出现于公元二、三世纪之间，作者不详，它是印度伟大史诗《摩诃婆罗多》（Mahabharata）中一段有音律的对话，是黑天神对有修（Arjuna）所说的哲学义理］。我偶尔也会去听，然而朗诵者使人提不起兴趣。今天我认为《薄伽梵歌》是能够激起宗教热情的一本书，我曾带着浓厚的兴趣读过古吉拉特文的版本。然而在我 21 天绝食期间［1924 年 12 月，甘地为了平息当时的教派冲突，促进印度教徒和穆斯林的团结，进行了二十一天的绝食］，当听到潘迪特·马丹·穆罕·马拉维亚朗诵这部诗经的部分原文时，我感到非常遗憾，在幼年时没有听到像他那样虔诚的人朗诵这部诗经，否则，当我还在青年的时候就深深地喜欢上它了。留给幼年的印象是深刻的，年幼的时候，没有人多给我念这样的好书，是我终身的憾事。

当我在拉奇科特的时候，我已有了一种对印度教所有宗派和其他姊妹教派的宽容之心。这归因于我父母经常去参拜哈维立神庙，也去湿婆［湿婆（Shiva）是印度教神话中最受崇奉的天神之一，时至今日湿婆天神庙仍然是印度最普遍的神庙。他是保护神，保护牲畜、男女免受祸难；又是破坏神，因为他力大无边，能降妖伏魔，摧毁一切］神庙和罗摩神庙，他们去的时候常常带我们或者派人把我们送去。耆那教的人也常常来我家拜访我父亲，和父亲的探讨中常常涉及宗教和世俗的问题。

此外，父亲还有伊斯兰教和拜火教的朋友，这些朋友和我父亲交谈他们的信仰，父亲对他们的谈话总是表现出尊敬、兴趣和认真地聆听。

因为照料父亲，所以他们谈论时我往往在场。也是这许多因素聚合，使我对一切宗教信仰有了一种兼容的态度。

然而，只是对基督教我有一种反感之情。这是因为，有些基督教传教士往往站在中学附近的角落里传教，他们对印度教徒和他们的神灵的不尊，这是我不能忍受的。我曾经在那里听过，仅此一次就够了，我不愿意受辱。

然而，我学会了去包容其他宗教，但并不说明我对神灵有任何信仰。也就是这个时候，我看到父亲收藏的《曼奴法典》[《曼奴法典》（Manusmriti）是印度教古老的法典汇编，其中有许多上帝创造万物和人类起源的传说]，里面谈到了上帝创造万物。但它给我的印象不太深，倒使我有些倾向于无神论了。

《曼奴法典》中有关饮食的章节，似乎与日常的生活实际相互脱节，甚至背道而驰。关于这个问题，我对我自己说："等到智力更加发达，书读多了，我就会懂得了。"

《曼奴法典》那时没有告诉我什么是"非暴力"。我在前文提及的关于肉食的故事，用《曼奴法典》衡量，似乎是容许的。我认为杀死蛇虫等并不违背道德。还记得我那时曾杀害过臭虫等，以及类似的昆虫，现在想起那是我的责任。

但是我有一种思想深深扎根于心，我深信道德是所有事物的基础，一切道德的本质归于真理。真理是我追求的唯一目标。随着真理范围的不断扩大，我所认为的真理定义也随之有了更深的内涵。

在一段古吉拉特格言诗中体现出来的思想深深地震撼了我的心灵。诗歌中以德报怨的训言成为我行动的原则。我折服于这种训导，并开始以此指导和训诫了许多实验。在此摘取最美的几行："予我杯水，美食相报；与我嘘寒，长揖以谢；锱铢之贻，重抵万金；救命之恩，舍身赴义。贤哲言行，我当敬佩；虽为善小，十倍相酬。至圣之域，人我界泯，以德报怨，乐此无边。"

为赴英留学而努力

1887 年我完成了中学阶段的学业。当时是统一考试，考试在阿赫梅达巴和孟买两地举行。由于当时学生家境一般都很贫困，所以卡提亚华的学生大都就近应试，我也一样。我第一次独自一人从拉奇科特去阿赫梅达巴参加考试。

中学毕业以后，家里要我进大学继续深造。八万纳伽和孟买都有大学，因为前者花费比较少，我决定去进萨玛尔达斯学院继续读书。但去了以后我遇到了重重困难。我听不懂教授讲的是什么，更谈不上有兴趣了。当然这不能怪他们，这个学院的师资是拔尖的。可是我觉得我是那么的愚笨，一学期后我就回家了。

马福济·达维是我们家的老朋友和顾问，他非常机敏而且颇有学问，他是婆罗门。我父亲去世后，他还和我们保持着联系。在那个假期，很凑巧他来探望我们。他知道我在萨玛尔达斯学院读书。在与我母亲和大哥的交谈中，问到我的学习情况，并说："现在时代在变化，你们要接受适当的教育，否则很难继承令尊的事业。既然这个孩子还在读书求学，那么就应当让他继承父业。他应当再读四五年书，这样才能够取得学士学位，但是这个学位只能使他获得一个月薪六十卢比的职务资格，要当帝万可能不成。如果像我儿子一样也去学习法律，那样花的时间会更长。到他毕业的时候，帝万职位的竞争会更加激烈，一定会有不少律师往那里挤。与其这样还不如让他去英国去留学。我儿子柯华尔朗说，在英国做律师很容易。不出三年他就能回来，花费也只是四五千卢比。想想看，一个从英国回来的律师有多么神气和受欢迎啊！到时候都用不着自己去谋求什么，帝万的职位会自动送上门来。我强烈建议你们现在就送莫罕达斯去英国。我儿子在英国有许多朋友，他会给他们写信，去那里莫罕达斯不会有什么困难的。"

约希吉——我们总是对上了年纪的马福济·达维这样称呼——转身，诚恳地问我："与在这里读书相比，难道你不愿意到英国去吗？"当然，这是我最向往的事了。本来我就感到这里的功课有些难以应付，所以当听到这个建议的时候我非常兴奋，并要求最好尽快送我去。但并不是那么容易就能很快通过考试。我还想让他们送我去学医呢！

哥哥马上说："父亲主张学医，但他希望你去做律师。他曾经说：解剖尸体的事我们毗湿奴信徒不能做。"

约希吉也赞同我哥哥的想法，他说："我倒不像甘地吉那样不主张你当医生。我们的《沙斯陀罗》[《沙斯陀罗》（Shastras），梵文，印度古代经典的总称]并不反对行医。不过你如果取得了医科学位也当不了帝万，而我希望将来你能当帝万，或着取得比帝万更好的职位。唯有如此，你才有能力照顾你们这个大家庭。如今时代变迁飞快，日子一天难过一天。因此做律师倒不失为一个好出路。"他又对我母亲说："我该告辞了。好好考虑一下我的建议吧。下一次再来的时候，希望听到他准备去英国的消息。需要我做点什么，尽管说。"

约希吉走后，我便在心里设计宏伟理想了。而我哥哥考虑问题倒是很实际：如果送我去留学，旅费怎么筹集呢？再者像我这么一个年轻人只身去国外，能让人放心吗？

我的母亲只是感觉心里乱糟糟的。她不愿我去。她借口说："如今叔叔是家中的长辈，凡事应该和他商量商量。这事儿应该征得他同意，那时我们再考虑。"

我哥哥另有打算，他说："在波尔班达邦我们有一定的地位。现在，政务官是李立先生，他对我家很敬重，对叔叔也很不错。请他举荐由政府资助你去英国留学，这种可能性很大。"

我觉得哥哥的主意很对，于是我便动身去波尔班达。因为当时没有铁路，我雇了一辆牛车先到度罗基，再从度罗基改骑骆驼，到波尔班达。这是我平生第一次骑骆驼赶路。留学英国的强烈愿望使我这个胆小鬼曾经的胆怯消失得无影无踪。

我到达波尔班达后，向我叔叔行了礼，并告诉他我的打算。他沉思后说："我不知道你去英国留学与我们的宗教信仰会不会矛盾。我听到的一切，让我开始怀疑。我见到的那些大律师，我看不出他们和欧洲人在生活上有什么差别。他们对饮食没有任何禁忌，嘴上雪茄不离。他们穿衣跟英国人一样让人感到丢人。这一切和我们的家族传统格格不入。过不了多久我要朝圣去，也没有多少年活头。在我风烛残年之际，我敢答应你去英国吗？但是我也不想阻拦你。关键还要看你母亲的意见，如果她让你去，那么，祝你一路平安！告诉她我不干预此事，并为你祝福。"

"我也期望您能这样，"我说，"我现在要想办法征得母亲的同意。不过，您能不能向李立先生引荐一下我？"

"我怎么能这样做？"他说道。"但是他人很好。你可以向他说明你的亲属关系，直接约他面谈，他肯定会见你，还会给你帮助。"

我不知道叔叔为何不写引荐信。我想，他对我去英国很勉强，表示不同意，可能因为他觉得出国不合宗教信仰。

我自己给李立先生写了一封信，他让我去他的住所。他在上楼梯的时候见了我，最后说："你大学毕业后再来吧。现在不能帮你。"然后他急匆匆地上楼去了。我是做好准备去见他的，而且也精心学了几句话，准备对他说，见到他的时候我向他深深作揖、合掌致敬。但是这些都是枉然！

我返回到拉奇科特，告诉了此行的一切经过。我和约希吉商量后，他说如果必要，宁可举债。我提议将我妻子的首饰变卖，大约能弄到二三千卢比。我哥答应想办法筹钱。

但是，我母亲还是不同意。她做了调查，有人告诉她，年轻人去英国后就会堕落。也有人说他们吃肉，说他们没有酒无法生活。"你知道这些吗？"她问我。我说："您不信任我吗？我决不撒谎。我发誓这种事我不干。如果真的这样危险，约希吉会让我去吗？"

母亲说："我可以信任你，但是你那时已经去国外，让我如何放心？我不知道该怎样才好。我得问问贝恰吉·史华密的想法。"

贝恰吉·史华密原来属于莫德·班尼亚种姓，现在已经是耆那教僧侣。他和约希吉都是我们的家庭顾问。他帮我说服我母亲，他说："我要这孩子郑重起誓，他如果能够做到，就可以让他去。"他为我做证，于是我发誓不喝酒、不接触女人、不吃肉。立下这三个誓言，母亲便允许我去英国了。

我的中学为我办了一个欢送会。在拉奇科特对一个青年人来说，去英国留学确实不平常。在参加欢送会之前我写了几句答谢词，可结结巴巴没法念出口。我记得在致辞时，我的头脑发昏，全身颤抖。

我带着亲人们的祝福动身前往孟买。从拉奇科特去孟买，我还是第一次，由哥哥陪伴着我。但是好事多磨，到孟买以后，我又经历了许多波折。

失去种姓身份

母亲的许可和祝福使我欢天喜地，我告别了妻子和只有几个月大的孩子去了孟买。但是刚到孟买，就有朋友对我哥哥说，六七月间的时候印度洋风浪比较大，加之我是初次远航，他们几个朋友向我建议最好等到十一月份出发。听了这些以后，哥哥深感不安，他不肯让我马上走，安排让孟买的朋友照顾我，自己回拉奇科特干他的事去了。走之前，他让我的妻兄保管我的旅费，并嘱咐在那里的朋友们如果我有什么需要，请尽力帮助我。在孟买的日子极其难熬，可谓度日如年，经常会梦见去英国的情景。

这时，我出国的事在我们种姓里引起了纷纷议论。当时在莫德·班尼亚种姓里还没有人去过英国，如果我敢去，就必须说清楚：他们召集了一次种姓会议，要我参加。我也不明白当时怎么会有那么大的勇气去参加，总之我无所畏惧、毫不犹豫地去参加了那次会议。族长赛德是我们的一个远亲，与我父亲私交甚好，而这个时候他却厉声对我说："按照本族的意见，你想去英国是不妥当的。我们的宗教要求不得远涉重洋。我们还听说在那里如果生活肯定会有损于我们的宗教，因为去的人在饮食上不得不和欧洲人一样！"

我回答说："我不认为去英国会与我们的宗教相违背。我是为了求学深造而去的。而且我已向我母亲郑重地起过誓，绝不会做那三件事。我坚信我的誓言可以保证我不会有问题。"我回答道。

"但是你要清楚，"族长反驳道："到了那里，是不可能遵守我们的宗教信仰的。你知道我同你父亲是什么关系，所以你应当听从我的忠告。"

"这我知道，"我说道，"而且尊敬您是我的长辈。但是对这件事，我和您的意见不能苟同，我意已决。先父的朋友和顾问是一个婆罗门，他见多识广，他支持我去英国，而母亲和哥哥也赞同并准许我出国留学。"

"你敢违抗本种姓的命令吗？"

"我实在想不出还有什么办法。我认为种姓亲族本不该对这件事进行干预。"

族长被我的这番话激怒了。他严词斥责我，而我不动声色。于是他宣布："自今日起，这孩子不再是本种姓的人了。谁敢帮助他或去码头为他送行，罚款1卢比4安那。"

这个命令于我并无大碍，我起身向赛德族长告辞。但是不知我哥的反应会怎样。幸好他很坚定，还写信向我保证：即使族长反对，他也支持我出国。

但是经过这件事以后，更加促使我加快了走的步伐。想着万一族人对我哥施加压力，我哥那里有变化怎么办？谁能保证不会发生意外呢？正当我为此发愁的时候，听说有一位朱纳卡德的律师受召准备去英国执行业务，9月4日启程。我去见我哥哥的朋友们，他们认为不能错过与这位律师结伴同行的机会。时间紧迫，我电报请示哥哥，他回电同意。我去我的妻兄那里索取旅费，但他说族长有令，并说他不想失去种姓身份。我只好去求另一个朋友，从他那里暂借了旅费和零用钱，并请他向我哥索要借款。这位好心朋友慷慨地支持了我，还说了些鼓励我的话。这让我很感动，并深深感激他。我拿了钱去买了船票，准备收拾行李。幸好有一个很在行的朋友帮我打点好行装及其他诸如要带的食物，各种准备都足够旅程之用。朋友们帮我订了舱位，正好和那位律师特立安巴克莱·马兹慕达先生在一起。他们还向马兹慕达先生引荐了我。马兹慕达先生已经上了年纪，显得饱经沧桑。而我仅仅18岁，初涉社会，毫无经验。马兹慕达先生对我的朋友们说，不用担心。

9月4日，我离开了孟买，终于远航英伦了。

初到英国

旅途中我没有感觉到晕船或者其他不适。但是日复一日，我却不安起来。我不习惯讲英语，除马兹慕达先生以外，二等舱里都是英国人。我没法和他们交谈，因为听不懂他们的讲话，有时听懂了，我也一时难以回答。要想回答我必须在心里先打好腹稿。我不会用刀叉，也不敢问菜单上哪些是素菜。所以我总是把菜叫到自己房间里来，而不敢去餐厅，叫送到房间的菜都是甜食和水果，但这些我自己也带着。马兹慕达先生不像我，他和周围人都很融洽。他常常上甲板遛弯儿，我却躲在屋里，只有等到人少的时候，才去甲板上转转。马兹慕达先生让我多和乘客们交流。他还讲述他的经验，并告诉我，一个律师要具备很好的口才。他劝我要讲好英语就要抓住每一个机会，讲错并不可怕，因为要熟练应用一种外国语言，讲话出错是难免的。但是不管他怎么说，我也克服不了那种羞涩恐惧心理。

有一个英国旅客，年纪比我大，待我很和善。他与我聊天的时候问我，吃了什么，做什么的，去哪儿，怎么会害羞等问题。并劝我去餐厅吃饭。在经过红海的时候，因为我坚持不吃肉，他友好地说："现在没问题，但是到了比斯开湾，你恐怕得改变你的想法了。英国天气寒冷，要生活就得吃肉。"

我说："不会吧，我听说在那里不吃肉也能生活。"

"我告诉你，那是胡说，"他说。"我所知道的是在那里没有一个人不吃肉。我虽然自己喝酒，但我并没有叫你喝酒，你明白为什么吗？我认为酒可以不喝，肉应当吃，因为没肉就无法活。"

"谢谢您的好意！我已经向我母亲庄严承诺：不吃肉。所以吃肉对我来说想都不敢想。如果为了活下去而去吃肉，那我宁愿返回印度。"

到了比斯开湾，然而我并没有觉得吃肉或喝酒是那么需要。

终于我们在一个星期六抵达南安普顿。在船上我穿了一套黑西服，朋友们还为我买了白法兰绒准备上岸时才穿。我以为上岸时穿白衣服显得体面，所以我穿上那套法兰绒衣服上了岸，等上岸后才发现只有我一个人这样穿。那时已是九月底了。要换其他的衣服是不可能的，因为我把所有的衣箱包括钥匙都交给格林德利公司的代理人托运了。

我随身带着四封介绍信，分别是给皮·捷·梅赫达医师、达巴特朗·苏克拉先生、兰吉特辛吉亲王和达达巴伊·奥罗吉。上岸后经人建议，马兹慕达先生和我住到伦敦的维多利亚旅馆。我还是穿白衣服，这使我感到很不好受。

在南安普顿我给梅赫达医师发了电报，当晚8点左右他来看我。他对我表示热烈欢迎，还笑我居然穿着法兰绒西服。在我们交谈时，我随意拿起了他的礼帽，想摸摸它多光滑，但却弄乱了礼帽的绒毛。梅赫达看见后显得有些生气。他本想阻止，但没来得及。这对我来说的确是一次教训，也是我学习欧洲礼节的第一课。梅赫达医师不乏幽默，他给我详细讲解说："未经允许，不要随便动别人的东西；不要像我们在印度一样，初次见面就向对方问这问那；讲话声音不要太大；与别人讲话时，也不要像我们在印度那样称呼别人'先生'〔英文 Sir 还含有'老爷'之意〕，因为在这里'先生'是仆人和属下的人对他们主人的称呼。"他还讲了很多诸如此类的事。他还告诉我旅馆费用很贵，建议我住在外国人家里。但我只能到星期一才能考虑他的建议。

马兹慕达先生和我都觉得住旅馆既不划算又不舒服。幸好同船有个从马耳他来的信德人与马兹慕达先生成为朋友，他对伦敦还算熟悉，要帮我们找几间房，我们便接受了。在星期一，我们取回行李，结了房钱后就搬到信德友人帮我们租好的房子去住。记忆中当时旅馆费高达 3 英镑，贵得让人吃惊！费用那么高，而我因为什么都吃不下还饿着肚子！有时不想吃这样东西，又叫买另一样东西，这样就花两份钱。实际上几天来我是靠从孟买带来的食物生活的。

进入新居后，我依然感到不开心。对祖国和家庭的想念、母亲对我的爱等等，时刻萦绕心头，尤其到了晚上，一想起这一切，总是让我泪流满面，不能成眠。内心的苦闷我无法言于他人。想想即使能够向别人倾诉，那又有何用呢？正是因为一切都是如此陌生，所以不管是人，还是他们的习惯，甚至所处的环境，都不能带给我任何安慰。英国人的礼节，我不懂的太多，所以要处处留神，生怕失误。这对于我这种发誓素食的人，极不方便。这使我进退维谷。在英国这么难受，回印度也不是可行之法。最后我想，既来之，则安之，那就住满三年。

决不违背誓言

到了星期一，梅赫达医师以为我们还住在维多利亚旅馆，去了以后发现我们已经搬走了，他打听到我们新的住址，便来看我。当我还在船上的时候，由于无知而染上了癣病。那是因为，旅途中我们一直用海水洗衣服、洗澡，没法用肥皂。但我却还是用肥皂，总以为这样才显得自己有文化，结果却是皮肤没洗干净，反而弄得满身油腻，因此染上癣病。梅赫达医师查看了我的患处后，便教我用醋酸洗涤。我还记得醋酸涂在身上后让我痛得大叫起来。梅赫达医师看过我住的环境和屋内的陈设后摇头说："住在这里可不行。来英国的目的，与其说是为了求学，不如说是为了获取英国人生活习俗的一种体验。为此，你应当和英国人家住在一起。我想，这以前你最好跟别人学习一段时间，我带你去吧。"

我非常感激他，于是接受了他的建议，又搬去和一位英国朋友一起住。这位朋友和蔼体贴，对我很关心，把我当他的弟弟一样看待，他教我英国人的礼仪习俗，并帮助我适应用英文与人交谈。然而饮食是一个令人尴尬而棘手的问题。对仅在水里煮过但不放盐或香料的蔬菜，我难以下咽，这让家里的主妇不知道该给我做什么吃的才好。早餐时吃麦片粥倒是不错，但是中午和晚上我总是吃不饱。朋友一再劝我吃肉，我总以曾经立誓为由拒绝他的劝告，到后来我干脆什么都不说。午饭和晚餐中一般有菠菜、面包、果子酱。我胃口大，很能吃，但是碍于面子或觉得多要是不对的，所以只吃两三片面包，而且午饭和晚餐没有牛奶可喝。有一回我的朋友着急了，很坦率地说："假如你是我亲弟弟，我肯定送你回去。你的母亲不识字，对这里的情况也不了解，你对她起的誓有什么意义？那是什么誓言？法律上也不会承认。坚守它纯属迷信。我告诉你，你如此执迷不悟对你没什么好处。你承认自己曾经吃过肉，而且感觉好吃。在根本不需要吃肉的地方吃过了，现在到了必须吃肉的地方你反而不吃，真令人困惑不解！"但是，我依然坚定不移。那位朋友也很执着，每天都会真诚地劝导我，他越与我争辩，我越加固执。

有一天，我的这位朋友拿来边沁的《功利论》给我读。我根本理解不了那些晦涩难懂的内容，他想给我解释。我对他说："请你原谅，我无法理解这些深奥的东西。我知道人需要吃肉，但我不能违背誓言。对此我不能争辩，也争辩不过你。你就把我当成傻瓜或固执之人放过我吧。我知道你是真诚地为我好，你对我的爱护我十分感激，我也明白你就这个问题三番五次劝导我是对我的关怀，但是我实在没办法。誓言就是誓言，不能违背。"

我的朋友看着我，一脸惊讶。他合上书说道："那好吧，我不和你争了。"听他这样说我很高兴。他不再和我争辩。然而他对我的担忧却没有终结。他自己抽烟喝酒，却从来不让我这样。他只担心：吃素会使我的身体羸弱，从而使我感觉在英国不自在。

一个月里我跟着这位朋友学习。他家住里奇蒙，每周去伦敦最多一两次。梅赫达医师和达巴特朗·苏克拉先生决定让我在另一个家庭里寄宿。苏克拉先生最后把我安置在西肯新敦一个英印混血家庭，女主人是个守寡者。我对她说了我的誓言，这位老人答应会给予我适当的照顾，我便在她家安顿下来，可是在这里我依然挨饿。我给家里写信，让家里邮寄一些甜食和家乡其他风味的食品，可是所要的东西很久没有寄来。这里每样食物都淡而无味，而房东老太太每天都会问我她做的饭菜我是否满意，可我能说什么呢？像从前一样我还是难为情，不敢向人家要更多的东西，她给多少就是多少。她的两个女儿总是多给我拿一两片面包。然而她们哪里知道一大块面包还是不能让我吃饱。

不管怎么说我总算安定了。我的正规学习还没开始，这时候在苏克拉先生的提示下，我开始阅读报纸。在印度我没有读过报纸，而在这里，我养成读报的习惯。我常常会花一个小时去浏览《每日新闻》《每日电讯》和《保尔·玛尔公报》。由于时间比较充裕，有时我会出去逛逛，试图找一家素食馆。房东太太曾告诉我这种地方在市区里会有。我每天徒步 10 ~ 12 英里，找一家比较便宜的饭馆，然后痛快地吃一顿面包，但始终感到不满足。一次闲逛的时候，在法林顿街我发现了一家素食馆。

这个发现使我快乐万分，一如小孩子得到了一件心爱的宝贝一样。正想走进去，却看见门边的橱窗里陈列着一些待售的书，中间有一本萨尔特撰写的《素食论》。我用1先令买下了它，才走进餐厅。这是我来英国以后吃得最舒畅的一餐。

我通读了萨尔特的《素食论》，它给我留下了很深的印象。从此，我依靠自己的判断选择真正成了一个素食者。想到向母亲发誓时日，不禁让我感怀。从前不吃肉是因为忠于真理，履行誓言，但同时却又希望每个印度人都能是肉食者，也盼望自己有一天终于也能公开自由地吃肉，并且规劝别人也去这样做。可现在我选择了素食，并宣扬素食主义是我未来的使命。

学做英国绅士

随着对素食主义的信仰越来越坚定，我研究饮食的兴趣也因萨尔特的书而扩大。我开始搜集和阅读关于素食的各类书籍，霍华德·威廉斯所著的《饮食伦理学》是其中的一本，它是一部"自古至今人类关于饮食的传记史"。书的主要内容试图阐明，从毕达哥拉斯［毕达哥拉斯（Pythagoras，582—507 B.C.）是纪元前第六世纪希腊的哲学家］、耶稣以至现代所有哲学家和先知，都是素食者。安娜·金世福医师的《饮食善方》一书也令人爱不释手。艾林生医师的诸如卫生和健康方面的许多著作也让人受益匪浅。在他的著作中倡导一种规范的日常饮食治疗病人，并以此为基础的治疗制度。他本人就是一个素食主义者，他给病人的药方也是严格的素食食谱。对这些著作的拜读，使饮食实验成为我生活中的一个重要方面。实验开始的时候，健康问题是我考虑的主要方面，然而后来宗教因素便成为核心动因了。

与此同时，我的朋友对我的照顾和眷爱一如既往。他总是担心我因为不吃肉而使身体衰弱，甚而变成一个无用之人，在英国社会我终究无法自如。当他得知我正沉迷于有关素食理论的著作中时，他更加担心素食实验和研究会扰乱我的思维，消耗我的生活，使我忘却了自己该干什么，最终变成一个幻想者。于是，为了使我转变，他作了最后一次努力。一天他刻意请我看戏，演出前他请我去贺尔朋饭店用了晚餐。这是我离开维多利亚旅馆以来见过的第一个宫殿式饭店。我住在那个旅馆时，还糊里糊涂，没有什么有益的收获。带我到这个饭店是朋友有意而为，他以为出于礼貌，我不会提出任何问题。当时饭店里人很多，我和朋友面对面地坐着。第一个送上来的是汤，我不知道汤是用什么原料做的，也不好意思问那位朋友，就召唤服务生来问。我的朋友看到后，脸上显得不高兴，厉声问我怎么回事。我便犹豫着告诉他，想问问这是不是素汤。他生气地大声对我说："在一个文明社会里，你这种行为很鲁莽。如果你还这样，那就请便吧。到别的饭店去吃吧，结束后在外面等我。"这样一说我倒觉得轻松，我独自出去了。然而附近的一家素食馆早就关门了。我没吃上晚饭，陪着朋友去了剧院，但是他对我刚才的行为只字不提。我也就没有什么话可说了。

这是我与那位朋友的最后一次争执，是友善的，因为它对我们的友谊没有产生丝毫影响。我的朋友所作的一切都源于对我的爱护，我心底里明白并且深怀感激，我们这种思想和行为中的分歧却让我对他更为尊敬。

我打算让他放宽心，保证不再那么鲁莽行事，而是尽可能使自己的行为举止适合这个文明社会的要求，做一个文明得体、虽然吃素食但又不惹人烦的人。为此，我给了自己一个极富挑战的任务——做一个英国绅士。

我从孟买来的时候带的衣服，似乎与英国社会不搭配，因此我去"陆海军"商店购置了一些新衣服。花了19先令买了顶礼帽，当时这个价码很昂贵。但我觉得还不行，又去了伦敦时尚中心区股票大街，花10

英镑买了一套晚礼服；还让我心地善良的哥哥寄给我一条双层的金表链。为了不让人觉得戴现成的领结不体面，我学会了自己打领结。镜子在印度是奢侈品，只有在家庭理发师来给我刮脸时才有机会照一照。而在这里，我每天花十分钟时间在一面大镜子前，按当时的式样打领带，梳头发，认真地整理一番仪容。我的发质硬，所以每天总要用梳子将它整理妥帖。我每次戴上和摘下帽子时，手就会不自觉地去整理头发。而置身于文雅的场合，为了符合当时的规范，更应该注意手应该怎样动才合乎各种礼仪之类的那些要求了。

我觉得还应该认真一些，所做的这些还不够。于是我开始注意作为一个英国绅士必需的细节。有人说，我还应该学跳舞、学说法语和演讲术。法语不仅是法国语言，还是周游欧洲大陆所应该掌握的混合语言。我打算参加一个舞蹈班学跳舞，而且花了三英镑交了一个学期的学费。三周内我上了六堂课，可我始终没学会那些节奏性的动作。我分辨不清钢琴的音调，所以步调跟不上节拍。这该怎么办？一则故事里讲：一个隐士为了防鼠养了一只猫，然后又养了一头牛，为的是挤奶给猫吃，又雇了人来喂养这头牛，如此不止。我的欲望何尝不似隐士，有增无减。我认为我应当学学拉小提琴，以便培养一下我对西方音乐的听觉习惯。于是我又买了一把小提琴，也交了学费。我还请人教我演讲术，并且交了 1 基尼［英国金币，一个基尼（Guinea）等于二十个先令］作为第一期学小提琴的学费。教我演讲术的人介绍了培尔的《演说家典范》作为我学习的课本。我开始学毕特［赫·毕特（William Pitt，1759—1806），英国政治家，曾任英国首相］的演说词。然而培尔的这本书使我清醒了。

我心里想，我并不想一辈子住在英国。为什么学演说术呢？会跳舞我就是一个绅士吗？在印度学习小提琴不是不可以啊。作为学生，我应当好好读书。我必须获得律师的资格才行。如果良好的品行能使我成为一个绅士，那是最好了，否则，我只有放弃这种念头。

这些想法左右了我，我把这些想法写信告诉那位演说教员，并且请他谅解我不再上课去了。我也给教舞蹈的老师写了同样的信，同时，我上门找小提琴老师，请她替我卖掉那把小提琴，价钱多少无所谓。她很和气，因此我对她讲了我如何从一种思想迷雾中清醒过来。后来，她还对我要决心改变自己的想法给予了鼓励。

三个月中我一直处于这种荒唐可笑的生活状态。当然对服饰还是讲究的，这方面还延续好几年。不管怎样，从此我便安心于做学生了。

简化自己的生活

但愿人们不要把我学习跳舞和其他类似的体验当作我人生中的放纵阶段。读到这里也许会注意到，即使在那时，我也是谨小慎微的人。在那个沉溺于逸乐的日子里，我一定程度上依然保持了反省自己。我对每一笔花销都会精打细算，而且做了记录，做到每晚睡前小结一次。我一直保持着这种习惯，正因为如此，在后来我经手处理过的公共基金数高达几十万单位，但在开支方面能厉行节俭，而且在我领导运动时的开支中，不但没有负债，却有盈余。希望每个年轻人能从中获得一点经验，培养一种每项收支入账的习惯，相信对他总是会有益处的。

由于我对自己的生活采取了用严格的眼光审视的方式，才使我明白了节俭是必需的。我决定将我的开支减少到一半。我所记的账目中，统计起来车费支出很多。因为我在别人家里寄住，每周要付寄宿费；为礼貌起见，偶尔要请房东家的人吃个饭或者参加一些聚会。这些都要很多车费花销，尤其如果邀请的是一位女士，按规矩要由男士承担花费。何况下馆子吃饭本身就是一笔比较大的额外开销，即使不在家里吃饭，但每星期应交的伙食费还必须交。因此我觉得开支可以节省下来，那些因不必要的礼节与客套而付的钱也可以省下来。

我决定自己租房子，不再去寄住在别人家里，还可以根据工作需要随时搬迁，以便借此收获更多的生活经验。所以我租的新居离工作地很近，步行半小时就能到达，这样，可以节省车费。这种方式实际上把散步和节省开支结合起来了，既省了车钱，还可以步行锻炼身体。在英国期间，我身体比较强壮，几乎没有生过什么病，主要得益于这种长时间步行的习惯。

我租的一套房子有一间客厅和一间卧室。这是在伦敦的第二阶段，第三阶段还在后面。

生活方式的改变使我节省了一半的开销。接下来我想的是如何分配和利用好时间。法学考试不需要读书很多，所以我没觉得时间紧迫。让我担心的是自己的英语水平。李立先生［以后的弗立德烈爵士］"大学毕业再来找我"的话还在我的耳际回响。我想我最好争取做一个律师，还应该拿到一个学位。我打听了一下牛津大学和剑桥大学的课程，也咨询了几位朋友，发现如果选定这两所大学的哪一所，开销都很大，在英国待的时间比我预期的要长。有一个朋友向我建议说，如果我想体验一下高难考试带来的满足感，就应当参加伦敦大学的入学考试。这样的话，我就要下一番苦功，但也会使我获得许多基础知识，而且不需要多少额外的开支。这个建议我很赞成。但当我看到课程表时让我吃了一惊。拉丁文和现代外文是必修课！拉丁文我如何学得会？可那位朋友竭力建议学拉丁文，他说："拉丁文对于律师来说很有价值。懂拉丁文便于对法律书籍的理解，罗马法的一些论文完全用拉丁文写成，学会拉丁文对于精通英文也很有帮助。"我觉得他的话很对，于是我决定克服一切困难去学好拉丁文。我已经开始学法文了，我想这大概算是现代外语吧。我参加了一个私人开办的大学入学预备班。每半年举行一次入学考试，到考试我只剩下五个月的准备时间，这对我而言几乎是无法完成的任务。然而想成为英国绅士的愿望将我变成了一个刻苦认真的学生。我给自己制定了一个很周密的时间表；然而不管是智力或者记忆力，都不容许我在这段有限的时间内既能应付别的课程，还能学习拉丁文和法文。而最后的考试结果是拉丁文不及格，太可惜了，但我还是没有丧失信心。那时候，我尝到了学习拉丁文的甜头，而且我觉得我的法文比拉丁文学得好。我还想选一门理科方面的新课。化学对我来说没有什么吸引力，只是在参加伦敦大学入学考试时选了化学。而这次我选了热光学，据说这门课比较容易学，后来我发觉的确是这样。

为了参加下一次考试，我竭力简化自己的生活。我觉得生活方式与我的家境不对称。想起我那辛勤耕耘的哥哥总是毫无怨言地寄来一笔笔钱为我所用，我的心情总是难以平复。很多学生每月只花费 8 ~ 15 英镑，但功课都很优秀，生活简朴的事例比比皆是。我见过很多学生，他们都很贫苦，我比他们的生活优厚得多。有一个学生在贫民窟里租了一个房间，每星期要付 2 先令，而每顿饭他花 2 便士从罗哈特便宜的可可间买一点可可茶和面包。看到这些，我一定会做得到。这样一来，我就可以每月省出四五英镑。后来我改租单间房，还购置了火炉，开始在家做早饭。早饭主要煮麦片粥和可可茶吃，花的时间不到 20 分钟。午饭在外面吃，晚饭回家吃面包和可可茶。这样的话，一天我只花 1 先令 3 便士就可以了。这是我最用功的一段日子。生活的简单化保证了我的学习时间比较充裕，最后，我的考试终于通过了。

这样的改变使我的精神和行动很协调，也与我家庭实际的经济状况相匹配。我的生活实际上更加率真，我的内心也感到无限的愉悦。

饮食新体验

在对自我认识进一步加深的时候，我越加发现自己的内心外在两方面都需要有所改变。随着生活开支和生活方式的变动，甚至在这之前，对我的饮食我已经开始调节了。素食主义作家曾细致地从宗教、科学、实践和医药方面论述和探讨这个问题。他们从伦理学的观点和方法出发得出结论：人之所以比低等动物优越，并不是人可以随意猎食低等动物，而在于高级动物必须保护低级动物，两者应该是一种互助互惠的关系，就像人与人之间的关系一样。他们还揭示：人们吃饭是为了生存，并非为了享受。所以，他们中有人建议并亲身体验：不吃荤，不吃鸡蛋，不喝牛奶。还有人以科学的观点论说：从人体的生理结构看，人其实是吃果类的动物，本不需要将食物煮熟来吃；在婴幼儿出牙之前靠母乳，等长牙齿了，才开始吃坚硬食物。就医学的观点来说，他们的结论是：人不该吃所有的香料和调味品。从实惠的角度说，最省钱的还是素食。所有这些观点都对我产生了影响，在素食馆各种类型的食素者我都遇到过。英国有一个素食者协会，它每周还出一份刊物；我订阅了会刊，并加入了这个协会，不久担任了协会执行委员会的委员。在此，我接触到了许多素食主义的著名人物，也开始了我的饮食新体验。

我不再需要从印度带糖果和香料吃了。转变观念以后，我对香料的嗜好开始慢慢消失了，现在我只是把菠菜用开水煮熟后就吃也感到津津有味，但以前在里奇蒙的时候这样吃总觉得清淡寡味。经过如此多的实验，使我明白：真正尝到滋味的是心情而不是舌尖儿。

经济上的考虑对我来说，在我脑子里也是主要盘算的事。当时有一种观点是茶和咖啡对身体有害，认为喝可可好。我觉得也对，人应该吃那些对身体有好处的食物，因此我开始喝可可，不再喝茶和咖啡。

我经常去的几家餐厅里，去的人大概有两类。一类是那些经济条件非常好的人，对这些人供应的菜品比较丰盛，任其自选，按价支付，每顿这样的饭菜可花一到两个先令。另一类是像我一样的人，他们只有三道菜和一片面包，每顿饭花六个便士。这是我在那些严格节约的日子里的饮食情况。

除以上的实验以外，还有许多小实验：像有时不吃淀粉类食物，有时只吃面包、水果，吃奶酪、牛奶和鸡蛋。这些小实验值得一述，那些认为不吃淀粉类食物的人说鸡蛋营养高对身体没有损害，又不是荤菜。听信了这种说法后，我背弃了誓言去吃鸡蛋。对此我不愿再就誓言做任何解释。我母亲监誓时所指的吃荤菜包括了吃鸡蛋。想起这些和誓言的真谛，我就放弃了再吃鸡蛋。

还有一种观点值得一提。在英国时我听见了三种荤菜定义。

第一种是说荤菜仅指禽兽的肉，接受这种观点的人不吃禽兽的肉，但不排斥鱼，鸡蛋就不必说了。第二种是说荤菜指一切动物的肉。这样的话，鱼自然不能吃，但鸡蛋却可以吃。第三种是一切动物的肉及其副产品做的菜肴都算作荤菜，鸡蛋和牛奶自然包括其中。假如接受第一种观点，我既可以吃鸡蛋，也可以吃鱼。然而我母亲的定义是我必须遵循和恪守的界限，鸡蛋我不该吃。但这也让我犯难，因为我发现，就是在素食馆里，许多菜肴中都有鸡蛋。为了尽量严格要求自己，去分辨哪些该吃，哪些不该吃，这样的过程的确让我难堪，但却简化了我的伙食。然而这种简化又使我放弃了很多我喜欢吃的食品。但不管怎么说，因为我恪守誓言，在我内心里产生了一种更为健康、纯美而又经久的滋味。

关于另一个誓言的真正考验还在后面。然而谁敢去伤害被神灵保护的人？

对各种誓词的理解和解释我有自己的看法。怎么解释誓词是世人们争论不休而又内容丰富的话题。誓词再怎么简明扼要，人们总是从自身的心理意图和想法去解释，甚至歪曲。这种情形遍布社会各个阶层，不管是富人还是穷人，是王公贵族还是乡下农民，他们中都有这种人。不太纯良的动机使他们不辨真伪，并戴着有色眼镜看问题作解释，他们总是采取两不相干模棱两可的态度，最终欺骗了自己，蒙骗了世人，甚而忤逆神灵。事实上真心实意依着监誓者对于誓词的解释才是金科玉律。再一个就是，要在两种解释中选择的话，那就接受弱势一方的解释。如果撇弃了这两种原则，就会导致那些源于不诚实的争吵和罪恶。追求真理的人，善于遵循这个金科玉律，他们不需要更多复杂的解释。

经济方面的原因和养生之道的观点对我在英国的饮食体验所起的作用是决定性的。关于这一问题在宗教方面的考虑是我到南非进行全力的体验以后才有的。

往往一个改宗者比一个从小就信奉那种宗教的人更有热情。在英国，素食主义那时就是一种新的信仰，对我而言也是如此，像我们所看到的一样，我原来食素，但被说服认同食肉，在后来却有意识地将自己变成了素食者。满怀素食主义的热忱，我准备在贝斯瓦特的住宅区建立一个素食俱乐部。我邀请住在该区的艾德温·安诺德爵士担任俱乐部副主席，并请主编《素食者》的奥德菲尔德博士担任主席，我担任秘书。然而我因为按照定期迁居的习惯，搬离了那个地方去了别的地儿，所以这个俱乐部存了几个月就结束了。可是这样一次为时不长却是谨慎而为的经历，多少使我获得了一些组织和管理社会团体的能力和历练。

羞涩帮我识别真理

我被选为素食者协会的执行委员后，协会的每次会议我决定都去参加，可是一到开会我总觉得张不开嘴。奥德菲尔德博士有一次对我说："平时和我说话你不怎么拘谨，可在会议上你为什么不张嘴呢？你莫非是只雄蜂吧？"我很欣赏这种调侃。蜜蜂总是忙忙碌碌，而雄蜂完全是个懒汉。在这些会议上，大家都各抒己见时，我却坐着不发一言，这并非怪事。不是说我从来不想发言，我只是不知道该怎样讲话，讲什么，我认为其他委员懂得比我多，比我有见地。有时当我鼓足勇气准备发言时，大家又开始讨论下一个问题了。有很长时间我就处在这种情形之下。

协会里在这时候开始争论一个严重的问题。我认为缺席而且保持沉默是不对的，是懦弱。争论是这样的：协会主席希尔斯原是泰晤士钢铁厂的老板，是清教徒，他一直资助协会的运行。在委员会里许多委员或多或少受他庇护。艾林生医师是委员会成员之一，以素食者闻名，他倡导新节育运动，还亲自在工人阶层宣讲节育方法。希尔斯认为这是向道德本源上开刀，他认为素食协会的宗旨是要讲饮食，也要在道德方面进行改革，艾林生医师持有反清教徒的观点，他不应该继续作为协会成员，应该将他开除出协会。这一问题使我高度关注。关于艾林生医师提倡的方法我以为是危险的。我也相信作为清教徒的希尔斯有权提出反对意见。我敬重希尔斯先生的为人和他的慷慨。

虽然这样，但我认为只是以有人不把清教徒的道德观念作为协会的宗旨之一的原因，就把他赶出素食者协会，这种做法太不恰当。希尔斯先生的看法只是他个人的观点，和协会的只提倡素食并非倡导道德制度的宗旨两不相干，任何素食者，无论他对其他的道德持什么看法，都不该影响其成为协会的会员。

委员会中还有和我持同样看法的委员，但我认为表达我自己的意见还是很有必要。怎样表达呢？我没有勇气，最后我写下我的想法，然后带着书面的想法去参加会议。我记得当时没能力宣读它，是主席找人代为宣读。最后的结果是艾林生医师失败了。在此，我发现自己是个失败者。但我觉得我之所作所为属于正当，并以此安慰自己。记得这事情过后，我离开了委员会。

这种羞涩在我英国的整个时期一直保留着。偶尔参与一些应酬时，只要有六个人或更多一些，就会使我无法讲话。

一次，我和马兹慕达先生一起去文特诺。我们住在一个素食者家里。《饮食伦理学》的作者霍华德先生也住在这个避暑盛地。我们拜访过他，他邀请我们为一个提倡素食的集会做演讲。我清楚在会上宣读讲稿并非不合适，很多人也是为了使讲话前后连贯简洁而这样做。我不敢即席讲话，因此我提前写了演讲稿。可当我要宣读的时候，我的眼前一片朦胧，浑身发抖，一句也就讲不出来，尽管我的讲稿总共不过一页。最后还是马兹慕达先生代我宣读的。而他的发言自然很精彩，博得了阵阵掌声。我感到很失颜面，我为自己的无能而暗自伤悲。

我在从英国返回印度前夕，曾经为公开讲话做了最后一次努力。然而这一次我还是出了洋相。我邀请那些素食朋友去前文曾提到的贺尔朋饭店吃饭。我想，"去素食馆吃素食是应该的，可是为什么不能去非素食饭店吃呢？"我找了贺尔朋饭店的经理，请他备办一桌严格的素席。因为这个新实验，应邀者为之欢呼雀跃。所有的宴会原本是为了欢乐，然而在西方它已经变成了一门艺术。在这种宴会上有欢呼喝彩、音乐和讲演。我所举办的这个小宴会同样少不了这些，演讲自然是一部分。该我讲话时，我站起本想讲已经打好的腹稿，也就几句话说完就行了。可是讲了第一句话后就再也讲不下去了。以前我曾读过艾迪逊的故事，在英国下议院艾迪逊做他的首次发言时，连续说了三次"我想"后，再也没了下文，这时有人站起来开玩笑说："这位先生想了三次，可什么也没有想出来。"我本来想用这个趣闻使我的演讲幽默一些，可刚开始就卡壳儿了，脑子里一片空白，什么也想不起来。情急之下，冒出了这样一句话，"谢谢各位，谢谢你们好意地接受了我的邀请"，然后就坐下了。

在去南非以后，我的这种羞涩才有所克服，但这个毛病还是没有完全克服。于我来说即兴讲话依然无法做到。在面对陌生听众时，我就会犹豫，尽可能地推脱不讲话。

这种天生的羞涩有时的确闹笑话，但却没有任何坏处。依我看，这种羞涩倒是对我确实有很大的好处。讲话结结巴巴，过去一度使我头疼的事，现在却对我是好处，它使我说话用词简练。从而使我养成了约束自己的思想的习惯，现在我讲话或者下笔绝没有一句不假思索的话。我想不起我的讲演中或写作中，哪里还有让我遗憾的地方。因此这使我避免了无数的失误，也节约了时间。这些经验让我懂得，作为信奉真理的人沉默是精神训练的一部分。不管是出于有意还是无意，夸大、抹杀或篡改事实的倾向本来是人性的弱点，要克服它，保持一种沉默很必要。少言寡语的人说话一般是经过考虑的；他会审慎衡量说的每一句话。在日常生活中，生怕自己讲不成话的人确实很多。几乎所有的会议主席都为与会者递条子要求讲话的事伤脑筋。而当准许一个人讲话时，他总是滔滔不绝，超过时限，你准不准许，他还是喋喋不休。所有这种谈吐对这个世界实在没什么益处，仅仅是对时间的浪费。我的羞怯的确保护了我，它容许我成长，帮助我识别真理。

不诚实让我如坐针毡

40年前，印度人去英国留学还是比较稀罕的。他们去留学时，虽然早已结婚却还要装成单身汉。在英国，不管中学生还是大学生都是未婚青年，在他们的观念中，读书和婚姻生活会互相冲突。在印度古代也像英国一样，那时印度的学生叫作"波罗摩恰立"，意思就是"完全自制的人"。但是到了近代，印度却出现了童婚制，而在英国这种制度是从来没听说过的。所以，印度青年去了英国后都不敢说自己已婚。还有一个不敢说的原因：就是如果人们知道了事实真相后，他就不能和他们所寄宿的那家的姑娘一起去玩或者嬉戏了。在英国青年们一块儿嬉戏本来不算什么的，英国父母甚至还鼓励他们一块儿出去玩儿；为青年人选一个异性好朋友，所以这样的方式建立一种联系还是必要的。然而，这对英国青年来说很自然，但对印度年轻人讲，到英国后沉溺于这种关系之中，其后果不堪设想。就像经常所看到的，一些印度青年难以抗拒这种诱惑，他们经常与英国女孩子腻在一起过着一种不诚实的生活。这种情况对印度青年实为不妥。而我自己也受其影响，虽为有妇之夫，且已为人父，但也冒充单身汉。好在我的自欺欺人并没有使我觉得多么快乐，而我生性谨慎和性格羞怯，这才没有使我深陷泥潭之中。因为如果我不讲话，是没有女孩子愿意和我讲话或与我一起出去嬉戏游玩的。

我既胆怯又谨慎，曾经在文特诺，我寄宿的一户人家里，那里的人家有个规矩：房东的女儿要带着客人出去散步。有一天我在房东女儿的带领下去文特诺附近爬小山。那位女孩子走得比我快，一直在我的前头，并且边走边说话，滔滔不绝。听着她说，而我只是偶尔轻轻地说一声"是"或"不"，最多也就是一句"真的，多么美"！她迈步轻盈像小鸟一样，我却在想什么时候才能回家。到山顶后，我想一个问题，怎样再跑下去呢？然而这位 25 岁的女孩，虽然穿高跟鞋，但却像箭一般冲下了山。我则战战兢兢地挣扎着下来。她站在山下，面带欢笑鼓励我，还要来扶我下去。我怎么如此胆小呢？我费了好大的劲，跌跌撞撞下得山来。看到这样，她放声大笑，并说"真有意思，太好玩了"，这使我非常难堪。

然而我还是难免不出问题，可能神灵要助我剔除那个不诚实之害。在我去文特诺之前，也就是我到英国的第一年，有一次我去过和文特诺一样的避暑胜地布莱顿。在那里的一家旅馆里我见了一位中产阶级的上了年纪的老太太。当时我恰巧和她同桌，我正在看着菜单，想问问服务员菜单上写的菜品是用什么做的。她看见我很犯难，便立刻过来帮忙。她说："你好像是刚来这里，不熟悉这里的情况。怎么不点菜？"当这位好心的老太太这样说的时候，我向她说了声谢谢，并告诉她难为的原因是我不懂法文，不知道哪些菜是素菜。

"我帮你吧，"她说道。"我给你解释，你可以吃哪些菜。"我高兴地接受了。从那以后我们便认识了，彼此也成了朋友，在我留学英国期间和回国后的很长时间里，我们的友谊从未间断过。她给我留下了她在伦敦的地址，并请我每个星期日去她家吃饭。有时还特意请我过去，介绍一些年轻女孩子给我认识，让我去和她们交流谈话，以帮我克服羞怯。和她同住的是一个年轻女孩儿，老太太常常引导我和她谈话，还让我们两个人单独交往。

刚开始我感到十分为难，既不能交谈也不敢开玩笑，但是老太太总是鼓励我引导我。我开始学着相处，不久以后我心里竟然盼着每个星期天的到来，慢慢地我开始喜欢和这个女孩子交谈了。然而这位老太太的罗网撒得越来越大，我们的会面她很有兴趣。也许对我们的交往她是早有计划的。

我这时才感到进退维谷。我心里这样想："我应该早一点告诉老太太我已婚的事实。这样她就不会撮合我们两人了。现在告诉她实情还不算晚，说出实情，以后可以避免很多麻烦。"我打定主意，便给她写了一封信，内容大致是：

"从我们在布莱顿相识以来，您待一直我非常好，就像母亲对待儿子一样照料我。您可能认为我应结婚了，所以介绍我与一些年轻女子交往。但是我怕惹出什么麻烦，所以现在我向您坦承我实在不配接受您的深情厚谊。在拜访您的时候就应该告诉您我是已婚之人。我知道在英国留学的印度学生对别人总是隐瞒自己已经结婚，而我也一样。我现在明白了这样做是不妥当的。另外，我还要告诉您，童年的时候我就结婚了，现在是一个儿子的父亲。这么长时间没有告诉您这件事，我感到非常惭愧和内疚，可幸运的是，神灵给了我勇气向您坦承这些事实，你能宽恕我吗？我向您保证，您好心为我介绍了那位年轻女子，我对她绝对没有什么不端之举和冒犯行为。我清楚我该守什么规矩。您不知道我是已婚之人，所以才有心为我们搭桥。为了避免事态发展，我必须向您如实相告。

"如果您看了信以后，觉得我辜负了您的好意，我毫无怨言。我将铭记您对我的盛情和关怀。如若从此您对我不嫌弃，我还是值得关怀的人，我自然会很高兴，并且将此理解为您加深了对我的眷顾和关爱。"

我要说的是这封信并非一气呵成，而是经过了再三修改。可以说这封信使我如释重负。我很快收到了她的回信：

"你的信我已收到，你很坦诚，我们两人很高兴，而且舒畅地大笑了一番。你的信中讲述的那些过失是可以谅解的，告诉我们事实也很好。我还会邀请你来，希望你下个星期日来以后，和我们讲述关于你的童婚的故事，让我们再开心一场。我们的友谊不会因此受到丝毫影响。"

这样一来，我的不诚实之害被彻底消除了。从此，如果必要，我总是毫不犹豫地告诉别人我是已婚者。

初次接触各种宗教

在英国第二年年末，我遇见了两个朋友，他们是两兄弟，还没有结婚，都是通神论者。他们和我谈到《纪达圣歌》[《纪达－戈文达圣歌》（Gita-Govinda），据说是十二三世纪的时候由一位抒情诗人贾亚－德瓦（Jaya-Deva）写下的歌颂黑天（Krishna）早年的牧牛生活，戈文达系黑天的别名]。那时两兄弟正在读艾德温·安诺德爵士译的《天府之歌》，他们请我和他们一起读原著。那首圣歌的梵文或古吉拉特文版本我从来没读过，我深感惭愧。我告诉他们《纪达圣歌》我没读过，尽管我的梵文基础有限，但我还是很乐意一起读，不过我希望通过阅读原著可以弥补我看译文时可能会出现的错误理解之处。于是我便与他们一起读《纪达圣歌》，我还记得第二章有几行诗句给我留下深刻印象，至今萦绕心头：

人如沉溺于感觉之物，必将受其诱惑；诱惑催生妄念，妄念激起欲火，欲火燃烧，便会不顾一切；理智界限崩塌，浩气荡然无存，终致精神泯灭，身心尽丧。

这本书简直是无价之宝，它给我的印象随时日推移日渐深刻，到今天，我仍然认为它是引导人们认识真理的绝佳之作。在我烦闷时，它会带给我极大的帮助。我遍览了这本书的所有英文译本，最后觉得安诺德的翻译最好。他忠实原著，让人读起来觉得不像是翻译作品。

这两位弟兄还向我推荐了艾德温·安诺德爵士著的《亚洲之光》。之前我只知道安诺德爵士只翻译了《天府之歌》，直到看见《亚洲之光》这一本书。这本书读起来我觉得比《薄伽梵歌》更吸引人。一旦读起来，就放不下了。有一次他们带我去布拉瓦斯基住宅，向布拉瓦斯基夫人和贝桑特夫人介绍了我。当时贝桑特夫人刚加入通神学会，她改变信仰的事让我产生了很大兴趣。朋友们劝我也加入，我委婉拒绝了。我对他们说："对于自己本民族的宗教我的认识还很有限，加入别的宗教团体不适合。"在那两位弟兄的建议下，我还读了布拉瓦斯基夫人写的《通神学入门》。正是这本书激起了我阅读有关印度教典籍的愿望，而那些传教士们宣传的说印度教充满迷信的观念也因之从我心中剔除了。

可能也就是这段时期，在一家素食公寓里，我见到了一位善良的基督教徒，他来自曼彻斯特。我们谈了关于基督教的话题，我告诉了他在拉奇科特时所经历的一些事情，听后他难过地说："我自己素食，不饮酒。不用说，许多基督教徒既吃肉又饮酒，这是事实；但是食肉饮酒并非《圣经》训示。如果读了《圣经》你就会知道。"我听取了他的建议，他给了我一本《圣经》。我隐约记得他经常卖《圣经》，我便从他那里买了一本带有地图、索引等附录资料的《圣经》。《旧约》我没读下去，读完《创世记》后，在读后来的几章时我总是嗑睡连连。然而为了炫耀我也读过《圣经》，我勉强读了其他部分，对此我既不感兴趣，也没去更深地了解。《民数记》我最不喜欢。

《新约》给我的感受却大有不同，像《登山宝训》，可以说是深入我心坎儿。它完全可以和《纪达圣歌》媲美。有一句"我告诉你们：不要与恶人作对。有人打你的右脸，连左脸也转过来由他打。如果有人想要拿你的内衣，连外衣也由他拿去"，这让我极为欣赏，也使我想起萨玛尔·巴特的"惠我杯水，报以美食"那句话。我想把《纪达圣歌》《亚洲之光》和《登山宝训》的训诫连贯起来。宗教的最高形式是克己，它让我大受鼓舞。

读了这些书后，我想探究其他宗教学者生平的兴趣被激发。一位朋友给我推荐了卡莱尔的《英雄与英雄崇拜》，读完"先知是英雄"章后，我才懂得先知的伟大、勇敢和简朴的生活。

因为要为考试做准备，所以没有多少时间涉猎其他知识。那时除了对宗教的一点认识之外，我已没有更多的精力去钻研。但是我心里已经准备好今后要广泛阅读关于宗教方面的书籍，为的是对所有主要宗教要有所涉猎和熟悉。

然而对于无神论，我怎能没有些许的了解和认识呢？布拉德劳其人和他的无神论每个印度人都知道。我曾经涉猎过有关无神论的书，什么书名我想不起来了。总归它没有影响到我，原因是我早已走出了无神论的荒漠。贝桑特夫人在当时备受关注，她已经转变为有神论者。我读过她的《我如何成为一个通神论者》一书。

也就是这个阶段，布拉德劳去世了。他被葬在了沃金公墓。他的葬礼我也参加了，我以为旅居伦敦的每个印度人都会参加。送殡结束，我们在等回程车。这时人群中有一个无神论者诘问一个牧师说："喂，先生，你相信上帝真的存在吗？"

"我相信，"那位牧师低声回答。

"你也认为地球的周长是28000英里吗？"那位无神论者自信地问道。

"当然"。

"那么请你告诉我，你的上帝有多大？他在哪儿？"

"好的，只要我们去用心感受理会，他就在我们心中。"

"得了吧，别拿我当不懂事儿的孩子了。"那位无神论者面带得胜的表情说。

那位牧师显得很谦逊，默默地一句话也没说。

这一番对话无疑加深了我对无神论的偏见。

神明给弱者以力量

对印度教和世界上的其他宗教，我虽然有了一定的认识和了解，但我也清楚当我经受考验时，这点知识不足以使我得以获救。当一个人承受着考验时，支撑他的到底是什么，他是感觉不到的，更不用说有什么先见了。没有信仰的人往往将自己的获救归于运气和机遇。而有信仰的人会说这是神明的功劳，他会得出这样的结论，这是他本身的宗教修为或者精神信条作用的结果。然而当他获得救赎时，他还是搞不清楚到底是他的精神信条还是其他什么东西拯救的他。看看那些相信精神力量的人，他们不是也见过精神的东西会被世俗所折服吗？当你承受考验之时，宗教知识与经验的知识不同，那仅仅是戏言而已。

还在英国的时候，我就发现仅仅依靠一些宗教知识起不了多大作用。因为当时很年轻，我说不上在以前的多次遭遇中到底是如何得救的；而如今我已 20 岁了，已有妻儿，具备了一些经验。

记得在 1890 年，也就是我在英国的最后一年，一个印度朋友和我被邀请参加在朴次茅斯举办的一次素食者会议。朴次茅斯是一个海港，有很多海军人员驻扎在那里。那里的公寓住着的许多妇女名声不是很好，她们还算不上妓女，但道德品行不端。我们就住在其中的一家公寓里。实话说，会议的组织者根本不知道这些情况。当然，在朴次茅斯这样的地方，让我们这些偶尔来去的旅客分辨出哪些是好住所，哪些又是坏住所本身就是一件比较困难的事儿。

我们经常晚上才回寓所，晚饭后大家坐下来打桥牌，女房东和我们一起玩儿，在英国这是规矩，即使是上等人家也一样。每个人玩牌时偶尔会讲一些玩笑话，本来无伤大雅，可我的朋友就不是这样，他和女房东讲的话不像样儿。以前我还没发现我那朋友还擅长此道，受他们影响，我不自主地也参与了他们的话题。正当我想越界的时候，我的朋友受神明启示向我警告说："你这种坏念头哪儿来的呀？孩子，离开吧，快！"

我心里顿时异常惭愧。我接受警告，并向我的朋友表示了衷心的感谢。这时向母亲起誓的情景浮现在我眼前，我从现场仓皇而逃，心里慌乱地跑回我的房间，像被猎人追逐的动物。

印象中这是我第一次除了妻子以外动了情欲的女子。晚上我彻夜未眠，半睡半醒中我被各种杂乱的思绪困扰着。我是不是应当从这个屋子、这个地方离开呢？假如我不理智，会发生什么事情？我必须谨慎小心了。于是，本来开两天的会，第二天晚上我便离开了朴次茅斯，与我一起的同伴则在那里多住了一些时日。

那时，宗教或是神明的实质到底是什么我并不了解，也不知道他们到底如何对我产生影响。那一次我仅是朦朦胧胧地感觉是神明拯救了我，每当我经受考验的时刻都是神明给予救援的。至此我才明白"神明拯救我"的深刻含义。但我还是觉得它的意义并未完全明白。要更加深刻地理解需要丰富的经验。就我所经受的所有精神性考验而言，不管是做律师、经营公共事务，还是从事政治活动，可以说，都是神明给予了我庇护。当所有的希望濒临破灭时，我突然发觉神明在不知不觉中出现并给予我帮助。不能把祈福、膜拜、祷告都看作迷信行为，它们只是比饮食住行更加真实。只把它们看作真实而其他一切都不真实也不为过。

这种膜拜或祷告并非挂在嘴上或夸夸其谈，而是发自内心。因此，当我们的心灵达到"除了爱以外再无杂念"的纯洁境地时，我们会感到"天籁之音"洞穿我们的心灵。祷告没必要讲出来，它是默默的。它是独立于感性的精神修为。我绝对相信祷告清心绝欲的成功手段，但前提是对神明要抱有一颗谦卑之心。

纳拉扬·亨昌德罗

纳拉扬·亨昌德罗，是我很早听说的一个作家，也在这个时候来英国了。我们在印度国民大会曼宁小姐的家里见过面，曼宁小姐知道我不善交际，每次在她那里我除了回答别人的问话以外，总是默不作声，那次她把我介绍给纳拉扬·亨昌德罗。纳拉扬不懂英文，穿着古怪——裤子粗陋，褐色的衣衫皱褶不堪且脏兮兮的，没领带也没领结，头上顶着垂着穗子的绒帽，留着一颌长须。

他个头瘦小，鼻子适中，圆圆的脸上满是出天花时留下的斑痕。老是抬手抚摸自己的胡须。

这样样貌奇特、着装古怪的人，在一个时髦的社会里，惹人注意是自然的。

我对亨昌德罗说："久闻大名，也拜读过您的作品。如能驾临寒舍，我将非常荣幸。"

纳拉扬·亨昌德罗的声音沙哑，他微笑着说：

"当然可以，你住哪儿？"

"斯多尔大街。"

"那我们可是邻居呢。你愿意教我学英文吗？"

"没问题，只要我能教您，我很高兴为您效劳。如果您愿意，我也可以去您那里。"

"那怎么好意思？我去你那儿吧。我还要带翻译练习本去。"就这样我们约定好了，不久后我们成了好朋友。

对于英语语法，纳拉扬·亨昌德罗一窍不通；他认为"马"是动词，"跑"是名词。他的这类笑话我记得有很多。但他从未因此而灰心。我的语法知识也很有限，无法更好地帮他。说真的，他从不把自己不懂语法看作是耻辱。

他漫不经心地说："在表达思想时我从来不认为还需要语法规则。你懂孟加拉文吗？我懂，我曾去孟加拉国旅行过。我把马哈尔希·德文特罗纳斯·泰戈尔［Maharshi·Devendranath·Tagore，印度现代最伟大的爱国诗人罗宾特罗纳斯·泰戈尔（1861—1941年）之父，以进行社会和宗教改变而闻名］。我还希望把其他文种的著作译成古吉拉特文。你也知道我翻译只是表达原文的精神而不受原文的限制，我很满意这样。别人有丰富的知识，还能做得更好。我不懂语法，能做到这些，令我很满意。我懂马拉底文、印地文、孟加拉文，如今我又开始学英文。我只是缺乏丰富的词汇，我的抱负不止如此！我还要去法国学法文。可能的话，我还要去德国去学习德文呢。"对这些他说个没完。对于学习外文和去国外旅行，他的兴趣非常浓厚。

"这样说，你还要去美国吗？"

"那是自然，去那个新大陆看看，［不然］我怎么能够回印度呢？"

"那么远，你哪儿筹措那么多旅费？"

"只要够吃够喝穿得暖就行了，我不像你那样赶时髦，要那么多钱干什么？我游学的开销，只凭我写书和朋友们的资助就可以了。我外出旅行常坐便宜的三等车。如果去美国我打算搭统舱。"

纳拉扬·亨昌德罗的简朴表现了他的率真与自然，没半点骄傲。但作为作家，他过于在乎自己的才能了。

我们都是素食者，午饭的时候经常在一起吃。在思想和行动上我们几乎相同，那阵子我自己做饭，每周只花17先令。我一般做英国口味儿的饭，而他只吃印度饭。他吃饭要有印度人日常必备的黄豆汤，而我常做胡萝卜汤，我的口味他很不认同，觉得很单调。有一次他煮了蒙豆带给我，我吃得很高兴。从此我们经常互相交换食物：有时我送好吃的给他，他对我也同样。

当时曼宁主教名噪一时。在约翰·伯恩斯和曼宁主教斡旋下，码头工人的罢工得以尽早结束。我对纳拉扬·亨昌德罗说，狄斯荣立对主教的简朴作风非常赞赏。他听后便说："这位圣人我一定要见见。"

"他这样一个大人物，你恐怕见不着他！"

"为什么见不着他？我有办法。你必须代我向他写封信，讲明我是作家，对他的人道主义工作我要当面向他祝贺，并告诉他我不会讲英语，所以要带你一同前往，你是我的翻译。"

按照他的要求我写信给曼宁主教，两三天后曼宁主教回信约见我们。拜访主教的时候我穿着会客的正装，而纳拉扬·亨昌德罗却依然是从前的打扮。我对他开玩笑的时候，他放声而笑，说："你们这些文明人谨小慎微，放不开，其实大人物往往不会关心一个人的外表，他们关注的是人的内心。"

走进主教的厅堂。我们刚落座，便出来一位瘦高个老先生和我们一一握手。纳拉扬·亨昌德罗向老者说："我不想耽搁您过多的时间。久仰您的大名，今次来是向您为罢工工人所做的贡献当面致谢的。拜会世界名人的习惯一直是我的习惯，今天很冒昧，打扰您了！"他说的是古吉拉特话，我做了翻译。

"你们能来让我很高兴。希望你们在伦敦如意称心，也希望你们在这里有更多的朋友。祝福你们！"讲了这些后，曼宁主教起身和我们告别。

有一次纳拉扬·亨昌德罗来找我，只穿着一件内衣和一条"拖地"["拖地"（dhti），一块宽长的白布，一般印度男人缠在身上当裤子用]。那时我换了房东，当他来的时候，善良的女房东开门后一看不认识，便慌张地跑过来对我说："有个人像个疯子，说是找你。"我连忙跑过去一看，却是纳拉扬·亨昌德罗，让我很吃惊。但是他像平时一样，面带笑容，跟没事儿似的。

我问他："你穿成这样，街上的小孩子没有追着你闹吗？"

"是啊，他们跟在我后面走。但我不去理他们，他们觉得没意思不闹了。"

在伦敦，纳拉扬·亨昌德罗待了几个月后便去了巴黎。他果然学习了法语，并且翻译法语著作。我的法语水平只能为他校对译文，所以他就译稿寄给我看。就像他说的，不受原文束缚，所以所谓的翻译只是大意。

最后，他费尽苦心搞到了一张统舱船票，还是遂了去美国的心愿。他到美国以后，因为有一次穿那件内衣和"拖地"逛街，被以"奇装异服"而起诉，但后来好像又被无罪释放。

大型博览会

巴黎在 1890 年曾经举办过一次大型博览会。我早已在一些报刊上了解到这次博览会的一些情况，一直期待着去巴黎看看。这次博览会最引人注目的是完全钢结构且高达 1000 英尺左右的埃菲尔铁塔。在博览会中众多有趣的东西当中这座铁塔最为突出。

早前听说巴黎有家素食旅馆，于是我就在那里订房间住了七天。对于我去巴黎的旅程和在那里的参观费用，我都做了精心计划，尽量节省开支。每次出门我都会拿着巴黎地图和博览会的路线图，大多是步行游览。所用的地图等工具足以指导你去主要的街道和名胜古迹。

对这次博览会，感觉除了规模宏大和品类繁多外，我能想起来的不太多。埃菲尔塔倒是记得很清楚，因为我登过两三次，而且为了表明在很高的地方我也曾用过餐，我花了 7 先令在塔上的第一层月台餐厅吃了一顿午饭。

巴黎古老的教堂那种宏伟肃穆至今令我难以忘怀。巴黎圣母院的恢宏壮丽和它那华丽精美的内部装饰叫人留恋。我觉得只有人们心中充满了对神明的敬畏与虔诚，才能去花费万千资财修建如此神圣宏伟的教堂。

在还没去巴黎之前，有关巴黎的逸闻与时尚类介绍我已经涉猎过，来此之后每一条街道上的景象都一一验证了。而那些令人起敬的教堂就屹立在那种繁华的情境之外，人们一旦踏进教堂，那些人间的繁杂与喧嚣会立刻烟消云散。而当人们从跪在圣母像前的人身边经过时，无人不变得庄重而虔敬。看到这些时，我内心的宗教情感也得到升华，我觉得长跪者绝非因为迷信，圣母像前虔诚的灵魂也绝非因之一块大理石。他们内心是虔敬的充满爱的，他们所膜拜的是神灵而不是石头；他们的崇拜没有损害而是让上帝的荣耀更加彰显。

说说埃菲尔塔吧。至今我都不懂为什么要建造它，当年就我所闻，对它的建立褒贬不一。我记得托尔斯泰是对它进行批评的主要人物之一，他认为埃菲尔塔是人类愚蠢的象征，并不代表智慧。他还说烟草是最糟糕的麻醉品，吸食烟草上瘾的人敢犯一个醉鬼都不敢犯的罪孽；酒能使人疯狂，而烟草则会蒙蔽一个人的心智而使他沉迷于虚妄之中。埃菲尔塔就是那些被蒙蔽的人创作的，它算不上什么艺术，更谈不上对博览会有什么贡献。人们争先恐后地围观，还以登上一次为快，只是因为它的新奇和庞大而已。实际上，它只是博览会的玩具，我们像小孩子一样，终会被各种各样的玩具所吸引。埃菲尔铁塔恰好说明了我们还具有容易被玩具所吸引的心态，这也许是建造埃菲尔塔的真正用意吧。

当了律师又怎样？

我去英国就是想成为律师，可到现在还没有谈起这些，下面就简单地说说。

一个学法律的学生，在正式成为律师之前，他必须具备两个条件：第一，"持续学期"，即12个学期，大约是三年时间；第二，考试合格。"持续学期"的意思是参加聚餐，也就说每个学期有24次聚餐，必须至少参加6次以上。而这样的聚餐并不是仅仅吃一顿饭，而是要求参与者按时亲自报道，在规定的时间内展现自我，在整个宴会期间保持形象。当然，一般情况下，每个人都可以随意享用美味，开怀畅饮。一次聚餐每人消费2先令6便士到3先令6便士，也就是2~3个卢比。这个标准是比较适中的，因为下馆子的话，光酒钱就要这么多。这对我们印度人而言，如果我们还不是太"文明"的话，酒钱比饭钱多，那是无法接受的。我刚开始感到很吃惊，心想人们为什么会这样做。后来我慢慢理解了。如果参加这种宴会，我一般不吃东西，这种宴会上我能吃的就是一些面包、熟马铃薯和卷心菜。我不爱吃这些，所以刚开始我不吃；后来我开始吃了，并且也开始吃别的菜。

宴会上四个人一组，供两瓶酒，而我不沾酒，但却被拉去凑数，这样他们三个人就能喝两瓶酒了。每个学期还有个"盛夜"，这个"盛夜"上提供葡萄酒、樱桃酒和香槟酒。所以一到"盛夜"，我是被特别邀请的，他们都拉我去入伙凑数。

那时我就是弄不明白，这样的聚餐怎么会使学生具备了当律师的资格呢？最初举办这种宴会，有资格参加的学生不多，因此他们和法官攀谈、发表自己的见解和展现自我的机会就多一些。这种情况有助于他们培养和增加得体、优雅而精练的社交知识和表达能力。后来到我读书的时候，法官们自设一席，与之前的情况不一样了。这种教学体制便丧失了它的本意，但这种形式在保守的英国却还保留着。

我们所学的课程比较容易，律师们被戏称为"宴会律师"。所谓的考试人人都明白没有实际意义。那时，我的考试有罗马法和普通法，为这种考试还编了些指定的课本，考试时可以带进考场，平时没有多少人读它。我知道有很多人花一两个星期突击学习罗马法的笔记，再花两三个月读读普通法的笔记，这两门应试保准及格。而考试试题很容易作答，所以考场纪律松散。罗马法平时的测验及格率高达95%~99%，而最后的大考录取率在75%以上。因此没人害怕通不过，更何况一年有四次考试。

应付这两种考试我还是成功的，我只有一个办法。我认为应该把所有的课本都读完，于是我去买了课本，还准备读拉丁文版本的罗马法。所幸在参加伦敦大学入学考试前学到的拉丁文知识派上了用场。所做的这一切即使是我到了南非以后也是很有用的，因为罗马法在南非是普通法。所以像我读的贾斯丁尼亚的著作对我在了解南非法律方面有很大帮助。

为了读完英国的普通法，我用了9个月时间的苦读。布罗姆的《普通法》是体系庞大趣味很浓的巨著，读它我花了很长时间。斯尼尔的《平衡法》是很有意思的，但读起来有点难度。怀特和提德尔的《案例精选》是重要案例选编，实操性和启发性很强。我还读了威廉士与爱德华合著的《不动产》和古德维的《论私有财产》。读威廉士的著作就像是读小说。在回印度以后，对法律书籍我还保持着一种浓厚的兴趣，那时我还读了麦尼的《印度教徒法》，这一点在这里就不谈了。

我参加了律师资格考试并被录取，1891年6月10日获得律师资格，11日在高等法院登记注册，12日我便起程回国了。

虽然获得了律师资格，但是我的内心还是感到惶恐，那种遇事束手无策的感觉并未因此而消失，我不觉得自己具备了执行律师事务的资格。

要将这种感觉无助的情形写出来，只有再看下文了。

我的焦虑与不安

在英国获得律师资格不难，难的是执行业务。法律理论知识倒是用过功夫，但是就是缺乏实际的执行业务训练。我也用心学习过《习律一助》，但就是不知道如何运用于实践。

书中有一句格言是"应用自己的财产应使其无害于人"，但我就是不知道怎样理解这段格言的思想，并把它运用在我为当事人争取权益上。

虽然我通读了书本中所有重要的案例，可它并没有在我的业务实践上给我更多的自信。

我压根就没有学过印度法律。对印度教徒和穆斯林的法律，我完全是个门外汉，我连怎样写起诉书都没有学过。听了费罗泽夏·梅赫达爵士在法庭上大展经纶的故事后，我感到很奇怪：他在英国是怎么学到这种功夫的。对他那法学意识的敏锐我不敢奢望，然而让我深感不安的是，我没法确定日后自己还能不能将这种职业作为生计之道。

还在学法律的时候，我心里就有这种焦虑和不安的困扰。但我把这些告诉身边的朋友的时候，有个朋友建议我去向达达巴伊·奥罗吉请教。我说过在去英国的时候，我曾经带着给达达巴伊的介绍信，只是因为我觉得没有资格给这么大的人物添麻烦，所以拖了很长时间才把信交出去。每逢他的演讲我都去听讲，那也只是坐在讲堂的角落里听，等饱了眼福和耳福后就自行回家了。

为了利于和学生接触交流，达达巴伊曾建立了一个学会。我经常去参加学会的集会，在那里，我欣喜地看到达达巴伊对学生的那种关怀和学生对他的尊敬。就这样一些时日以后，我鼓足勇气向他递交了介绍信。他对我说："你随时可以找我谈谈。"但我一直没去。我想除非万不得已，是不该麻烦他的。所以那时我没有听从那位朋友的建议去找达达巴伊先生。后来我不记得是否还是那位朋友把我介绍给弗立德烈·宾卡特先生。宾卡特虽然是保守党员，但对印度学生的关怀是无私的。我和许多学生一样请求拜会他，他答应了。这次拜会使我永远铭记心中。他对我以朋友相待，我的悲观情绪在与他的谈笑中消除了。他说："难道每个人都应该成为费罗泽夏·梅赫达吗？像费罗泽夏和巴德鲁丁这样的人毕竟是凤毛麟角。一个普通的律师不见得要非凡的本领。只要诚实勤恳，维持一种生活就足够了。不是所有的案子都那么繁杂难办。好了，你能说说你都读过哪些书吗？"

我说了我读过的几本书名称后，可以看出弗立德烈·宾卡特刹那间的失望。很快他的脸上便洋溢着笑容。他对我说："我知道你遇到的困难。你读的书不多，又不懂人情世故，甚至连印度的历史你也没读过。这些是做律师必需的东西。当律师，就得通晓人情，还应该有一种观人相貌知其品格的能力。了解印度的历史虽然和律师业务关系不大，但这却是你应该学习的知识。你可能都没读过凯依和马尔逊的《1857年兵变史》[1857年印度人民大起义，从18世纪中叶开始，英国人采取蚕食的方式逐渐征服了印度，在政治上、经济上、宗教上和军事上进行了重大的变革，引起残余的王公贵族的恐惧和人民的不满，于1857年5月首先在德里附近英国的土著雇佣兵（印度人）中发生了兵变，印度中部各地英国人统率的印度兵群起响应，几个月内席卷了恒河上游的广大地区。这就是印度历史上的所谓'兵变'。真是这样的话，建议你去读读这本书吧，有关人情世故的书你也应该读一两本。"这几本书就是拉伐拓和申梅尔品尼克等人讲述相貌学的著作。

我非常感激这位可敬的朋友。当面对他的时候，他的直率和诚恳使我的所有恐惧完全消失了，然而离开他以后，我又开始不安起来。"观人相貌知其品格"成了我心头挥之不去的问题，回家的路上我一直想着这两本书。第二天我就买了拉伐拓的书，而申梅尔品尼克的书已经断货。拉伐拓的书读起来晦涩难懂，比斯尼尔的《平衡法》还难读，而且枯燥乏味。

我没有从拉伐拓的书学到多少知识。宾卡特先生的建议也没有对我有直接用处，但他对人的情谊却使我深受鼓舞。他那热情爽朗的笑脸使我记忆深刻，他的话言犹在耳：费罗泽夏·梅赫达非凡的才能并不是成就一个杰出律师所必需的；只要有忠诚和勤奋就够了。于我而言，忠诚和勤奋这两点，自问还说得过去，想来这也算是一点对自己的安慰吧。

凯侬和马尔逊的书我在英国没能读成，但我决心一读，好在我到南非以后终于读到了。

带着些许无奈的既憧憬又绝望的复杂心绪，我搭乘"阿萨姆"号轮船在孟买登岸。由于港口的风高浪大，我只能搭一艘小艇靠向码头。

我体验真理的故事（二）

我尊敬的赖昌德巴伊

前面已经说过孟买港口的风浪情形，这种现象在六七月间的阿拉伯海是常见的。自从轮船开出亚丁湾后，海上一直波涛汹涌，船上的乘客几乎都晕晕乎乎的；状态正常的只有我一个人，走上甲板看滚滚浪涛和飞溅的浪花。用早餐时，与我一起的还有一两个人，他们小心而又紧紧地捧着盘子吃麦片粥，以防洒出来。

海面上波浪滚滚，而我的内心充满了忐忑与不安。然而风暴并未妨碍我，不安也没有使我乱了方寸。我很清楚曾经的种姓麻烦正等着我去面对，对如何执业律师，我还是惶恐无计。而我自认为是改革者，那么终须对某些改革做一些打算。这些我都明白，然而还有一些无法预料的事发生。

到达时，哥哥在码头等着接我。哥哥那时已经认识了梅赫达医师和他的哥哥，后来在梅赫达医师的坚持下我们去了他家。于是在英国时的交往到印度后延续了下去，我们两家之间结成了永恒的友谊。

到那个时候我还不知道母亲已经与世长辞，我还期盼着见到母亲。

得知噩耗后，我知道我已回不到母亲的怀抱，按照规矩我守了斋戒。我母亲过世的时候我还在英国，哥哥怕我受打击太重，便一直瞒着我。当知道这个消息时，对我的打击还是很重的，我内心的悲痛更甚于父亲的离去。我感到我大多数最美好的愿望都破灭了，我记得，虽然很悲痛，但我还是没有过分地表露出来，我有时强忍夺眶而出的眼泪，装作若无其事，照常生活。

梅赫达医师介绍了好几位朋友给我，其中有他的堂弟列瓦商卡·贾吉望先生，后来我们成了终生的好朋友。在这些朋友中，在此最值得说的是诗人赖昌德巴伊〔巴伊，兄弟之意，印度人互相之间的称呼〕，又名拉治昌德罗，他是梅赫达医师哥哥的女婿，和贾吉望合伙开着一家珠宝店，他当时还不满 25 岁。我们初次见面时，我觉得他就是一个学识和品德都高尚的人。他是一个"百事通"，梅赫达医师让我考考他的记忆力。我尽我能，把我知道的欧洲语言的字汇都讲出来让他背诵，结果他丝毫不差地按我的次序背了出来。他的才华令我非常羡慕，但我没有为此着迷。真正让我着迷的是后来我知道的：他关于宗教经典的渊博知识，完美的高尚人格，以及他那自我实现的强烈追求。而这最后一点是他生存的唯一目的。他常常念诵的是早已铭刻于心的穆旦纳德的几行诗句：

> 言敬行恭，
> 与神灵同在，
> 唯有此方蒙福音；
> 那是不竭的源泉，
> 生命的力量。

赖昌德巴伊的生意资金数额高达几十万卢比。他对珍珠和钻石的鉴别非常在行。做买卖更是应付自如，很少有事难得倒他。但是生意不是他生活的中心，而是他坦然直面神灵的热情。在他的办公桌上总能看到关于宗教的书籍和日记，生意一结束，他会马上去阅读宗教书籍或写日记，他的许多著作中都能看到日记内容的影子。在大宗生意谈完以后，他会马上坐下来记述自己内心隐秘的感悟，很明显他不是一个纯粹的生意人，而是真正的崇尚真理的人。他一直坚持这样，从未因任何事打破这种常态。他与我没有什么生意上的往来或其他私人利益关系，然而我们相处却极为投缘。当时的我还是一个小律师，每次和他见面，他总是很认真地讲关于宗教的话题。而我还在摸索当中，对宗教方面的问题没有多大兴趣，但我却喜欢他的谈论。在后来虽然我与许多宗教领袖或导师，以及各种宗教信仰的领袖交往接触过，但他们给我的印象远比不上赖昌德巴伊那样深刻。他的话总是触及我的心灵，杰出的才智和高尚的道德使我特别敬佩。他不会让我误入歧途，这一点我深信不疑。每当我遇到精神上困惑和不解，我总是向他求助。

我非常尊敬他，但他仍然不是我心中期待的导师。

我相信印度教徒关于导师的观点和导师在个人精神自我实现中的重要性。没有精神导师就不会获得真正的知识，这种说法是有道理的。导师在世俗事务中可以是不完善的，但在精神事务中只有已臻完美的"格那尼（Gnani）"［无所不至的人］才称得上是精神导师。因此人应该永远追求尽美至善。一个人能获得怎样的精神境界，完全和他追求的目标有关。追求至善是每一个人的权利，不懈地追求，必有所得，至于其他，那是神灵决定的。

虽然赖昌德巴伊不是我心目中的精神导师，但很多情况下他仍然给予我帮助和指引。在我的生命中，留给我深刻印象的有三位：在那生活上与赖昌德巴伊的接触、托尔斯泰的《天国在你的心中》和鲁斯金的《给最后的一个》。在我的心中它们各占有适当的位置。

新生活怎么开始

我哥哥生性宽宏朴实、待人诚恳，因而交友甚广，他希望通过他的社会关系为我招揽一些生意。他名利心很重，对我寄予厚望。他认为我的律师业务很快就会发达起来，因此他不管家里的花销超负荷，为我筹建律师事务所煞费苦心。

那时因我出国而引起的种姓问题，在我回国后还在继续发酵。针对这个问题，在种姓里有两派主张，一派主张立刻恢复我的种姓身份；另一派则坚决反对恢复。为了讨好主张恢复我的种姓身份的一派，在回拉奇科特之前，我哥哥带我去了纳西克圣河做了沐浴，到拉奇科特后，他又设宴款待同种姓的人。我对此不屑一顾，但我知道那是哥哥对我的爱护，而且我对他也是十分尊敬，所以对他的这种安排我只能接受。后来，恢复我的种姓身份的风波就这样过去了。

我没有拒绝恢复我的种姓身份的那些人的准许，对那部分人的头儿我心里也不存在怨恨。我尊重开除种姓身份的规定。按照规矩，我的所有亲戚，包括岳父岳母、姐姐姐夫他们都不能在家里招待我，哪怕是在家喝口水也不允许。但他们都想悄悄地打破这种禁忌，然而我对此有些看不惯，因为这种当面一套背后又一套的做法与我做事的风格背道而驰。

我做事向来谨慎，对于种姓问题我没有觉得有什么困扰。实际上，将我看成种姓异己的那些人对我还是友善和蔼的。他们在我的一些事务上给予我帮助，并不是希望我能为种姓做什么事。我坚信这样的好事全是因为我对种姓问题的不抵制。如果我嚷嚷着恢复我的种姓身份，并在种姓内部制造分裂，或者触怒种姓领袖，那就必然要遭到报复，这样的话，自打回国以后，我肯定深陷这种斗争的旋涡或者更加虚伪。

我和妻子之间的关系还是不尽如人意。虽然出过国，见过世面，该有一定的心胸，但我的妒忌心依然如故。动不动因为一件小事儿会神经今兮，甚而捕风捉影，我期待的美好前景没有出现。原打算教她学得能读会写，但是我的情欲总是从中作梗，她一次次因我的过错而错失机会。有一次我把她赶回娘家待了很长时间，直到她十分痛苦的时候才把她接回来。到后来我才知道我那时是如何的无聊。

关于儿童的教育问题我准备做一些改革。我的几个侄儿，还有我的儿子现在也快四岁了。我打算亲自教他们体育，增强他们的体质。哥哥在这一点上很支持我，我也做出了些成绩。我特别喜欢孩子，喜欢和他们在一起玩耍，讲笑话，这是我至今保持的习惯。从那时开始，我觉得自己当个儿童教师也是很不错的。

很明显，饮食习惯也需要改一改。当时的我们家，茶和咖啡已经有了位置。我哥哥认为我回来以后在家里应当有一点英式气派，因而从前在特殊的场合和日子里用的瓷器这个时候已经是家常用具了。我的"改革"不止于此，我提倡吃麦片粥，建议在茶和咖啡之外，还可以把可可作为一种饮料。我们早就穿皮靴和皮鞋了［一般印度人通常是赤脚，讲究一点的穿木屐或拖鞋，穿上皮鞋就算是欧化了］，现在再加上西服，西化程度更高。

这种改革使得家里的开销大大增加。家里每天都要添置新东西。这好像我们在门口拴了一头白象，可拿什么养它？［在产象的国家，白象被视为神象，必须特殊供养］在拉奇科特当律师，肯定会留人笑柄。做一个称职的律师基本知识我都不具备，怎么能指望十倍于别人的收入呢！哪个当事人会愚蠢到来找我。即使有这种人，我本无知，却还要充大和欺骗，以加重我愧对世人的罪责吗？

朋友们向我建议：让我去孟买高等法院历练历练，积累一些经验，顺便研究一下印度的法律，根据自己的实际接一点律师业务。我接受了他们的建议去了孟买。

去孟买以后，我雇了一个厨子。这个厨子是个婆罗门，我把它当作家人看待。他洗澡时从来没有认真过，穿的"拖地"、戴的圣丝［印度教徒中婆罗门、刹帝利和吠舍三种种姓的男子到了一定的年龄，按宗教教义规定，在身上戴着一根绳子，称为"圣丝"，以驱邪去病］都很脏，而且对印度教经典一无所知。但是我无从找到比他更好的厨子。有时候我问他："罗维商卡，你不会做饭倒也就罢了，但日常的礼拜你应该懂得吧？"［婆罗门为印度教徒中最高的一个阶级，古时候的婆罗门算是有学问的人。人们认为厨子应该是洁净的，一般说来只有婆罗门才能从事这种职业］

"哦，先生！你说礼拜啊，我们的礼拜就是耕地，我们日常的仪式就是铲草。我就是这样的婆罗门。我的生活就靠你的慈善，要不然，我只有去种地了。"

这样一来，我只能充当罗维商卡的教师。我的时间比较充裕。我开始自己做饭，而且用英国人的烹饪素食的方法。我买了一个炉子，开始和罗维商卡在厨房里来回忙乎。在吃饭上，我并不排斥和不同种姓的人一起吃饭，而罗维商卡也不忌讳，我们一起生活得毫无拘束。唯一让人不舒服的是罗维商卡不讲卫生的毛病总是不改，食物也整得一塌糊涂。

然而，我的收入无法支撑节节高涨的生活开支，在孟买顶多能住四五个月时间。

我的新生活就是这样开始的。到这个时候，我才认识到律师职业的艰苦，当律师只是徒有虚名。我感觉担子太重了。

我接手的第一宗案子

到孟买以后，我一面研究印度法律，一面与一个叫维尔昌德·甘地的朋友实验饮食方法。而我哥哥则竭力为我招揽顾客。

研究印度法律是一种枯燥乏味的事。怎么努力我都入不了民事诉讼法的门，而见证法的学习情况还好一些。维尔昌德·甘地要参加诉讼师考试，他会向我讲述有关律师和辩护士上庭的各种情形："费罗泽夏爵士的才能在于他拥有广博的法律知识。他通晓见证法，并熟知第 32 节的所有案例。巴德鲁丁·铁布吉雄辩的口才让法官敬畏。"听到这些令人激动起敬的故事后，我感到很灰心。

他又说："在律师行摸爬滚打五年七年，是很平常的事儿。正是这样，我才愿意做签约辩护士。你如果能坚持独立经营三年，已经很幸运了。"

每月的开支在增长。律师的牌子挂在门外，而屋内正忙着准备律师执业事务，这使我根本无法静下心来研究法律。于是我开始对见证法产生了爱好，并带着很大的兴趣研读麦尼的《印度教徒法》，然而对受理案子我还是没有一点勇气。那种力不从心的感觉我无法言说，我就像一个刚入婆家的新娘一样无所适从！

好像就是这个时候，我接手了一个叫作马密白的"小案子"。有人给我说："你要拿出一份佣金给中间人。"对此，我回绝了。

"就连月收入达三四千卢比的刑事大律师某某先生，也一样要拿出佣金哩！"

"我没必要和他比照，"我反驳道，"我每月能收入 300 卢比，我就满足了。当年我父亲的收入也不过这么多。"

"那种日子已经不再。现如今在孟买，消费贵得惊人。你必须好好计划才行。"

我坚持我的原则，还是受理了马密白的案子。案子很简单，我只收取了 30 卢比。看来这件案子的了结用不了一天的工夫。

这是我初次在小案法庭上出庭。为被告辩护，我得向原告的证人发问。但当我站起来的时候，我心虚头晕，我感到法庭在旋转晃动，我不知道要问证人什么。这时法官肯定在讥笑我，其他律师也在看我出洋相。我眼前一片漆黑。于是我坐下来，告诉当事人这个案子我无法受理，让他最好请巴德尔帮忙，并告诉他我会退还律师费。他果然请了巴德尔先生过来，律师费是 51 卢比。当然，对巴德尔先生来说应付这件案子非常轻松。

我匆匆忙忙退出了法庭，不知道我的当事人最后是否胜诉，我只感到内心极其惭愧，于是我下决心不再受理案子，除非我具备了充分的勇气。此后，直到我去南非以前，再也没有进过法庭。这样决定对我来说实为无奈之举，因为没有人愚蠢到把案子交给我，然后等待败诉。

但是，在孟买还有一件尚待处理的案子，就是答应为别人起草"状子"。有一个贫苦的穆斯林因为在波尔班达被没收了土地。他诚恳地找我帮忙。这宗案子看起来成功的希望不大，但我答应帮他写份状子，他自己负担印刷费。我写好状子后拿给朋友看，他们很赞许，这增强了我的信心，我感到我有能力为别人写好一份状子，实际上的确如此。

如果通过为别人写状子而不收费能使我的业务有起色的话也行。但是情况是依然没有改观。于是我打算找个当老师的工作做兼职，我的英语水平还可以，也很想去给刚入学的新生教英语课，因为这可以多挣点钱以弥补一些花销。报纸上有一家中学刊登广告说："招聘英语教师，每天一小时的课，每月薪酬 75 卢比。"我高兴地前去应聘了。可是校长发现我不是大学毕业生的时候，他谢绝了我。

"我可是在伦敦通过大学入学考试成绩合格的，我的第二外语是拉丁文。"

"即使这样，我们还是要大学毕业生。"

面对这种情况，我只能绝望地搓着双手。哥哥也为我着急。看来再这样待在孟买没有任何意义了。我应该回拉奇科特，我哥哥在那儿从事小讼师的工作，他帮我找一些起草呈文和代写状子之类的工作也不难，况且家在那里，相较于在孟买单过可以节省许多开支。于是，在孟买待了六个月之后，我回拉奇科特去了。

在孟买时，我每天都往高等法院跑，然而在那里也没学到什么东西。

我不具备足够的知识，经常听不懂案情，就像里面的很多人一样我也坐在那里打瞌睡，所以我的那种负疚感也就没有那么强烈，甚至后来感觉不到一点羞愧，因为在我看来在高等法院里打瞌睡是一种时髦。

假如现在的这一代里，还有像当年的我一样在孟买做个没有收入的律师，我倒是想给他们说说关于当时生活的实际观念。那时尽管我住在吉尔关，但我几乎没坐过马车或电车。来去高等法院我一般是花去一个半小时徒步而行，在骄阳下步行也成为我的习惯。当然这样做确实为我节省了不少钱。还有一个好处是，我记得在孟买的时候我的朋友们经常生病，而我却不记得自己生过病。步行上下班的习惯即使在我开始赚钱的时候，我也依然保持着，因而它使我获益匪浅。

打击让我坚定信念

带着失望我回到了拉奇科特，在那里我建立了自己的律师事务所。到这里的收入勉强过得去，替人写点呈文状子，每月的收入也就300卢比。有这份工作可以说是得益于朋友的帮忙，而不是我自己的能耐，我哥哥的合作伙伴在这里已经有很好的工作基础。那些比较重要的呈文或诉状，大多要送给大律师。让我写的呈文都是为那些贫苦的当事人写的。

我得承认，在孟买的时候我不收回扣，在这里我只能与现实妥协。在孟买，回扣要给中间人，而这里是要给合办案子的诉讼师；和孟买一样，律师们全都要拿一定的付费作为佣金。我无法与哥哥争辩他的理论。他对我说："你必须明白，我是和别人合伙的。我手头的案子只要你有能力受理的，我想办法给你去办，如果你不给我的伙伴一定的回扣，这让我会很难做。假设我和你合伙开个事务所，那么你的收入就等于是我们两个人的，自然这里面就有我的一份。就我的合伙人而言，他如果把同一个案子给别人去办，他也可以从别人那里拿到一份回扣。"哥哥的说法我觉得在理，要当律师，我不应该再坚持自己的意见。我在心里说服自己，其实我还是在骗自己。我还要说的是：在其他案子上我没有给别人拿过回扣。

这个时候的收入对我来说还可以维持生计，但就在此时，我遭受了生平第一次打击。以前听别人说英国官员怎么样怎么样，但却从来没有遇到过。

我哥哥在纳萨希布王公〔已故〕即位以前，曾有一段时间给他当过秘书和顾问。这时有人控告我哥哥供职的时候提过错误的建议，还向政治监督官通报了这件事。在英国时我就认识了这个官员，对我他还算很客气。哥哥让我借此关系去为他说说情，以便消除政治监督官对他的成见。对这件事我和哥哥的想法不一致，我不想拿在英国时的那点儿交情说事儿。我觉得哥哥如果有错，说情也没好处；如果没什么过失，就应通过正常程序递交呈文，说明原委，等候结果。哥哥不同意我的想法，他说："你对卡提亚华，甚至对这个世界太不了解了，这里做什么不靠人情？我是你哥哥，向这位官员为我说情是你的责任，你不应当逃避。"

虽然我觉我没有权利找他，也有失我的自尊心，但没办法，最后我还是去见了这位官员。我们约了见面时间。我说起过去的交情，但马上发现卡提亚华和英国的情形不一样；同一个官员，在职的和休假的完全判若两人。这位监督官承认我们相识，但说到交情时他的态度变得强硬起来。"你该不是来滥用交情吧？"他的语气和眉宇之间显出了强硬和不快。尽管这样，我还是表达了我的来意。他开始显得极不耐烦："你哥哥是个阴险之人，我没有时间听你再说什么。如果你的哥哥要解释的话，请他通过正当渠道提出来。"这种回答很让人难堪，或许是我所应得。但是自私使我还往下说。这位老爷下了逐客令："你可以走了。"

"请您允许我把话说完。"我说道。这使他越加气恼，他叫听差送客。当我还在迟疑的时候，听差进来将我两手架起推出了门。

他们走后，我也很难堪地离开了。然后我写了一张条子递给他，意思是：“你不仅侮辱我。你让听差粗暴地对待我。你必须道歉，否则我会告你。”这位监督官马上有了答复：“你不敬在先。我让你走，你不走。我只好让听差送你出去。他叫你离开，你还不肯走。所以他只能用点力气送你。要告，随便。”

我揣着回复垂头丧气地回到家里，把这件事情原原本本告诉了哥哥。他听后很伤心，但又不知道怎样安慰我，于是我们打算控告他。恰巧这时候费罗泽夏·梅赫达爵士来到拉奇科特，然而像我这样的小律师不敢去见他，于是我通过聘请他的那位讼师将此案的文件转给他，请他指教。他回话：“告诉甘地，这是许多讼师和律师经常会遇到的事。刚从英国回来，年轻气盛，他不了解英国官员。在这里他还想过平安的日子，就撕掉那封信，忍忍吧。要控告这位老爷对他甘地没什么好处，反而会毁了自己。告诉他，他还不懂人情世故呢。”

对我来说，这个忠告无异于让我不得不吞下一剂毒药。我忍受耻辱，却因此而获益。我心说：“绝不让这种错误再犯，绝不再滥用交情。”从此，我再也没有违背这个决心。这次打击改变了我的生活历程。

计划赴南非

找官员说情固然是一种错误，但他那凌驾于人之上的气势显得也未免过分了。我想占用他的时间不会超过5分钟，对他的不耐烦难以接受，更不要说下逐客令了。他完全可以客气一点，然而权力使他迷失到了不可理喻的地步。直到后来我听说这位英国官员总是缺乏耐心，对来访者经常加以脸色已成为他的习惯，稍有不如意，就会使这位爷暴跳如雷。

那时我的许多工作在他主持的法庭里开展，现实对我来说，我既不能敷衍他，但也不打算讨好他。更何况，我曾经声言控告他，我就不能如此沉默。

从此我开始对小地方的官场情形有了一些了解，卡提亚华治下包括许多小邦，所以，它的内部难免钩心斗角之事。邦与邦、官与官之间的互相猜忌和争权夺利是一种常态。即使那些王公们也听信谗言，而自己却毫无主意，任人摆布。像上次那位老爷的听差也得小心伺候，而他的文书作为他的耳目和翻译，比他更厉害。文书的意见就是法律，他捞的比他的主子还多很多。也许这样说有些夸大其词，但他们的确不是靠薪水过活的。

这种氛围确实是一种毒害，防止被污染的确是个难题。

我哥哥显然觉察到了我的苦恼，我们两人都觉得，我应该去别的地儿找点事做，以便避开这种氛围。加上我与那位老爷的冲突使我要继续在那里执业困难重重。

那时的波尔班达已是英国人的属地，在那里我能做的工作就是替波尔班达的王公争取多一点的权利。为了解决佃农地租太重的问题，我前去见了一位当地的行政官。虽然这位行政官是印度人，但我发现他那位老爷的气焰更胜一筹。他很能干，但农民并未因此而得益。我多少为兰纳多争得了一些权益，但农民的负担还是没有减轻，农民的苦难被漠视使我震惊。

我为我肩负的使命没有起色而感到非常失望。我无法为我的当事人主持公道，最多就是向政治监督官或省督提出上诉，但他们会以"我们不便干涉"驳回我的上诉。没有什么条文规章能够限制他们的这种做法，在这里官员的话是法律，这实在令我愤慨。

这时，波尔班达有一家商行给我哥哥写信，信中说："我们有家商行，在南非有生意，目前有一宗重大的官司，涉及4万英镑。这件案子拖了很长时间。我们已经请了最好的讼师和辩护律师。如果让你弟弟来协助我们的话，对我们双方都有好处。比起我们来，他更会指导我们的顾问。同时他也可以有机会见见世面，认识一些新朋友。"

当我哥哥和我说起这件事的时候。我还不知道我是去指导协助他们的顾问，还是亲自出庭，不管怎样我还是愿意接受这个提议。

我哥哥让我去拜见赛·阿布杜尔·卡利姆·嘉维立，他是达达·阿布杜拉公司的股东，刚刚过世。这家公司就是信中提到的那家商行。他对我说："这件事不难。我们有很多朋友来自欧洲，到那里后你有机会认识他们。你来我们铺子对我们的生意会很有帮助。我们大多数来往信件都是英文，这需要你帮忙。当然到那里后你是我们的客人，不会让你承担任何费用。"

"我要干多长时间？"我问道。"报酬是多少？"

"不超过一年。你来回坐轮船的头等舱房，旅费由我们负担，外加105英镑给你。"

这种待遇听起来不像是对待一位律师，倒像是对待商店店员。然而我正想离开印度，去一个新环境走走，获取一些新的经历，我也不想失去这个机会。何况还能赚得105英镑，正好贴补哥哥的家用。于是我欣然接受了这个建议，开始为去南非做准备。

抵达纳塔耳

母亲早已去世，我也有了当年去英国时的经历和旅行国外的知识，并且多多少少懂得了一些人情世故。所以，当我动身去南非的时候，并没有当年的那种离别之痛。

这一次与妻子的离别让我很难过。自打回国以后，我们的又一个孩子出生了。我们夫妻间的爱虽说还没有摆脱肉欲，但毕竟纯洁多了。我回国以后，我们很少一起住，我已作为她的老师，帮助她进行一些改变，虽然她不怎么在意和关心，但如果要继续改革的话我们都觉得得有更多的时间相处。然而去南非的诱惑力超越了即将离别带来的痛苦。我安慰她说："用不了一年我们便会相聚。"然后我起身去孟买。

到孟买以后，需要达达·阿布杜拉公司的代理人买船票，但是已经没有舱位，如果换乘下一趟，势必要在孟买耽搁下来。公司代理人建议坐统舱，可我想：过去我出门一直乘坐头等车船，如今身为律师，哪能坐统舱？我拒绝了他的建议，后来经代理人同意，我亲自去买票。我登上轮船，找到了轮船大副。他诚恳地对我说："往常不是这么拥挤的，这一次莫桑比克的总督在船上，因此所有的舱位被订光了。"

我问道："您能不能给我想办法腾个地方出来？"他上下打量了我一番，笑着说："倒是有个办法：我的房间有个床位，一般不向旅客出售，不过我愿意让给你。"我赶紧向他说声谢谢，并让代理人去买那张船票。1893 年 4 月，我怀揣期待，踏上了去南非碰碰运气的历程。

经过 13 天的航行以后，我们到了拉谟港口。这时我与船长已经相交甚好。他喜欢下棋，但又是个新手，这就需要一个棋艺比他低的对手，所以他请我一起玩儿。我听说过怎么下棋，但从来没有下过。精于棋道的人常说：棋盘是一个人施展才智的广阔天地。与船长下棋，实际上我是个学生，他主动教我，我也很有耐心。每次我输了后，他会更热心地想要教我。我喜欢下棋，但仅限于挪动棋子，而不是那样沉迷其中。

在拉谟停留了三四个小时，我上岸参观港口，船长也去了，去时他叮嘱我，海港风急浪大，让我快去快回。

拉谟地方不大。我到邮局转悠时，碰到了几个印度职员，很高兴地和他们聊了一阵儿。还见到了几个非洲人，他们的生活方式我觉得很有趣，就了解了一下，耽误了一些时间。

在船上我认识的几位统舱的乘客离船登岸，他们打算在岸上做饭，准备饱餐一顿。我看到他们要回船上去，便和他们同乘一只小艇。这时港内潮水上涨，浪潮猛烈，我们的小艇又超重，小艇由于浪潮大而搭不住轮船的吊梯，每次接触都被浪潮冲开。轮船起锚的笛声已经吹了一次，我很着急。船长看见了我们，于是下令延迟 5 分钟开船。当时船边还有一只小艇，是朋友用 10 个卢比为我租的。这只小艇从超载的小艇上把我接过去，而吊梯这时已经拉了上去，我只好抓着一条长索爬上去，轮船马上起航了。其他乘客都被丢在了后面。我才明白了船长的提醒是有道理的。

拉谟之后的下一个港口是蒙巴萨，再后面是赞稷巴。轮船在这里停泊的时间长达八九天，于是我们换了另一条船赶路。

船长很喜欢我，但对我来说，那种喜欢却值得我思考。他请我和一个英国朋友陪他上岸玩一玩，我们一块儿坐小艇上岸。我不清楚上岸逛一逛意味着什么，而船长也不知道我对此道一无所知。有个掮客带我们去某些黑人妇女的住处，每人分别进一个房间。我站在房里，又羞又呆，谁知道那个不幸的女人会把我当什么人了。我在船长的招呼下出来以后，船长大概看我为人清白。最初我因为害怕意外，在做什么都不知道，后来那种羞耻感终于消退了，感谢神灵：看见那个女人我没有动心。我的懦弱实在让我厌恶，我为没有拒绝进入房间的勇气而备感伤悲。

在我这一生中此类事情已是第三次了。很多青年是清白无辜的，他们大多可能是因为这种怯懦感而滑入了罪恶的深渊。我想如果我当时拒绝进入那个房间，我会更觉得光彩，更信任自己。感谢神灵的大慈大悲，多亏他的拯救。这件事坚定了我对神明的信仰，也教导我抛弃虚伪的羞耻感。

在这个港口将要停留一周时间，因此我索性去城里住，然后整天在住处四周溜达，这使我获得了许多见闻。赞稷巴绿树成荫，在印度只有马拉巴才比得上它，它那参天的树木和硕大的果实令我惊叹。

过了赞稷巴就是莫桑比克。在5月底我们终于抵达纳塔耳。

我被当作"不受欢迎者"

纳塔耳的港口是杜尔班，所以也称纳塔耳港。阿布杜拉赛［阿拉伯语，宝剑的意思，为穆斯林的一种尊称］前来接我。船到码头的时候，从那些接朋友的人的态度上看，我发觉在这里的印度人不是被人尊重。那些与阿布杜拉赛认识的人对他的态度带有某种藐视，看到这些我很难受，但阿布杜拉赛好像习惯了这些。对我更多的似乎是好奇心。我的衣着与其他印度人有点区别。我穿着过膝的大礼服，并戴着头巾，很像孟加拉人戴的"普格里"［大头巾］。

他们接我去了那家商行的住所，我住阿布杜拉赛隔壁的单间。我们互相之间不了解。他看着他弟弟让我捎给他的信件不知所措。他认为他弟弟给他送来了一头白象，这头白象好像很难伺候。我的穿着和生活习惯很像欧洲人，这让他很是惊讶。当时没有什么让我做的特别工作。因为案子在德兰士瓦省办理，让我马上去那里又没有什么意义。那么对我的能力和人品他如何相信呢。他又不会去比勒陀利亚观察我办事，而被告都在比勒陀利亚，他认为被告可能会对我施加不良影响。而且如果不让我去办这案子，我还有什么工作可做呢，因为他的其他职员都很能干，会干得更好？职员有错，可以责备。我有错怎么办呢？这样的话，不把和这件案子有关的工作交给我做，我留在这里还有什么意义？

实际上阿布杜拉赛虽然没有多少文化，但实际经验丰富。他很有智慧，而且自己也意识到这一特长。因为日常工作的需要，他掌握了一些够日常会话用的英语，就这一点已够他应付与银行经理或欧洲商人来往，甚至向法律顾问陈述案情等一切事务。印度人很尊敬他，当时印度商行中他的商行最大，至少是最大之一。然而在这些优点之外，天性多疑是他的一个缺点。

他极其看重伊斯兰教，对伊斯兰哲学十分热衷。尽管不懂阿拉伯文，但他对《古兰经》和一般的伊斯兰教文学却颇为精通。他善于旁征博引，举例子信手拈来。从和他交往中，我得到了不少伊斯兰教的知识。当我们建立了密切的关系后，我们经常会长时间探讨宗教问题。

到那儿两三天后，他带我去了杜尔班法院。在那里他向我介绍了几个人认识，并让我在他的法律代理人旁边坐下。庭长看着我，还让我把头巾摘下来。这一点我拒绝了他的要求后离开了法庭。我开始意识到在这里将会有斗争等着我。

阿布杜拉赛向我说明在法庭上让一些印度人摘掉头巾的原因：穿伊斯兰教服装的人可以戴着头巾，但是其他印度人在法庭上按惯例要把头巾摘下来。

为什么会这样，我必须详细地说说。在这两三天之内，我发现印度人分成了好几派。一派是穆斯林商人，自称是"阿拉伯人"；一派是印度教徒；还有一派是波希人，这都是一些职员。印度教徒职员不属于任何一派，如果他们投身于"阿拉伯人"的队伍那当另说。波希职员自称为波斯人。这三个层次的人互相之间有社会关系。但是人数最多的是泰米尔、德鲁古，以及北印度契约工人和自由工人构成的阶层。按协议契约工人到纳塔耳要做工5年，这些人又叫"吉尔米提亚人"，这在英文里是"协议"一字的变音。除在生意上前三个阶层和这个阶层有往来以外再没关系。英国人把这些人叫"苦力"，因为印度侨民大部分属于这个阶层，所以都以"苦力"或"沙弥"称呼所有的印度人。"沙弥"是泰米尔语的后缀，大多加在泰米尔人的名字后面，这与梵文的"史华密"同义，就是主人的意思。如果哪个印度人不愿意人称他"沙弥"，而且有胆识，他会说："别忘了'沙弥'的意思是主人，你叫我'沙弥'，我可担当不起呀！"对英国人来说，有些人听了会疑惑，有些人会不高兴，会骂印度人，甚而大打出手，对他而言，叫"沙弥"是污辱人，把它当成主人，和诬蔑没区别！

就因为这样，我获得了一顶"苦力律师"的帽子，做生意的人也就叫"苦力商人"。"苦力"一词失去了它的原意，转成了所有印度人普遍的代名词。对这种称呼穆斯林商人很讨厌，他们常说"我不是苦力，我是阿拉伯人"，或者说"我是商人"，如果他碰到一个比较客气的英国人，会向他说声抱歉。

在这种情况下，关于戴头巾的问题显得十分重要。如果一个印度人被迫摘下头巾，这无异于受到了侮辱。所以我变通了一下改戴英式帽子，以免受辱和争论的不愉快。

但是我这样想，阿布杜拉赛并不支持。他说："你如果这样，那造成的影响肯定不好。你将置那些戴印度头巾的人于何地？何况戴印度头巾与你相称，相反戴个英国式帽子，你怎么看都像个餐厅服务员。"

他这样说的确很有些见识，也夹杂着一点既爱国又狭隘的思想。印度契约工人有三个阶层：印度教徒、穆斯林和基督教徒。基督教徒这个阶层是指皈依了基督教的印度契约工人的子女。到 1893 年，这个阶层的人数很多。他们大多数在宾馆里以充当侍者为生，自然是一身英式打扮。阿布杜拉赛对英式帽子的批评指的就是这些人。认为在宾馆里当侍者很不体面。持这种看法的人至今大有人在。

阿布杜拉赛的话我大致上还是认同的。我为在法庭上戴头巾的事给报馆撰文进行辩论，引起了争论，而我被看作是个"不受欢迎者"。如此一来，这件事在不到几天的工夫在南非为我做了一次意外的广告。这里面，有人支持，也有人反对，说我太冒昧了。实际上，在南非期间，我一直戴着印度头巾。至于什么时候为什么不戴头巾，以后再讲。

前往比勒陀利亚

时间不长，我与在杜尔班信奉基督教的印度人有了联系。我认识了保罗，他是法院的翻译，信奉罗马天主教。还结识了苏班·戈夫莱，他当时在新教会倡办的学校里教书，苏班·戈夫莱是詹姆斯·戈夫莱先生的父亲，詹姆斯·戈夫莱于 1924 年作为南非代表团成员访问过印度。在同一时期，我还结交了希·罗斯敦吉和阿丹吉·米耶汗，这些朋友，当时也仅仅是生意往来，来往紧密只是后来的事。

我的结交范围在不断扩大，这时候这家商行收到自己律师的信，信中要求做好准备打官司，还提到应由阿布杜拉赛亲临比勒陀利亚，或者派代表过去。

阿布杜拉赛让我看了这封信，并问我是否愿意去。我说："在我对这件案子了解清楚后我才决定，现在我对此还不明白，不知道到那里去该怎么做。"他便叫过来几个职员帮我了解案情。

我一接触这件案子，马上感到对这样的问题我需从头学起。我在赞稷巴的几天里，曾去法庭见识过这种工作。有一个波希律师正询问证人，问他账本中的许多关于贷方和借方的问题，而这些我一窍不通。关于簿记，在印度学校里和留学英国时，我从没学过。到南非后所处理的案子，大多数问题与账目有关。只有具备有关账目知识的人才能搞懂和明白其中的问题。帮我的职员喋喋不休地讲借方和贷方，我越听越糊涂。我不懂 P. Noto 的意思，翻字典也找不到，请教了职员，才知道 P. Note 原来是期票。为此，我还买了一本有关簿记的书来学习钻研。最后，案情终于清楚了。本来阿布杜拉赛不会记账，但他有许多实际的经验知识使他能很快解决簿记中的复杂问题。我已做好准备去比勒陀利亚。

他问我："你准备住在哪里？"

"听您的安排。"

"我这就给我们的律师写信，让他给你安排住处。再给那里的其他朋友写几封信，但我提醒你不要和他们住在一起。因为在比勒陀利亚我们的对手势力遍布各处，如果让他们的人知道了我们的私人通信的话，对我们不利。避免和他们过从甚密，反而对我们很有好处。"

"我一定听你的律师的，他怎么安排我怎么住，要不另外找个住处，单独住，您放心吧。我们的秘密我不会让别人知道，但我的确想了解对手，去和他们交往。如有可能，我想试着将这个案子在庭外解决。无论怎么说，毕竟铁布赛是你的亲戚。"

铁布·哈齐汗·穆罕默德赛本来是阿布杜拉赛的近亲。

在谈到案子有可能解决时，阿布杜拉赛多少感到有些意外。在杜尔班有六七天时间了，我们之间彼此有了些了解。因此他说：

"好吧。庭外和解最好。不过正因为我们是亲戚，彼此又很清楚。铁布赛不是容易答应和解的人。我们稍有大意，就会让他有空子可钻。所以你如果要采取什么行动，一定要三思。"

"这您放心，"我说。"我不想和铁布赛说什么，也不会向别人提起这个案子。我只向他提个谅解建议，免得因一场不必要的诉讼伤了和气。"

在杜尔班也就是七八天我便离开了。走的时候，阿布杜拉赛要给我订卧铺，但我谢绝了，最后买了一张头等车票。阿布杜拉赛提醒我说："小心点，这里不是印度。你需要什么东西，请不要客气。"

我向他表示了感谢，并请他放心。

乘坐的火车在晚上9时左右抵达纳塔耳省城马利兹堡。有个乘务员过来问我是否补个卧铺票。我说："我有铺盖，不需要。"他便走了。接下来便来了一个乘客，他看我是一个"有色人种"，便马上过去带了两个官员过来。他们没说话，这时又来了一个官员对我说："你跟我走，到货车车厢里去。"

我说："我买的是头等车票呀。"

另一个回击道："那没用，你必须到货车车厢里去。"

"我告诉你，在杜尔班我就坐在这里，我哪儿也不去。"

"那不行，"那个官员说道："你必须离开，不然我只能让警察请你出去。"

"好啊，去叫警察吧。我绝不自己出去。"

警察来了。我被他们推了出去，我的行李也被扔了出去，我不肯到别的车厢里去，火车也走了。我提着包在候车室里坐着，铁路当局保管我的行李。

时值冬季，这时的南非高地异常寒冷，地势很高的马利兹堡更是冷得厉害。而我的外衣都装在行李里面，为防止再受侮辱，我不敢去拿，所以坐在候车室里冻得我瑟瑟发抖。房间里没有灯光，半夜里有个乘客进来，想和我搭话，我却没有一点心情。

这时我想，我是为争取自己的权利而抗争？还是撒手不干直接回印度？抑或是忍辱负重赶去比勒陀利亚完成自己的任务再回印度复命？思来想去觉得，没完成任务回印度是一种懦弱！是不可取的。目前我所遭遇的不幸还只是表面的，它仅仅是一种沉重的种族歧视的病症而已。如有可能，我当设法根除它，为此即使再遭受一些痛苦也值。我所追求的只是消除种族偏见罢了。

想到此，我毅然决定搭乘下一班列车赶往比勒陀利亚。

次日上午我用长途电报告知铁路局长，并向阿布杜拉赛通报了那里的情况，他约见了那位局长。局长肯定了铁路当局的做法，但告诉阿布杜拉赛，他已经指示站长让我平安抵达我的目的地。经过阿布杜拉赛的多方关照，马利兹堡的印度商人和一些朋友到车站看我，并讲了他们曾经遭遇的苦楚，并劝慰我说，我遇到的事很平常。还讲到，印度人出门坐头等或二等火车，就得有遭受铁路官员和白种人旅客歧视的心理准备。后来夜车到了，车上已经有为我订下的床位。在马利兹堡我买了在杜尔班我不愿购买的卧铺票。

坐火车之痛

火车抵达查理斯城是第二天早晨。那时候，从查理斯城到约翰内斯堡没有铁路，中途要在史丹德顿驿站过夜。虽然在马利兹堡延误了一天，但我的车票还在有效期内，况且阿布杜拉赛已经给查理斯城驿站的经纪人发过电报。

然而那个经纪人一看我是个生面孔，于是借故对我说："你的车票失效了。"其实他心里想的不是座位，而是另有打算。面对这种情况，我据理力争。作为乘客，坐在车厢里是正当的，但是他们当我是"苦力"，而且我像个生人，那个马车管理员是个白种人，他认为我与白种人同坐不合适。按惯例领班坐马车两边的任何一个座位。这次他却要坐里面的位子，而把他的让我坐。我知道这是侮辱行为，但我还得忍受。我怕一旦抗议，这辆马车又要把我丢下，不带我走，又耽误时间，谁知道第二天还会出现什么状况。因此我心里即使再怨愤，也只能暂时忍耐，在车夫旁边坐下。

马车到达巴德科夫的时候大约是下午三点，这时领班又想换到我的位子上来，不知是抽烟还是想吸点儿新鲜空气。但他拿了一块肮脏的抹布铺在脚踏板上，对我说："嘿，你坐这里，我坐车夫旁边。"这种行为太过分了，让我忍无可忍。我对他说："你叫我坐这里，我就坐这里。你这种侮辱我也受了，现在你又叫我坐在你的脚下。这办不到，我到里面去坐倒是可以。"

当我讲这些话的时候，那个领班过来扇了我几个耳光。然后抓着我的胳臂，要赶我下车。我使劲地抓着车厢栏杆不松手，这个家伙对我边骂边打，我没出一声也没还手。我是一个弱者，车上的乘客们看见了这一切，有几个乘客很同情我，便喊道："汉子，别打了，由他吧。他说得没错，不行的话，让他和我们坐一起吧。"这时，那个家伙有点顾忌，不再打我，也放开了我，但还骂了我几句，之后叫车厢另一边的那个赫顿托特仆人坐在他指定的位置上，他自己坐到那个空位子上去。

车内安静下来后，马车又开始了下一程。我心跳不止，我很害怕，想着还能不能活着到达目的地。而那个家伙时不时向我投来愤怒的目光，并指着我恶狠狠地说："小心，到史丹德顿我再让你瞧瞧。"我默不作声，只求神灵保佑。

赶到史丹德顿的时候，天已经黑了。当我看见有几个印度人时，才松了一口气。下车后，这些朋友对我说："我们是来接你的，达达·阿布杜拉发电报给我们。"我很高兴，跟着他们去了赛伊沙·哈齐·苏玛尔的店铺里。到店里后，我向他们述说了一路上的遭遇。他们都很难过，并以他们的惨痛经历来安慰我。

第二天早晨，伊沙赛派人送我上车，这回我有个好座位。当天晚上，我安全到达约翰内斯堡。

史丹德顿仅仅是个村庄，而约翰内斯堡是大都市。阿布杜拉赛本已电告约翰内斯堡，并给了我穆罕默德·卡山·康鲁丁的商店的地址。康鲁丁派人接我，但我们互相之间不认识，错过了接洽。后来我去住旅馆，旅馆经理看了我后客气地说："不好意思，没房间了。"还说了再见。这样，我只能去穆罕默德·卡山·康鲁丁的商店里。到那里一看，阿布杜尔·甘尼赛在等我，见到我后很热诚。对我在旅馆的经历，他的神情云淡风轻。他说："想住旅馆？那只是梦想！"

我问道："怎么回事儿？"

"过一段时间你就知道了，"他说，"我们只能住在这种地方，为了挣钱，受些侮辱没什么。就是这么回事。"之后他讲了许多关于在南非的印度人所受的不公平待遇的事。

他说："像你这样的人不适合住在这里。你看着吧，你明天去比勒陀利亚，只好坐三等火车。德兰士瓦比纳塔耳的情况还糟糕，头等、二等车票从不卖给印度人。"

我对甘尼赛说："如果买不到头等车票，我宁愿租一辆马车去，里程总共不过 37 英里吧。"

甘尼赛提醒我，这样既费时又费钱，坐头等车他倒同意，我们就给车站站长写了一张便条。在条子上写了我的身份，并且希望和他面谈。之后我身穿大礼服，打着领带前往车站，到那里后我将一个英镑放在柜台上，要买一张头等车票。

他问我："是你写的条子吗？"

"是的。今天我必须赶到比勒陀利亚，你能卖我一张头等车票，我将不胜感激。"

他微笑着说："我是荷兰人。我理解并同情你的感受。我愿意卖给你一张车票，但你得答应：如果车守让你转到三等车厢里去，你不能把我牵扯进去；就是说，你不要控告铁路公司。祝你平安，我知道你是个绅士。"之后，我买到了一张车票。我向他道谢，并作了保证。

阿布杜尔·甘尼赛对这件事感到很惊喜，来车站送行的时候，他还是提醒我说："不管怎样，你能平安抵达比勒陀利亚，我就千恩万谢了。我就怕车守不同意，还有那些乘客答不答应也说不一定。"

火车运行到日耳米斯顿的时候，车守上来查票。当他看见我的时候，显然很生气，做手势叫我去三等车厢。我拿出头等车票。他说："这没用，去三等车厢！"

车厢里的一个英国乘客看见这种情形，不平地说："你如此对待这位先生是什么意思？没有看见他的头等车票吗？我不介意和他同座。"然后他又对我说："你就好好坐着吧！别理他。"

车守放低声音说："如果你愿意和一个苦力同车赶路，与我有什么关系？"说完走开了。

列车抵达比勒陀利亚时，已经是晚上八点左右。

在比勒陀利亚的第一天

1893 年的比勒陀利亚车站，灯光昏暗，旅客稀少，冷冷清清。我想在所有的旅客都走了，等收票员空闲一些，我再把票递给他，向他打听一下我可以登记的小旅馆或其他可以住的地方；否则，恐怕只能在车站上过夜。然而我内心还是害怕受到侮辱。

旅客都走了，我把车票交给收票员，并向他打听起来。他很客气，但是我觉得他还是帮不了多少忙。这时，旁边的一个美国黑人和我说话了。

他说道："看来你是一个真正的生客。如果你愿意的话，有一家旅馆，我可以带你去。那家旅馆的老板是个美国人，跟我熟悉，我想他会收留你。"

对此我将信将疑，但我还是表示感谢并接受了他的建议。我在他的带领下去了约翰斯顿家庭旅馆。他和约翰斯顿在一旁说几句话后，约翰斯顿答应让我住一夜，但是开饭后我只能在自己的房间里。

他解释说："我保证，我没有种族成见。但是我这里只有欧洲顾客，我必须照顾我的客人，如果你去饭厅里用餐，会使我的客人不高兴，甚至离开。"

我说："谢谢你！我对这里的情况已经了解了一些，也理解你的难处。我在自己房间里开饭不要紧。明天我希望能另作安排。"

我在被安排的房间里孤零零地等着送饭来，并陷入一种沉思之中。旅馆客人不多，我原以为服务员会送饭过来，但没想到约翰斯顿进来了。他说："让你在这里吃饭，我心里实在过意不去。所以我向其他客人说了你的情况，并征询了他们的意见，他们说你去餐厅里吃饭他们没意见，而且说你在这里住多久，他们都不介意。我来就是请你到饭厅里用餐的，假如你不介意，在这里住多长时间都行。"

我再次向他表示感谢，然后去饭厅饱餐了一顿。

第二天早上，我前去拜访阿·伍·贝克律师。就像阿布杜拉赛向我介绍的一样，他待人非常热忱。我们见面时，他既热情又对我很关怀。我也向他说明了我的一切情况。他接着说："在这里没有什么你可以做的律师工作，我们有最好的顾问。这件案子拖的时间太长，案情也很复杂。因此，请你帮忙的仅仅是掌握一些必要的情况。因为今后我要掌握的所有情况可以通过你得到，你可以使我和当事人之间的往来更为顺畅，当然这是有报酬的。你的住处我还没有安顿好，我想等你来了以后再定。这里种族歧视很严重，为你这样的人找住处并不容易。不过我认识一个面包师的妻子，她很贫穷。我想她会答应让你住下，因为这会给她增加一点收入。走吧，我带你去看看。"

我随他去了她家里，他们私下商量后，她果然答应收留我，包括食宿，每星期我要付费 35 先令。

贝克先生是个律师，也是一位坚定的传教者。我们首次见面时，他便问我对宗教的理解。我对他说："我生在一个信奉印度教的家庭，可我对印度教知之不多，对其他宗教了解就更少了。说实话，关于这个问题，要说见解，我没有把握，我不知道相信什么或者应当相信什么。我想我应该去更好地研究我的宗教，同时尽可能对其他宗教也做一些研究。"

贝克先生听了我的这番话，高兴地说："我是南非宣教总会的董事之一。我自己建了一座教堂，按时去那里宣教。我没有种族偏见。每天下午我与我的几个同事在一起聚会一小会儿，为和平与光明祈祷。你如果能参加这样的祷告的话，我会很高兴。我相信他们肯定会乐于见你，你一定也喜欢和他们在一起。我还可以给你几本宗教书看看，当然，《圣经》是我特别向你推荐的。"

我向他道谢，并答应尽可能参加这种祷告会。

"好，明天下午 1 点我等你，我们一块儿去。"贝克先生说完后，我们分别了。当时，其实我没有时间去认真考虑这件事。

我到约翰斯顿先生那里，付了房钱后，就搬到了新的住处，并在那里用了午餐。女房东很善良，她为我做了一顿素餐。时间不长我们大家都相熟了。

然后我去拜访了达达·阿布杜拉介绍的一个朋友。他对我很热情，他告诉我，如有需要，请务必告诉他。从那位朋友那里出来天已经黑了。

我回到住处用完餐后，便躺在床上，陷入沉沉思考中。我把当时没有可以马上做的工作这种情况通知了阿布杜拉赛。我心想，贝克先生对我很感兴趣，到底有什么意思？从他的教友们那里我会得到什么？对基督教我能有多少研究？关于印度教的书怎样能弄到？我连自己的宗教都没有多少了解，如何能正确地了解基督教？但我深知：我当避免感情用事，应该研究我接触到的一切事物。至于如何应付贝克先生的团体，只能遵从上帝的安排了。在信奉另一种宗教之前，我更应当完全了解自己的宗教。

在沉思中，我进入了梦乡。

结交基督教徒

第二天下午 1 点钟，我参加了贝克先生的祈祷会。在那里我认识了赫丽斯和嘉碧小姐，还有柯慈先生和其他几个人。在他们跪下来祈祷的时候，我也学着他们的样子。他们向上帝祈求的事情都各不一样，一般是祈求平安地度过一天或者祈求上帝赐予他们明智的心扉。

他们也为我祈福："主呀，求你为这位新来的兄弟指引光明。主呀，求你将赐予我们的平安，也赐予他吧。愿救我们的主耶稣也救他。奉耶稣之名而祈求。"这种祈祷会不唱圣诗或其他的音乐。每天为某件特殊的事我们做完祈祷后，正是午饭的时刻，午饭各自吃。祈祷的时间也比较短。

赫丽斯和嘉碧小姐都是未婚女士，但上了年纪。柯慈则是教友会成员，赫丽斯和嘉碧一起住，她们邀请我：可在每周日下午四点钟去她们家里用茶。

每次我们见面时，我总要请柯慈先生对我一周的宗教日记进行过目，还要与他探讨我对所读之书的印象和看法。这两位女士则与我们分享她们所获得的经验和平安。

柯慈先生是一个意志坚定而又坦率的年轻人。我们经常一起散步或在他的带领下探望其他基督教教友。

随着我们彼此熟悉程度加深，他开始让我读他选择的书，我的书架上净是他的书。这些书的确使我变得很充实，在一种纯真的信仰中，我答应读完他这些书，读的时候，我们还会互相讨论。诸如此类的书，我在 1893 年读了很多。大多数书名我已经记不清了，只记得有贝克的《城庙评注》，皮尔逊的《很多确凿的证明》和巴特勒的《对比论》等。

柯慈先生的个性是不轻易服输的，他非常关心我。我戴着罗勒念珠的毗湿奴教项链，他觉得这是迷信，对我很难过地说："这是迷信，你不合适戴它。我给你弄断，别戴了。"

"这万万使不得。这是我母亲送我的圣礼。"

"你相信这些吗？"

"它的神圣意义是什么我不是很了解。不戴它，对我也没什么损失。但我也没理由把它取下来，因为至少它是代表了母亲对我的爱以及给我的一种信念，我总认为对于我的幸福有益。因岁月的流逝使它耗损而断裂时，我当然不会再做个新的，但现在的这条项链不能断。"

柯慈先生并不尊重我的宗教，所以他无法理解我的观点。他总想着拯救我，使我摆脱无知的深渊。他极力使我相信，基督教代表着真理，如果我不接受的话，我将无法得救。只有耶稣过问了，我的罪恶才能得以洗涤，否则再怎么做好事，都无济于事。

他让我读他推荐的许多书的同时，又向我介绍了几个基督教友，这几个教友他认为信仰很坚定。这几个教友中有一个是基督教普鲁茅斯教派教友会的。

柯慈先生的关系圈子中让我最深感动的是：他们这些人都敬畏上帝。但当我和交往时，普鲁茅斯教友会的一个教友很意外地向我提出了一种理论：

"你无法理解我们的宗教是多么优秀。按你所言，在你的生命中，所有的工作似乎都在忏悔过失和改过自新。这种循环往复的行为，如何使你得救呢？你是不能得到永久的平安的。你承认我们都戴罪在身。现在你看我们的信仰是多么完美。我们自己革新改过没有作用，但是我们必须得救。我们背不起罪恶的包袱！我们只能把它放在耶稣的身上，他是唯一无罪的上帝的儿子。凡是信他的，必将获得永生。只有我们相信耶稣替我们赎罪，那些罪才不会束缚我们。我们犯罪是难免的，人不可能生而无过。耶稣就是为人类得以救赎而受苦。只有接受他伟大的救赎的人，才能够得到永恒的平安。想一想吧，你是不是生活在惶恐不安之中，而我们所得到的却是平安的许诺。"

我不能完全信服他的这番高论。我抱以歉意地回答：

"如果这是基督教徒承认的基督教，那么我不能接受。我所寻求的救赎不在罪恶的后果中，而是从罪恶本身，更明确地说是从罪恶的思想本身的救赎。在我还没有达到目标之前，我宁愿生活在惶惶不安中。"

就此，他反驳道："我保证，你的努力一定是劳而无功。请你认真考虑一下我说的话吧。"

那位教友说到做到，他有意犯了罪，却向我表明他并不为此不安。

其实在我与他们交往之前，我早了解到并非所有的基督教徒都相信这样一种救赎的观点。柯慈先生本是个对上帝充满虔敬之人。他的心地纯良，他相信自我纯洁的可能性，这种理解那两位女士也是赞成的。我的这一次经历使柯慈先生感到很忧虑，于是我向他申明：我不至于因那个普鲁茅斯教友的歪论而对基督教产生偏见。

我的为难之处还不在此，而是在关于《圣经》和它已经被人接受的解释。

与印度人来往

下文还要写到与基督教徒更多交往的事，在此我还是讲讲这一时期其他的经历。

在比勒陀利亚，铁布·哈齐汗·穆罕默德赛很有名望。在许多公众活动中他是不可或缺的，到达比勒陀利亚没几天我就认识他了，那时我就表示我想接触那里的每一个印度人，我有一种想考察那里的印度人所处情况的愿望，并请他给予帮忙，而他爽快地答应了。

我首先把比勒陀利亚所有的印度人召集起来，举行一个会议，准备向他们讲讲德兰士瓦印度人的情况。会议在哈齐·穆罕默德·哈齐·朱萨布赛的家里举行。参加会议的大多是弥曼商人，也有几个印度教徒参加了。在比勒陀利亚，印度教居民不多。

我在这次会上做了平生第一次公开演说，我讲的主题是"经商与诚信"。演讲之前，我做了充分的准备。我经常听到有人说，做生意不能讲诚实，但我从来没有这么认为。直到今天，还有人说经商和诚实不能并立，还说，商业讲的是实际，而诚实则是对宗教而言的事。他们认为做生意没有纯粹的诚实。在演讲中我极力驳斥这种观点，为使商人有所觉悟，担当起他们的责任：在外国诚信尤为重要，几个印度人往往代表着他们的亿万同胞形象，他们的行为是他们同胞的品行的准绳。

和周围的英国人相比，我们的人民在习惯和生活上很不卫生，我请他们加以克服。演讲中我也主张不要在意像印度教徒、穆斯林、波希人、基督教徒、古吉拉特人、马德拉斯人、旁遮普人、信德人、卡赤人、苏尔特人等他们之间的差别，因为这是很有必要的。

在会议结束的时候，我提议成立一个协会，以协会的名义把印度侨民处境向当局呈报。我也会为这个协会尽力。会议深深地影响了他们。

在我演讲完以后，参加者进行了讨论，当时就有人表示要提供一些事实材料，这使我深受鼓励。同时我注意到听众中有很多人不懂英文，而在这个国家如果一个人掌握一些英语知识是很实用的，于是我便规劝时间充裕的人多学英语。我对他们说，即使年纪大了，如果坚持的话，也能掌握一种语言。我准备开办英语学习班，我也愿意为那些想学英语的人个别讲授。

虽然英文班后来没有举办起来，但是个别想学的人大有人在。有三个青年人愿意学。其中有两个是穆斯林，一个是印度教徒，我答应了去他们的住处讲授的要求。对于教学我能够胜任，也有耐心。他们中的两个人经过学习，会用英文记账和写一些一般的商业信函。通过学习，有两个人获得比较多的赚钱能力。

这次聚会还算是成功的。我记得那次会议还决定定期地举办这样的集会。后来的集会基本上按时举行了，会上他们都能自由地交换意见。由于这样的聚会，使我对当时在比勒陀利亚的印度人和他们的情况都很熟悉。这一切鼓舞了我去见当地的英国监督官贾科布斯·戴·韦特先生的信心。见到他以后，他对印度人的处境表示了同情，他也许诺尽力给我们帮助，但他的实力很小，无能为力。

于是我向铁路当局写信，向他们说明，依照他们定的规章制度，印度人的旅行不应该处处受到限制。但他们答复说：只要印度人穿着得当，都能买到头等或者二等车票。可是什么样的穿着才算合适呢？可以看出来，决定权仍然把持在站长手里。这样的话，问题还是得不到解决。

我从铁布赛和英国监督官那里看过一些有关印度人事务的文件。从文件里可以看到印度人是如何残酷地被驱逐于奥伦治自由邦之外。

总之，在比勒陀利亚期间，我对德兰士瓦和奥伦治自由邦的印度人从社会、经济和政治情况等方面做了深入的研究。没有想到这种研究在后来对我有那么大的价值。本打算，如果那件案子在年前能了结的话，我可以更早或者最晚年底回国。然而谁能想到上帝的安排呢！

"苦力"的处境

在这里简要地谈一谈印度人在德兰士瓦和奥伦治自由邦的情况。要更详细地了解那里的情况，就请读一读我的《南非非暴力抵抗运动史》。

在奥伦治自由邦，1888 年或者早些时候所订立的特殊法律剥夺了印度人的所有权利。如果想在那里生活，他们只能去从事旅馆招待员或其他的低贱工作。为此很多印度人请愿，申诉，但都会石沉大海，毫无结果。

德兰士瓦在 1885 年颁布了一项严酷的法律，依据该法，一旦到德兰士瓦，所有的印度人都得交纳 3 英镑人头税。他们被安置在特别划定的区域内居住，也不得拥有私有土地，即使在这种地区内，他们也没有土地的私有权。他们没有选举权，其他对有色人种的法律对他们也有效。依据这些法律，在公共的人行道上，有色人种和印度人不得行走；无许可证，在晚上 9 点以后不得出门。作为优待，可以免受这项规定约束的是，那些被认为是"阿拉伯人"的人。这样的话，哪些人能被优待就要看警察喜好了。

那时在夜间我和柯慈先生经常出去散步，且一般是在 10 点以后才回家。柯慈先生担心遇到警察，甚至想着我被警察抓了可怎么办？他是主人，他可以给他们的黑人仆人发通行证，可是给我怎么发呢？我要一张通行证，柯慈先生原想发给我，但又因为这是违法的，他也不能这么做。

后来柯慈先生和他的一些朋友带我拜访了当地的检察长克劳斯博士，才知道我们是校友。向他说明为了出门方便，我需要一张通行证。这使他很不愉快，但又表示同情。他没有给我通行证，只是写了一封信给我，授权于我：任何时候出门，警察都不得干涉。此后，每次出门我总带着这封信。可意外的是，我从来没用过这封信。

克劳斯博士请我去他那里，我们成了朋友。由于他的引见，我也结识了他的哥哥——更有名气的检察官约翰内斯堡。这些关系在我后来的公众生活和工作中起了很大作用。

我经常经过总统大街去比较空旷的地方散步。有一次，一个站岗警察走过来，也不警告叫我离开人行道，而是直接推我，把我打到街上去。

这种行为使我十分惊慌，还未及申辩，这时柯慈先生骑马走了过来，向我招呼说：

"甘地，我看得很清楚。你要去法院控告他的话，我愿意做你的证人。对你的遭遇，我感到十分遗憾。"

我说道："你没必要不安，很可悲他什么都不知道！在他眼里，有色人种全都一样。能想到，对待黑人他也是这样。我决意不会为谁打官司，对他我不准备控告。"

柯慈先生说："你为人就是这样，但你应该想想，对这种人我们有必要给他点教训。"后来他对那个警察进行了申斥，最后那个警察向我道歉了，其实我已经原谅他了。从此，我选择了另一条散步的路径。

这件事使我对印度侨民的处境更加同情。因为这些法条我见过英国监督官以后，便和他们商议，如果大家认为需要的话，用这类案子做一次控告。

因此我对印度侨民的艰苦处境做了深入研究，收集了很多材料，还进行了访谈，也做了亲身体验。我认识到凡有自尊的印度人要在南非待下去是不可能的，怎样才能改善这种境况呢？这成为我心中极为牵挂的问题。

可那时，我的主要任务是处理好达达·阿布杜拉的案子。

真实的法律实践

在比勒陀利亚的一年，我获得了一生最宝贵的经历。在那里，我有参与公众工作的机会，在某些方面也增长了能力和经验；我的宗教精神更加充满活力；从事律师业务的实际知识我也收获不小。在那里，我收获的历程就像一个资历尚浅的律师迈向资深律师迈进的必经过程。在那里，我也获得了做好律师的信心和做一个成功律师的秘诀。

达达·阿布杜拉的案子涉及 40000 英镑的利益。它因商业交易而起，里面必然涉及许多繁杂的账目。一部分根据已经交付的期票，另一部分根据对方交付期票的承诺。被告方的辩护律师说期票的获取不合法，也没有充分的理由。案子很微妙，有大量的事实和法律问题。

原告和被告双方聘请的律师和法律顾问都才能出众。这给我一个非常好的研究学习的机会。我负责为律师准备原告的案由，并选取有利于他的案子的事实。这使我知道我所准备的材料哪些被律师采纳，哪些被舍弃，同时也可以知道律师所准备的材料哪些是法律顾问采用的，我很受教育。我知道这种工作对我的理解和运用证据的能力有相当的促进。

我对这个案子很感兴趣，投入了全部精力，浏览了所有关于这些交易的文件资料。我的当事人很能干，也对我很信任，因此我的工作比较容易。对簿记学我做了深入研究，由于往来信件大多用古吉拉特文写成，用的时候需要翻译，这使我的翻译水平也长进不少。

为了这件案子的准备工作更充分，我阅读法律书籍，查考法律案例。可结果是，我对整个案情的了解，恐怕连原告和被告都比不上，因为双方的文件都在我一个人手里。

已故的宾卡特先生曾说，事实在法律上只占四分之三。这种观点后来被已故南非著名的律师李昂纳先生证实了。在我经办的一件案子里，我的当事人的理由很充足，然而法律却对他不利。我无能为力，就向李昂纳先生求教。他也觉得这件案子的事实充分有力，他兴奋地说道："甘地，我知道怎么做了：如果我们将注意力集中在案件的事实方面，而法律方面听其自然。还是让我们在事实方面多下功夫吧。"这之后，他让我对这个案子深入研究后再找他。在把事实重新推敲梳理后，我的看法变了，同时还找到了和该案相似的一件南非旧案例。见到他时，我告诉了这一切，他说："这就对了，我们将赢得官司，但我们要搞清楚这个案子是哪个法官经办。"

在为达达·阿布杜拉的案子做准备时，我还不能清楚认识事实到底有多大关系。然而事实就是真理，一旦坚持了真理，法律当然有利于我们。但我也知道，官司久拖不决，对双方都没好处，甚至两败俱伤，况且他们有亲戚关系。然而谁也不能断言案子何时能够了结，所以，如果可能的话，双方都希望尽快结案。

我建议铁布赛找人从中斡旋，请他找一个双方都信任的仲裁人公断，案子就可以尽快了结。律师费节节攀升，即使当事人经济实力雄厚，也经不起庞大的开支。而且这件案子耗费了他们太多的精力，影响了他们做其他事的时间。同时相互之间的怨怒积累有增无减。也可以看到一方即使胜诉，但永远无法收回因此而破费的所有代价。根据法律规定，双方当事人都有固定的费用标准，律师和当事人之间的实际费用很高。我无法忍受这些。我觉得我有责任让双方重归于好。我费了很大力气促使他们和解。最后，铁布赛总归同意了，选定了仲裁人双方在他面前申述案情，结果达达·阿布杜拉获胜。

但是，我对此并不满足。我的当事人如果要求对方马上赔偿，铁布赛肯定无法全数付清。在南非的波尔班达弥曼人有一条不成文的规定，那就是宁死也不愿破产。要付清 37000 英镑赔款和诉讼费，对铁布赛来说是不可能的。那么，只有让达达·阿布杜拉同意他分期偿付为数不大的款项。这一点他倒是痛快地答应了。对我来说，这种让步比促使他们同意仲裁要难得多。然而对这样的结局却都很满意，也因双方都受到舆论的赞扬。我的兴奋之情可想而知。我经历了真实的法律实践，学会了掌握人性的善良之处，从而深入人们的心灵。我更懂得了律师的真正职责在于使得双方摒弃前嫌，重归于好。这样的教益已经深入我的心底，使我此后的 20 年执行律师业务中，把大部分时间花在使成千的案件双方在私下协商和了结上。我这样做的结果：我没有任何损伤，收入也没有减少，更不用说灵魂的损失了。

充满活力的宗教精神

下面再回来说一说我与基督教朋友们的经历。

对我的未来贝克先生显得非常上心，他带我去参加威灵顿大会。基督教新派每隔几年都要召开这样的大会，为的是让信徒们自我洁净和获得一种启发。可以将它看作是一种宗教维新。当地颇有名气的安德鲁·穆莱牧师是大会主席。贝克先生带我去参加，本希望让我感受那种亢奋的宗教气氛和参加者的虔诚和热情，从而使我最终皈依基督教。

他把希望寄托在最终的祷告功效上。对这一点他充满信心。他坚信只要虔诚祷告，上帝一定能听见。他举例说，像布里斯托尔的乔治·缪勒的祈祷，即使祈祷的需要很世俗。我对他关于祷告功效的讲述没有一点成见，我毫不犹豫地向他保证：如果能感觉受到呼唤，谁也无法阻挡我皈依基督教。因为我很早就乐于听从自己内心的声音；假如我背弃这种声音，我感到做事会很困难而且很痛苦。

于是我们前往威灵顿，威灵顿大会是虔诚的基督教徒的一种集会，他们的真诚让我很高兴，我也明白他们很多人为我祈祷。在那里，我与穆莱牧师会了面。

大会进行了三天时间，我理解那些教徒们，也欣赏他们的虔诚。然而我无法找到改变我的宗教信仰的理由，也无法相信只有成为基督教徒才能进天堂或得到解脱。当我对几个基督教朋友说出我的看法时，他们非常惊讶。但却无能为力。

我困惑的还不止这些。我实在无法相信耶稣是上帝的独生子，人只有信仰他才能获得永生。如果上帝能有儿子，我们都可以算是他的儿子；如果耶稣像上帝，或者就是上帝本身，那么所有的人都像上帝，或者就是上帝。我的潜意识中没有准备相信这些，像书面上所说的，耶稣以他的死和血来赎救世界的罪恶，将它当作寓言的话还有点道理。再就是基督教教义中讲人类是有灵魂的，而其他生物没有，因此说死亡对它们而言就是彻底毁灭；我的信仰正好相反。我承认耶稣是殉道者，是神圣的大师，但要说他是空前最完善的人，我不敢苟同。他上绞刑架于世人讲，有其伟大的示范作用，但是要说事件本身有何幽玄奇异之处，我觉得不尽然。和其他信仰宗教者的生活没能给我带来什么一样，基督教徒的虔诚生活依然如此。从哲学观点说，基督教原理并无超然之处。从牺牲精神看，基督教徒远不如印度教徒。因此，我不认为基督教完美和伟大。

我一有机会就向我的基督教朋友说这些看法，但得到的回答却令我失望。

那时，我也不认为印度教是多么完美和伟大。我深知印度教徒的缺点所在。如果把"不可接触者制度"〔印度教的一种社会制度。在印度教社会中，除四大种姓婆罗门（僧侣）、刹帝利（武士）、吠舍（农、商）和首陀罗（奴隶）之外还有一个被叫作"贱民"的不可接触者阶级，他们被认为不洁、有罪，他们不能（与其他阶级）共用水井，不得进寺庙，不得在大路上行走，人们也避免同他们接触，以防"玷污"〕作为印度教的组成部分，那这部分只能是腐朽的毒瘤。那些宗派和种姓为何存在，我无法明白。

本来基督教朋友们在想方设法让我改变信仰。我写信给赖昌德巴伊说明我的困难，与印度其他的宗教权威们我也有通信往来，也得到了答复。与赖昌德巴伊通信让我有了些许平静。他要求我不要着急，对印度教做更进一步的研究。他说："如果对这个问题冷静地观察，我相信印度教在思想深刻、内心省察、博爱精神方面优越于其他宗教。"

我买一些关于伊斯兰教的书籍，开始阅读研究起来。经过在英国的基督教朋友们的介绍，我与爱德华·麦特兰也有了书信往来。麦特兰给我寄了《完美的道路》和《圣经新诠》。我喜欢这两本书。它们是倾向于印度教的。托尔斯泰的《天国就在你的心中》让我着迷。给我的印象非常深刻。书中展现了独立思考、深邃的道德和求真的精神，相较而言，我从柯慈先生那里获得的书就显得有些黯然了。

基督教朋友们无法料到我做的研究把我带到了另一个方向。虽然如此，但我对他们永远有一种感念情怀，因为是他们唤起了我对宗教的向往。我将永远铭记和他们的友谊。这一切为我未来的岁月储备了丰富而神圣的联系。

在南非生活

随着案子的了结，我离开比勒陀利亚的日子也临近了。我回到杜尔班作回国准备，但是阿布杜拉赛极力主张为我在西登罕举行饯行宴会。

他们准备一整天在那里，在那里我在翻阅报纸的时候看到报纸的一角有一则关于"印度人选举权"的新闻，讲的是当时立法议会正在讨论一个法案，企图剥夺印度人在纳塔耳立法议会议员的选举权利。我没听说过竟然有这样的议案，所以一直想这个问题，到达宴会的人我是最晚的。

我问阿布杜拉赛这件事儿，他说："这种事，我们懂得不多，我们只懂得那些生意上的事情。你也清楚，在奥伦治自由邦我们的营业几乎全没了。虽然着急，可那又有什么用呢？何况我们没接受过什么教育，都是些不中用的人。关注报纸只是要了解当天的市场行情等，什么立法之类的我们不懂，要说懂得这些，也就是那些在这里的欧洲律师了。"

我说："这里的印度青年大多出生在本地，又受过教育，他们都不帮助你们吗？"

"唉！"阿布杜拉赛显得很失望，"他们也看不起我们，对我们来这里不屑一顾，说实话，我们也懒得买他们的账。他们都是基督教徒，都仰白人牧师的鼻息，而当地政府又管着那些牧师。"

这席话使我开悟，这些人才算是自己的同胞。我很困惑，难道信奉基督教就不能再是印度人？就应该这样吗？

然而我马上就要回国了，我之所想，无法表达。我只对阿布杜拉赛说："如果这个法案变成法律，那将使我们的处境雪上加霜。这是钉入我们的棺材的第一支钉子，它钉入了我们自尊的根基。"

"谁说不是呢，"阿布杜拉赛附和说，"关于选举权，我们本来什么也不懂，但是有个人你也认识，我们的律师朋友艾斯坎比先生，他让这个问题记忆深刻。事情是这样的：艾斯坎比和码头的工程师争斗非常激烈，他怕那个工程师会拉选票而在选举中被他打败。于是他就向我们讲了我们的处境，并在他的指使下我们都登记为选民，给他投了票。你该明白了吧？选举权对我们而言，并没有你所说的那种价值，但我们明白你的意思。那么，你想怎么办呢？"

人们都在聚精会神地听我们的谈话，但有一个人说："是不是要我告诉你怎么办？你推迟回国，在这里再住一个月，我们听你吩咐，进行斗争。"

其他人也齐声附和："好主意。阿布杜拉赛，让甘地一定留下来。"

阿布杜拉赛很精明，他说道："要留他现在也用不着我，你们也有权利。还是让我们大家一起劝他留下来吧，但你们要明白，他是律师，留下来的话他的花费怎么办？"说起费用，让我很难过，我随口说道："阿布杜拉赛，费用的问题就别说了，这是为公众服务。能为大家服务，我可以留下来。而我对这些朋友并不熟悉，你觉得他们会合作的话，我可以多住一个月。可是有一点，你们不用付给我费用，我们要做的工作性质是这样：假如没个基金支撑没法搞起来。比如，发电报、印点资料，或者派人联络、和当地律师沟通，还有要熟悉你们的法律，需要参考的法律书籍和资料等，都需要钱。另外很明显，这件工作除非大家都动起来，否则很难做得了。"

这时，他们都说："凭着上帝的伟大和仁慈。钱会有，人也不缺，需要多少都会有。只要你愿意留下来，办法总会有。"

就这样，饯行宴会最后成了工作会议。我提议赶紧吃饭回家。在我心里已经有了组织好这场活动的构架。我将那个选民名单上的人进行了分析，最后决定在那里多住一个月。

这样，上帝安排了我在南非生活，也播下了为民族自尊心而斗争的种子。

决定定居纳塔耳

1893 年时，哈齐·穆罕默德·哈齐·达达赛是纳塔耳印度侨民中最有威望的领袖人物。因此在阿布杜拉赛的家里召开的会议由他主持，在会上决定对选举法提出反对意见。

参加这次活动的志愿人员做了签名登记，在纳塔耳出生的印度青年大多信奉基督教，他们都受邀参加会议。杜尔班法院的译员保罗先生和一个教会学校的校长苏班·戈夫莱先生也参加了，跟随他们来的还有一大批基督教青年，他们也主动登记做志愿者。

登记者还有当地的很多商人，像达乌德·穆罕默德赛、穆罕默德·卡桑·康鲁丁赛、阿丹吉·米耶汗赛、阿·科兰达维鲁·皮莱、西·拉契朗、兰格沙密·巴提亚齐、阿玛德·齐华，以及巴希·罗斯敦济。像马尼克吉、约希、纳辛赫朗等，都是在达达·阿布杜拉公司和其他大商行供职，他们担任文书工作，他们很惊喜还能担当一些公众工作。参加这样的工作对他们来讲平生未曾经历过。他们的苦难经历和处境使他们忘却了心中的那些高低、贵贱、主仆和印度教徒、穆斯林、拜火教徒、基督教徒，以及古吉拉特人、马德拉斯人、信德人等差别。人们团结一心，每一个人就像是祖国大家庭的一员。

这个法案或许即将被通过。从讨论的情形看，没有印度人对这个法案提出反对意见，这种结果被看作是他们不该拥有选举权的证明。

在会上我向大家说明当时的情况。于是我们首先给议会议长发了电报，要求对该法案做延期讨论。也给当时的总理约翰·鲁宾逊爵士和达达·阿布杜拉的朋友艾斯坎比先生发电报进行说明。议长回电答应延后两天讨论法案。大家的心里有了一丝宽慰。

我们拟好了提交立法会的请愿书。誊写了三份，也给新闻界准备了一份，在请愿书上征得很多人来签名。一夜之间我们完成了这许多工作。请愿书最后发出了。有几家报纸登载请愿书，并做了有利的评论。在议会上请愿书引起了讨论。对此，一些人对原议案进行了辩护，对请愿书中观点也进行了反驳。然而议会最后还是通过了这个法案。

结果在我们的预料之中，然而它的意义在于：它给侨团以新的活力，也坚定了他们的信念：印度侨团达到了空前的团结；为了侨团的政治和商业利益而抗争是他们义不容辞的责任。

大家决定给当时英国的殖民地国务大臣李朋勋爵送一份大请愿书。这是一个很重的任务，需要齐心协力。我们又征集了一些志愿人员，来分担部分工作。

我查阅了很多关于这方面的资料，非常认真地起草请愿书。在请愿书中，我提出在纳塔耳我们应该享有选举权，因为在印度我们也有一种选举权。吁请保留这种选举权只是权宜之计，因为印度人能够行使选举权的毕竟还不多。

两周之内，在请愿书上签名的有上万人。因为进行这项工作的都是首次，加上在全省范围内征集签名，所以有这么多人签名并不容易。那些志愿人员也很能干，他们首先让签名者对请愿书充分了解，然后签名。对一些分散和偏远的村庄，志愿者们全心投入，结果可嘉。总之，他们全都积极地完成了分配给它们的任务。当我在这里述说的时候，达乌德·穆罕默德赛、罗斯敦济、阿丹吉·米耶汗和阿玛德·齐华的形象又一次映入了我的眼帘。达乌德赛成天马不停蹄，东奔西跑，完全是一种爱的奉献，不求回报。而达达·阿布杜拉的屋子成了公众办公的场所，有许多朋友帮助我工作，还有很多人饭也是在那里吃的。所有的花销可想而知。

递上这份请愿书后，我们印了一千份向一些已知的报馆和出版社发出去。这份请愿书首次将纳塔耳印度人的情况向世人公开。

《印度时报》就这份请愿书发表了社论，支持印度人的要求。我们还向英国各党派刊物和出版社寄了请愿书。伦敦《泰晤士报》也表示支持我们，我们似乎看到了希望，以为议会会否决这个法案。

看来我是不能离纳塔耳而去了。来自各方的印度朋友都要求我留下来，而且是长期的。我向他们说了我的为难之处，我决定住下来，但不能要公众的开支。我觉得要有自己的事务所，在适合的地方找个房子。我还想到：只有一种普通的律师生活，才能增加侨民的信任。总计下来要维持这样一个门面一年需要300英镑。这样的话，如果印度侨团能够满足我一个基本标准的律师工作，我才能维持。于是我向他们说明了这个情况。

他们说道："但是我们希望你是通过为公众工作来筹措这笔费用，这样可能更容易一些，当然这本来也是你私人律师费之外的收入。"

"那不行，为公众工作哪能收钱。"我说，"这种工作能力含量不高，主要是让大家都来参加，我怎么能向你们收钱呢？这类工作今后免不了要大家捐钱，如果拿你们的捐款来维持生计，那以后大笔款项怎么向你们募集？那样的话我就难以展开工作了，而且公众工作每年需要300英镑以上的欠款，这需要侨团去筹措。"

"我们了解你，那些不必要的东西你也不要。但是我们让你在这里长期住下去，负担你的费用是我们应该做的。"

"因为你们心存大爱和热情才这样说。这种爱和热情谁知道将会长期维持下去？作为朋友和你们的服务者，难免会不时地向你们诉苦，谁又知道那个时候你们还会拥护我。总之，为公众服务我不会接受你们的任何报酬。你们愿意让我为你们代理办案已经是对我的信任了。这会给你们增加很多困难了。我不是白种人律师，我也无法确定法院能否答应我？而且我也说不上我的运气会如何。所以让我做你们的法律顾问，你们可能在冒险。既然你们支持我，我当然应该把这个工作看作是为大家效劳的补偿。"

后来的结果是，我被二十来个商人聘请为法律顾问，为期一年。而达达·阿布杜拉用准备为我送行的一笔钱为我置办了一些家具。

从此，我定居在纳塔耳了。

关于种族隔离

法庭上的徽号是一架天平，它由一位失明而又睿智的妇女掌握，尽显公正。也许她双目失明是命运的安排，以示当她作出裁决时免受外貌的影响而有失公正。但是纳塔耳法律协会企图让最高法院背弃徽号所代表和体现的公正和真实的原则。

孟买高等法院曾发给我律师许可证，我申请去最高法院当律师。在登记为律师时，我向孟买高等法院提供了英文证书作为备案。而这一次申请时，还需要交品行证书两份，我想有欧洲人出这两份证书可能分量更足，因此我拜托两个颇有名气的欧洲商人搞到了证件。递交这种申请要通过法院的律师，我通过达达·阿布杜拉公司的法律顾问艾斯坎比先生递交，他当时是检察长，可以不收费。

可是让我很吃惊的是，从法律协会得知，他们反对我申请法院律师。他们反对的原因是我没有附上英文证书原件。然而这是借口，真实原因是他们在制定律师入会办理申请手续程序时，没有考虑到申请入会的会有有色人种的律师。欧洲人经营的企业在纳塔耳的发展中起了很大作用，所以欧洲人必须掌握法律界。这对欧洲人在利益上是一种保护，如果让有色人种加入进来，随着数量的增长，欧洲人就会失去保护他们的屏障。

为了更有力地反对，法律协会聘请了有名的律师。这位律师和达达·阿布杜拉公司也有关系，他通过阿布杜拉赛请我去看他。他很坦率，当问起我的经历时，我告诉了他。

他说："和你谈话，并不是有什么和你过不去。只是觉得你是一个出生在殖民地的冒险家，在申请书上没有附原件让我产生了怀疑。很多人的证件并不是他自己的。那些欧洲商人给你的品行证书，我看没什么价值。我不了解你和他们有什么交情，他们对你又知道多少？"

我说："这里谁对我来说都是陌生人，就连阿布杜拉赛也是在这里认识我的。"

"可刚才你还说和他是同乡啊？你的父亲如果当过首相，那阿布杜拉赛肯定熟悉你的家族。如果他能给你保证，我绝对反对。那样的话我愿意告诉法律协会，表明我无法对你的申请提出反对意见。"

他的话让我很愤怒，我心想："即使有达达·阿布杜拉的证明，他们还是会不同意，他们又会要欧洲人的证明。出身和阅历跟我申请当律师有关系吗？怎么拿我的出身对付我呢？"

但我克制地说："我准备给你们保证书，但我不会承认了解我的出身和经历的细节属于法律协会的权利。"

阿布杜拉赛帮我把保证书递交上去，他说他同意，可是法律协会在最高法院反对我的申请，但是最高法院拒绝了反对意见，也没有要求艾斯坎比先生出庭作答。

首席法官宣布："依据申请人没有递交原件而拒绝的理由不充分。如果证件造假，他将受到惩罚；如果证明他有罪，他的名字也会被注销。法律上，白种人和有色人种没有差别。因此本法院认为无权反对甘地先生登记为律师。我们接受他的申请。甘地先生，你现在可以宣誓了。"

我宣誓完毕后，首席法官对我说道："甘地先生，请摘下你的头巾，法院规定：在执行律师业务时，必须按规定着装。"

为服从命令，我摘下了头巾。我这样做是因为想保存力量迎接更大的挑战，而不是害怕抗拒命令。我不能因为头巾的事影响我做更大的事业，我觉得这样做很值得。

但阿布杜拉赛和其他朋友们却觉得我软弱。他们认为我应该坚持戴头巾的权利。我想方设法劝解他们让他们明白"入乡随俗"的道理。我说："如果在印度，拒绝摘头巾是对的；但是在纳塔耳省，如果我还坚持戴头巾而不按照当地的习惯和规定就不对了。"

经过我的解释和说明，朋友们的情绪总算有些平复，但事件本身看来他们还没接受在不同的情况下用不同的观点和方法看待和处理问题的原则。然而在我的生命中，坚持真理使我懂得了怎样享受妥协的美妙，我明白了这种精神就是非暴力抵抗运动的一部分。它常常使我面临生命危机，并招致朋友们的不满。但真理坚如磐石，美妙如画。

在南非，因为法律协会反对我的申请，引起了媒体的非议和谴责。这实际上扩大了我的影响，便利了我以后的工作。

纳塔耳的印度人大会

从事律师工作是我的第二职业，我当时还继续留在纳塔耳的目的就是全身心地投入公众工作。当时那种只靠散发一些请愿书还远远不够，要达到触动殖民地国务大臣的目的，很有必要发动大众行动起来。因此，就必须建立一个常设组织。之后我经过与阿布杜拉赛以及其他朋友商议决定建立一个永久性的公众组织。

给组织起名很让人伤神。在英国保守党分子中"大会"一词名声不好，本想避免和一些政党和组织混同，可考虑到国民大会是印度的生命之根，要在纳塔耳运用推广，使人们真诚地接受这个名称。所以我充分地说明了我的理由，建议以纳塔耳印度人大会为这个组织命名，宣布5

月 22 日成立。

成立那天，人们都聚集在达达·阿布杜拉的一间大房子里，所有与会者热烈支持大会成立。大会章程简单，规定要交的会费很高。要成为会员必须每月交 5 先令。经济比较富裕的人可以多交一些。阿布杜拉赛每月交 2 英镑，是最多的之一，还有两个朋友也一样。我想我也应该多交一些，就填写 1 英镑。对我来说这个数目不小，如果节俭一些的话，我还能够负担，况且还有上帝相助。结果，有许多人每月交 1 英镑，月交 10 先令的更多。另外还有一些捐款，最后也表示了感谢，

然而，热情是一时的，很快就消退了。实践证明，会费仅靠催集是不可能的。那些杜尔班以外的会员，经常去找他们要，也不行。即使是杜尔班的会员，如不一再催促，也不会主动交会费。

作为大会秘书，管理会费是我的任务。到了后来我雇用了一个专门收缴会费的文秘经办此事。但这个人又被搞得很厌烦。我觉得对这种情况有必要进行改进，改月费为年费，而且要限期交付。因此我召集了一次会议，参会者都赞成我的建议，会上规定一年最少交 3 英镑会费。这个改进使会费收缴工作容易多了。

公众工作不能依赖借贷进行。人们在很多事务上可以依靠诺言，但唯有金钱的事情除外。纳塔耳的印度人和其他人一样很少按时交纳会费。因此纳塔耳印度人大会没钱时就不干事，也就没有负债。

同事对联系会员一事异常热情和积极。这对他们来说是兴趣所在，也是一种积累经验的有价值的工作。会员们交纳会费都愿意用现金。在偏僻的乡村，这项工作很困难。对于公众工作人们并不了解它的性质，可经常性的有一些比较远的地方邀请我们去，所到的每一个地方都有地方豪商很热情地款待我们。

有一次，因为捐助问题而遇到了很大的困难。我们希望捐助者能捐 6 英镑，可他只捐 3 英镑。如果按照他的 3 英镑收取，那么，别人会仿效，

这样的话将会影响到我们的收费工作。时值深夜，我们都很饿，然而要收取的款项还没够数，怎么好吃饭呢？做了很多的劝说工作，主人还是不愿意。当地其他的商人都看着他，整个一个通宵都没结果。这时，同事们大多怨气满腹，但都很克制。直到天将破晓，主人才答应交6英镑，事后还请我们吃饭。这事是在东卡特发生的，但影响远及北海岸的史丹泽和内地的查理斯城，也加快了募集会费的速度。

实际上我懂得这样一个原则：不要使人有多于他所需要的金钱。基金的募集并非唯一的工作。

一般每月开一次会议，必要的话，也可每周一次。按惯例这样的会上要重申前次会议的记录，接下来才讨论各种问题。由于参加公众讨论没有经验，所以人们不懂怎样简明扼要的发言，发言时往往犹豫不决。我将会议程序和规则向他们作了说明，他们明白这是一种教育，经过锻炼，许多不善于在人前讲话的人，不久便养成了对公众利益问题发表见解的习惯。

为了节省开支，一开始就决定连必须用的收据也不铅印，而是用我事务所里的油印机，刻印收据和各种文件。只有是开大会时经费充足，并且会员数目和工作量增加了，才采用铅印。虽然它们未必都能做到厉行节约，但对每一个团体都很必要。所以我从一开始对每个成长中的小组织详细说明该注意的细节，就是这个原因。

关于收据，人们交纳会费后实际并不在意，但我们还是坚持开具收据，一个铜子儿都要记录清楚。我敢肯定，在今天，依然可以在纳塔耳印度人大会的档案中找到1894年的完整账簿。任何组织都应该妥善保存账目，否则，它失信于人，甚至也不可能保持其原有纯真。

还有一个特点，就是大会吸收了当地出生且受过教育的印度人进来为大家服务。同时，成立了侨生印度人教育协会，会员大多数是受过教育的青年人，他们也交纳一定的会费。协会从思想等各方面帮助他们解决困难，帮助他们和印度商人建立联系，也创造机会让为他们为侨团服务。协会还举办辩论会，会员定期集会，就各种问题发表见解，宣读论文；还建立了小图书室。

宣传是大会的又一个特点。宣传是为了让在南非和英国的英国人，以及印度人民了解纳塔耳的实际情况。为此，我写了两本小册子，即《向南非的每一个英国人呼吁》和《印度人的选举权——一个呼吁》。第一本的内容是一篇声明和对纳塔耳印度人一般状况的介绍；第二本的内容是用一些事实和数字为基本事例的纳塔耳印度人选举权简史。我用了很大的精力写成了这两本小册子，虽然很劳神，但结果很值。

这些工作和活动取得了可喜的成果：许多人成了南非的印度人的朋友，也得到了印度各党派的支持和同情。活动还为南非印度人的行动提供了一条明确的路线图。

解救巴拉宋达朗

那些能够实现的愿望往往是拥有强大的内心和真挚而纯正的热诚。这在我的经历中常常得以证实。我内心深处的愿望就是为穷苦大众服务，这就使我和穷人紧密地联系在一起，和他们一致。

纳塔耳印度人大会的会员主要有侨生的印度人和文秘工作者两个阶层，非技术工人和契约工人不包括在内。他们要成为会员就要交纳会费，但这不可能。所以只有大会为他们服务，才能得到他们的支持。后来有一件事提供了契机，那是我刚刚执行律师业务不到三四个月，大会在初创之际，有一个衣不蔽体、手拿头巾、打掉门牙的嘴里流着血的人哭泣着来到我面前，他是泰米尔人，被主人毒打。我通过我的也是泰米尔人的秘书了解了他的情况。他叫巴拉宋达朗，是杜尔班一位欧洲商人家的契约工人。因为不能自制，他对那家主人发了脾气，而被主人毒打一顿，两颗门牙也被打掉了。

我送他去找一位白种医生，请他开具一张证明巴拉宋达朗受伤性质的证明。拿到证书后，我又带他找了县长，并递交了起诉书。县长知情后，非常气愤，马上传讯了雇主。

当时我想的主要是开释巴拉宋达朗，而不仅仅是惩罚雇主。对契约劳工的法律我有一些了解。如果一个普通佣人无故就擅离职守，其主人可以将他告上民事法庭。而契约工人，如果犯同样的事，就可能将他告上刑事法庭，还可能判刑。威廉·汉特尔爵士将契约工人制比作奴隶制，就是这个原因。契约工人像奴隶一样是主人的财产。

要解救巴拉宋达朗有两个办法：让他的保护人取消契约，转让他人；或者雇主直接释放巴拉宋达朗。我找了他的雇主，并说："我不想控告你。你也明白，你对那人进行了毒打。我希望你将契约转让给别人就可以了。"听到此他马上同意了。然后在我找保护人时，他也同意，但有个条件，我们要找个新的雇主。

印度人不能雇用契约工人，所以新雇主必须是欧洲人。我认识的为数不多的几个中有一个答应做新雇主。我向他表示感谢。县长宣判巴拉宋达朗的雇主将契约转让新雇主。

因为巴拉宋达朗案子，契约工人们将我视为朋友。对此，我感到十分庆幸。从此，契约工人们开始不断地来到我的事务所，我也因此有了进一步了解他们喜怒哀乐的机会。

巴拉宋达朗的案子反响很大，波及了马德拉斯。在纳塔耳来自该省份各地的契约劳工都知道了这个案件。其实这件案子本来不稀奇，但是在纳塔耳有人关注他们的利益并为他们工作的事实，使契约工人感到鼓舞，内心充满了希望。

巴拉宋达朗来找我时，拿着头巾的情景让人有一种非常特别的伤感，他表现了强加给我们的屈辱。也让我回想起同样的遭遇。每个契约工人和初到的印度人，当他与欧洲人见面时，都会自觉不自觉地摘下头饰、头巾或披肩等，这是一种强制形成的习惯动作。对我，巴拉宋达朗也认为要遵循这种做法，我第一次遇到这样的情况，让我感到屈辱和难过，我要他缠起他的头巾。虽然有些困惑，但他还是照做了。当然，从他脸上表现出的欣喜我还是捕捉到了。

让我无法理解的是，当自己的同胞经受屈辱时，竟然还有人以此为荣。

三英镑人头税

我对印度契约工人的了解开始于巴拉宋达朗的事情。但做更深入的研究是从他们反抗苛重捐税的斗争开始的。

在 1894 年，纳塔耳政府准备向每个印度契约工人每年征收 25 英镑捐税。震惊之余我向大会提出讨论这件事，大会立即作出决定：组织反抗。

我先说说这种捐税的起因。大概在 1860 年的时候，欧洲人发现在纳塔耳种植甘蔗很有发展前景，但劳动力缺乏。因为这种工作形式不适合这里的朱鲁人，除非雇用外来劳工，否则无法种植甘蔗，也不能制糖。因此，纳塔耳政府和印度政府达成协议，准备招募印度劳工。办法是签订一份契约，在纳塔耳做工满五年，五年后工人可以在那里自由定居，也有权利购买土地。实际上是那里的白人诱使印度工人在契约期满之后留下来为他们改进农业生产。

其实印度人为他们带去了超出他们预期的东西。他们大量种植蔬菜，还带去很多印度品种，并设法种植。这充实了他们的品种，也降低了价格。印度人还把杧果传播到了那里。除农业之外，他们参与商业、地产等。很多印度劳工地位上升，有了自己的土地和房产。这样，印度国内的商人纷至沓来，定居经商。已故的阿布巴卡·阿穆德赛就是其中的著名人物之一。

这种情况出乎白种人的预料，使他们充满戒备。他们没有料到印度劳工做起生意来是那样有本领。作为最初单个的农业从业者尚能接受，但当这个群体成为商业竞争的对手的时候，白种人就无法忍受了。

仇视印度人的种子埋下了。而其他方面的因素促进了这种种子发芽成长。我们的生活方式、简朴的生活、满足于微利的特性、对自身和周围环境卫生的不讲究、不注意房屋美观，以及加上宗教信仰上的分歧等，都是燃起仇恨火焰的导火线。在一些实例中可以看到那种敌对情绪，如取消选举权的法案、在对印度契约工人征课捐税的立法等。除立法外，许多欺凌的做法早已实施了。

首个倡议是强行遣返印度劳工。这种提议可能印度政府不会接受。

因而有个建议：

一、印度劳工在契约期满到期时，必须返回印度；

二、如不回印度，那么每隔两年再签订一次新的契约；每签订一次，增加一次工资；

三、如果既不回印度，又不签订新的契约，那么每年须交纳25英镑捐税。

由亨利·宾斯爵士和马逊先生率领代表团前去与印度政府协商此事，以期同意。当时的印度总督叶尔金勋爵不同意征收25英镑的税，同意征收人头税3英镑。我到现在和当时有同样想法，总督的做法有错误：他赞成那种建议，却完全没有考虑到印度的利益。他也没有责任与纳塔耳的欧洲人妥协。在三四年内，一个契约工人的家里，他、他妻子、他16岁以上的男孩和13岁以上的女孩，都要纳税。一个四口之家折合下来，每年纳税12英镑，而做工的父亲每月的平均收入只有14先令。想想这种做法何其残忍！在世界上绝无仅有。

为此，在纳塔耳印度人大会的组织下，进行了一次激烈的斗争。我们不能沉默，说不定印度总督还同意征收25英镑的税。也许我弄错了，没准儿是印度政府不管大会反对与否，而将 25 英镑降至 3 英镑。总之，这种做法使印度政府失掉民心。总督绝对不该同意这种捐税的提议，因为它是印度福利的受委托者。

这种捐税从 25 英镑降为 3 英镑，这不是个什么成就。没有维护好印度契约工人的利益，大会觉得很遗憾。纳塔耳印度人大会为达到取消这种捐税的目的在 20 年之后才变为现实。它的实现是包括纳塔耳印度人和旅居南非的全体印度人共同奋斗的结果。

故去的戈克利先生背信弃义。印度契约工人全都参加了这次斗争，当局断然采取镇压措施，有些人为此牺牲生命，而上万人被监禁。这次斗争成了最后一次。

然而真理必胜。如果没有坚强的信念，没有坚韧和不屈的努力，就不会有最后的胜利；如果侨团听任摆布，大会放弃斗争而接收交纳这种捐税，那么，这种捐税对印度契约工人的压榨至今也不会停止，同样这将是整个印度以及旅居南非的印度人的永久耻辱。

各种不同的宗教

我觉得只有服务，才能更接近和认识上帝，服务是我的宗教。我全身心投入印度侨团服务的事业，其内在的因由在于自我实现的愿望。什么是服务，于我而言，就是为印度服务，这是自然而来的，也是出于自愿的。我去南非，是旅行，是逃避卡提亚华的政治纷争，也是谋生。然而我却发现，这一过程中我在寻求上帝，在自我实现。

基督教的朋友们激发了我追求知识的欲望，这种欲望之强烈使我无法漠然置之。还在杜尔班的时候，南非传道总会的会长斯宾塞·华尔顿先生对我很青睐，将我看成了他家的一员，我是在与比勒陀利亚的基督教徒的交往中认识他的。在我的记忆中，华尔顿先生从来没有劝我改信基督教，这与其他人不同。然而他却把他的生活毫无保留地展现在我面前，包括他的行动，让我观察。华尔顿夫人是一位温婉贤淑而又能干的妇女。他们对我的态度我很喜欢。我们都知道彼此之间不同的根本在哪里，这种差异无论怎样探讨都无法消除。然而互相间能够包容，并有一份博爱和追求真理的态度，认识的不同也有它的好处。他们夫妇谦逊、耐心和对于工作的热爱让我肃然起敬。

与他们的情谊使我对宗教一直保持着浓厚的兴趣。虽然我现在不像在比勒陀利亚的时候一样用大量的空闲时间研究宗教，但当一有空我就会很好地利用。写关于宗教问题的通信，我从未间断过。赖昌德巴伊是我的导师。我从朋友那里得到一本纳玛达·尚卡的《达摩维伽》。该书的序言对我很有帮助。这位诗人的生活情况我曾听人讲述过。序言讲了他如何因为研究宗教而使他的生活发生变化，这使我为之神往，并使我仔细研读这本书。我也喜欢麦克思·缪勒的《印度——它能教给我们什么？》和通神学会出版的英译本《奥义书》[《奥义书》（Upanishads）是阐释吠陀经典的一种著作，着重哲学思想的阐释，多采用散文体裁。奥义书种类甚多，有一百五十多种，最早的著作可以追溯到纪元前六世纪]。这些书使我对印度教更加尊重，我开始明白它的优美所在。虽然这样，但这并没有使我对其他宗教产生偏见。我读过华盛顿·伊尔文的《穆罕默德的生平及他的继承者》和卡莱尔对于这位先知的颂词。这些书使我对穆罕默德更为敬仰。我还读《查拉图斯特拉语录》。

大量的阅读和研究，使我获得了各种宗教的更多的知识。这提升了我的自我反省的能力，也使我养成了能够在受启发后即刻付诸行动的习惯。在研究印度教的典籍时我知道了一些瑜伽法[印度古代哲学的一个学派。瑜伽派学说以四品理论为基础，即三昧品、方法品、通神品和独存品。以达到三昧，即禅定的方法（八支行法）的学说为最发达，为普通大众广为接受的是坐法、静虑二支行法。瑜伽派的实用哲理如今在印度仍然很普遍，到处都可以看见静坐入定的人]，自己拿来实行，但是我收效不大，我打算回印度后找专家指导。然而这个意愿，始终没能实现。

托尔斯泰的《圣经简要》《做什么？》和其他的几本书，给我留下了深刻的印象。

我对博爱的认识更为深入，更加觉得要实现它的无限的可能。

我又结识了一个基督教徒的家庭。他们建议，每个周日我都去卫斯理教堂做礼拜；同样总是在这一天请我吃饭。我对卫斯理教堂没什么好印象，那些讲道之人也没有新鲜东西可讲，听的人也很敷衍，宗教气氛淡薄。他们很世俗，去那里礼拜大多是一种惯性使然或者消遣。在那里，有时候让人昏昏欲睡，我心里觉得惭愧，在看到身边之人也是如此，还稍有心安。但是那种情况不能长久，到后来我就不再去了。

和那家的关系，因为人家不让我再去他家而破裂了。那家女主人淳朴而善良，但心胸狭小。我们经常会一起讨论宗教问题。那时我在重读安诺德的《亚洲之光》。一次我们对耶稣和佛陀的生平进行比较。我说："乔达摩的慈悲广布人类和一切生物。想象到羔羊快乐地蜷伏在他的肩上，我们心里怎能不泛起怜爱之情呢？但是看看耶稣的生平中，哪有这种对于一切生物的爱。"我的话让这位夫人很伤感。我理解她的情感，所以我结束了这个话题，便一起去用餐。一块吃饭的还有她不到五岁的可爱的儿子。我和那个孩子像朋友一样，我总能分享到孩子的快乐。吃饭的时候，我讥笑他吃的那块肉，而尽情地讲述我吃的苹果多么好。孩子是天真的，他信服了我说的话，他也说水果很鲜美。然而这时，做母亲的却显得惶恐不安起来。

这位夫人向我提出了警告，于是我改变了话题。到第二个星期日，虽然内心忐忑，但又觉得不好不去，最后我还是去了她家里。

我到她家后，她说："甘地先生，我有几句话不得不说，请你原谅！我的儿子和你在一起，不会有什么好处。这几天让他吃肉，他一点都不听话，嚷嚷着要吃水果，还用你的道理来当说辞，很过分。如果他不吃肉，身体肯定会瘦弱，如果生病了我可怎么办？往后这些问题仅限我们大人之间讨论，和小孩子就不要再谈论了，否则对他影响不好。"

我回答道："××太太，请原谅。我理解做父母的心情，因为我也有儿女。这的确是不愉快的情况。我想饮食的选择比说的话对孩子影响更大。所以，以后最好是不再打扰你们，以免使我们的友谊受到影响。"

她说声"谢谢你"之后，心情看起来好多了。

上帝又一次拯救了我

我在纳塔耳立了门户，但这和在孟买、伦敦的家不一样。我想这个门庭应该与在纳塔耳我当一个印度律师和代表的地位和身份相称。因而我去了一个有名的地区弄了一幢比较高档的房子，还配了相应的家具。伙食虽然简单，但我经常请英国朋友和印度的同事们在家里吃饭，所以费用很大。当然，其中一部分开销纯粹是为了体面。

在家里，如何使用佣人我不知道。在我家里住着一个朋友，他是我的同伴和帮手。家里的厨子已成了家庭成员。另外，还有我的事务所的文秘，和我吃住在一家。我原以为通过这种体验，我会收获许多成功经验，但那些经验包含着惨痛。

住在我家里的同伴人很聪明，我觉得他对我也很真诚。然而就是这点骗了我。他对和我们一起住的文秘心怀不满，于是编造谎言陷害那位文秘，使我开始怀疑这个文秘。这位文秘朋友的脾气也很怪，在知道我怀疑他的时候，马上离我而去。这让我很伤心，我感到可能是我不对，而且良心上也有点过不去。

也就是在这个时候，我的厨子因为有什么事儿要离开几天，所以要另找个人顶替。后来我才知道这个新来的人完全就是个无赖。但是对我来说，他就是上帝特意派遣给我的。他来不到两三天，就发现我不在的时候家里有一种不正常的情况，这让他很震惊，便准备提醒我。很多人知道，我这个人对人直率而且也很容易听信别人。有一天中午，他匆匆忙忙赶到我的事务所对我说："赶快回家吧，去了你会吃惊的。"

我问："你得告诉我咋回事儿呀！这个时候我怎么能走呢？"

"如果不去的话，你会后悔的。我只能这样说了。"

他很坚持。我和另一个文秘一块儿回家，那个厨子带我直接上楼，指着我那位同伴的房门说："在里边，打开它就明白了。"

我明白过来了。我敲了几下门，没有反应！于是我使劲地敲，使得墙壁都有点晃动。这时门开了，有个妓女在里面。我赶走了她，不许她再来。

我回头对那个同伴说："我们从此断绝交往。原来你一直在骗我，我自己当傻瓜。我对你那么信任，你这样对我合适吗？"

然而他非但不承认错误，却说要揭我的底。

"我没做过亏心事，"我说道："我做的任何事，都是能见阳光的。你，马上滚！"

他更加恼羞成怒。僵持之下，我对楼下的那位文秘说："请你马上通知警长，代我致谢，给他讲：和我住在一起的那个人行为不正当，我不许他住在我家里，但他不愿意走。如果警局能帮忙解决，我将很感激。"

我的态度很坚决。而他自知行为不堪，这使他很紧张。于是他向我道歉，并求我不要通知警察，答应马上走，之后他走了。

这件事使我警醒。至今，我才完全看清这种罪恶是怎样将我蒙蔽的。这个同伴早就有人说他品行不端。一开始我收容他的时候，许多朋友提出警告，我都不予理睬，我相信他能够改造好。然而出于良好的愿望和目的，对他过于信赖蒙蔽了我的双眼，最后差点毁了自己。

如果没有新厨子，我也不会知道真实情况，受这个同伴的影响，也许我将浪费更多的时间在他身上，甚而使我置身黑暗，误入歧途。

因为我用心良纯，上帝又一次拯救了我。早年的这次经历使我在未来的生活中时刻警示自己。

那个厨子不会做饭，他也不会一直住在我家里。说他是上帝特意派来的，是因为没有其他人能让我打开眼界。后来我了解到，那个女人不是第一次来我家里，以前经常来，但没有人像这个厨子一样有勇气。因为我对那个同伴的信任是如此盲目，谁都知道。

那个厨子向我说："你这个人容易上别人的当，你家里不是我待的地方。"我让他走了。

现在我才发现，蒙蔽我耳目，使我对文秘产生怀疑的，正是我这个同伴。我想方设法想去弥补我的过错，但始终没能使那个文秘满意。然而，无论怎样弥补，裂痕就是裂痕。这是我一生的遗憾。

启程回国

我旅居南非已经三年了。我与当地人互相之间已经有很多了解。我已经在那里有了不错的业务，人们也很需要我留在那里，我也明白我要长期在那里住下去。所以，我决定回家一趟，将妻儿接过来定居。1896年准备请假回国。当时，我还想，回国转转，也许还能做一点公众工作，让公众和舆论对南非印度人更加关注。3英镑人头税本来令人疼痛的伤疤，只有废除它，人们才能平息。

但是我走之后，关于负责大会和教育协会工作的人选我想到两个人：阿丹吉·米耶汗赛和巴希·罗斯敦济。当然，在商界中也有这样的人，但就经常性执行秘书职务和深受印度侨团尊敬而言，还数他们两人了。从做秘书和英文知识考虑，我推荐了阿丹吉·米耶汗赛，他最后被任命为大会秘书。阿丹吉·米耶汗赛做事坚忍、待人宽宏平易而又彬彬有礼，这让大家很满意。他的作为证明：秘书工作不一定具备律师学位或拥有高等英国教育。看来选择阿丹吉·米耶汗赛是合适的。

1896年年中，我启程回国，搭乘的是开往加尔各答的"彭戈拉"号轮船。

船上没有多少乘客，他们中有两个英国官员和我有过交往。除了和其中的一位每天下一小时的棋以外，我还研读船上的医生给我的一本《泰米尔文无师自通》。还在纳塔耳的时候，我就明白要和穆斯林建立密切联系，就应该掌握一些乌尔都语知识；要和马德拉斯的印度人有密切往来，就应当学会泰米尔话。

在朋友的要求下，在统舱的乘客中找了一个懂乌尔都文的老师来教我们，我与英国朋友在他的教授下进步很快。那个英国官员记忆力很强，念过的字几乎不忘；而我感到辨别乌尔都文字很困难。我很努力，但还是赶不上那个官员。

我学泰米尔文很有收获。当时虽然没人教我们，但有《泰米尔文无师自通》这本书，我没觉得需要别人多大的帮助。

到达印度后，这种学习再没有进行下去。1893 年以后，许多书我是在监狱里读的。学习泰米尔文和乌尔都文，取得进步，都是在狱中下的功夫：在南非的许多监狱里学泰米尔文，在耶罗佛达狱中学乌尔都文。但是泰米尔话我没学会，自学得来的那点儿知识，因为缺少应用，如今也忘得一干二净。

不懂得泰米尔文和德鲁古文，我至今感觉非常不便。旅居南非的德罗维达人［印度最早的土著民族，现在绝大部分定居于南印度。泰米尔文和德鲁古文是他们的主要语言］给我的情谊，至今历历在目。每次一碰到泰米尔或德鲁古朋友时，我脑海中便会闪现出他的南非同胞的信仰、坚强和无私的牺牲精神，但他们不管男女，大部分人目不识丁。在南非，为穷人而斗争，而穷人和那些不识字的战士参加了斗争。在和他们一起的斗争中，虽然不懂他们的语言，但我还是赢得了他们的那份纯真和善良心。而他们也就能说几句印度斯坦语［印地语，大部分印度人通用语言］或英语，但并不影响我们在一起工作。说内心话，学会泰米尔文和德鲁古文，是对他们给予我眷爱的回报。客观地说，我学习泰米尔文，还有一些长进；而德鲁古文，在印度以前虽然学过，但也就是字母范围。这两种语言现在怕是不可能学会了，所以只希望德罗维达人学会印度斯坦语。旅居南非的德罗维达人，有些人不会讲英语，但会讲印地语或印度斯坦语，虽然讲得不怎么好。而那些会讲英语的却不愿意学，好像会点英语就可以对自己祖国的语言不屑一顾。

言归正传，让我继续讲这次航程吧。我与"彭戈拉"的船长已经是朋友了。他是普鲁茅斯教友会的会员。我们谈了很多话题，有航海生活，但精神层面的问题谈论更多一些。他把道德和宗教信仰区别看待。他认为，《圣经》的优美之处是纯朴而不是它的教训。他说，不管男女老幼，让他们都信仰耶稣和他的牺牲吧，他们一定会从他们的罪中得到救赎。他认为，无论什么宗教，都不应给人以道德的约束。我的素食是争论的焦点。我怎么不能吃肉呢？吃牛肉又会怎么样呢？上帝创造下等动物和植物世界的目的，不就是人类的享受吗？此类问题的谈论不免将我们卷入宗教争论中。

我们都无法说服对方。我坚持：宗教和道德是一体两面的东西。这位船长则持相反见解，且确信不疑。

24天后，愉快旅程结束了。胡格利河的壮丽让我留恋。我从加尔各答上岸，当天便搭乘火车前往孟买。

在印度

开往孟买的火车，在经过阿拉哈巴时停了45分钟。我利用停车时间下车到城里转转并去药店里买一点药。买药时，药剂师还睡眼朦胧，配药时慢腾腾的，结果在我赶到车站时，火车已经开走了。站长是个好心人，看我没上车，就延长了开车时间，在我还没来时，叫人小心地将我的行李放下车。

我住在克尔尼旅馆。阿拉哈巴有一家报纸叫《先驱报》，对它的许多情况我从别人那里听说了，这家报纸的观点和印度人的愿望相反。主编是小吉士尼先生。为了争取更多的支持和帮助，我给吉士尼先生写了一张条子，说明我当时的情况，想约他谈谈，好让我明天开心地离开。他答应得很爽快。让我高兴的是，对我的意见他听得很认真。他答应可以在报纸上发表我写的任何东西，但不能答应支持印度人的所有要求。

我说道："你答应考虑这个问题并在你的报纸上讨论，已经够了。我的要求和愿望就是我们所应得的光明正大的正义而已。"

这天的剩余时间我去了雄伟壮丽的三河汇合处〔（Triveni）实指恒河（Ganges）和朱木那河（Jumna）汇合之处，被印度教徒认为是圣地〕，心里却在盘算着我眼前的工作。

和《先驱报》主编的意外谈话，后来的许多事件因此而来，这些事件最终使我在纳塔耳受到刑罚。

我经过孟买没有停留，直接回拉奇科特。开始准备写有关南非局势的小册子，差不多一个月后完成。这本小册子因其绿色封面而被称作《绿皮书》，也因此闻名。在这本小书中我有意识地画了一幅南非印度人被压迫的漫画，文字表述比前文所述的两本小册子语气温和，因为我明白真相不比远道传闻的事实更能让人接受。

寄发这些小册子并不容易。为了节省费用，我召集当地的儿童，请他们每天早上不上学的时候，参加义务劳动两三个小时，同时答应用我收集的邮票奖励他们。他们爽快答应并很快完成了任务。这是我初次体验招募儿童为志愿者，他们中的两个小朋友如今已是我的同事。

这本小册子付印一万份，发向印度各报和各方领袖人物。《先驱报》最先发表了社论，后经路透社摘要发往英国，再由伦敦总社发往纳塔耳。其实这则电讯只是不足三行的摘要，但就是这三句话将我所讲述的纳塔耳的事实夸大化，自然不是我的原话。以后我们会知道这在纳塔耳造成了什么样的影响。而同时几乎所有有名的报纸大肆评论这个问题。

孟买这时爆发了传染病，这使得人们惶恐不安，大家害怕拉奇科特会如此。我觉得我应该去卫生部门做点工作，于是我向政府提出申请。他们接受了我的申请，让我去负责这个问题的委员会工作。我提出要整顿厕所的清洁卫生，委员会决定对每条街道的厕所进行检查。贫苦人家对我们的工作很配合，允许我们检查，并接受我们的建议改进清洁卫生；而有些上等人家却拒绝检查，更不必说接受改进意见了。我们有一个共同认识：穷人的厕所比有钱人家的清洁。

还有一些不可接触者的地方，委员会也要检查。去那里看，很多人会认为很荒谬，何况是去检查厕所。我和另一个人前去查看。然而去那些地方对我却有着令人喜悦的意外。我生平第一次去那里。我们的到来使他们很吃惊。我说要检查他们的厕所，请他们带路。

他们惊叫："什么？我们的厕所！那是你们才有的，我们都是到空地上去大小便的。"

"即然这样，我们去看看你们的屋子，可以吗？"我问道。

"非常欢迎。我们的家，哪儿都可以看。我们住的都是洞穴，那还是屋子！"

进屋发现，里面的过道干干净净，用牛粪涂抹的地面很美观，不多的几个罐子和盘子一尘不染，泛着亮光。我们不必担心这里会有传染病。

而在上层人家的住宅区里看到的一家厕所，在此有必要多说几句。每一个房间都有一条小沟倒废水和尿，满屋子臭味。有一栋屋子有一间带楼的寝室，小沟在屋里供大小便用。这条小沟用一条管子直通楼下，房里臭气熏天。我不知道读者看了我的描述会作何感想。

对毗湿奴教徒的哈维礼神庙委员会也进行了视察。哈维礼神庙的一个僧侣和我家庭很友好，他同意检查，并让我们提出意见。这座哈维礼神庙中有一个地方他从来没去过。这个地方，人们经常把一些杂物和当餐盘用的叶子从外面抛进来，乌鸦和老鹰在这里栖息。庙里的各个厕所都很脏。我们向这位僧侣提出了改进意见，但到底接受了多少，不得而知，因为时间不长我离开了拉奇科特。

一个受人们膜拜的地方如此糟糕，我心里非常难过。人们认为神圣之地，都应该是洁净的，都应该重视清洁卫生。据我所知，即使在当时，对于内心的纯净和外界的清洁，许多经典作者是极其看重的。

两种热情

对于英国宪法我的忠诚度无人能比。现在我明白，我热爱真理源自这种忠诚。我不会假装忠诚或什么美德。在纳塔耳我参加过的集会上，每次都会奏国歌，那时我就觉得，我也应该唱，和大家一样。我知道英国人统治的缺点，但是总体上我可以接受。当时我认为，对于被统治的人来说，英国人的统治有好处。

在南非我所经历的种族偏见，在我看来，这和英国人的传统是相互背离的，我也认为这只是暂时和个别现象。这没有阻止我像英国人一样极力效忠国王。我尽力学会了"国歌"，并和人们一起唱国歌。在需要表达效忠的时候，我总是毫不犹豫地参加。

我从来没有滥用忠诚，或者假借忠诚来谋私。于我而言，不如说忠诚实际是一种义务，我的忠诚并不以获得报偿为目的。

当我回到印度的时候，维多利亚女王执政60周年庆典正在筹备中。为此，拉奇科特也成立了委员会，我接受邀请并带着一丝怀疑参加了委员会的工作。让我难过的是当中还有很多讹诈，我想自己是否该留在委员会里工作，最后决定，还是留下来，做好我的本分工作就满足了。

庆典中有一项活动是植树。但我看到的是，植树只是装样子、讨好达官贵人罢了。我向他们劝说：植树是建议、自愿的；要么做好，要么不做。我记得，我这样说，他们笑了起来。分给我的树苗，我很认真地种了，还用心地为树苗浇水。

我还在家里给孩子教唱英国国歌。我记得是在女王执政 60 周年还是爱德华七世加冕为印度皇帝的庆典时，还教过当地师范学院的学生。因为"非暴力"思想在我心中愈加成熟，所以我在思想和言论上很谨慎。这支国歌的歌词有些内容和我的"非暴力"理念矛盾：打败她的敌人，使其片甲不留，搞乱他们的政治，消灭他们的阴谋。

作为信奉"非暴力"的人这样唱，布斯博士与我一样认为不恰当。有什么根据说"敌人"都是"歹徒"？难道敌人一定是坏人吗？我们所追求的只是正义。我的观点布斯博士完全赞同。

于我的秉性，护理别人和忠诚一样深深地镶嵌其中。不管是陌生人还是朋友我都喜爱护理。

在拉奇科特忙于写作那本小书的时候，我因机会去了一趟孟买。我准备把孟买作为第一个城市在那里组织几次集会以教育公众舆论。我首先拜会了兰纳德法官，他听完我的仔细讲述后，让我和费罗泽夏·梅赫达爵士见个面。之后我又与巴德鲁丁·铁布吉法官见面，他和兰纳德法官意见相同。他说："兰纳德法官和我不能给你多少指导；我们的情况你也清楚。在公众事务中，我们的作用不大，但我们很同情你，能够指导你的人费罗泽夏·梅赫达爵士是最合适的。"

从两位前辈那里清楚地知道费罗泽夏·梅赫达爵士在公众中的影响力。他的头衔我早已知道，我已经做好准备面对他的威仪。所以这位"孟买之狮"，"本省的无冕之王"，甚而帝王般的人物并没有吓着我，他像仁慈的父亲一样接见了我。在他的寝室里我们会面时，一帮朋友和信徒围着他，有人向我介绍了他们中的德·叶·华恰先生和卡玛先生。我早就听说华恰先生是费罗泽夏爵士的左臂右膀，维尔昌·甘地先生告诉过我，他是个大统计学家。华恰先生对我说："甘地，我们另找机会谈吧。"互相介绍花了一两分钟。

我讲话时费罗泽夏爵士听得很认真。我说，我已拜见过兰纳德和铁布吉法官。他说："甘地，我想我必须帮助你。我应该召集一次群众大会。"然后他吩咐秘书孟希先生，让他选定集会日期。商定日子后，他向我告别，并让我集会前一天再见他。这次会谈让我的恐惧之心平静下来，我也高高兴兴地回了家。

在孟买时，我还看望了我的姐夫，他生病卧床不起。他家里很穷，而且我姐姐又不精心照料他。他病得很重，他听从我的建议去拉奇科特治病，于是我和他、我姐姐一起回我们家。他住在我的房里，我日以继夜地陪伴着他。那段时间我正在写那本南非的小册子，所以是两头忙。到后来，姐夫还是去世了。但让我欣慰的是在他临终前，我一直看护着他。

护理别人的喜爱变成了一种很大的热情，以致我时常撒下手头的工作不顾，甚至在忙的时候，还让我妻子或全家的人参与进来。

只有将他看作是一种乐趣，这件服务才有意义。如果只是效仿别人，抑或迫于公众舆论而那样做，那对人的成长和他的精神是有害的。服务基于愉悦，否则对人对己毫无益处。然而以愉快的心情为他人服务的时候，其他一切欢乐和财富都会显得黯然失色。

参加孟买的集会

我姐夫去世的那一天，正赶上我要去孟买出席公众大会，因此我无法认真准备我的演讲事宜。连日的劳累使我疲惫之极，嗓子沙哑。去孟买参加会议只能听天由命了。我根本没想着要写演讲稿。

费罗泽夏爵士要我在大会前的下午 5 点赶到他的事务所。

他问："甘地，你的演讲稿准备好了吗？"

我忐忑不安地说："还没准备好，先生，我想即席发言。"

"那怎么行呢？可不能这样做报告，要使这次大会上有意义和收获，你应该写好讲稿，明天天亮印出来，希望你能做到，可以吧？"

紧张之下，我说尽力而为。

"好，那么孟希先生什么时间去取讲稿？"

"晚上11点。"我说道。

第二天参加公众大会的时候，我才明白费罗泽夏爵士为什么要我那样做。大会在柯华斯吉·捷汗吉尔爵士研究所的大厅里举行。有人曾说，只要是费罗泽夏·梅赫达爵士要讲话的集会，大厅里总是座无虚席，被爱听他讲话的学生挤得水泄不通。在我的经历中这样的集会是第一次。我在念讲稿的时候浑身有些颤抖，声音很小，费罗泽夏爵士鼓励我大声讲。而我好像没有更多的勇气，声音却越来越小。

我的老朋友柯沙福劳·德希潘特先生出来帮助我念讲稿。他的声音听众刚好能听到，但他们不愿意听；听众齐声喊"华恰"、"华恰"。华恰先生站起来念讲稿，听众才安静下来，到最后他被不时的喝彩声打断。这使我有了一些宽慰。

费罗泽夏爵士对这次讲话很满意，我感到非常高兴。

通过这次集会，德希潘特和一位波希朋友非常同情和支持我；恕我不能在此提他的名字，现在他是政府高级官员。他们两人也表示愿和我一起去南非工作。但当时有个叫西·姆·寇希之的法官劝这位波希友人别去，因为这位波希友人马上要结婚，所以结婚和去南非只能选其一，他最后选了前者。德希潘特当然不是要结婚没走，现在他正在做一些工作，以补偿自己的食言。我返回南非途中，在赞稷巴见到阿巴斯·铁布吉先生，他是铁布吉家族，他答应去帮助我，最后还是没来。为此失信，阿巴斯·铁布吉先生目前也在设法弥补。这三次劝导律师去南非的努力和尝试都失败了。

在这里我还得提一下贝斯敦济·巴德夏先生。从我留学英国至今，我们之间友好的关系一直没有间断。记得在伦敦的一家素食店里我们是第一次见面。他的弟弟是巴若济·巴德夏先生，我们从未谋面，听朋友说他是有名的"怪人"。他虽然是个波希人，但也是食素者，个性独立；对马的恻隐之心使他连马车都不愿意坐；他记忆力非凡，却不愿考取学位。贝斯敦济不像他弟弟那么有名气，但在伦敦时，被看作博学之人。就学识而言，我远不及他，我们的共同点在于都主张素食主义。

在孟买我再次见到他，那时他是高等法院的书记长，正在编纂古吉拉特文高级字典。我一见到朋友，总要求他们去南非帮助我工作。然而贝斯敦济·巴德夏自己不愿帮我，还劝我别去南非。

他说："实话说，你去南非我都不赞成，怎么可能帮你呢？你没看到我们国内也有很多工作吗？在我们的语言中可做的事情多了。连找一些科学方面的用语都是其中的一种工作。你看看这个国家有多穷吧。在南非的印度人处境无疑是困难的，但我认为你这样的人不该做那样的工作。我们先争取这里自治，然后就可以顺理成章地去那里帮助我们的同胞了。我无法说服你，但我不会支持像你一样的人跟着你去做那样的牺牲。"

他的这种劝告我虽然不喜欢，但它使我对贝斯敦济·巴德夏先生更为尊敬。他对国家和自己的语言的那份热爱让我感动，而交谈拉近了我们的距离，使我们亲近了很多。他的见解我理解，但南非的工作我不会放弃，我的意志更加坚强。爱国不以工作种类来划分高低差别。

在浦那和马德拉斯的活动

我的工作有了费罗泽夏爵士的帮助，开展得很顺利。于是我由孟买去了浦那。我需要他们那里两派各方人士的支持和帮助。

我首先拜见了罗卡曼尼亚·狄拉克。他说："你发动各方来帮助你很正确。对南非的问题，大家意见会一致。但是你必须推举一位无党派人士做你的主席，建议你去拜访一下潘达卡教授吧，他现在很少参加公众活动。这个事情也许会让他参与进来。看过他以后告诉我，他都说了什么。我会尽力帮你。当然，如果你愿意，什么时候看我都行，我将为你效劳。"

与罗卡曼尼亚［梵文，原意是受尊敬的人，转为对群众领袖的一种尊称］的第一次会见使我洞悉了他拥有很高声望的奥秘。

然后我去见戈克利，在法古逊学院里找到他。他对我很热情，这使我很欣慰。同样是初次见面，却像故人久别重逢。对我来说，如果说费罗泽夏爵士像喜马拉雅山，那么罗卡曼尼亚就像海洋，而戈克利则更像恒河。在神圣的恒河里人们可以做一次沐浴洗礼，而喜马拉雅山则高不可攀，就更不必说海洋的难以企及。恒河袒胸相待，一只船，一把桨橹，泛舟其上，那该是多么怡人啊！戈克利就像对一个新进的学生一样，小小地考了我一下，然后告诉我该找谁怎么找。还带我在学院各处走了走，说他随时听我调遣，并让我在见过潘达卡博士后告诉他结果，我带着兴奋之情离开了那里。从政治角度讲，戈克利生前在我心里的位置至今无人能及。

我在一天中午拜见了潘达卡博士，他待我就像慈父一般热情。在这一时刻我还忙于找人，对这位大学者触动很大，他赞成我需要一个无党派人士担任大会主席，接连说道："是应该，是应该。"

在我讲完意图后，他说："任何人都会向你说我不愿参与政治。但你，我没法拒绝。你的见解深刻有力，你所做的努力令人钦佩，我找不出理由不参加大会。你已经见过狄拉克和戈克利了，这很好。请告诉他们：我乐意担任大会主席。你不用问我什么时间方便，问问他们就行了，我都行。"说完后，他和我道别，并说祝福我。

在浦那，这些心底无私的学问家们在一个小而简朴的地方，没费多大周折举办了一次集会，并让我开心地离开，这使我的使命感和自信心大为加强。

离开浦那后，我便去了马德拉斯，在那里他们热烈的欢迎我。给这次集会印象最深刻的是巴拉宋达朗的事件。我的讲稿是印刷的，而且也不短，在我演讲的时候听众聚精会神，听得很认真。大会结束时，像以前一样，我将经过修改的《绿皮书》第二版约一万册出售出去。我的演讲面对的是讲英文的公众，在马德拉斯，就这个阶层而言，一万册的量有些大。

在马德拉斯，已故的格·巴罗梅斯瓦朗·皮莱先生对我帮助最大，他是《马德拉斯旗报》的主笔。对这个问题他认真研究过，他经常让我去他办公室给我指导。《印度教徒报》的格·苏伯罗曼尼安先生和苏伯罗曼尼安博士对我也表示同情。而格·巴罗梅斯瓦朗·皮莱先生让我负责《马德拉斯旗报》的一个专栏，我很好地利用了这一机会。还由苏伯罗曼尼安博士主持在巴才阿巴大厅举办了集会。

我的许多朋友给予我的眷爱和对于这个事业的热诚无疑是伟大的。虽然我只能和他们用英文交谈，但我们内心毫无隔膜。人世间有什么障碍不能用爱来消除呢？

离开加尔各答

我从马德拉斯到加尔各答时，碰到了许多难题。在那里，我一个人也不认识。我住在大东旅馆，之后我认识了叶勒妥贝先生，他是《每日电讯报》的代表。他请我去他住的孟加拉俱乐部。他发现印度人不能进俱乐部的客厅，便把我带到他的寝室里。对当地英国人的这种偏见他很难过，还为此向我道歉。

我去拜会"孟加拉的偶像"苏伦德罗纳斯·班纳济的时候，有一帮朋友站在他周围。他对我说：

"你的工作我怕没多少人感兴趣。在这里困难很多，这你知道。但你可以试试。我要提醒你的是，一定要争得王公们的同情，还要拜会英印协会的代表。找罗瘥·皮亚立穆罕·穆克琪爵士和席诃罗瘥·泰戈尔交流一下最好。因为他们这两人都关心自由，也经常参加公众工作。"

在我分别去看望两位绅士的时候，他们的态度都比较冷淡，他们认为在加尔各答举行一次公众集会很困难，一定要做这件工作的话，事实上还得找苏伦德罗纳斯·班纳济帮忙。

要完成我的任务我知道希望比较渺茫。当我造访《甘露市场报》时，接待我的人以为我是犹太人在游方。而《孟加拉人报》的主笔让我等了很长时间后，要接待的其他人都已经走光了，也不愿意看我一眼。当我小心地给他说明来意时，他不客气地说："你没有看见我们正忙吗？像你这种客人总是没完没了。你还是走吧，我没有时间听你唠叨。"此时我感到很受侮辱，但也理解这位主笔。《孟加拉人报》早已闻名遐迩，前去找他的人肯定是络绎不绝，而且他们都互相认识。他的报纸不怕没有事情好谈，而当时大多数人并不清楚南非问题。

就找这位主编的人而言，在主笔看来，无论他有多大的困难和委屈，他也只是进入主笔办公室很多人中间的一个，即使他们的难处各不相同。这位主笔无法接待每个人并与他谈话。在受难者眼里报馆主笔是地方上最有权力的人，而主笔知道他自己的权力到底有多大，实际上他的权力仅限于他的办公室之内。但是我没有因为这些而灰心，而是接着找其他的报纸。我也去找英印混血种的主笔。《政治家报》和《英吉利人报》认识到这个问题的重要性；在与他们经过长时间的谈话后，他们答应发表全文。

《英吉利人报》的主笔是宋德斯先生，他把我看作自己人。他允许我使用他的办公室，报纸也交由我处理。他对这个问题要发表的社论和观点也准许我修改，校样先让我过目。我们的友谊十分深厚并非夸大其词。对我的工作他尽力提供帮助，而且言行一致，我们始终保持着通信联系。

我的一生收获了许多这样的友情，而且这种友情的产生往往是出人意料。宋德斯先生对我的友爱，更多是由于我对公正和真理的追求与热爱。他同情我的事业，在非常细小的方面都给我照顾；他也认识到：我对南非的白种人的情况能够不带个人偏见地做出公正说明和评价。

我的经验告诉我，待人公正，人将公正待你。

受宋德斯先生对我无私帮助的鼓励，我想着如果能在加尔各答举行一次公众集会，也许会获得成功；但是，杜尔班给我发来电报说："议会一月开会，速归。"

这样我只能给报馆去信说明我将离开加尔各答赴孟买。去之前，我给达达·阿布杜拉公司的孟买代理行发电报，请他们为我办理前往南非轮船的舱位。而那时达达·阿布杜拉刚刚买了一艘"科兰"汽轮，他让我乘坐这艘船，并且全免我和家眷的旅费。我很感动，于12月初第二次携妻儿和姐姐的儿子远涉南非。同时还有一艘船"纳德利"开往杜尔班。达达·阿布杜拉公司是该轮船公司的代理行。这两条船的乘客加起来有八百余人，其中有一半要去德兰士瓦。

我体验真理的故事（三）

第一次带妻儿远航

我在讲述带着妻儿第一次远航这件事的时候，总觉得，因为印度教徒的中产阶层热衷童婚，做丈夫的有点文化，而妻子往往目不识丁。这样一来，夫妻之间就形成一道鸿沟，丈夫不得不充当妻子教师的角色。我不用说要谋划这种事，比如妻子和孩子怎么穿衣服，吃什么东西，在新环境或不同的场合应该有什么样的仪态等。想起那时的一些事，还是觉得乐趣无穷。

对丈夫的百般顺从是一个印度教徒的妻子最高的宗教信仰。而一个印度教徒丈夫总认为自己是妻子的主宰。

在此这样写的时候，我认为，如果要给人一种文明的感觉，我们应该尽可能地使我们着装和仪态接近欧洲人的标准。我们只有这样，才可产生点影响；如果没有影响，就不可能为侨团做事。

所以我妻儿的服装式样都由我决定，我自然不想让人知道她们是卡提亚华的班尼亚。那时候，印度人中最文明的被认为是波希人，纯粹选欧洲式样也显得不合适，我们就定了波希式样。这样，我妻子穿波希

"纱丽",孩子们穿波希上衣和裤子。还有,他们都必须穿鞋袜。这种穿法我的妻儿费了很长时间去适应〔一般印度教徒,通常不论男女,终年赤足;如果在室内穿上鞋袜,被认为是大不敬。男的通常不穿裤子,只围一长条白布,叫作"拖地"。女的通常也不穿裤子,只围上一条长布当裙子,有一端还可以披罩上身,叫作"纱丽"(Sari)。"纱丽"自然有各种各样的色彩和质料〕。因为穿鞋,脚难受,脚趾也疼,而袜子散发着臭汗味。于是他们对这种办法很反对,但我有现成说辞说服他们。然而在印象中主要是我的丈夫权威有效,而不是我的说辞有理。他们除了同意改变服装以外,别无他法。吃饭的时候很勉强地使用刀叉〔一般印度人,不论他的宗教信仰是什么,都是用手抓饭吃的;刀叉筷子甚至于调羹都是泊来品,习惯上是不用的〕。这些所谓的文明象征在后来我也失去了对它的迷恋,妻儿们也放弃了使用。然而在今天看来,放弃那种"文明",实际上使我们更为自由和轻松。

船是我的当事人的朋友的,所以可以在船上随意走动,时不时地可以看见与我们乘船同行的亲戚和熟人。

这条船直接开往纳塔耳,航程18天,中途不停。当距离纳塔耳还有4天航程的时候,遭遇了可怕的海上风暴,这好像预示着登陆后真正风暴的来临。南半球的12月是夏天,多雨季节,因此这时候的南海上,间或遭遇大小风暴的事很平常。但我们撞上的那次风暴很猛烈而且漫长,船上的乘客们开始惶恐不安。面对严重情形和危险,大家互帮互助,同舟共济。他们之间没有了隔阂,不管穆斯林、印度教徒、基督教徒,所有人的心里只想到独一的上帝。有的人起誓,船长也和乘客们一起祈祷。他保证,他曾经遇到过比这更危险的风暴,他有经验。他还向乘客讲,一艘建造质量高的轮船,能应对任何气候条件。但这些安慰对乘客作用不大。似乎爆裂和漏水声不时地传入人的耳朵。轮船在风暴中颠簸得很厉害,好像随时都将被海水吞没。甲板上已经没人走动。有人呼喊:"上帝保佑啊。"我记得，这一场灾难大概延续了 24 小时。终于见到了蓝天，暴风雨停了。快乐挂在人们脸上，然而危险过后，上帝从人们的嘴边消失，吃喝玩乐的生活剧又开始上演。死亡的恐惧消除了，"玛亚"〔印度哲学中有名的一个字，几乎无法翻译，但在英文里，常常被译为"空想"、"幻想"〕代替了曾经虔诚的祷告。但那种患难中的庄严神圣早已荡然无存。

遭遇这次风暴使我和乘客们成为一体。对这次风暴我并不感到害怕，我有过类似经历。我不晕船，在船上可以无所畏惧地走动，去安慰照顾其他乘客，并向乘客传达船长每次发出的报告。这使我在以后获得了很多友好的帮助。

记不清是 12 月 18 日，还是 19 日，我们的船到达杜尔班港口。同一天"纳德利"也到达。

然而，真正的风暴才刚刚临近。

惨遭隔离

两条船到达杜尔班港口后，乘客要做一次仔细的卫生检查，方可上岸。假如船上有人得了传染病，那就得被隔离一段时间。我们来的时候，孟买正流行鼠疫，因此我们可能要被隔离一段时间。在接受检验前，每条船都要挂一面黄旗，经检验证明没问题时，再降旗，然后乘客才可上岸，或亲友上船迎接。

我们船上也挂了黄旗。当医生上来检验时，要求隔离我们五天，按他的意见，鼠疫病菌生存期最长可达 23 天。所以隔离时间直至我们离开孟买满 23 天为止。但是这种隔离，有卫生上的原因，更有其他的因素。

这道隔离令的其中一个理由是，因为杜尔班的白种人知道我们要回来而显得有些骚动。那里每天都有白种人举行集会，发出威胁，甚至对达达·阿布杜拉公司进行利诱说，如果将这两艘船打发回去，公司的损失将由他们赔偿。达达·阿布杜拉公司并未被吓倒。阿布杜尔·卡利姆·哈齐·阿丹赛是这家商行的股东兼经理，他决心不计代价让船靠岸，使乘客登陆。他每天写信告诉我详细情况，当时在杜尔班的曼苏克拉尔·纳扎先生还特意来接我。纳扎先生是个很有胆识的人，印度侨团由他指导。他们的律师劳顿先生对当地白人的行径进行了谴责，对侨团来说，他不但是律师，更是个朋友。

杜尔班成了一个为争取平等而斗争的场所。双方是：少数贫穷的印度人及他们的几个英国朋友；另一方是在武装、数量、教育和财富等各方面都比印度人有势力的大量白人。而且纳塔耳政府也公开地支持帮助白人。在内阁阁员中，势力最强的哈里·艾斯坎比公开地参加了他们的集会。

这次隔离的真正目的就是对乘客或代理行公司采取威胁恐吓手段，迫使乘客返回印度。他们威胁说："你们如果不回去，大海就是归宿，如果愿意回去，你们还能拿到路费。"我在乘客之中做工作，鼓励他们，同时还向"纳德利"船上的乘客发出慰问。乘客们都很镇定很有勇气。

被隔离在船上，我们做游戏，与乘客做一些娱乐活动。到了圣诞节，船长请头等舱的乘客和我们家一起用餐。用餐后我作了讲话，谈了西方文明。这不是正式的演说场合，但不知道讲点什么好。虽然和他们一起娱乐，但是我心还是装着杜尔班的战斗，我知道真正的目标是我，理由是：

第一，在印度的时候，我对纳塔耳的白种人进行了肆意谴责；

第二，我带着两船印度人来，目的就是为了挤满纳塔耳。

我感到自己的责任重大，达达·阿布杜拉公司正在为我冒险，我的家眷和船上乘客们都处在危险之中。

然而除了我的家眷和一对夫妇是我的亲戚之外，船上的其他乘客上船时，我不认识他们，更不用说知道他们的名字和住址在哪里，我怎么可能诱使他们去纳塔耳。在印度时，关于纳塔耳白种人，我也没有说过我在纳塔耳不曾说过的话。我说过的，都是有事实为证的。

因此在纳塔耳的白种人身上展现和标榜所谓文明，让我感到无限的悲哀。一直以来我的心里都有一种对这种文明的看法，却只能在非正式的场合讲出来。船长和其他朋友认真听取并接受了我讲话的基本精神。但我并不知道我说的那些话对他们到底产生了什么影响。在讲话中，我讲西方文明主要是以武力为基础的文明，它和东方文明完全不一样。我的印象中，对这个问题发问的人让我的信念更加坚定，我记得船长对我说："假如那些白种人的威胁变成现实，你的非暴力主张还能有作用吗？"

我回答说："希望上帝赋予我理性和勇气去宽恕他们，也不用通过法律对付他们。对他们的无知和狭隘，我不介意，只感到痛惜。我明白，今天他们可能相信他们自己的行为是正当的，因此，和他们生气我做不到。"这时，向我提问的人不以为然地笑了笑。

隔离期在一天天延续，没有人知道什么时候结束。执行隔离的官员说，他们没有权利准许我们上岸，如果政府有令的话就可以。

他们向我和乘客下了最后通牒，说想要活命，只有屈服这一条路。乘客们和我也给他们答复说，我们有权利在纳塔耳港口登陆，也暗示将不惜任何代价进入纳塔耳。

被隔离刚满 23 天期限，船只获准入港，乘客也获准登陆。

再一次接受考验

轮船进港，乘客纷纷登岸。这时候，艾斯坎比先生向船长建议，因为白种人对我十分怨恨，恐怕会危及到我的安全，所以要我和家眷在天黑的时候登岸，然后由港务警官达图姆先生护送我们回家。知道这种情况后，我同意他们的办法。过了一阵子，劳顿先生找船长说："如果甘地先生愿意的话，我带他一起上岸。我是这家代理行公司的法律顾问，也不必非得按艾斯坎比的意见去做。"然后他来看我时说："如果你不害怕的话，就让甘地夫人和孩子们坐车先去罗斯敦济先生家，咱们步行跟着他们。你不必担心，我也不希望你跟小偷一样在夜里进城。白种人已经走了，都平静下来了。总之，你光明正大地进城。"我赞成他的建议，并按他的建议去办。码头距罗斯敦济先生家大概两英里。

刚一登岸，我就被几个青年认出来，他们喊着"甘地，甘地"。紧接着又有五六个人也加入进来齐声喊。劳顿先生为防止越来越多，就叫了辆人力车。其实我不愿意坐，这是我有生以来第一次。但这些青年不让我上车，并扬言要杀车夫，车夫吓得匆匆离开。人越聚越多，我们走着走着就无法前行了。他们将劳顿先生与我们拉开，然后向我们抛掷石头、瓦块和臭鸡蛋，有人抢我的头巾，有的人打我耳光、用脚踢我。我被打得几乎晕了过去，好不容易挪到旁边的栏杆，但想歇一歇都不行，他们还对我拳打脚踢。这时碰巧有一个警官的妻子经过这里，我认识她。她打着伞，很勇敢地过来站在我跟前。这样，那群人就不敢再那么野蛮了，因为他们怕伤害到那位警官太太。

同时，这种情形有个印度青年看在眼里，他赶紧跑去警察所报警。警官亚历山大先生派警察把我们围起来，并要求安全护送我们。警察及时赶来了，那个警官让我在警察所暂时躲避一阵，对他的好意我表示感谢，但我说："他们一旦知道自己有错的话，这件事肯定会平息的。我认为他们懂得道理。"最后警察护送我安全地到了罗斯敦济的地方。我浑身虽然到处是伤痕，除一个地方以外，没有其他地方流血。随船的达迪巴若医师当时也给我很大的帮助。

到达住处后，白种人包围了我们的屋子。天已经黑了，但外面的人还在喊："必须交出甘地。"那位警官也赶到现场，他用幽默的口吻讲话，试图劝阻群众还是无济于事。于是他传话给我："如果你想让你和你的家人安全，并保全你的朋友的房屋和财产，就听我一句劝告，赶紧化装从这间屋子逃走。"

一天之内我遭遇两种截然相反的局面。当假设生命遇到危险时，我接受了劳顿先生的劝告，去公开面对它；但当危险变成现实时，另一个朋友的相反建议我也接受了。谁能清楚我这样做是因为看重自己的生命，还是顾及朋友的生命财产安全呢？谁又能证明这两种做法的对错呢？

事已至此，追论对错毫无意义。理解并从中吸取教训才是正道。很难断定某个人在一种具体环境里将会怎么做。而根据某个人的表面行动作为判断依据是不充分的，那只是一种推测，结果很难预料。

我身上的伤痛由于忙着准备逃亡而没了感觉。按警官的意见，我换上了警察制服，用马德拉斯人的头巾缠成一顶盔帽的样子。两个陪我的侦探有一个装扮成印度商人，脸上也化了装，但我想不起另一个人当时是怎么化装的。我们穿过一条巷子，再从附近一家铺子的库房堆积物上爬过去，出了那家铺子的大门，然后穿过群众，到街头已经准备好的一辆马车上，我们坐着车子直奔先前亚历山大先生要我躲避的那个警察所，对他们的帮助我表示非常感谢。

在我正要逃离的时候，亚历山大先生取笑似的唱开了："吊起老甘地，在那棵酸苹果树上。"

在他得知我安全到达警察所时，他向群众说："行了吧，你们要抓的人已经逃走了。你们也该撤了吧。"听了这话，有的人生气，有的却是一脸讥笑，有的人压根就不相信他的话。

警官说道："这样吧，你们不相信的话，你们可以派人跟我去看看，如果甘地还在，就交给你们；如果不在，那你们就得解散。我相信你们不会毁坏罗斯敦济先生的房子，或者伤害甘地先生的夫人和孩子吧。"

这群人依言而行，果然没找到甘地，人们终于都走了，这些人中有好多对警官处理这件事的技巧很赞赏，当然有的人很失望。

那时，张伯伦担任英国殖民地国务大臣，听到这件事后，要求纳塔耳政府对肇事者依法严办。艾斯坎比先生找我，就此事中我被殴打致伤一事表示歉意，他说："请你相信，对你所受伤害哪怕是一丁点，我都会感到难过。接受劳顿先生劝告而遭遇险境这是你的权利，但当时你如果认真考虑我的建议，也许就不会发生这种不幸。现在如果你能指认出哪个人对你进行了殴打，我将一定依法办理。张伯伦先生也希望这样处理。"

我回答道："我能认出几个，但是处分他们有什么意义呢？我不准备控告谁，何况，他们是听信谣言，以为我在印度发表了毁谤纳塔耳的白种人的言论，我不责怪他们。该受谴责的是那些领导者。如果你不介意我说的话，这当中还包括你。你原本可以适当地给人们指导，但是你也相信路透社的不实报道，以为我夸大其词。我不想起诉任何人，真相终会大白，我相信他们会因此懊悔。"

艾斯坎比先生说："你能否把刚才的话写下来作为书面材料？因为你的意见我要电告张伯伦先生，你也不用太匆忙地做什么声明，可以的话，去和劳顿先生等朋友商量后再作决定。然而，我得承认，如果你对闹事人放弃起诉，对我恢复平静你可是帮了大忙，而且还会使你的声誉进一步提高。"

"谢谢你，"我说道，"不用商量。见你之前，我已经决定了。我确信不会控告打我的人，现在我准备将这一决定以书面形式写出来。"

交谈结束后，我便按他的要求写了书面材料给他。

风暴以后的平静

我由两名警察保护在警察所待了两天，在与艾斯坎比先生派来的人见面时，我还在警察所。

就在我们的船上降下黄旗，我们能上岸的那天，一位《纳塔耳广告报》记者采访了我。他提了很多问题，采访中我逐个批驳了那些反对我的各种说法。在印度时，按照费罗泽夏·梅赫达爵士的要求，我作报告时都有讲稿，这些讲稿以及我的其他文章的副本我都带在身边。我把这些文章都交给这位记者，并向他指出：在印度我讲的话，在南非我都讲过，而且语意还没有在南非说过的话那么激烈。还向他指出，搭乘"科兰"和"纳德利"来南非的人，和我没有任何关系。他们大多数是老侨民，也有很多人并不会长住纳塔耳，而是准备去德兰士瓦。因为当时德兰士瓦为那些寻求财富的人提供了比纳塔耳更好的前景，所以大部分印度人都愿意去那里。

我不打算起诉闹事者的决定与这次谈话，产生了深远影响，杜尔班的欧洲人为自己的行为而感到惭愧。他们在报纸上发表声明说我是无辜的，并对那些暴徒的行径进行了谴责。这次迫害最后的结果实际是对我和我们的事业的赞扬和支持。南非印度侨民的声誉大大提高，这更有利于我的工作。

三四天之后，我回到家里，不久便安顿下来。我的律师业务因此而增加了许多。

然而，这次事件侨团的声誉高了，但反对侨团的偏见之火却燃烧起来了。印度人被证明也能够那样英勇地斗争，于是印度人在他们眼里就是危险。在纳塔耳立法议会中有人提出了两个法案，一个对印度商人不利，另一个则要严格限制印度人的入境。好处是争取选举权的斗争取得了成果：不得通过反对印度人的法案；该法案就是说，在法律上不得对肤色或人种区别对待。虽然两个法案的内容适用于所有的人，但是它根本目的就是要对纳塔耳的印度居民做更多的限制。

这两个法案使我的公众工作量大大增加，同样也使侨团更加清晰地认识到自己的责任。我们用印度文翻译了这两个法案，并作了详细说明，让侨团彻底明白它们的真正含义所在。最后我们也向英国殖民地大臣发出呼吁，可他拒绝干预，这两个法案最终获得通过。

至此，我的很多时间被公众工作占有。前文提到的那位曼苏克拉尔·纳扎先生也来到杜尔班，和我住在一起，他全身心从事公众工作，这减轻了我的负担。

在我回国的一段日子里，阿丹济·米耶汗赛代行我的职务，他的工作很出色，他发展了很多会员，还为纳塔耳印度人大会募捐了 1000 英镑的基金。两个法案使人们的觉悟提高，我利用这一点，并借着因不公正对待那两条船的乘客的示威游行，吸收了很多会员，募集了基金，收效很好；会员人数增加，基金数目增多到了 5000 英镑。我最大愿望就是给大会募集一笔永久基金，这样的话，就可以有自己的产业，以后就可以用收取租息的办法保证工作顺利进行。这是我第一次管理经营公众组织，在向同事们说明以后，受到大家的认可。将大会的产业出租，所得租金可以维持日常运营开支。这项产业由一个代理机构经管，该机构至今还在，只不过该机构后来成了矛盾是非的源泉，租金改由法院保存。

这种结果发生在我离开南非之后。在此之前用永久基金维持公众团体的办法已经发生很大变化。在经营过许多公众组织之后，如今我积累了很多经验，我明白，公众组织用一种永久性基金维持是很难的。公众的热情支持和基金的赞助是公众组织存在的基础；没有了公众的支持，其结果可想而知。一个团体组织依靠永久基金维持的话，往往会忽视公众的正确意见，却要去关注与公众意愿相左的声音。在我们国内，我们所采取的每一个步骤都有这种体会。有一些所谓宗教性的托管会根本不公布账目，受托管的人反倒成为业主，对谁也不负责。我不怀疑这种想法是要使一个团体生存下去，像大自然一样，一天也不停息。得不到公众支持的团体当然没有存在的权利。一个团体每年所收到的会费就是它是否受人欢迎以及它的管理是否廉洁的一种考验，我认为每一个团体都应当经受这种考验。然而我希望人们不要对我有所误解。我的意见并不适用于那些由于本身的性质所决定的、没有永久性房子就无法经营的团体。

我的意思是，日常的开支应该年年得自志愿捐献的会费。

这种看法在南非进行非暴力抵抗运动时，已经得到了证实。那一次规模宏伟的运动持续了六年之久，虽然没有永久基金，却需要几十万卢比的费用。我还记得，常常有这样的情况：如果没有捐款，就不晓得第二天该怎么办。然而我用不着预述未来的事情。读者从以后的叙述中，会发现上述意见是十分有道理的。

我的教育方法

我于1897年1月间在杜尔班登陆，当时我携带着三个孩子：我姐姐的十岁儿子，我自己的九岁和五岁的儿子。我把他们送到哪里去受教育呢？

我本来可以送他们到欧洲人的学校里去，但是只有特别优待和破格才能进去，别的印度孩子都进不了。基督教会为印度孩子办了一些学校，可是我不打算送他们进这种学校，因为我不喜欢那些学校所进行的教育。教会学校是只用英文讲授的：也许还有不准确的泰米尔文或印地文。对于这许多不利的东西，简直无法避免。在这种情况下，我只好自己设法教他们，但是极不经常，而且找不到合适的古吉拉特文教员。

实在想不出办法来，我登广告征聘英文教员，但他必须在我的指导下进行教学。有一些普通功课由这位教员讲授，其他的功课就只有靠我不正常的一点讲授了。于是我聘请了一位家庭英文女教师，月薪七英镑。这个办法持续了一段时间，但是并没有使我满意。孩子们通过和我交谈学到了一些古吉拉特文，却是纯粹的土话。我舍不得把他们送回印度寄宿，因为当时我还认为少年儿童不应当和父母分开。孩子们在一个井井有条的家庭里自然而然地受到的熏陶，在宿舍中是得不到的，因此我把孩子们留在我身边。我在印度的时候，也曾把我的外甥和大儿子送到寄宿学校住了几个月，但是不久我便把他们接回来了。后来，我的大儿子长大了，才和我分开，回到印度去进阿赫梅达巴的中学。我记得我的外甥对于我所能给予的教育，还算满意。不幸的是，他在害过一场暴病之后，便夭折了。我另外的三个儿子从来没有进过公共学校，虽然他们在我为南非参加非暴力抵抗运动的人们的儿女所办的临时学校，也算上过正规的功课。

这些试验都不令人如意。我不能够把我想要给予的时间全花在孩子们身上。我不能够给予足够的照料以及其他无可避免的原因，使我不能给他们我所希望的文字教育，致使我的孩子们在这个问题上都对我有意见。一旦他们需要应考硕士或学士学位、甚至于大学入学考试时，他们就要感到缺乏学校教育的不利了。

但是我依然认为，假如非要让他们进公共学校读书，那么他们就不会获得只在富有经验的学校里或者和父母待在一起才会有的训练。现在我还得为他们的考试分数操心，而且就我的体会而言，让他们受英国或南非的教育，他们就不会收获现在的生活所有的纯朴与甘愿为人的精神，而那种生活方式可能会阻碍我的公众工作。因此虽然没能给孩子们系统教育，但在我想起我的过往时，我并不认为我没有尽到责任，更不遗憾没有让他们去公共学校读书。我大儿子身上的那种不良习气，我总感觉那是我年轻时没接受训练、放纵不羁的反映。我的朋友经常也提很多问题：假如给予孩子正规的学校教育又有什么不好呢？凭什么要扼杀他们的希望呢？为什么不让他们考取学位？又为什么要限制孩子们选择他自己的生活？

争论这些问题我觉得没什么意义。我接触过许多学生。我总是想办法在其他孩子身上施行我的教育方法，而且也有效果。在我看来，很多和我的儿子年龄相仿的许多青年，并不比我的儿子强到哪里去，也没有多少值得我儿子学习的地方。

在此讨论这一问题的目的在于，研究一种文明史，要考察衡量有纪律的家庭教育和学校教育两者间的不同，还要就父母在生活中的变化对孩子本身的变化发展的影响程度有所考量。写这一章的目的不是说明：一个信奉真理的人在体验真理时，需要多少耐性；或者表明：信奉自由的人需要付出那位严峻的女神所要求的牺牲有多大。假如我缺少自尊，仅仅看重给予我的孩子们优于别的孩子的教育的话，那就会剥夺了他们因牺牲文字教育而得到的自由和自尊的学习课题。如果要在自由和学习之间选择的话，任何人都会说自由比学习好过一千倍。

1920 年，那些在我的召唤下，走出像奴隶一样被囚禁在中学和大学的青年，我曾劝导他们：如果追求文字教育要背着枷锁，还不如打碎枷锁获取自由，哪怕目不识丁。现在他们应该能明白我为什么这么劝导的缘由！

养育后代

我的业务虽然有很大进展，但不能使我完全满意。每当我的门前来一个麻风病人时，那种使我的生活更简单、多为同胞做点具体服务工作等问题使我激动不安。仅仅给他一顿饭吃，然后打发掉，我于心不忍，于是便让他住下来，为他敷药照料他。但我不能长期负担下去，我没有那样的意志。最后将他送到政府的医院里去当契约工人。

我心里一直不安，我希望有一些永久性的慈善工作可做。圣爱丹教会会长布斯医师心地纯善，他给人治病不收分文。巴希·罗斯敦济捐助建立的一个小慈善医院由布斯医师负责，我特别想去做点义务工作。我去这个小医院做服务，担任药房药剂师。我的大部分工作是事务所工作，所以我每天从事务所工作中抽出一到两个小时去为这个小医院服务，具体工作还包括问清病人的意见，向医生说明事实，配发药方。时间要求包括往返时间，每天早上两小时。这使我的心宽慰多了。同时也使我近距离接触到了印度病人。他们中大部分是契约工人，也有泰米尔人、德鲁古人、北印度人。

这种医院的服务经历使我在波耳战争期间，有能力去看护伤病人员。

关于孩子的抚养问题我一直很关注。我有两个儿子出生在南非，我参加医院的服务工作有利于他们的养育问题的解决。我的思想性格很独立自主，这使我能够经得起考验。那时，妻子和我决定在她生产时，要有最好的医疗保障，但是假如当时有危机，而医生和护士没法保证，就应该要一个印度人充当护士，然而在当时的南非要找一个训练有素的印度护士和在印度找一样困难。于是我自己便研究学习关于安全分娩的必要知识。我读了特立普望达斯医师的《母亲须知》，在照料孩子的时候，我依靠书中的指点去做，还用了其他地方学到的经验。我负责照料我的孩子，我的妻子由我们找的护士帮助照顾。

我的最小的儿子出生时，我经历了一次严峻考验。妻子产前的阵痛突然而来，来不及找医生，花了很长时间找来的接生婆也起不了多大作用，因此孩子的出生都是我一直照料的。我认真地学习了特立普望达斯的著作，它给我帮助很大，我一直没感觉到紧张。

做父母的，要想比较好地养育小孩，最好懂一些照料和看护婴儿的常识。我对这个问题的认真研究，使我每一步都受益匪浅。我的孩子今天所拥有的健康可以说与我掌握的那些知识有很大关系。我们大都固执地以为，孩子5岁前学不了什么东西。然而事实上，孩子5岁以前从生活中学到的东西却是他5岁以后学不到的。儿童教育始于怀胎之时。父母怀孩子的时候，他的体力和精神状态都会反应在孩子身上。所以妊娠期间，胎儿总是受母亲的情绪、欲望和脾气的影响，自然也受她的生活方式的影响。孩子出生后，孩子便模仿父母，而且他们的成长期大多数时间里依赖于父母。

对这些有了一定的认识之后，夫妇双方就不会因为性欲而做爱，而是在他们愿意要子女的时候，才去为之。有人认为性行为有它的独立功能，对人来说就像吃饭睡觉一样正常而不可缺少，我想这种认识无知透顶。人世的存在依靠传宗接代的行为，而因为人世间是上帝规则的检验场和他荣耀的反映，传代行为的节制是人世在秩序中成长的必需。一个人如果认识到这一点，他就会坚定地控制他的性欲，用子孙后代能在体力与精神智慧上获得成就所需要的知识，去提高自己，再将这些知识惠及他的后代。

关于禁欲（上）

现在是该我认真思考去履行"禁欲"誓言的时候了。我婚后至今一直过着一夫一妻制的美满生活。对妻子忠诚，我认为这是追寻真理的组成部分。自打到南非后，我认识到"禁欲"的重要性，这一点对我妻子也有重要性。我说不清楚我的这种思想是源于环境还是受到书本的启发，但我记得赖昌德巴伊的影响是主导因素，在上文我已经提到过这个人。记得和他在一次谈话中，我赞扬了葛莱斯顿夫人对丈夫的忠诚。我在一本书中看到即使在葛莱斯顿先生［Gladstone，英国政治家，1809—1898］出席下院活动时，葛莱斯顿夫人还会坚持给他沏茶，这就是这对令人羡慕的夫妻他们生活中的一种规律，他们夫妻在行动上是多么的和谐。当我将这则夫妻恩爱的故事讲给这位诗人时，赖昌德巴伊问道"你究竟赞赏他们什么呢？是一个妻子对丈夫的爱还是真诚的侍候？暂且不谈他们是夫妻关系，假设给予他关怀的是他的姐妹或者忠心的仆人，你又会怎样看呢？一如她那样满是衷心的姐妹或仆人我们没见过吗？假如你遇到一个男仆和她一样，你是否也那样欣赏他呢？想想我说的话吧。"

当时听赖昌德巴伊那样说感到很不舒服，但他的话无疑深深地触动了我，我觉得夫妻关系难解难分，妻子忠于丈夫无可称奇，因此看来仆人的忠诚比妻子对于丈夫的忠诚更值得赞颂。妻子忠于丈夫很自然，而主仆之间的忠诚却要经过某种努力才能达到。这位诗人的观点从此在我的心里开始发酵。

我思考我和妻子的关系，我的忠实是否基于使我的妻子作为满足我的性欲的工具？如果我还受性欲的驱使，忠实对我来说毫无意义。事实是，妻子从不引诱我，只要我愿意，禁欲非常容易。只是我的意志脆弱以及性欲吸引是我禁欲的最大障碍。

这件事我曾下过决心，还失败过两次。那是因为努力的动机不纯：我只是为了避免生的孩子太多。在英国那时候，我读过一些有关避孕方面的书。在前面写素食的章节里，已经提到过节制生育的内容。在这一点上，希尔斯先生主张自制的办法对我影响比较大。后来因为我不想要更多的孩子，就开始自制，但做起来很困难。我们开始分床睡觉，我只有在工作到很疲劳的时候才睡觉。当时的效果实际上并不大，后来回忆起来，我倒觉得那些尝试虽然不成功，但却是最后的解决办法。

直到 1906 年我才有了办法。当时，还没有非暴力抵抗运动；我根本没想到它的到来。波耳战争后时间不长，纳塔耳朱鲁人发动了"叛乱"，当时我在约翰内斯堡。作为律师，我感到应当为纳塔耳政府服务，他们接受了我的建议。但是参与这个工作让我的自制想法更为强烈，我拿这种思想和同事们讨论。生育和照料孩子与为公众服务冲突，这一点我很清楚。朱鲁人"叛乱"期间，我撤销了我在约翰内斯堡的业务而去为政府服务。不到一个月，我便搬离原来的住处，带领妻儿到凤凰村，还有分配给纳塔耳部队的印度救护队。艰难的行军跋涉，使我心中有了一个念头：我如果用这种办法为印度侨团服务，那就得放弃养育孩子、追求财富的欲望，过一种与家事无关的生活。

一个半月的"叛乱"结束，时间不算太长，但这个短时期是我一生最重要的阶段，我内心中"禁欲"誓言在疯长。一种誓言，绝非关闭真正的自由之门，而是将它打开了。我至今还没什么成就，就是因为缺乏强大的意志和自信心，所以我的心念总是处于一种怀疑的漂浮不定的汪洋之上。我认识到一个不敢起誓的人，总是难敌诱惑，而一个谨持誓言的人，他的生活必定摆脱了荒淫，是一种真正的一夫一妻制的婚姻。"靠人为约束，不愿誓约左右"是精神脆弱而不强大的状态，它是一种要逃避某种事物却不可告人的欲望的反映。否则，做个决定怎么那么难？我决心躲避蟒蛇对我的伤害，这不仅是尽力逃避的问题。我明白仅仅依靠努力可能意味着某种死亡，不认识蟒蛇意味着我肯定要受到伤害。进一步讲，就说明我还没有认清采取明确行动的必要性。"但是假如我的认识将来改变了，那如何用誓言束缚自己呢？"我一直犹豫在这种疑惑之中，这也说明对于抛弃之物缺乏清醒的认识。尼斯古兰纳之所以这样唱，原因在此。

抛弃而不厌恶，不会持久。

欲望消除了，禁欲的誓言也便成为自然。

关于禁欲（下）

1906 年立下了禁欲的誓言。立誓之前我没有告诉过妻子我的想法，直到立誓的时候才和妻子商量，她没有意见。但是到最后，我还是遇到了很大的困难。我不具备控制自己情欲的必要量，怎么办呢？和妻子终结肉体关系，这件事当时看来很怪异。然而我对神灵的护佑充满信心，于是我开始新体验。

回想立誓二十年来的种种感受，我是快意与神奇满怀。自 1901 年开始，我就自行节制，也有些收获。但在 1906 年以前，那种立誓后所能得到的自由和乐观我没体会到。立誓前，我随时都受诱惑的左右。如今誓言已是我抗拒诱惑的有力武器。我在凤凰村发誓"禁欲"，"禁欲"的力量和作用对我愈益显著。我后来回到了约翰内斯堡。回去后大概一个月，便奠定了非暴力抵抗运动的基础，"禁欲"誓言为这个运动做了准备，它没有早先计划，是自发的，出乎我的意愿之外，而我没有意识到。但是，我认识到我以前的许多作为是为它而准备的。

完美地履行"禁欲"誓言，意味着"婆罗门"的实现。我对这点的认识并非来自经书，而是得之于经验。读这个方面的著述还是后来的事。每天奉行"禁欲"誓言使我更加认识到："禁欲"有一种保护身心的力量。现在"禁欲"远非艰苦忏悔的过程，而是一种安宁和快慰，每天感知一种舒爽和美妙。

要说它使人日益快乐，但可别以为对我是容易的事儿。即使现在我已五十有六，我还是感到这很艰难。我越来越清楚，这和行走在刀刃上没有两样，我必须时刻保持警惕。

禁欲誓言的奉行，首先要做到节制饮食，我发现如果做到这一点，那么谨守誓言就很容易，因此现在对饮食之道的体验我是站在一个素食者和禁欲者的角度的。我认为作为禁欲者，他必须节制饮食，简单且不加香料；可能的话，生吃最佳。

六年的体验证明，鲜美的水果和坚果是禁欲者的美食，在以前，我不知道这种食物能帮助我摆脱情欲烦扰。在南非时只吃水果和坚果，没感觉奉行"禁欲"誓言有多艰难，然而自我喝上牛奶以后，就感到很吃力。以后再交代我为何改喝牛奶，这里要说的是，我毫不怀疑喝牛奶使得"禁欲"誓言奉行困难。但请读者别由此得出结论：所有禁欲者都不能喝牛奶，不同的饮食对于禁欲者的影响在经过多次实验后才能得出。我得找出能够替代牛奶的水果，而且这种水果具备肉类的营养。我没有从西医、印度教医生和穆斯林医生那儿得到什么启发。所以，我清楚喝牛奶是有些刺激，但我还不敢规劝别人不喝牛奶。

绝食就像选择和节制饮食一样，是禁欲后的一种外在助力和需要。情感只有在受到全方位的围困时，才能加以控制，他有一种压倒一切的力量。人都明白，饿着肚子，情感还能做什么？所以我认为：绝食对于节制情感是有帮助的。而有些人，绝食对他们起不了用处，他们简单地认为仅仅靠绝食就可以做到，看起来不吃东西，他们实际上满脑子全是山珍海味，总是绝食期满的时间和之后吃什么的盘算。这种绝食对于他们控制胃口和节制情欲没多大用处。只有心情对肉体所不应有的东西不再在意时，绝食才有用处。心情是一切情感的根蒂。绝食者依然会受情欲左右，所以绝食的作用很有限。再明确地说：不绝食的话，性欲不可能消失，奉行"禁欲"的人，绝食是必需的。许多极力主张"禁欲"的人都没有成功，因为他们就像不禁欲的人一样，想要别的情感。因此他们再怎么努力都是徒劳的，那无异于水中捞月。禁欲者和非禁欲者的生活界限应该分明。两者看上去相似，但区别很清楚。他们都用眼睛观察，但禁欲者观察上帝的光辉，而别的人则着眼身边的琐事；他们都用耳朵听，但有人只听天籁之音，而有人热衷于人间鄙语。他们常会深夜不眠，但有人因向上帝祷告而无眠，而有人却在粗俗的取乐中打发时光。他们内心都有神灵的位置，但有人去修葺完善寺庙，而别的人则贪图享乐而置神皿于不顾。这两类人之间的距离随时间的推移会渐行渐远。

"禁欲"指的是对思想上、言论上和行动中的情感加以控制。对于节制这些情感欲望的必要性，我每天都有新的认识。"禁欲"并不是做做努力就能达到。就许多人而言，那只是一种理想。一个人立志奉行"禁欲"，那他就要知道自己的缺点，应当从内心深处剔除克服情欲。如果意志不能完全控制思想，那"禁欲"就不能完美。不觉间的思想往往反映了一种心情，所以克制思想就等于克制心情，而这堪比风地里捉鬼。但是，只要人们心存上帝，控制心情是可能的。没什么奇怪的，因为最崇高的目标需要最崇高的努力才能达到。

然而，真正认识到这种"禁欲"的境界单靠人力无法达到是在我回国以后。直到那时我都认为要消除一切情欲就吃水果，我因此还自我安慰：这样做就可以了。

在此谈我的斗争有些早。同时我想说，要通过奉行"禁欲"认识上帝的人，不必灰心，只要对上帝的信仰不亚于自己努力的信心就行了。《薄伽梵歌》第 2 章 59 节这样讲："色之于味，如影随形；色离绝欲之人，味绝得道之士。"

回到印度以后，我认识到这一真理：上帝的名义和他的恩惠是立志禁欲者最后的源泉。

简单朴素的生活

我曾经有过一段短暂而安逸的生活。而这种生活刚开始不久，我就需要减少费用。洗衣服的费用很沉重，而且因为洗衣匠不守时，虽然我有两三打的衬衫和领子，但还是应付不了，领子每天都换，衬衫如果不是每天换，也是隔天必换。这就意味着开支成倍，我觉得没有必要。我买了一台洗衣机，还买了一本关于洗衣服的书进行研究，然后教我妻子，这增加了我的工作量，然而因为它的新奇而使这个工作充满了乐趣。

我至今还记得我亲手洗第一条领子。当时，浆粉用多了，因为怕烫坏领子，熨斗也没热到位，还不敢使劲熨。结果领子很平挺，但表面的浆粉却往下掉。我去法院的时候戴着它，同事们看着就笑，但当时我毫不在意。

我说道："哦，这是我自己浆洗的领子，第一次没浆好。我不在乎，你们倒是有了许多笑料。"

这时，有个朋友问道："难道这里没洗衣店吗？"

"费用太贵了，"我说道："洗一条领子和买一条新的差不多了，与其老是依靠洗衣匠还不如自己动手洗。"

我的朋友们没有从我那里体会到自己动手的乐趣。但时间不长，我洗衣服的水平可说是专家了，浆洗技术和洗的衣物与洗衣店没多大区别，领子平挺和光亮的程度不比洗衣店差。

曾经一次约翰内斯堡的印度侨民举行宴会欢迎戈克利，但是他的围巾皱皱巴巴，需要熨平。如果到洗衣店去熨，显然来不及，我说我来熨吧。

戈克利说道："当律师，我相信你的才能，但是洗烫衣服，我很怀疑。要是熨坏了怎么办？你可知道它对我有多么重要吗？"

他的心情很不错，对我讲了关于这条围巾的故事。在我的坚持和保证下，他同意了。那条围巾我熨好了，他非常赞赏，我也很满意。从此，世界上其他的人都不赞赏，我也不介意。

除了摆脱对洗衣匠的依赖以外，我还学会了理发。去过英国的人，基本都学会了自己刮胡子，但自己理发的还没有人学会。我准备学会它。还在比勒陀利亚的时候，我有一次去英国理发馆理发，那个理发师态度傲慢，拒绝为我理发。这让我很伤心，我拿了一把剪子，自己对着镜子给自己剪头发。前面的头发剪得还可以，可脑后的剪得很糟糕。到法院里，朋友们看着就笑。

"你的头发怎么回事，甘地？跟老鼠啃的一样！"

我说："那倒不是，白人理发师不屑于给我理发。所以我宁愿自己动手，即使剪得再不好看都无所谓。"朋友们听完这话，也没什么惊讶。

实际上，他不给我理发也没什么可说的。假如他给黑人理发的话，他很可能随时失去主顾。我们也不允许我们的理发匠给我们的不可接触者理发。我碰到类似的情形有好多次，他们这样对我也不止一次，我觉得这是对我的报应。所以我不生气。

自食其力和生活简单朴素的思想就像种子早已播撒在我的心间，而热情履行的表现我将另行描述。

波耳战争

关于 1897—1899 年间的许多别的经历就不赘述，在此说说波耳战争。

战争开始的时候，从我的心里我是同情波耳人的，但那时我以为自己没有权利就此事而坚守个人的信念。我将自己关于这个问题的内心感受在《南非非暴力抵抗运动史》中做了详细说明。哪位有兴趣，可以翻翻。不说别的，我对不列颠统治是怀有忠心的，这使我站在了英国人一边。我觉得只要拥有一个英国公民应有的权利，那么保卫英国我也有责任。当时我以为只有在英国治下印度才能获得完全的解放。因此我尽可能多地去招募了很多的同志，组成一个救护队，同时费了很大的功夫使他们愿意投效。

大多数英国人认为印度人胆小怕事，缺乏冒险精神，而且看重私利，不管长远。因此对我的计划，好多英国朋友都不屑一顾。但布斯医师却非常支持。就怎样做救护队工作对我们进行训练。我们获得了从事医务工作的合格证，这个计划也得到了劳顿先生和已故的艾斯坎比先生的热情支持，这样我们提出了去前线工作的申请。政府对我们的申请很感激，但同时说还不需要我们去那里工作。

这个申请虽然被拒绝，但我不甘心。我经布斯医师引见，前去拜访纳塔耳的主教。救护队里有很多印度人信奉基督教。主教很赞成我的建议，并且答应想办法让我们去服役。

时机恰好有利于我们。波耳人的那种顽强和勇敢出人意料；我们的服役申请获准了。

我们的救护队有 1100 多人，大概有 40 个队长；大多是契约工人，只有小部分大约三百人是自由印度人。布斯医师也参加了我们救护队。我们的工作不在前线，也受红十字会的保护，但在紧急情况下，我们也会被派往前线。这是因为当局不想让我们处于炮火的威胁之下。但是斯比昂·柯柏的失败使形势起了变化，布勒将军给我们发函说，虽然我们不必冒险，但要是愿意去战地救护伤员，政府将会感激不尽，我们去了战地，这样我们在斯比昂·柯柏的活动是在充满危险的炮火之中。那段日子里，我们每天行军20～25英里，还抬担架运送伤员。很有幸，我们施救过的伤员中就有伍盖特将军这样的人物。

六个星期以后救护队就宣布解散了。在斯比昂·柯柏和瓦尔克朗茨失败以后，英军总司令改变了对列第史密斯和其他地方的重点攻击的计划，改为渐进式进攻，以待英国和印度援军的到来。

救护队的工作在当时受到了称赞，印度人的声誉也提高了。有人作诗称颂我们"终究是帝国的儿女"。

布勒将军写报告时对救护队的工作表示感激，那些队长们也荣获了作战勋章。

印度侨团组织这时已经很完善。我和印度契约工人之间关系更为密切。他们的觉悟比以前更高，他们中的印度教徒、穆斯林、基督教徒、泰米尔人、古吉拉特人和信德人都是印度人，有着共同的祖国，都是祖国的一分子，对他们而言，这种认同感是根深蒂固的。人们都开始认为，印度人的苦日子现在肯定到头了。当时白人对我们的态度好像明显好转。在战争期间，又和白人有融洽的关系。和我们有接触的数不清的士兵，态度都很友好，也很感激我们给予他们的服务。

我必须再讲几句，在回忆中，那些人性经受考验时的那种英勇和无私总是让人感到很甜蜜。齐弗里兵营的罗伯滋勋爵的儿子罗伯滋中尉负伤急需救护，我们前去救护，很幸运他被救护队从战地上救下来。我们去的当天天气酷热，队员们都很渴。中途见到一条小溪准备喝点水，解解渴，我们想让士兵们先去喝，然后我们再去。但士兵们谁都不愿先去，而是让我们先喝。这样感人的局面持续了好长时间。

卫生改革和饥荒救济

我根本不愿意做个不起作用的政治组织的会员。对于侨团存在的不足进行隐瞒或者视而不见，我很厌恶这样，为了减少和消除它的瑕疵我不规避要求一些权利。因此在定居纳塔耳以后，我为消除人们对侨团的误解和指责而一直努力着。这些指责自然有合理之处，像说印度人比较邋遢，屋子里外清洁卫生太差。所以侨团里的主要人物就认真地打扫整理自己的屋子，对各家逐一检查还是在杜尔班即将发生鼠疫的报告公布以后。这样做是在和城里的神甫们协商并取得赞同后进行的，本来他们也想合作。双方的合作各得其便，他们的工作顺利了，我们的困难减轻了。城里一旦有传染病，当局者还是不能沉着应对，措施过激，手段刚硬，以致人们反感。侨团则是自动采取了卫生措施，而没有招致压力。

但是我从中得到了经验。我明白，不能像希望侨团争取权利一样，指望它完成自己的责任。去有的地方他们侮辱我，而有的地方虽然客气但还是轻蔑。要求人们讲究环境卫生，他们觉得非常麻烦。要他们出钱让别人做，更不可能。这些经验告诉我：缺乏足够的耐性，要人们做任何事情是不可能的。亟待改革的是改革者自己，而不是社会，社会能给予他们的东西比反对、厌恶、迫害好不到哪里去。为什么社会把改革者所珍视的东西看成是一种退步现象呢？

通过这次活动，印度侨团对于屋子里外的卫生清洁的重要性认识有所提高。政府也对我表示敬重。他们也明白，我愿意为他们鸣不平，为争取他们的权利而尽心尽力，但我对提高和不断纯净自我修养还是积极坚持的。

唤醒和增强印度侨民对于祖国的责任感也是必须做的一件事。印度是一个贫穷的国家，南非的印度侨民就是为了发家致富，在他们的同胞有困难时，他们应该加以援手，贡献力量。可喜的是，在1897年和 1899 年发生饥荒的时候，他们做到了，他们捐献钱财，参加救济，1899 年的捐献比 1897 年还要多。英国人也响应我们的呼吁参加募捐，连印度契约工人都捐了钱。发生的这两次饥荒使得建立起来的制度一直延续下来。我们都知道，印度一旦遭遇民族灾难，南非的印度侨民总会有一大笔捐款。

我从南非的印度侨民所提供的服务里看到了真理新的含义。追求真理就像精心地培植一棵大树，越努力收获的果实越多。真理的宝藏需要就越丰富。这也说明可以为人服务开辟更多的途径和形式。

认识那份爱

战时责任结束了，我觉得我的工作该转向印度了。但并非在南非没事儿可做，赚钱可能是我的主要事业。

在国内，朋友也让我尽快回去，我想也该回印度做点工作。至于南非，可汗先生和曼苏克拉尔·纳扎先生完全可以胜任那里的工作。于是我与同事们经过协商和努力，他们接受我回国的要求，但有条件：一年内，如果侨团需要，我必须再回南非。这个条件对我比较困难，但我热爱侨团，因此我接受了他们的条件。

密罗白这样唱道：

真主以爱的纱线

系在我的身上，

我是他的奴仆。

但是对我，在我和印度侨团之间那条爱的纱线非常坚韧，无法破裂。人民的呼声就是上帝的命令，而南非朋友们的呼声却是那么真实，难以拒绝。我只有接受条件，他们才准许我离开。

我和纳塔耳的联系也很密切。这时纳塔耳的印度侨民以美酒和盛情表达了对我的爱：为我送别的宴会和珍贵的礼物让我感慨和留恋。

这次送别十分隆重，当我 1899 年回印度时，我收到了很多礼品，礼品中包括了金银质地的东西，还有钻石等很珍贵的东西。

我凭什么接受这些礼物呢？可是，我"为侨团服务不计酬劳"又怎么解释呢？这些礼物中只有几件为我的当事人赠送，其他的都是对我为侨团工作的酬谢。进一步说，对当事人和同事也不能区分，因为当事人对我的公众工作也给予了帮助。

礼物中有一条金项链是送给我的妻子的，价值 50 个金基尼。然而这件礼品与我的公众工作分不开，所以它和其余的礼品没区别。

那晚，面对一大堆昂贵的礼品，我夜不能寐。在房里我徘徊犹豫，不知道怎么办。拒绝有困难，保存却更加困难。

即使我能收下，那我的妻子和孩子们怎么办？他们正为过一种为他人服务的生活而努力着，并把服务本身看作一种奖励。

我们家没什么值钱的东西，而且对生活也尽可能简单化。我们怎么能戴金表金链和钻石戒指呢？当时我劝导人们不要迷恋珠宝，而今我面临这些的时候，我该怎么办呢？

于是，我决定不接受这些东西。我写了一封信，将这些礼物转送给侨团，专门成立一个托管会，指定巴希·罗斯敦济和别的几个人为专门托管人。第二天上午我和妻儿们商量妥帖，心情总算轻松了。

在这件事上，孩子们好说，但我妻子那里要说服还是有点困难。因此我决定做他们的工作，孩子们赞同我的建议："这么贵重的东西我们不能收，应该转送侨团。"

听他们这样说，我很高兴，便问他们："妈妈的说服工作你们会帮忙想办法，对吗？"

"没问题，"他们说道："交给我们。她用不着佩戴首饰。她肯定是留给我们的，我们都不要，她还留那些东西做什么？"

但是说着容易做着难。

我的妻子说："这些物件对你可能用不着，你的孩子你哄哄也没事儿了。你不让我戴首饰我能谅解，可我儿媳妇怎么办？她们肯定要用。谁能保证明天不会有事情发生？况且这又是他们的一份好意，我可不愿意拒绝。"

我们争辩得很激烈，妻子都哭出声来了。然而孩子们态度坚定，我也毫不动摇。

我心气平和地对他说："孩子们还小，我们不想让他们早婚。等他们长大成人了，他们会照顾好自己。而且我们不能找热衷于首饰的女子做我们儿子的媳妇。再说，将来如果需要，有我在，你尽管找我就行了。"

"找你？我是看清楚了。你就是不想让我有首饰，只要我有首饰，你不让我安宁。给媳妇们买首饰还指着你？你是想叫我们儿子们当沙陀［泛指刻苦修行的人］！不行，这些首饰必须留着。还有，你凭什么管我戴项链？"

"但是，"我反驳道，"送项链是对你的服务表示答谢，还是对我？"

"这我同意。但你要明白，你的服务就是我的服务，我没日没夜替你操劳，这不算服务吗？你指示他们，却逼得我为他们做苦力！"

她的这些话倒是有一定的道理。但我还是坚持原来的决定。后来她总算很勉强地同意了。把 1898 年到 1901 年收到的礼品全部转送。我们订了托管契约，将这些首饰存入一家银行里，根据我和托管人的意见，为侨团服务使用。

当我为做公众工作而觉得应该启用这笔钱时，我一般情况下想办法另外筹集，尽量不动用它，所以这笔钱至今还存在那里。

这样做我从来没有后悔过，多少年以后，我的妻子也觉得这是有眼光的做法。因为这使我们摆脱了许多诱惑。

我坚定地认为，为公众服务就不能接受贵重礼品。

大会前的代表和义工

我乘船回国途中，船在毛里求斯停的时间较长，我便登岸观光，顺便了解一下当地的情况。我还在当地总督查理斯·布鲁斯爵士那里以客人的身份住了一晚。

回到印度后，我到全国各地走了走。1901 年，国民大会党由丁绍·华恰先生［后来受封为爵士］主持正在加尔各答召开会议。我第一次参加了国民大会党的集会。

在前往加尔各答时，我和费罗泽夏·梅赫达爵士同乘一列火车，因为我准备向他讲讲南非的情况。他包下了一间特等包厢，我奉命去他的包厢里和他谈话。我去他的包厢里看到，华恰先生和金曼拉尔·谢达华先生［现在是爵士］正在商谈政治问题。费罗泽夏爵士一见我便说："甘地，恐怕对你没多大帮助。当然，我们不会阻拦你的议案通过。但是在国内我们其实没有权利！我也相信，在自己的国家里没有自己的政权，那你在殖民地的境遇不会好到哪里去。"

这让我感到有些惊讶。谢达华先生对此好像也很认同；华恰先生看我的眼神中带着一丝怜恤。

我想说服费罗泽夏爵士，然而这位孟买的无冕之王哪能是我这种人可说服的。获准提出我的议案已使我很满意了。

下一站到达时，我离开了他们。不久我们到了加尔各答，接待委员会热烈欢迎大会主席，并将他送到住处。我向义工问了我的住处，他送我去了李朋学院，在那里见到了许多代表。我很幸运和罗卡曼尼亚住在同一幢楼里，他是第二天到的。

罗卡曼尼亚一如既往，接受很多人的拜见。要是我会画画，我会用画作把他端坐床上接受拜见的样子记录下来，在我的记忆中，那个景象总是那么栩栩如生。看他的人不计其数，其中有一位我至今还记得，《甘露市场》报的主编，已故的巴布·莫迪拉尔·戈斯。他们开怀畅谈关于统治人物的错误行为，这使人难以忘怀。

对驻地的情况我稍加仔细地考察发现，你让某人做点事，他就转给别人，而别人转给第三者，一件工作在义工们那里互相推诿。而那些代表们则哪儿都找不到。

很快有几个义工和我相处得很融洽。我向他们讲了一些南非的情况，这让他们感到有些内疚。我想让他们明白为他人服务的意义，他们有所理解，但要真正做到服务并不是多么容易。它取决于意志，然后是经验。对那些心地纯良的青年而言，他们有的是意志，就是缺乏经验。国民大会党的会议每年只开三天，三天后便回去睡大觉了。一年内只有三天时间，人们能有什么收获呢？而代表和义工们差别不大；比起义工来，代表们没受过长期而有效的训练。他们不干事却常常指手画脚，指使义工们做这做那。

在这种地方，我还要面对许多无法触及的老规矩。泰米尔人的厨房和别人相距很远，不想看到别人家的。泰米尔人的习俗中，在吃饭的时候，如果看见了别人，就看作是一种玷污。因此在学院驻地，要给他们专门在空地上做个厨房，还要用板墙围起来。做饭时里面烟雾弥漫，令人窒息。厨房、饭厅和洗衣房合而为一拥挤不堪。我想，国民大会党代表之间如果也存在这种陈规陋习，那就不难想象他们与选民之间的隔阂有多大。这不禁让我叹息。

卫生情况糟糕透顶。到处是水沟。没几个厕所。想起那臭气弥漫呛鼻的情景都让我想吐。我让义工们看，他们回答说："这和我们没关系，打扫厕所的人就这样干。"我要找帚子，那人觉得很奇怪。找了一把帚子，我去打扫厕所。人多拥挤，厕所少，所以要不停地打扫，而我一个人又干不了那么多。所以我只打扫一个自己能蹲得下的地方。其他人呢，我发现他们好像根本不在乎脏臭。

更有甚者，夜里的时候竟然有代表就在他们屋外的走廊上大小便。第二天起来后我让义工看，但却没人去打扫，看情形即使我动手打扫，也不会有人帮这个忙。后来情况有所改观，但至今那些破坏开会场所的代表依然随地自行其是，而义工们和从前一样，还是不愿意老跟着他们后面打扫。

我看大会开的时间如果拖得长点，像这种卫生情况没准儿还会引发传染病。

做文书和听差

国民大会党大会召开前两天。为了积累一些经验，我做好准备为国民大会党的办事处服务。在加尔各答，做完日常斋戒沐浴后，我去了国民大会党的办事处。

巴布·普本·德罗纳斯·巴秦和戈沙尔先生那时是秘书。我找到普本先生，自我推荐。他看了一眼，说道："我这里没什么事，戈沙尔先生那里可能会给你一些事做，请你找找他吧。"

我找到戈沙尔先生时，他瞟了一眼，笑着说："我这里有文书工作，你愿意干吗？"

我说道："没问题，只要我干得了，什么事都行。"

"这种精神倒是该有，小伙子，"他说道。然后他对身边的义工们说："这个小伙子说的话你们都听见了吗？"

他转身对我说："好吧，你帮我处理一下这一大堆信。你知道吗，前来看我的人多得不计其数，我不知道该怎么办！是接见他们，还是答复大量的来信？我没有找到能替我办这件事的人。这些信件大多没意思，但还是要看看，应当答复，你直接答复就行了，需要斟酌后再决定的，交给我来处理。"

他如此信任，使我很高兴。

当时，戈沙尔先生不知道我是谁。过了一阵才问起我。

处理信件很容易，这件工作我很快就做完了，戈沙尔先生十分高兴。他很健谈，一旦谈起话来可以说好几个钟头。在他知道我的一些情况以后，对分配让我干文书工作的事感到很抱歉。但我说："别想那么多了，我哪能在你面前充大呢？为了大会你干到头发都花白了，还是长辈。我不过是一个没有经验的青年。你让我做这件工作，又是这样信任我，使我万分感激。我正在想能为大会做点什么，正好你给了我这个机会，使我了解一些详细情况。"

戈沙尔先生说道："实话说，这是一种该有的精神。可如今的青年人却不知道。当然，我从大会诞生时就了解它的情况。我可以这么说，休谟先生［英国在印度的一个退休官员，他在英印政府的支持下倡议于1885年成立国民大会党］为成立国民大会党出了不少力，但我也有一份功劳。"

我和戈沙尔先生成了好朋友，他坚持要求和我一起吃午饭。

戈沙尔先生穿衣服的时候，他的衣服扣子是佣人给系的。我很尊敬长辈，也喜欢这份工作，于是我自愿充当佣人的角色。他了解我的情况以后，对我替他做的一点小事儿就不再介意了，也比较高兴。当我给他扣衣服时，他总说："看见了吧，大会秘书忙得连系衣服扣的时间都没有了。"听他的话觉得他太天真了，但我并没产生厌恶的情绪。因为做这件工作我受益匪浅。

就这样，不长时间，我对大会工作有了了解。大多数领导人我也见到了。像戈克利和苏伦德罗纳斯等主要人物的言行，我也做了观察。经过观察，还发现了很多问题：时间的浪费、在一些事务中大量用英文、没人关心有些事可以简单省力、多人做一件事而重要的事却没人做等。

看到这些，我心里还是抱着仁慈，不去责怪，总认为这种情形下，确实很难做好。

大会上的提案

大会开幕了。广阔的天幕、衣着严整大方的义工们，还有在主席台就坐的那些前辈，这一些给人一种肃穆庄严之感。会议规模之大，给我一种难以自处的感觉。

大会主席的致辞稿厚得像本书，不可能照着读完，所以只读了很少的几段。主席讲话以后，举行提案委员会选举。我由戈克利带领参加了这个会议。

费罗泽夏爵士支持我的提案，但是不知道在会上什么时候由谁提出来。因为每个提案都用英语做很长的发言，还有一些知名人士表示支持。我的提案就像夹在老手的锣鼓声里的微弱笛声，随着夜幕降临，我的心悬了起来。我记得，最后的提案都在一片匆忙中通过了。因为已经到了夜里 11 点，大家急着要走，我没有勇气站起来讲。我凑近他说："请一定帮忙。"他说："我心里一直记着你的提案。你瞧瞧，各种决议他们是怎么草草通过的。但你的提案我不会让你那么轻松。"

"怎么，已经结束了吗？"费罗泽夏爵士问。

"噢，不，还有甘地先生的关于南非的提案呢。他等了很久了。"戈克利答道。

"他的提案你看过吗？"费罗泽夏爵士问道。

"当然。"

"怎么样？"

"很不错。"

"那么，提出来吧，甘地。"

我战战兢兢地宣读了我的提案。

戈克利附议。

"一致通过。"大家叫道。

"给你5分钟时间，你可以讲几句话，甘地。"华恰先生说道。

我对这样一种程序很失望。没有人很耐心地了解这个提案，都急着回去，而戈克利早看过这个提案，所以就自以为别人无须再去看去了解！

那天早上我还担心我的发言。5分钟时间我讲什么？我已经做好了准备，可一时说不出来。原打算作即席发言，不念讲稿，但是还在南非时我练就的讲话才能不知飞到哪里去了。

该到我的提案时，华恰先生叫我的名字。我站起来时，头脑有些发晕，总算读完提案。到5分钟发言时，我念了华恰先生的一首歌颂向外国移民的诗［这首诗有人已经印发给代表］，并介绍南非移民者的处境和疾苦。这时，华恰先生按了警铃。我敢说我讲话不到5分钟。其实这是警告我还有两分钟。我也曾听过别人讲话，半小时三刻钟的时候没有人按铃警告。这让我深感伤害，于是铃一响我就坐下了。当时我幼稚地认为，那首诗包含了对费罗泽夏的回答［第十三章第三段］。决议肯定通过。因为当时参加大会的来宾和代表们统统都举手，包括我的提案，所有的议案一致通过。因此在我看来，所有的重要性都没有了。仅就通过这个提案一事来说，已经让我很满意。大会认可等同于全国的认可，也是每一个人该高兴的事。

寇松勋爵的觐见礼

会议结束后，为了南非的工作，我准备与一些商会和各方面的人物会会面，因此我在加尔各答逗留了一个月。这次我都住在印度俱乐部，没去住旅馆。我想和俱乐部的会员中有几个知名的印度人多接触，让他们关注一下南非的工作。戈克利先生经常去那里打台球，听说我在加尔各答要住一段时间，他便请我和他一起住。我很感激，也接受了邀请，但又觉得不合适。不见我去，等了一两天之后，他追了过来接我。他觉得我还在客气，便说："甘地，你还要留在国内，这么客气不行。你应该和其他人广泛地接触交往。希望你能为国民大会党工作。"

在讲我和戈克利相处的情形前，我先说说发生在印度俱乐部里的一件事。

觐见寇松勋爵应该是这个时候。一些应邀参加觐见的王公贵族，也都是俱乐部的会员。在俱乐部里他们经常穿着孟加拉"拖地"、衬衫和围巾，样貌比较讲究。觐见那天，他们会穿"坎沙玛"［招待员］的裤子，配一双锃亮的靴子。看到这些，我心里很难过，我去问他们中的一个人，这是为什么？

他答道："谁知道我们的处境那么不幸，谁又能知道那种侮辱我们必须忍受，这都是为了保存我们的财富和头衔。"

我又道："那和穿'坎沙玛'的服装、配光亮的皮靴有什么关系呢？"

"你看'坎沙玛'和我们有什么分别吗？"他答道，"他们是我们的'坎沙玛'，而我们是寇松勋爵的'坎沙玛'。不去觐见，那后果自负。这样穿是觐见的规矩，穿平时的衣服去的话，被看作大不敬。也就没机会和寇松勋爵谈话！"

对这位直率的朋友我只有感慨和同情。

这让我想起了另一次觐见礼。

在哈定基勋爵为印度教徒大学奠基的时候举行的一次觐见仪式。去的大都是王公贵族，受潘迪特·马拉维亚吉特别邀请，我也参加了。

当时的情景让我很伤心。那些王公贵族的打扮跟女人一般：丝绸长裤、长上衣，佩戴珍珠项链，手上戴着镯子，头巾上挂着宝珠和钻石缕子，腰间吊着金柄的宝剑。

这种打扮和行为并不是一种忠诚，而正好说明了自己的奴隶地位。佩戴这些萎靡的物件我以为是他们的本意，不想却是王公贵族们在这种场合必需的义务。听说也有一些人这种觐见场合佩戴以外，他们不愿意也从不戴。

我所知道的这些情况不知是否准确。但总之无论什么场合，男性佩戴只有某些妇女才佩戴的珠宝去觐见总督，总觉得别扭又不舒服。

只为那财富、权力和名誉，人们要承受多么沉重的罪孽与谬误啊！

与戈克利相处的时光 1

第一天和戈克利一起住，给我的感觉就好像到了自己的家一样。我就像他的弟弟，他尽量了解并满足我的所有要求。幸好我没有那么多要求，而且习惯于自力更生，不需要别人照顾。对我的自立、洁净、坚忍和规律性生活，他印象深刻，经常夸我。

他对我从不藏着掖着。如果有人来拜访他，他都会把客人介绍给我。我记得最清楚的是皮·西·罗伊医师［现在是爵士］。罗伊医师是他的邻居，经常来他家做客。

他向我介绍说："这位是罗伊教授，未婚，也不准备结婚；每月收入800卢比，但只给自己留40卢比，剩下的全部捐给公众事业。"

罗伊医师和当年有哪一点不同，我看不出。他当年穿的和现在一样简朴，只是当年穿印度纺织厂产的细布，而今是土布。戈克利和罗伊医师的谈论大多是公共利益，或者有教育意义的事，这些都非常吸引我。偶尔对公众工作者提出一些非议，我也觉得很难过。

看戈克利工作是令人愉快的，就像受教育。他很少浪费时间。他把自己的私人关系和友谊全都用在了公众的利益上。他张口闭口都是为了国家好，又是那么真诚而不虚假。在他最关心的是印度的富强和摆脱屈辱。各种阶层的许多人想拉拢改变他，他都会说："各干各的。我追求的是国家自由。只有这样，我才能去做别的事。现在的事已经够我花上所有的时间和精力了。"

不管在哪里，他都对兰纳德很尊敬。兰纳德的权威具有很大的影响力和决定性，不管何时何地他都会引用。记不清是兰纳德逝世还是诞辰纪念日时，戈克利照例举行纪念活动。当时他邀请了我，还有他的朋友卡士华特教授和一个法官，参加纪念会，讲话中他追思兰纳德的生平事迹。他有时将兰纳德与戴朗和曼德立克进行比较。他很欣赏戴朗的风度，曼德立克的伟大。说曼德立克为了当事人，在延误了火车时，包专车赶时间，去法庭为他的当事人辩护。但是兰纳德比他们几个人更高尚，他是个天才。他无论做法官、历史学家、经济学家，还是改革家，都是伟大的。他作为法官，对参加国民大会党集会毫无惧意，人们赞赏他的开明，对他的决定他们会毫无异议地接受。戈克利在讲述先辈们的聪明才智和心地善良的品质时，他是快乐和充实的。

戈克利当时有一辆马车。我总觉得他没必要这样。因此我曾对他说："外出的时候，你可以坐电车嘛！是不是这样会影响领导人的尊严？"

听我这样说，他难过地说道："看来你并不了解我！我没有为了自己的舒适而假公济私。我很羡慕你坐着电车无拘无束地到处走走，但很抱歉我不能这样。假如你已经像我一样知名，到时候你再坐电车试试，几乎是不可能，至少很困难。我们不能假设为了自己的喜好和舒适，领导人才去做事。我赞赏你简单的习惯，也尽量使自己的生活简单一些，但有些开销我这样的人没法避免。"他的回答让我满意，但另一个问题，他没能满足我。

我说道："你感觉自己身体总不舒服，可是你总是动都不动，这不就奇怪了，为了公众工作就不去锻炼身体吗？"

"那你看看我有出去散步的时间吗？"他答道。

我很尊敬戈克利，不敢顶撞他。他这样说，我也就不作声了。过去现在我都相信，一个人不管有多少工作要做，总要有运动的时间，这就像必须有吃饭的时间一样。我的愚见：运动只会保证一个人更好地工作和增强他的工作能力。

与戈克利相处的时光 2

在戈克利家里的时候，我经常会出门接触一些其他人。

我曾对南非的基督教朋友们说，回印度后我要结识一些印度的基督教徒，以便更多地了解他们。我对巴布·卡立恰朗·班纳济很敬仰，只是无缘一见。他对国民大会党的工作很积极，他和一般的印度基督教徒不同，那些人不参加国民大会党的活动，他们自认为与印度教徒和穆斯林应该区别开来，因此我对班纳济没有什么成见。我提出想去见他。戈克利说："见他有什么意义？他是老好人一个，恐怕他不会给你满意的结果。我和他很熟，你想见他，当然可以。"

戈克利答应给我约他。我去的时候，他太太卧床不起，病得很重。家里很简朴。我高兴地发现，和在大会上看到他穿西服不一样，这次他穿着孟加拉"拖地"和衬衫，这让我很喜欢。我很平静地告诉他一些困难，他问我："人生来就有罪这种说法，你相信吗？"

"我信。"我说。

"很好，印度教没法从中解脱，基督教却解决了这个问题。"他接着说："死亡是罪孽的代价，《圣经》中讲，要得到救赎，只有信耶稣一途。"

对于《薄伽梵歌》虔诚之道的含义，我没有从他那里得到结果。虽然不满足，但我还是表示谢意，这次会见对我终归是有裨益的。

这段日子里，我经常去加尔各答街上走走，而且大多是走着去。为了给南非的工作寻求赞助，我拜见了米特法官和古鲁达斯·班纳济爵士。同时，还见过拉加·皮亚立穆罕·穆克琪爵士。

迦里神庙的事早听卡立恰朗·班纳济说过，尤其是在我读了好多有关这个神庙的书以后，我急切地想去看看。由于米特法官的家与神庙在同一个地区，有一天我去拜访他的时候顺便去了庙里。在去的路上我看到，人们赶着成群的羊去屠祭迦里神。通往神庙的小巷里行乞的叫花子不计其数，其间还夹杂着一些托钵僧。我坚决反对向那些身强力壮的叫花子施舍。他们成群地跟在我后面，过走廊时，有个坐着的人挡住我，和我搭话："我的孩子，这是去哪儿？"我告诉了他。

他要我们几个人和他谈谈，我们答应了。我问他："你觉得这种牺牲就是宗教吗？"

"会有人把杀害动物当作宗教吗？"

"那你怎么不去鼓励人们去反对呢？"

"那和我没关系，我只是拜神。"

"可是你不会去别的地方拜吗？"

"对我们来说，任何地方都一样。人们就像一群羊，跟着为首的走就好了。这与我们'沙陀'没关系。"

我们没再往下聊，便向神庙走去。迎接我们的是满目的血。看到这样的景象，我内心既厌恶又难受，那是永远无法忘却的。

那天晚上我参加了一个孟加拉朋友的聚会，在那里我向一个朋友讲了拜神形式的残暴。他说："用羊作牺牲倒没什么。但在那一片喧嚣和擂鼓声中哪儿还有痛苦的感情。"

这种说法我不认同。我说，假如羊会讲话，我想它们讲的肯定是另一回事。必须制止这种暴虐的风俗。然而我知道，完成这个任务，我是没一点办法。

至今我的看法和以前一样。我认为羔羊的生命，其宝贵并不比人命低。人为自身而索取另一种生灵的生命，这我是办不到的。我认为一种生物越是弱小，越该受人保护，而不是被人类戕害。当然一些人不具备做这种服务的资格，也就不可能提供保护。拯救这些羔羊于肮脏的牺牲之中，希望我能够，我必须先做到洁净自身和自我牺牲，今天我认为我值得为此而牺牲。我祈祷，有伟人降临人间，给人类以神灵的慈悲，使我们从罪恶的深渊中得以解放，使那些无辜的生物的生命真正自由，从而使这个神庙少一些污秽，多一份洁净。孟加拉是智慧的，是具有牺牲精神和感情的，这种不仁的屠杀容得下吗？

与戈克利相处的时光3

借宗教之名献祭牺牲给迦里神，其可怕程度让我想对孟加拉人的生活做更多的了解。有关梵教团〔孟加拉梵教团成立于1828年，至1886年戴文德罗纳斯担任团长，影响扩大。他和克沙夫共同为梵教团设立了一个神学院，从事高等神学研究。梵教团主要从事印度教的宣传教育工作〕的情况我听过也谈过，我也知道一些有关普拉达布·昌德罗·马俊达的事迹。在几次集会时，我听过他的讲话。我曾很有兴致地读过他写的克沙夫·昌德罗·沈生平的书，从中了解了沙达朗·梵教团和阿迪·梵教团的区别。我见过潘迪特·许樊纳斯·萨斯特立；也由卡达瓦特教授陪同去探望玛哈希·戴文德罗纳斯·泰戈尔，只是那时不让他会客，我们没见到他。但是，有一次我们去参加在他家举行的梵教团的庆祝会，在那里我们欣赏了孟加拉音乐的优美。从此，孟加拉音乐成为我的所爱。

我觉得看了梵教团后，再去看一下史华密·维卫康纳就很让我满意了。于是我就几乎是步行去了贝禄·玛斯。玛斯是个适合隐居的地方，我很喜爱。去后听说史华密住在加尔各答，因身体不适，不便见客，我感到很遗憾。

接下来我去乔林居大厦看了尼维蒂姐修女。她屋内摆设华丽，令我吃惊，交谈时也没有共同话题。当我对戈克利说起这些时，他说这不奇怪，她本来就是个轻浮的人。

后来在贝斯敦济·巴德夏先生家里我又见到了她。当时，她正和巴德夏先生的老母亲交谈，我给她们充当了翻译。虽然我和她之间没有苟同之处，但我还是尊重和欣赏她对印度教的热爱。我也读了她的书。

　　每天我把一半时间花在拜访加尔各答的有名望的人，这是为了南非的工作；另一半则是对这个城市的宗教和公众组织做些研究考察。我有一次曾经参加穆立克博士主持的会议，会上我报告了关于波耳战争中印度救护队的工作情况。《英吉利人报》与我有些交情，对这次我报告帮助很大；宋达斯先生虽然身体不好，但像 1896 年一样仍然给我很大帮助。这次讲话戈克利和罗伊医师都比较喜欢和欣赏。

　　住在戈克利家里为我在加尔各答的工作提供了便利，我结识了孟加拉人的名门望族，这也是我和孟加拉关系密切的开始。

　　这一个月有许多事令人难以忘怀，但许多事不能一一赘述。在这里我说说去缅甸的简单情况和那里的和尚。和尚们昏昏欲睡，真让人难过。去大金塔时，看那神庙点点发着昏光的小蜡烛，成群乱窜的老鼠，使我想起了史华密·达衍纳德在摩尔维的经验。说起缅甸妇女，他们是那么自由和充满活力；但男人们却不敢恭维，他们懒惰散漫。在缅甸没待多长时间，我看出仰光说明不了整个缅甸，就像孟买之于印度，同时更像在印度我们已是英国商人的经纪人一样，在缅甸我们和英国商人联手将缅甸人变成我们的经纪人。

　　从缅甸返回后我告别了戈克利。别离自然很难过，但是孟加拉或者说加尔各答的工作结束了，没有再住下去的必要。

　　我告诉戈克利，准备在定居下来之前，坐着三等火车在印度到处走走，感受一下三等车旅客的疾苦。刚开始他觉得我很幼稚，在我讲明想法后，他却很赞成。这之前，我想先去贝纳勒斯看望贝桑特夫人，当时她正在病中。

　　做这样的旅行，要重新整理装备。戈克利送我一个金属的点心盒子，里面装满了甜点心和油饼。我自己买了一只帆布袋子、一件恰亚［波尔班达邦中的一个地方，以出产粗羊毛织品著称］羊毛长外衣。帆布袋里装着这件外衣、一条"拖地"、一条毛巾和一件衬衫。我还有一条单人毯子和一个水罐。这就是要准备的，之后我便开始了旅行。戈克利和罗伊医师不顾我的劝阻还是跑到站上为我送行。戈克利说："我一定得送送，你如果坐头等车，我就不来送行了。"

戈克利头戴丝绸头巾，身穿夹克短外衣和"拖地"，没人阻拦他进入车站。可罗伊医师身穿孟加拉服装，查票员不让他进站，后来戈克利说是他的朋友，站员才准许他进了月台。

在他们的真诚祝福中，我开始了旅行。

在贝纳勒斯

从加尔各答到拉奇科特的这次旅行，我准备在途经贝纳勒斯、阿格拉、斋埔和巴兰埔时做短暂停留，要去别的地方我没有太多的时间。每个城市我只能待一天时间，住的地方当然是对香客免费的住所，巴兰埔除外。我记得，整个旅行下来，包括车费，所有费用没超过 31 卢比。

由于邮车拥挤而且费用高，这次旅行我一般搭乘普通车。

要说三等车厢的环境和卫生的话还是很糟糕，几乎和当年一样。现在可能好一点，但就设备而言，头等和三等车厢相差悬殊，车票价格也不成比例。坐三等车厢的人就被像羊群一样看待，当然作为人是体会不到羊群那样的舒适的。还在欧洲时我几乎都坐三等车，大概只坐过一次头等车，那时我发现头等和三等车厢没有过大的差别。而在南非黑人大都坐三等车，可那比这里舒适，而且南非在有些地方的三等车厢还设有卧铺和弹簧坐位，为防拥挤，这样的位子有限额。但这里往往超过限额。

铁路当局根本不关心三等车乘客坐得舒适与否，加之乘客自身那种不洁的习惯，这对习惯清洁的三等车旅客来说，的确是个考验。像最普通的随时随地乱扔脏物、抽烟、嚼槟榔叶子和烟叶、吐痰、叫嚷喧闹，还有讲话粗俗，不顾及周围客人。我发现 1915—1919 年坐三等车的体会和 1902 年我坐三等车的没什么两样。

这是一种整体性的恶劣现象,解决这个问题我认为有一个办法:那就是凡是受过教育的人都应当坐三等车,以帮助人们改正粗俗的习惯,对铁路当局,也不能让他闲着,必须做到随时提意见,不能只顾自己的舒适而去贿赂或干一些非法的事,也不能听任有些人违规。如此的话,我想会有所改进。

我在 1918—1919 年间生了一场病,这事实上使我最后放弃了坐三等车旅行的做法,想起这件事来我就感到很内疚和难过,因为那时为消除三等车乘客困难而做的宣传刚刚取得了一些成效。那些乘坐铁路和轮船的贫穷乘客们,因为其不良习惯使他们的凄苦处境而加深了,而政府又给予对外贸易过分的优惠,等等。要使这一切所造成的大问题得以改进,必须有具备胆识和毅力的人将此作为终身奋斗的事业才行。

下面我说说去贝纳勒斯后的经历。我到达那里是早晨,于是我准备先去一个"潘达"［panda 是婆罗门僧侣兼圣地的向导］的地方休息一会儿,我刚下车,就有许多婆罗门围过来,我从中选了一个印象比较好而且显得干净一些的人。最后看来还是不错。他的院子里拴着一头母牛,屋子是个两层楼,我被安排在楼上住。按照正统的规矩,我要先去恒河沐浴,然后再吃东西。这位"潘达"开始给我准备。我向他讲明,他为我准备这些,我只能付一卢比四安那小礼给他,应该先商量好。

他同意了,并且说:"香客无论富有还是贫穷,我们的服务都一样。我们收受小礼的数额多少全看香客自己。"这位"潘达"对我还是比较周到的。在 12 点钟的时候,"普佳"［即拜神］结束了,我就去迦尸·毗湿奴神庙参拜。在那里我看到的让我内心非常沉痛。还在 1891 年,我在孟买做律师时,曾去普罗坦纳社的礼堂听过一次关于"到迦尸去进香"的演讲。所以这次我没有抱什么奢望。没想到失望比我预想的还要大。

去神庙的小巷狭窄湿滑,没有一点安静的气氛,嗡嗡苍蝇、卖货人的吆喝会同香客的嘈杂声，着实让人烦躁而压抑。这里显然不具备人们要找的冥想和神交的气氛。这种气氛只能存在于人们自己的内心。确实，我看到那些虔诚的姊妹们完全沉浸在一种宁静冥想中，周围的喧闹对他们没有丝毫影响。对这种情况，寺庙管理人员有责任和义务使寺庙内外有一种安静、纯洁的氛围，这种氛围当然也包括肉体和精神方面。而我看到的是，充斥着贩卖甜点心和时髦玩具的狡猾小商人的市场。

刚到寺庙门口，就有人献给我一捆已经凋谢的花。用精美的大理石铺就的寺庙的地面破碎不堪，善男信女们捐钱所建的却是一个垃圾场。

"旃纳－伐辟"［知识之井］没有上帝的影子，它周围脏乱不堪，我自然就没有了好心情去施行小礼，所以我只给一个小铜板。这时有个负责的"潘达"生气地将那个铜板扔掉了，并诅咒道："这是一种侮辱，你会下地狱的。"

他这样讲话，我也没有感到不安，我说道："王爷，无论我将来会怎么样，但你这个阶层的人这样说不合适。这个铜板你还是拿去吧，不然的话，就连这个铜板你都得不到。"

他愤怒地说："滚吧，一个铜板算什么。"接着嘴里又是一通咒骂。

我拣起铜板准备离开，心里高兴地想那个婆罗门既然不要，那我少花一个铜板，谁想该王爷还是想着一个铜板。他喊我回去说："好吧，铜板我留下，我不想像你一样斤斤计较。假如不收下，对你也不好。"

我什么也没说，给了那个铜板，叹着气走开了。

自那以后，我又去过迦尸·毗湿奴两次，那是在我对"玛哈德玛"［伟大的灵魂，或译为圣雄，印度人对于甘地的尊称］的称号很苦恼以后，就像以上我讲的那些经历，已经不会再有了。人们急着参拜我，而不让我去那座神庙参拜了。那种"玛哈德玛"的不安和苦恼，也只有"玛哈德玛"自己才能明白，否则，那种肮脏和喧腾还会那样。

有人如果对上帝的慈悲怀疑，那就让他来看看这些圣地吧。那种虚伪和背教行为都归罪于瑜伽派的神祇，这对他神圣的名字是一种侮辱！他早就讲了：

种瓜得瓜，种豆得豆。

亘古不变的"羯摩"法则无法规避。因此没有什么地方要上帝去操心。他立了这个法则，便退去了。

参拜这座神庙后，我等着贝桑特夫人约见。她大病初愈，我去见她，她马上迎了出来。我只想问候她，我说："得知您身体欠安，我只想来致以问候，您身体不适，还接见我，我非常感激您的盛情。我不想过多地打扰您了。"说完，我便告辞了。

去孟买定居

戈克利迫切希望我定居孟买，在那里可以执行律师业务，也可以给他的公众工作以帮助。他的公众工作实际就是国民大会党的工作，而他主要负责大会的行政事务。

我赞成戈克利的意见，但我没有当好律师的信心。那些曾经的失败和不快的经历至今历历在目，通过邀功和诌媚去拓展业务，我非常憎恨，至今依然。

因此，我打算先去拉奇科特。那里有柯华尔朗·马福济·达维，他对我一直寄予厚望，就是他劝我去英国留学。一到，他就让我办理三个案子。有两件是要去卡提亚华政治监督官的司法助理官那里进行上诉，另一件是嘉姆纳伽的旧案子。第三个案子很重要，我感觉把握不大，但柯华尔朗·达维高声告诉我："诉状胜败不干你的事，只要你尽心尽力就好，我会给你帮助。"

已故的沙玛兹先生是对方的律师。在柯华尔朗·达维明确细致的指导下，我做好了一切准备。在去南非前，我就听朋友们说，费罗泽夏·梅赫达爵士的成功就在于他对见证法非常熟悉。我一直记得这一点，在赴南非途中我深入研究了印度见证法及其评注。当然，在南非的法律经验，也使我很受用。

这场官司我打赢了，这使我有了很大信心。而那两个上诉案，对我来说比较轻松，最终也胜诉了。这一切使我心里重燃希望：我去孟买开业，也不一定失败。

在讲我为什么去孟买之前，先讲讲那些英国官员不顾民间疾苦的情况。司法助理官的法庭是巡回办案。所以，律师们和当事人都以他的行动为准。律师费因流动办案而增加，当事人就得付两倍的费用。对这种情况该法官却视而不见。

我前面讲到的案子准备在维罗瓦尔开庭，当时维罗瓦尔在闹时疫。我记得，那个地方很荒凉，人口大约 5500 人，每天发生疫情 50 多起。我的住所在一个福舍里，离城较远，我不知道打官司的人住到哪里呢？他们如果贫苦，只能看天意了。

在这个法庭里我的一个朋友也有几件案子要办，因为维罗瓦尔闹时疫，他电告我，让我向法庭申请转到其他地方开庭。我递交了申请书，那位法官问我："你害怕吗？"

我说："我怕不怕无关紧要，可打官司的人怕呀！"

他说道："在印度，时疫已经见怪不怪了，有什么好怕的？这里气候条件好［这位官老爷住在海边，大的帐篷跟宫殿一般，又离城很远］。人们必须学会在这样的露天生活。"

上升到哲学争论没有意义。这位老爷对他的文书说："你记下甘地先生的话吧，再告诉我律师和打官司的人是否觉得不方便。"

这位法官很固执，总以为自己是对的，自然要按自己的意见办事了。可是他哪里会想印度的疾苦和贫穷呢？人民有什么需要、习惯、特性和风俗他哪里会了解呢？对任何事习惯于拿金币度量的人，当然无法适应忽然间用铜板计算。虽然这个世界充满美好，但一头大象怎么会去想蚂蚁的事情？同样，英国人不会去想印度人的利益，或为印度的利益而立法。

我还得把故事讲完。虽然在拉奇科特我有了一些收获，但我想多住些时日。然而柯华尔朗·达维有一天跑来对我说："甘地，你不能被埋没，你必须去孟买。"

我问道："可是去那里我哪有工作呢？我的花费怎么办，你帮我吗？"

他说道："当然我帮你啊。但是有些案子，你作为大律师难免从孟买被请回去，要写状的话我们会给你送过去。做律师是否成功，就看我们自己了。在嘉姆纳伽和维罗瓦尔你已经大显身手，对你我根本不担心。你注定是干公众工作的，你不能埋没在卡提亚华。说吧，你什么时候动身去孟买？"

我答道："纳塔耳有一笔钱汇过来，等到了我动身。"

钱在两周后汇到了，我便起身前往孟买。在裴尼、吉尔伯特和沙衍尼的事务所我已挂牌，我好像已经定居下来了。

信仰受到了考验

我的房子租在齐尔关，在福特地区设事务所办公。但我刚搬到新居不久，我的二儿子曼尼拉尔得了严重的伤寒，还有肺炎和夜间昏迷的症状，几年前还得过天花。

医生来看了看，说吃药没多大作用。最好是吃鸡蛋喝鸡汤。

要征求年仅 10 岁的曼尼拉尔的意见是不可能的。我是他的监护人，我必须作出决定。这个波希医生人很好，我对他说我们吃素食，所以我不可能给儿子吃鸡蛋什么的，请他推荐吃其他的东西。

这位医生好心地说："你儿子有生命危险，他需要有充足的营养，可以在牛奶中加点水给他喝，来我这里看病的印度教徒很多，他们都不反对我的药方。我认为你不要那么固执，要考虑你儿子的实际情况。"

我说道："你说的没错，作为医生，你必须这样。但是我要为他们负责，如果孩子大了，我会听取并尊重他们的意见。可现在我必须为他作决定。我认为这正是一个有信仰的人经受考验的时候。无论对错，不吃肉、鸡蛋和类似的东西，这是我坚持宗教信念的一部分。即使为了维持生命，那也得有限度。而有些事情即使为了生命本身也绝不能做。我知道就是在这种场合，宗教也不允许我或我的家属用肉或鸡蛋治病，因此照你说的那样，我就得冒险。但请你答应我一件事情。我没法用你的治疗方法，我知道一点水疗法，打算试试。但给孩子怎么给孩子检查脉搏、胸膛、肺部等这些我不懂，如果你能帮我这个忙，我会非常感谢。"

这位好心的医生理解并接受了我的请求。虽然曼尼拉尔还不能自主，但我把和医生说的话告诉了他，并征询了他的想法。

曼尼拉尔说："就按你的办法试试吧，鸡蛋和鸡汤我就不吃了。"我很高兴他这样说，当然我知道，如果让他吃一点，他也不会拒绝。

我知道绝食也有好处，我也懂一些库赫尼疗法。我便用库赫尼疗法给曼尼拉尔调治，每次让他在水盆里坐至多三分钟，而且三天内连续给他喝掺水的橘汁。

但是他的体温高达华氏 104 度，依然不见下降，一入夜他就昏迷，这让我很不安。我开始想，不知道人们会怎么说我？我的哥哥又会怎么看我？能不能换个医生？怎么不找"夜柔吠陀"的医生？父母有什么权利将自己的主意强加给儿女？

这些烦恼困扰着我，我心里却有一种相反的思想。上帝知道我就像治疗我自己一样给我儿子治疗，他一定会高兴。在水疗法和对抗疗法中我相信前者。能不能治好，医生也没把握，他们也就是试验一下而已。生命操之上帝。我认为我的疗法正确，为什么不相信上帝并以他的名义继续采取正确疗法呢？

两种思想的冲突折磨着我。入夜，我躺在曼尼拉尔的床边。我用一条浸湿的被单把他裹起来，只把他的头露出来，再在上面盖两条毛毯。在他的头上蒙一条湿毛巾。他的全身不出一点汗，干烫如热铁一般。

我已经很疲劳，就让他母亲先照顾他，我去乔巴底走走，换换空气。当时好像快十点钟了，路上行人稀少。而我正沉浸一种令人压抑的思虑中。"神灵啊，这是一个经受考验的时刻，我之荣誉全受之于你。"我一直这样念着，嘴里离不开"罗摩南玛"。我在外面走了一会儿，带着怦怦直跳的心便回去了。

刚一进门，曼尼拉尔便问道："是你回来了吗，巴布？"

"是的，我的孩子。"

"我浑身烧得厉害，请把我搬出去吧。"

"孩子，出汗了吗？"

"汗湿透了，搬我出去吧。"

我在他的额头摸了摸，他满头大汗。体温也降了。感谢神灵。

"曼尼拉尔，烧退了。再等会儿就让你出来。"

"噢，求你了，让我出去吧，下次再裹吧。"

我哄着他坚持了几分钟。他的额头上汗水直流。我去除了被单，然后给他擦干身体。一会儿我们父子俩很快睡着了。

我们睡得很死，曼尼拉尔在第二天一早不再烧了。靠掺水的牛奶和果汁曼尼拉尔躺了40天。我已经不是那么恐惧，这种发烧顽疾终于被制伏了。

现在在我的孩子中曼尼拉尔的身体最健康。谁能说清这是神灵的恩典？还是犹豫采用了水疗法，或者是细心饮食和看护使然？还是根据自己的信仰去认定吧。我当然认为那是神灵给予和挽救了我的荣誉，即使是今天，我依然这样坚信。

再临南非

曼尼拉尔康复后，因为潮湿和光线不足，我觉得该换换齐尔关的房子，在和列瓦商卡·贾吉望先生商量后，我准备在孟买郊区租一栋环境和空气比较好的洋房。我去了班德罗和珊塔·克罗兹寻租。班德罗有一个屠宰场，而喀特科巴和附近的一些地方又离海太远，都不适合我们住。最后我们在珊塔·克罗兹看到有一栋洋房，卫生条件比较好，而且也漂亮，就把它租下来。

从珊塔·克罗兹到赤契喀特我买的是火车头等车厢季票，想起那时头等车厢里往往只有我一个人还感到自豪。

在搭乘去赤契喀特的火车时，我经常走着去班德罗。

没想到我的律师业务很不错。我的南非当事人也经常给我一些业务，这就保证了我的日常支出。

高等法院那边我还没有工作，虽然对"辩论会"我还是胆怯，但我还是会去参加。记得参加者中的贾米亚特朗·纳纳巴伊就很优秀。就像刚入职的律师一样，我也经常去高等法院旁听，在那里可以长见识，更能从那里获得一种享受，仿佛享受来自海上那湿润的微风沁人心扉。其实被这种乐趣吸引的人不只是我，就像很时髦一样，因此也没感觉到不好意思。

这时候我已经开始常去高等法院的图书馆，也结识了一些新朋友，这让我觉得我很快就可以在高等法院找到工作了。

从职业上来说，我感到顺利多了；而在戈克利方面，他一直盯着我，也在为我制订计划。每周他都来我的事务所两三次，来时常常带几个朋友让我认识，还想办法让我对他的工作方式加以熟悉。

然而神灵总是有自己的安排，我的计划总是显得那么无足轻重。

在我认为可以定居孟买的时候，一封意外的电报从南非飞来。电报里说:"张伯伦可能来这里,殷切希望你能回来。"我答应过他们,一有需要当返回,所以我回复他们说,等钱汇来我就过去。钱很快汇来了,我依言停下事务所工作,前往南非。这次去南非的工作估摸着可能需要一年时间,因此我没有退租那栋房子,而是留给我的妻子和孩子们,把他们留了下来。

我认为,一个青年人如果事业上追求上进,而国内条件不好,那就应该去国外,所以这次去南非时有这样四五个青年同我一块儿去,摩干拉尔·甘地是其中之一。

甘地家族一直以来是一个大家族。我父亲经常召集大批的人,将他们安插在政府部门工作。我想让他们摆脱这种诱惑,但我既不能又不愿替他们安排工作,我想要的是他们自力更生。

这是我的理想,我提出来并想法让这些青年的理想和我一致,通过对摩干拉尔·甘地的指导,使我很有成就感,这些还要在以后谈到。

与妻儿的离别,打破了这个家刚刚获得的安宁,又从安定走向动荡,这种境况不免使人难过,然而我已经习惯了这种不安定的生活了。这个世界上神灵是真理,其他全非确定不变。所以,不能指望安定。发生在我们眼前和周围的一切都不确定,都是暂时的。而至高无上的神灵本身就是代表着确定,有人如能看见他并遵照他的指引,那就太有福了。生命中最完美的就是追求那种真理。

我赶到杜尔班时刚刚好,一大堆工作在等着我。这时已经确定了迎候张伯伦先生的日期和代表,我的任务是起草一份备忘录,在和代表团一起去见他的时候递交给他。

我体验真理的故事（四）

"爱的劳动丧失了？"

张伯伦先生来南非是为了接受 3500 万镑的礼物和赢得英国人和波耳人的民心。至于印度代表团则不在他的礼遇之内。

他说："你也清楚，对自治领地，帝国政府没有实际控制力。我看到了你们的疾苦，我会尽力帮忙解决，但你们想要在欧洲人中间生活，就得和他们友好相处。"

他这样说使代表团的成员非常失望，但这让大家更加醒悟了。我觉得我得重新开始工作，对这种局面我向同事们进行了说明。

实际上，张伯伦先生的答复无可非议，他说的是实际情况，这倒是好事。他对强权政治和枪炮法则以一种比较文雅的方式表达出来，以使我们明白。

但是我们缺的就是刀枪。缺的就是承受刀枪的神经和躯体。

造访张伯伦先生要花的时间并不长。斯林纳伽与科摩陵海角相距 1900 英里，而杜尔班距盖普城 1100 英里不到，在短时间内，张伯伦先生必须以旋风般的速度完成这段行程。

从纳塔耳他急匆匆地忙赶往德兰士瓦。我要给当地的印度人写好备忘录并递交给他。但比勒陀利亚我怎么去呢？在那里我们的人没法提供及时的便利使我赶到。德兰士瓦在战争的重创下荒凉一片。那里缺吃少穿。有商店，但不是没货就是闭门谢客，亟待补货或重新开张。但是这是时间问题，甚至逃难的人也不能回来，除非是铺子里已经有了食品。因此每一个德兰士瓦人都得弄一张许可证。欧洲人领许可证是没有困难的，但是印度人要领就很困难。

许多军官和士兵在战争期间从印度和锡兰跑到南非，这些人如果准备定居，那英国当局就应该负责安置他们，给他们委派一些新军官，这些人有经验，来这里很有用处，他们中有的人机敏而灵活，他们建立了新部门。还为黑人专门设立了一个部门。可亚洲人怎么就没有专门的部门？在我抵达德兰士瓦时，已经开始筹建这个新部门了，而且涉猎逐渐宽广。官员们可以给所有的人发放许可证，而不仅仅是那些给归来的难民，这种情况是这个新部门的过问下才有的，否则，怎么会给亚洲人签发呢？发放许可症时经过新部门的推荐，这样就减轻了发证官员的负担和责任。实际上，成立这个新部门主要为了有工作，那些人需要钱，这等于是给他们自己找了份工作。如果没事干，成立这个部门就没意义。

印度人必须向这个部门提出申请，但答复很慢。那时有很多人要回德兰士瓦，这就有许多揽活儿的中介人和二道贩子，他们与官员们串通勾结，对印度穷人进行盘剥勒索，有人说不走后门，就拿不到许可证，甚至有时候找了关系，还得花一百英镑才行。这对我来讲，实在没什么办法可想。于是，我去找杜尔班警察所的警长朋友，对他讲明情况，他马上戴上帽子出去一会儿，就为我搞了一张许可证。那时离发车时间还不足一小时。谢过亚历山大警长后，我急忙去赶开往比勒陀利亚的火车。

现在我已经意识到肯定要面临许多困难。我刚抵达比勒陀利亚就起草了备忘录。我想不起来在杜尔班时，是否要求印度人提前上报代表名单，但这里的新部门却要一份代表名单。比勒陀利亚的印度人早就听说他们要赶我走。

这听起来是件令人痛心但有趣的事，还得再写一章。

从亚洲去的专制者

我进入德兰士瓦使这个新部门的负责人感到很疑惑。他们向一些印度人盘问情况，然而那些人都不知道是怎么回事儿。于是官员们胡乱猜测，以为我没有许可证而是通过找门路非法进城的。如果真是这样，他们就可以拘捕我了。

在一战结束后，那时的政府被赋予了许多特权，南非就是一例。政府颁布了一项维持和平法令：没有许可证，任何人不得进入德兰士瓦，否则被处以拘捕和监禁。根据这项规定，对是否逮捕我，还进行过讨论，但是没有人有向我索要许可证的勇气。那些官员不死心，向杜尔班发电查问后得知我有许可证时，他们很失望。但是他们不甘于失望，他们就阻止我等候张伯伦先生。

于是，他们要求当地印度侨团提交代表团组成人员名单。在南非，种族偏见随处可见，可让我没有想到的是那些行为卑劣的官员在这里也会碰上。南非的公众组织的宗旨是为人民谋取利益，而且对公众舆论负责。所以组织负责人待人比较文明谦和，有色人种也会从这种部门获益。但是从亚洲来的官员却带来了专横和专横者的习气。南非有一种责任政府或民主的特征，但来自亚洲的则纯粹是简单的专制货色，因为亚洲人没有责任政府，他们臣服于外国政权。在南非的欧洲人已是定居的移民，是南非的公民，有权监督政府官员。这样，亚洲来的专制者们的出场使得印度人处在恶魔与汪洋大海的夹缝中。

在这里。我尝到了这种专制的滋味。这个部门的长官是个锡兰人，起初我被要求去见他。去以后，我说明了是应要求去见的，但他没有给我书面形式的命令。印度侨民领袖们经常去见亚洲人事务部的官员，已故的铁布·哈齐汗·穆罕玛德赛就是其中之一。那位长官问他我是什么人，来这里做什么。

铁布赛说道："是我们的顾问，是我们请他来的。"

这位专制长官反问道："那你说说我们做什么？派我们来这里不就是要保护你们吗？甘地熟悉这里的情况吗？"

铁布赛竭力回道："这里当然有你们，但是甘地是我们的人，我们的语言、情况，他都了解。而你们怎么说也是官员呀。"

他要求铁布赛把我带过去，铁布赛等几个人陪同我去见这位官老爷。到那里后没有椅子，我们只能站着听他问话。

"你到这里做什么？"他问我。

"我的同胞请我来的，让我给他们提点建议。"我说。

"你没有权利来这里，你知道吗？你的许可证是错发给你的。你又没在这里定居，你必须回去，也不能等候张伯伦先生，这里的印度人的保护由专门成立的亚洲人事务部负责。就这样，你可以走了！"他没给我申辩的机会，就让我出去了。

但是，我的同伴被他留下来教训了一顿，并要求他们赶快让我离开这里。同伴们回来后，非常气愤。至此，局面让我们难以预料。

忍受侮辱

这种羞辱虽然是我很难过，但是在过去的时日里类似的屈辱我已经过不少，所以对这种侮辱也就见怪不怪了。我尽量试着忘记它，尽可能以一种平和的心态对待。

亚洲人事务部负责人来信说，因为在杜尔班我已经见过张伯伦先生，所以他们觉得应该从向张伯伦请愿的代表团名单中将我除去。

我的同事看到这样的信以后无法接受，他们都不太愿意组织代表团去。我便向他们进行解释，说明侨团的尴尬处境。我对他们说："假如不组织去面见张伯伦先生，他会认为你们没问题。现在我们已经准备了书面请愿书，至于请愿书不管由谁来读，都无关紧要。反正张伯伦先生肯定不会和我们争论这些事。我觉得我们应该忍一忍，沉住气。"

我还没说完，铁布赛便开始嚷嚷道："他们侮辱你不正是侮辱侨团吗？你是我们的代表，我们大伙儿没忘记。"

"你说的一点没错，"我说道，"目前还有什么其他办法吗？所以这种侮辱侨团也得忍受。"

"无论怎么说，为什么我们必须这么受气呢？这事有什么了不起，我们不怕。我们已经没有多少可以丧失的权利了！"铁布赛说道。

这话显示了很大的气魄，可是有用吗？侨团的权力有多大我是非常清楚的。我要做的是尽量平息他们的情绪，让他们去找印度律师乔治·戈夫莱先生代替我。

最后他们在戈夫莱先生带领下前去请愿。张伯伦先生在答复时说道："听取一个新人讲话比反复听取同一个代表的话，难道不是更好吗？"他提到我没去的事这样说，是想缓和一下气氛。

然而这样做非但没有结果，反而增加了侨团和我们的工作量。我们不得不重新做起。

"侨团就是按你的主意，参与了战争，才有这样的结果！"我对这样的嘲讽并不在意。我说："我对我参战的建议不后悔，因为那样做是一种义务。我们做事不是以回报为出发点。我总认为，好事儿必定会有好结果，要想好的方面，不要老是徘徊在过去，想想目前我们该怎么做吧。"大家同意我的看法。

我又说："事实上，你们让我做的事都已经做完了。但我觉得即使你们让我回家，我还应该在德兰士瓦多待一些时日。我不会象以前在纳塔耳那样做事，我要在这里住下来，一年之内不回印度，而在德兰士瓦最高法院做律师。在这个部门工作我有信心，假如这点事我们也办不到，那在这个国家侨民就会无法呆下去，可能还要遭受更严重的掠夺和新的侮辱。比起整个侨团所受到的侮辱来，我被张伯伦先生拒绝接见和受那个官员的羞辱不值一提。要让我们去过摇尾乞怜的生活，我们办不到。"

我借着大家的热情劲儿，就很多事与比勒陀利亚和约翰内斯堡的印度人进行了讨论，最后决定在约翰内斯堡成立事务所。

我不能确定在德兰士瓦的最高法院里登记为律师。但我的申请法律协会没有反对，而法院也接受了。按当时的情形，一个印度人要找个合适的办公地点比较困难，好在我们和当地的李琪先生关系密切，经他找到了一个房屋经纪人，最后在城里司法地区内租了几间房子让我的事务所开业，我的职业律师工作开始了。

牺牲精神让人振奋

关于争取印度居民在德兰士瓦的权利的斗争等问题后面还要谈到，在此先将我生命中的一些其他方面谈一谈。

我心里至今还存在着一种复杂的愿望。为了将来做准备的愿望淡化了自我牺牲的精神。

可能是我在孟买开设事务所的时候，一个美国保险经纪人来到孟买；他长相看起来很舒服，讲话讨人喜欢。和我讨论关于我的未来和幸福的时候，就像我的一个老朋友一样，"像你这样有地位的人，如果是在美国，肯定要保人寿险。你不打算为你的未来做个保险吗？生命无常。在美国，我们把保险看作一种宗教义务。你就不想给自己买个小小的保险吗？"

即使到了这个时候，我对那些经纪人，不管是在南非还是印度遇见他们，都会淡然以待，原因是我觉得所谓的人寿保险就是一种恐惧和缺少对上帝的信仰。但现在这个美国保险经纪人对我诱惑很大。当他讲那些观点时，我的脑海里便浮现出了我妻子儿女的画面。我心底里对自己说道："你啊，老婆所有的首饰被你变卖得差不多了。假如你有个三长两短，你的家小怎么办，难道还要让你可怜的哥哥替你供养妻子和儿女？你忍心这样吗？更何况他已经担起父亲的责任了。"最后，我终于为自己买了一万卢比的人寿保险。

在南非我改变了生活方式，我的观点也跟着变了。在这样的考验面前，我所做的每一步都是以神灵的名义，而且是为神灵服务的。我没法确定在南非居住的时间到底有多长。我怕我再也回不到印度，于是我打算带着妻子儿女并赚钱养活他们。这个打算让我感到买人寿保险的悲哀，感到了被保险经纪人蒙骗的羞愧。我心说，果真有那么那一天，哥哥真的扮演父亲的角色，他肯定不会把抚养一个守寡的媳妇当作负担。何况我凭什么作出先别人而死的假定呢？说到底，真正的护佑者不是我，也不是我哥哥，而是伟大的神灵。我买人寿保险，实则是剥夺了我妻子儿女的自信心。为什么不对他们的自立抱有信心呢？这世上贫苦的人家千千万，想想他们是怎么过的？我为什么不能是他们中的一个呢？

这种思想在我的脑海里反复出现，但我没有马上行动。我想在南非我至少买过一次保险。

当然，周围的环境也是我产生这许多想法的因素。我第一次旅居南非时，我内心中保持一份虔敬的宗教情感是受基督教徒的影响，而现在通神学者使这种情感增强了。在约翰内斯堡，我和通神学者团体有所接触，是通过通神学者李琪先生的。因为信仰不同，我没有加入他们的团体，但每一个通神学者我几乎都往来密切。我们每天都会就宗教问题进行讨论。在他们的集会上我有时会讲话，他们经常诵读通神学的书。通神学思想精神主要是启迪促进兄弟之谊。我们就这个问题争论过很多次，对那些我认为行为不符合会员理想的人我进行了批评，这种批评对我也产生过有益的影响，它使我反省自己。

反省的结果

从 1893 年开始，我与基督教友们的关系密切起来，但对宗教来说我还是个门外汉。他们想让我接受基督的福音，所以竭力地给予帮助，但我只是个谦恭的听道者。那时我正在全身心地研究印度教，至于其他宗教，也是尽力做一些了解。

直到 1903 年，情况有了一些变化。我的那些通神学朋友们一心想让我加入他们的团体，目的是从我这个印度教徒这里得到些什么。印度教对通神学文学的影响很大，因此这些朋友就希望我给她们以帮助。我向他们作解释：我的梵文水平很一般，印度教经典原著我也没有读过多少，就连那些译著我也很少读。然而，他们信奉"沙姆斯迦罗"［前生注定的］和"普纳建摩"，因此他们认为我多少会给他们一点帮助。这使我有了一种鹤立鸡群之感。我开始和几个朋友诵读辨析版的《瑜伽经》，同其他的朋友读姆·恩·德维卫迪的《瑜伽论》。另外还读钵颠瘏利的《瑜伽修多罗》和《薄伽梵歌》。我们组织了一个"求正教徒俱乐部"，经常在一起诵读经书。《梵歌》对我有一种吸引力，如今我认为更深入地钻研它很有必要。我对梵文原意的理解，依靠手头上的一两种译本。我决定每天背诵一两首。因此，我把清晨沐浴的时间也利用起来。这个时间大约 35 分钟：刷牙 15 分钟，洗身 20 分钟。刷牙的时候，我在面前的墙上贴个纸条，上面写几首《梵歌》，这样可以随时背诵。每天用这段时间诵读新的，再回顾旧的诗篇，时间上没问题。用这个办法我背诵了 13 章。后来别的工作挤占了我诵读《梵歌》的时间。直到今天，创立非暴力抵抗运动，并使其发展的工作几乎占去了我所有的时间。

对我的朋友来说，只有他们清楚诵读《梵歌》到底对他们起了什么作用；但就我而言，《梵歌》是一种行动指南，在任何情况下都是适用的。它就像一本行为指南一样，在我遇到困惑和疑难甚至考验时，我就依靠它解决我面临的问题。就像我不认识一个字要检索英文字典。在它里面像"阿巴里格拉哈"［不占有］和"萨摩婆瓦"［平等］这些词引我深思。问题是如何培育和保护那种平等。一个人怎么应付诸如屈辱、傲慢和贪腐的官员、总是搞一些无谓纷争的老同事，还有对人对事都无可非议的人？一个人怎样摆脱占有物对他的羁绊呢？肉体本身的占有还不够吗？妻子和儿女不是占有物吗？我应该毁掉书柜里的所有书籍吗？我应该放弃我的一切并追随"他"吗？答案是明确的：我只有放弃一切，否则我便不能依附于"他"。对于英国法律的研究帮助了我。史尼尔关于平衡法的论述浮现在我的脑海里，而《梵歌》的教导使我深刻理解了"受托人"一词的含义。我心里更加敬重法学了，从中我发现了心爱的事物。我理解了《梵歌》中关于不占有的意思：凡想要解脱的人都应以受托人为榜样——他即使拥有庞大的财物，但被看作私财的没有一件。在我看来，这就象白天看东西一样很清楚：人们要做到不占有和平等必须有一定的胸怀和态度。我给列瓦商卡巴伊去了一封信，撤销人寿保险，请他答应，退一点钱给我，或者把我已经交的保险费折算成损失，原因是我相信，神灵既然造化了我和我的妻子儿女，那么我们也会得到神灵的护佑。我哥哥待我像父亲，我写信给他，向他讲我已经把当时全部的积蓄都给他了，以后我不能再汇钱回去，一旦有积蓄，我要用到侨团的事业中去。

这要得到哥哥的理解，的确很难。他严词质问，并说明我对他应该负有的责任。他提醒我，不该自以为是，觉得比父亲聪明，我必须像他一样地照顾家庭。我告诉他，我现在做的事情正是我父亲过去所做的。只是对"家庭"的理解和含义更为宽泛，我之所以这样做的用意，将来自然会明白。

从此哥哥不再理我，并且和我断绝了一切书信往来。这让我深感不安，但是与我给自己定的责任相比，放弃责任会更让我不安，我只能期望哥哥理解了。哥哥虽然这样，但这并不会减少我对他的崇敬和热爱，这种敬爱从来都是高尚的。我知道，使他不幸的原因正是他对我的厚爱。其实他并不看重我给的几个钱，他让我这么做是将这种做法看作对家庭应尽的义务。令人庆幸的是，在晚年的时候他谅解了我。他认识到我那样做是正确的，临终前，写信给我，非常感人。在信中还向我道歉。他还要我按我的方法抚育培养他的儿子，并说很希望和我见面。他打电报给我说想来南非看看我，我复电赞成。然而事不遂人愿，对儿子寄予的希望也没能实现。因为就在他动身前往南非前便与世长辞了。我的那几个侄子依然在旧有的环境中长大，其生活方式也没什么改变。我没法将他们改变过来，这也怪不得他们。"谁能预知自己的命运呢？"谁又能消除他与生俱来的印象？同理，任何人都不能指望儿女们必须经历和父母同样的成长生活的演变过程，因为那终将徒劳无益。

从这件事中可以看出，作为父母，要承担的责任有多么可怕！

这种牺牲也是一种美德

为值得的事做出牺牲，并且活得简单朴实，这都很容易做到了，而在我的生活中当宗教意识越来越浓厚时，素食已经是一种使命，这种热情也随之增长了。在传教中，我只知道用亲身经历的事例证明，以及与追求知识的人进行讨论的方法。

在约翰内斯堡有一家由信奉库赫尼水疗法的德国人开的素食馆。我去过那里，还为它介绍了许多英国朋友。但我知道因为经济困难，它维持不了多久。因此我尽量想办法适当地对它给予赞助，并为它花了一些钱，可它还是关张了。

通神学者中大多数可以说是素食者。有一位很有事业心的夫人属于那个团体，她开了一家颇具规模的素食馆。她喜好艺术，对此能侃侃而谈，但不长于算账。她交际广泛。起初这家素食馆不大，到后来她决定扩大规模，向我请求帮助。当时，我不了解她的经济状况，但我想她应该预算精准，我可以答应帮助她。我跟前经常保存大量我的当事人的钱，要用的话必须征得其中一个当事人的同意。我的一个当事人名叫巴德立，他来南非时还是个契约工人。他做事大方真诚，我以他的名义借了大约一千英镑。当我征询他时，他说："你喜欢的话，那些钱你拿走吧。我不懂这些事，我只认识你。"巴德立在后来参加了非暴力抵抗运动，表现很积极，也曾受过牢狱之灾。借这笔钱我以为征得他的同意就可以了。

然而，两三个月后我才知道这笔钱再也无法收回了。这种损失我真的承受不起。有很多事可以用这笔钱去做，这笔钱一直没有偿还清楚，这对于深信不疑的巴德立来说，哪能蒙受这种损失呢？他仅仅和我认识；我必须填补这笔损失。

有一次我把这件事对我一个朋友讲了，他是个打官司的人，对我做的这种蠢事很委婉地说：

"老兄，"——幸而朋友之间因为亲密而往往对我以"老兄"相称，还没有称为"圣雄"，也没有人叫我"巴布"〔父亲〕——"你不该去这样做，有很多事情我们还要指望你。你无法追回这笔钱。我也明白你不能让巴德立难过，你会用自己的钱还他，然而你如果经常这样动用当事人寄存在你这里的钱以资助你的改革计划，那这些可怜的人全都会给毁了，不久以后，你将会是一个叫花子。但是你应该知道，你接受了我们委托，你如果沦为乞丐，那我们所有的公众工作就再别做了。"

这位朋友还健在，我一直对他怀有一份感激之情。我所到之处，还没有见过如此纯洁的人。他这个人是这样：当无法证明对别人的怀疑时，他会表白自己并向他们认错道歉。

他对我的警告我知道没错。事实证明，虽然我补偿了巴德立的损失，而我经不起同样的任何损失，也无力长年负债——我平生没这样做过，而且我一生讨厌这样。我明白了：改革的热情只是一个方面，它无法代替能力不及的一切。我也认识到，《梵歌》中有"但事耕耘不问收获，才算是为人的美德"的教训，而我动用人家寄存的钱，有违这一训导。这一错误是我终生的警训。

献于素食祭坛上的这种牺牲，既非有意，也不曾预料。这是必要的一种美德。

体验水疗和土疗

生活逐渐趋于质朴简单，所以吃药在我是一件越来越不喜欢的事。还在杜尔班执业时，我曾经有一阵子身体衰弱且染上了风湿性疾病。皮·捷·梅赫达医师给我诊治后就好了。此后直到回印度，我记不清还得过什么病。

但是在约翰内斯堡的时候，我经常会犯便秘和头痛等小毛病。碰到这些，我就控制一下饮食或者吃点泻药，倒没什么大事。我这种情况说不上是健康，而且经常纳闷，这种依赖泻药的负担什么时候才是个头。

这时，我从报上获知在曼彻斯特有个"不吃早餐协会"。这个协会的观点是说英国人用餐的次数多每次吃得也多，这加重了他们的医药费负担，要改变这种情况，最好半夜别吃东西，至少应该不吃早餐。看到这些，我觉得还是有些道理。我除了每天三餐以外，下午还要吃茶点。吃东西时我很少节制，对不加香料的素菜，只要合口，就尽量多吃。我每天很少在六点钟以前起床，所以我也想，如果把早餐减掉，也许我的头痛病就没了。于是我开始了试验。刚开始几天不好过，但头痛却完全没有了，这使我相信：过去我吃东西真的是超出了我的需要量。

然而我便秘的痛苦还是没有减轻。有一种库赫尼的坐浴疗法，我试了试，还有点效果，但还是没有根治。就是这个时候，我记不清是那个开素食馆的德国人，还是其他朋友，给了我一本贾斯特的《重归自然》

的书。我从这本书里知道了土疗法。书中还讲到人类应该把鲜果和干果当作一种天然食物。看了这些后我没有马上仅以水果为食，而是立刻试验土疗法，这种方法的试验效果惊人。土疗法是：在一些干净的泥土里掺点冷水，再铺在一块细布上，然后裹扎于肚皮上。晚上睡觉的时候敷上，半夜或者早起时取掉。这个方法效果明显。后来我用这个办法自疗，还推荐给其他朋友们，这没有让人感到遗憾。到印度后我再没有试验过这个办法。因为我一直没有时间找个固定的地方安顿下来做这种实验，但对于土疗和水疗的信奉还是和以前没什么两样。直到现在，一有适当的时间，我还会用土疗法为自己治病，也向伙伴们推荐。

这辈子我得过两次大病，我还是相信人是不完全需要药物。有 1000 种病症，其中 999 种可以用有规律的饮食、水疗、土疗和类似的家常方法治愈。一点小病就往医生那里跑，而且吞下了各种各样的草药和矿物药，这既糟蹋了自己的生命，又使自己变成了肉体的奴隶，而不是主宰，失去自控能力，何其为人！

虽然这是写在病床上的意见，但是我还是希望人们不要轻视它们。我清楚我为何生病。我深刻地意识到，我要为我的病负责，正是这点自知之明，让我有一定的耐性。然而，我该感谢神灵，因为这些病使我从中得到了教训，从而拒绝服用药物的诱惑。我很固执，这使医生们非常厌烦，但他们还是那么客气地忍受了，并没有对我放弃不管。

说的有些远了。在作更多的解说之前，我想提醒读者，在读了这一章后就去买贾斯特的《重归自然》的人，可千万不要把它里面的每一句话都奉为真理。作者往往只讲到事物的一个方面，然而每一件事可以从七个方面去观察，而且可能没有错误，但要知道在同时和在同样的情况下就不一定正确。何况很多书都基于获得更多的买者和名利而写。因此，关于这些事情凡读过这类书的人都应该有辨别，当依据书本意见做试验以前，最好征询一下有这方面经验的人，要不就必须在依据书本表述做出行动之前，耐心地琢磨体会并消化书中所讲的一切。

饮食的试验

这一章里恐怕还得讲一讲题外话。在我做土疗法试验时，我还在做饮食的试验。虽然在以后还有机会再谈这些，但在这里讲讲这个问题还是适当的。

但是无论现在还是以后，我不准备细说有关饮食问题，因为在几年前我就这个话题用古吉拉特文在《印度舆论》上发表过一系列的文章，也出版了英文版《健康指南》单行本。在我所写的几本小册子中，为东西方所欢迎的就数这本了。这件事至今我还不甚了解。这本书是为《印度舆论》的读者而写，我知道在东西方它对很多人的生活影响很大，然而这些人却从来没有看过《印度舆论》。这是因为我们是通过信件讨论的这个问题。所以有必要在这里谈谈这本小册子，书中的观点我认为并不需要修正，但在实践中我已经有了某些重大改变，而读者不知道，对于这些恰恰是读者应该知道的。

一如我的其他作品，写这本小册子带有精神目的，而这种精神目标经常使我的每一个行动很受鼓舞；所以，在书中提出了一些理论而我现在却无法办到时，我就感到十分忐忑。

我认为人们在小的时候，除了吃母乳以外，无须再吃其他的奶；除了经过风雨的果子和干果等食物之外，也不应再有别的食物。像葡萄和杏仁一类果子有足够的营养以供人的神经和身体组织之需。如果能以这些为食物，人们要节制性欲和其他情感就变得轻松了。印度有"吃什么，像什么"的谚语，我和我的同事们都有体会，也觉得很有道理。在那本书里也详细讲到了这些观点。

但遗憾的是，在印度时的实践中我不得不质疑和否定自己的一些观点。还在凯达进行募兵运动时，因吃错了东西，差点没命。我尽力不去喝牛奶，试图使自己的肌体得以恢复，但却很困难。我向那些熟知的医生、印度教的大夫甚至科学家请求帮助，想让他们推荐一种东西以代替牛奶。他们提了很多建议，诸如喝豆汤、喝"茅赫罗"油、喝杏仁露。而我也很认真地对这些食物进行实验，然而它们没有一种能使我康复。印度教大夫以查罗克〔Charaka 印度吠陀时代的医学家，印度教医学之宗〕的诗文说明从宗教角度看饮食，是有顾虑的，在治疗学上没有位置。因此，我要维持生命除非喝牛奶以外，他们无能为力。那些竭力主张让我喝牛肉茶和白兰地酒的人对我坚持吃没有牛奶的食物能有什么帮助呢？

我曾立誓不喝黄牛奶或水牛奶。我发誓时很自然指的是所有牛奶都不喝，但因为立誓时心念指的是黄牛奶和水牛奶，而且想要活着，我只好在内心说服自己，仅从字面强调我的誓言，于是决定喝羊奶。当然我心里非常清楚：从我喝羊奶开始，已经破坏了我立誓的精神。

领导以反对劳莱特法案的运动这一想法一直左右着我，这强化了我要活着的欲望。这样的结果，使我生平最重大的试验之一就此结束了。

人的灵魂和他的饮食无关这样的问题人们争论过，因为灵魂本身是不吃不喝的；但问题是你的内心所意欲的东西是什么，而不是你从外面放进了什么东西。这样的话有一些力量确定无疑。然而此中原委我不想深究，我只想讲出我的信念就够了：在那些将敬畏神灵当作一种境界，而且愿意直面神灵的人看来，对饮食不管是数量还是质量都有所节制，与对思想和言论都有节制同等重要。

但是关于我的理论的失败，我要特别说明，还要提醒大家不要再加以运用。所以我奉劝那些因我的观点而不喝奶的人不要坚持这种实验，当然如果他们发现做这样的实验对各方面都有好处的话除外，或者是因为富有经验的医生的劝告。对我而言，至今我认为：大凡消化不良和病困卧榻之人，清淡和富有营养的食物中没有能与奶类媲美的了。

假如有人拥有这方面的经验，在读了这些内容后，能凭着他的体验告诉我哪些蔬菜的营养可以和奶类比肩或者可以替代奶类食物，我将不胜感激。

与当权者抗争

我们该说说亚洲人事务部了。管理亚洲人事务的官员基本集中在约翰内斯堡。据我观察，这些官员没能有力地保护印度人、中国人和其他的亚洲人，相反却压榨亚洲人。我每天都会接到人们的控诉："可以进城的人不被许可，而那些没权利进的只要花100英镑就可以进来，这哪有公平。这种情况你不管谁管呢？"我也有感触。我不去改变这种现状，待在德兰士瓦就没有意义了。

于是我就开始收集证据，等掌握充分的证据后，我再找警察局长。警察局长是个公正的人。找他的时候，他很有耐心地听了我的陈述，还让我把收集的材料给他看。他自己找来见证人核实，并感到很满意，然而和我一样，他知道：要找一个白人陪审员去审判对有色人种有侵犯行为的白种人在南非非常困难。但他还是说："不管怎样我们都要努力一试。因为陪审员很可能替这些家伙开脱罪责而使其逃脱法律的制裁，那样的事不应该发生。我保证想办法让他们受到惩治。"

没必要有所保证。其实我怀疑的是许多官员，只是因为我无法收集到确凿的证据以对付大批的人。拘捕两个人，这两人是罪有应得，我毫不怀疑。

我的行动没法秘密进行。我几乎每天往警察局长那里跑，很多人都知道。而且有几个探子经常在我的事务所周围转悠，我的一举一动被他们报告给那两个要被拘捕的官员。当然我也得承认，那两个官员实在太坏，要说他们有许多暗探也不可能。还是印度人和中国人给了我帮助，否则不可能逮捕他们。

抓捕时他们中的一个逃脱了。警察局长发出了引渡传票，才将他抓了回来。审判的时候，有充分的证据材料，陪审员也清楚其中一个人的逃跑事实，然而最后他们被判无罪而释放。

对这种结果我感到无比的失望，警察局长也十分难过。这件事导致我对律师工作产生了厌倦心理。令我失望惊讶的是，一个在别人眼中很英明的人变得让人憎恶，他竟然会拿自己的清白掩盖罪恶。

虽然他们被无罪释放，但因为他们的罪恶昭彰，致使政府无法容留他们，还是被革职。这样一来，亚洲人事务部也干净了一些，印度侨团多少得到了保障。

通过这件事，我赢得了更高的声誉，我的业务也因此多了起来。每月侨团要花费几百英镑的冤枉钱，从此也省下了不少。当然完全不花钱也很困难，原因是那些瞅准机会干那种勾当的人积习难改。然而现在看来，毕竟正直之人还是能够保持正直。

说句心里话，虽然这些官员那样坏，但我对他们还是没有私人怨恨。他们也知道这一点，在他们有求于我的时候，我也会向他们伸出援助之手。如果我没有异议，约翰内斯堡市政厅还是会聘用他们。他们的一个朋友因此找我的时候，我答应他不会反对，最后被雇用了。

我这种处世态度和方式让那些与我有往来的官员感到心里安然，所以在我经常与他们所在的衙门往来中甚至言语间带一些强势味道，他们还能够与我保持一种友好关系。那时这种品行我并没有认识到它代表着我的秉性。只是后来我才认识到这是非暴力抵抗运动所必需的，甚至是"非暴力"的一种属性。

人和行为分属于不同概念的事情。应该赞美良好的行为，不良行为应受谴责，而实施行为的人，不管他的好坏，总是因为他的行为的好坏而受到尊敬或怜恤。"恶其罪而非恶其人"的观念虽然很容易理解，但大多数人很难做到。由此看来，怨毒遍及世界就不难理解。

这种"非暴力"是追求真理的基础。我越来越明白，不以"非暴力"为基础，这种追求往往徒劳无益。对一种制度进行反抗攻击是正当的，但要反抗攻击它的创建人，那与反抗攻击自己一样。因为我们都是被同一个造物主造化，都是被同一把刷子粉饰出来的人，唯其如此，在我们心中神灵的力量无穷无尽。对一个普通人的藐视，无异于藐视神灵的力量，因此那种伤害不只对那个人，而是同他一起的整个世界也被伤害了。

这样的回忆和忏悔是神圣的

我与各阶层的来往密切，源于我们生活中会经历各种各样的事情，与他们交往的经历也证明了：不管是亲戚、同胞、印度教徒，还是陌生人、洋人、白种人、有色人种、其他信仰的人［一些印度人，穆斯林、波希人、基督徒或犹太人］等，对他们我都一视同仁。从心理上，我从不区别对待。我不敢自傲地认为这样做根源于我天性中的特殊的美德，而并非经过某种努力使然；而诸如"阿希莫杀"［非暴力］、"婆罗摩恰立亚"［节欲］、"阿巴立格拉哈"［不占有］等美德，则是我投注全身心争取的结果。

在杜尔班做律师业务时，我常常与事务所职员住在一起，他们中包括印度教徒和基督教徒，按地域说，有古吉拉特人和泰米尔人。印象中我都把他们当自己人看待，从不分彼此高低。把他们当家人一样对待，假如我的妻子不愿意，我会和她吵架。他们中有一个是基督教徒，而其父母属于潘查摩种姓［Panchama，在印度教社会中干铁工活儿的，被当作非常洁净的人］。

我们住的是西式屋子，屋子里没有倾倒脏水的设施，所以在每间屋子里都备有一把夜壶。清理夜壶的工作由我和我妻子负责，佣人或扫地的人不管。那些和我们关系比较熟悉的职员自然也会去清洗这些东西，然而这个基督教徒比较生疏，我们有责任替他整理寝室。可我的妻子在清理别人用的便壶后，不再去清洗潘查摩人用的便壶，好像那样做已经超出了她的底线，这使我们开始吵闹。她自己不干也不容许我干。到今天我还记得她责骂我的情景：那时她眼睛都红了，她拿着夜壶往楼下走的时候，脸颊满是泪水。我是一个仁慈而残忍的丈夫，我自以为是她的导师，在我盲目的爱中她却忍受折磨。

只让她清理夜壶，心里还不高兴，于是我想要她带着愉快的心情去干，我便大声道："在我屋里我不能忍受你这种无聊的样子！"很明显，这句话像利剑一样深深地刺伤了她。

她回敬道："这家你自己管吧，让我走。"

听到这里，我的内疚之情彻底没了。我一把抓住她的手，将她拖到门口，打开门准备将她推出去。这时的她显得很无助，眼泪流得满脸都是，接着她开始叫嚷："你不觉得害臊吗？你不记得自己是谁了吗？我没有父母没有亲戚，你让我上哪儿去？你以为做你妻子就应该忍受你的拳脚吗？看在神灵的分上，你还是自爱一些，关着门吧，别叫人看笑话了！"

我感到非常惭愧，但还是装出一副不买账的架势，才把大门关上了。说实在话，我妻子离不开我，其实我也离不了她。我们打架的次数不知道有多少次，但终归相安无事。因为拥有无比的耐性，所以，最后的赢家往往是做妻子的。

今天在这里带着一点超然的心情讲述这件事，这是因为在我经历过的曾经那么幸福的时期，这件事也属于它。作为丈夫，我不再盲目、不再迷恋，不再以妻子的导师自居。如今，假如她愿意，嘉斯杜白还可以对我不留情面，甚至就像我曾经对待她一样。我们的关系已经不止于夫妻，而是像历经考验的朋友一样，我们彼此不再以发泄情欲的对象看待。在我患病之时，她总是陪伴左右，忠心地守护伺候我，却没有一点索要回报的念头。

我要说的是发生在 1898 年的事。那时"节欲"的思想我还没有，妻子在我看来就是供丈夫泄欲的，她生来附属于丈夫。然而我不懂得她实际上是丈夫的助手、同志，是和丈夫分享欢乐与悲愁的人。

到 1900 年，这种思想才有了根本性改变，而形成具体的思想形态是在 1906 年。其他方面在适当的地方再谈，这里就讲一点：因为性欲逐渐减弱并消逝，我的家庭生活由此慢慢地变得恬淡、平静而美好了。

我这样讲，大家可别以为我们是和美理想的夫妻，抑或在思想上我们两人是一致的。和我在思想上有什么不同，连嘉斯杜白自己也不清楚。直到今天，她还是不赞成我的许多做法。要理论这些事我想也没什么好处，我们也没讨论过。因为她没有从父母那里受过教育，跟了我以后，也没有受过我的教导。然而她具有一种大多数印度妇女多少都具备的高贵品质：不管是自愿与否，或者自觉与否，她总认为依照我的步伐行事是应该的，我对生活采取节制的时候，她不加以阻挠。因此，于文化程度而言我们之间差别很大，但是我依然觉得我们的生活一直是美满和幸福的。

与欧洲人的密切交往（上）

这一章要写的故事，我觉得有必要给读者一个怎样逐步写来的说明。

开始写的时候，我还没有明确的计划和框架，也没有像日记或文件之类的资料作基础。写作是随心神而动的。我不敢说我所有有意识的思想和行动都来自神灵的导引。但是检视我这一生所经历和采取的重大行动，甚至那些可说是很小的事，如果将它们看作是依照神灵的意志而为，也并无不当。

神，我不认识，也未曾见过。我所以信仰它是出于我的本意，由于我的信仰不可磨灭，我视这种信仰为一种经验。当然，将信仰描述成经验，无疑等同于窜改真理。可是，我实在无法用恰当的语言表述我对神灵的信仰的特性。

写这个故事，为什么我认为是神的意志呢？现在就好理解了。在写前面一章时，标题是这一章的，但在写作过程中想到，要讲述同欧洲人交往的经验，应该有个序言一类的东西。这样想，也这样做了，标题也就变了。

写这一章时，又有个新的问题。我要写进书的那些英国朋友，关于他们的哪些事情需要写，哪些应该省略，这是很重要的问题。假如把一些事情省去，那就会蒙蔽真理。而那是一些什么事呢？却很难明确地决定下来，因为怎样写才写得适当，我自己也搞不明白。

如今我更加懂得，在很久以前，我看到过的说"一切自传都不宜当作历史"的观点，的确很有道理。因为在这个故事里，我没能把所有记得的东西全写进去。为追求真理，何人能告诉我应该写多少略去多少？提交给法庭的有关我生平的片面证据，它的价值到底多大？如果哪个有心人读一下我已经写的几章，可能还会为这几章增添点光彩；可如果是哪个挑剔的批评家，他可能会掀开"我的许多矫揉造作的虚伪之处"，同时还要炫耀一番。

这样想想，对写这几章我有些犹豫。然而这是来自内心的声音，如果没人阻挠，我一定得写下去。有句圣哲之言：只要不是在道德上证明是错误的，那么任何事既然开始，就不应半途而废。

我写自传本就是体验真理，而不是博取批评家的眼球。写这本传记是根据我的同事们的愿望和意见来写的，没有捷朗达斯和史华密·阿难德他们坚持的话，也许就写不成，因此写的目的之一自然是留一些安慰和可回忆的材料给我的同事们。如果写这本自传有错误，那他们也该分担部分责难。

言归正传，还是说点题目之内的事情吧。还在杜尔班的时候，像我的印度朋友一样，也有英国朋友跟我一起住。凡是和我住过的人不都喜欢这样，只是我往往坚持让他们留下来。在每件事上我不是都那么睿智，我也经历过一些痛苦，这里面包括了与印度人和欧洲人的。对这些我没什么遗憾。尽管我经历过这些，也时常让朋友们尴尬和不便，但我的行为从未改变，而朋友们与我相处时也很客气。朋友们因为我和陌生人交往而不高兴时，我会对朋友们解释，甚至责备朋友们。作为对神灵有信仰的人，要从别人身上找到同一个神灵，就应该拥有宽广超然的心胸，并与别人共同生活。与别人生活在一起，这种能力可以培养，这种交往的机会很可贵，要用为更多的人服务的精神信念鼓励这种交往，如此才能让自己不受有没有交往机会的左右。

因此当发生波耳战争的时候，很多人与我们住在一起，但我依然接待了两个从约翰内斯堡来的英国人。这两位是通神学者，一位是吉特庆先生，在以后还要谈到他。这么多的朋友们与我们住在一起，使得我妻子经常掉眼泪。很不幸，她经历这样的考验都是因为我。与我们同住的英国朋友像我们的家人一样亲密，确实是第一次。我在英国留学的时候就住在英国人的家里，住在那里像点公寓，我的生活方式也是随着他们的。而现在住在我家的英国朋友，他们的生活方式在很多方面跟随印度人，家里有西式的用具，可生活是印度化的。把他们看作我们的家人，曾经遇到过困难，但我确定，他们住在我家里就像在自己家里一样不是多么为难。相较于杜尔班，这种交往在约翰内斯堡是很多的。

与欧洲人的密切交往（下）

在约翰内斯堡时，我曾经一次雇用了四个印度职员，说是职员，不如说更像我儿子。虽然使唤这么多人，但人手还是不够，像打字录入，没有专门的人就不行，在我们中间，就我会打字。所以我教其中的两个职员学打字，但是因为他们英文功底差，所以效果很一般。到后来我想让一个学习做会计。因为要到德兰士瓦必须有入境证明，我又不愿意向负责发证的求情，所以我不能去纳塔耳找人做这事情。

要做的事越来越多，不管我怎么努力，我都没法应付业务和公众两摊子所有的事儿。我根本没办法了。我想雇用个欧洲人，但我不敢肯定有没有白种人愿意为我这有色人种做事。我打算试试。我托了一个熟悉的打字机经纪人，请他帮我找一个速记员。女速记员那时是有，他答应了我的请求。他遇到一个刚从苏格兰来名叫狄克的女子。狄克需要一份工作，过一种自食其力的正当生活，所以在哪里工作都无所谓。于是那个经纪人让叫她来见我。她给我的第一印象很不错。

"你不介意被印度人雇用去做事儿吗？"我问她。

"我不在乎。"她回答得很干脆。

"你对薪水有什么要求？"

"17 镑 10 先令是不是有点多啊？"

"我要求的工作如果你能胜任的话，你的要求不高。你什么时候能来？"

"您愿意的话，现在就可以。"听她这样说，我很高兴。于是我马上口授信件，让她打字。

过了不久，我和她的关系很融洽，她就像我的女儿或妹妹一样，而不仅仅是个速记员。她干的工作，我挑不出毛病。我经常让她经手多达数千英镑的巨款，甚至让她管理账目。她使我信任她，除工作以外，她还把自己内心的思想情感吐露给我。到后来，在选定夫婿的时候，还向我征求意见，我也荣幸地为她主婚。狄克小姐最后成了麦克唐纳夫人，因此离开了我的事务所，但是她结婚后，当我的工作太多忙不过来时，我就会找她，那时她都会有求必应。

现在她的工作我得找个固定的速记员来做，很幸运我又找了一个女孩子，名叫施丽新。她是卡伦巴赤先生介绍来的。在以后我还要谈到卡伦巴赤先生，这里暂不多说。施丽新是德兰士瓦的一个中学教师，来我这里时大概只有 17 岁。她的性格有点古怪，我和卡伦巴赤先生有时候受不了她的那种脾气。她来我这里更像是学经验，而不是当速记员。对于有色人种，她的秉性中不带有那种歧视成分。像年龄、经验之类的，她好像都不在乎，她会毫不犹豫地给人以侮辱和斥责。她那种粗暴经常让我无所适从，然而她的性情却又是那么率真坦荡，这又使因为粗暴引起的问题消除了。她为我打的信，在发出前我经常不加校核，因为我认为她英文水平比我高，她也很忠诚，我充分地信任。

她很有奉献精神，在很长时间里她的薪水没超过 6 英镑，每月多于 10 英镑的薪水，她从来不会接受。我想给她多开点工资，她总会说："我来这里不是为了赚几个薪水，而是喜欢你的理想，喜欢和你一起做事。"

她曾经向我支取了 40 英镑，可她坚持按借款算，在去年的时候她全部还清了这笔钱。除了那种奉献精神，她也拥有可嘉的勇气。在我的一生中有幸遇到的这样的女子，她们的品格洁净得如水晶一般，她们的胆识胜过战士；施丽新就是这样的女子。她已经长大成人了。现在的她到底是怎样一个人，我不清楚。然而，她同我的接触和共事在我的记忆中永远是那么神圣。在此写她的为人，我觉得是对得起真理的。

为了运动她可谓夜以继日地工作。在夜里，有时要独自出去工作，如果别人提出送送她，她便会生气地拒绝。那些有胆识的印度人成千上万，他们也向她求教。在非暴力运动期间，所有的领导人几乎都被抓去坐牢了，就剩她一个人支撑领导着运动。她对好几千人要进行管理，还要处理难以计数的信函，《印度舆论》周刊也要靠她经管，面对这种情况，她还是劲头十足，不知疲倦。

施丽新小姐所做的这些事迹，我无法一一呈现给大家。因此，在这一章结束的时候，我想用戈克利对她的评价做个结尾。在我的所有同事之中，包括印度人和欧洲人，戈克利最赞赏施丽新小姐，他说："像施丽新小姐那样做事甘于奉献、无所畏惧、为人心地纯洁的人，我很少见到过。如果将你的所有同事排行，我认为她应该居于首位。"

创办《印度舆论》周刊

这里还要说说和其他一些欧洲人的交往，有两三件事我先提一下。但是，和其中一位的接触，在这里我应该首先说一说。我的工作即使聘用狄克小姐也不能满足，我需要很多帮助。在前面的内容里我提到过李琪先生，他和我很熟。他曾在一家商行当经理，我的建议他很赞成，于是辞去了商行经理一职，来我这里做事，他的到来减轻了我的负担。

好像就在这个时候，马丹吉特先生前来向我征求意见，提议创办《印度舆论》。当时他已经创办了一家印刷厂，对于他的提议我很赞成。1904 年该刊物创刊，第一任总编是曼苏克拉尔·纳扎先生，刊物的经营由我负责，我的大部分时间实际上花在了这个刊物上了。这不是因为曼苏克拉尔做不了，其实他很有经验，在印度他办过许多报刊，然而如果我在那里，他就不肯写那些复杂的关于南非问题的文章。他很信任我和我的见解，所以就让我负责刊物的社论栏目。至今这个刊物还是周刊，开始的时候这个刊物有古吉拉特文、印地文、泰米尔文和英文四种版本。但我觉得印地文和泰米尔文版实际意义不大，没有发挥多大作用，因此这两种就停了，以免给人一种欺诈的印象。

我没想到我会花钱给这个刊物，然而时间不长我就看出来了，假如我不在经济上资助，这份刊物就难以为继，无法再出版。印度人和欧洲人都清楚，虽然我不是《印度舆论》的正式编辑，但它的经营是我管的。如果没有创刊倒也没什么，可一旦创刊出版，再在半道儿停刊，那就不只是一种损失，更是一种耻辱。于是我便继续予以资助，到后来几乎花完了我的存款，印象中有一段时间，我每月要汇出去 75 英镑。

但在几年以后，对印度侨团来说，我觉得这个刊物很有意义。它一直没被看作是商业性事业。它的经营一直由我管理，所以可以说这个刊物的变迁可以反映我生活的变迁。当年的《印度舆论》一如现在的

《青年印度》和《新生活》，它都是我的部分生活的写照。每周连续不断，每一期我都灌注全部身心在这个刊物上，包括每一个篇幅，以我最大的理解能力，去宣扬非暴力抵抗运动的原理和实践。到1914年，也就是说它出版的十年之间，除去我坐牢被迫休息，不能参与外，我几乎在每一期《印度舆论》上发表文章。在我的印象中，我写这些文章都是经过慎重深思的，不存在夸大其词或者取巧讨好的东西。当然，它已经是我磨炼自制的园地，于朋友们而言，它起着和我保持思想沟通的媒介作用。

再挑剔的批评家也不会从中找到可以非议之处。实际上，《印度舆论》的笔调已经让那些批评家们有所收敛。假如没有《印度舆论》，也许非暴力抵抗运动发动不起来。从《印度舆论》获得非暴力抵抗运动以及在南非印度人的可靠真实情况是读者希望的。依托它，对我研究人类天性的各个方面来说，的确很有意义，这是因为在读者和编者之间创造一种和谐亲密的关系是我一直想要并切实努力的。许多读者的来信让我沉迷。我从信中可以领略不同的人格性情，可以看到关怀、批评，甚至诋毁。然而研究、理解和回复所有的信件，对我可说是教益匪浅。这些信件似乎让我听见了侨团的声音。它让我明白了作为新闻工作者要担当的责任，因为通过这个刊物我抓住了侨团，这就使后来的运动才得以付诸行动，而且拥有了尊严和不可战胜的气概。

《印度舆论》刊行的第一个月，我就认识到对新闻事业来说，服务是唯一目的。新闻报刊有一种强大的力量，犹如奔涌的狂涛，它可以荡平屋舍庄稼，如果不加控制的一支笔舞起来，其破坏性也很强大。然而，如果它是来自外界的控制，那比没有控制更为有害。内在的监督才能有益。这样说如果没错，那么世界上经得起这种考验能有多少报刊？但是没有用的报刊谁能制止？谁来评判？就像好坏并存一样，有用和无用必须共存，怎样选择，就靠人们自己了。

"苦力区"还是"隔度"？

被我们印度教徒看作"不可接触者"的阶级，其实他们对我们的社会有很大的贡献，但他们都被赶往偏远的村镇居住，用古吉拉特话把这种地方叫"德瓦度"（dhedvado），它带有侮蔑的含义。在基督教的欧洲，曾经一度将犹太人看作"不可接触者"，而把他们限定在一定的地区居住，同样给这个地区起了一个令人厌恶的名字"隔度"（ghettoes）。在今天，在南非，我们也成了"不可接触者"。在以后大家会明白，安德鲁和沙斯特立的魔棍为了我们的复兴，到底做出了多大贡献和牺牲。

在古代，犹太人自豪地说，自己是上帝的选民，有别于其他所有民族，可换来的结果是，他们的后代蒙受了奇特而又不公平的报复。看看印度教徒吧！几乎以同一类情况认为自己是雅利安人，是文明人，竟然把自己的一部分同胞看作非雅利安人，是不可接触者，可结果是：在南非的印度教徒遭受了奇怪而又不公的待遇，甚至那种歧视还波及穆斯林和波希人，就是因为他们同属于一个国家，肤色同他们的印度同胞一样。

到这里，本章标题的含义是什么，读者应该明白一些了吧！在南非我们的名声不好听，被称作"苦力"。这个词在印度是指挑夫或雇工，然而在南非，它带有侮蔑的含义，和我们说的"不可接触者"同义，而把划定的"苦力"居住地叫作"苦力区"。这种地方在约翰内斯堡有一个，其他地方的印度人的租佃权与此地有些不同，这个地区，租借给印度人的期限是99年，区内人口众多，拥挤不堪，人口数量增加了，可此地的面积没有扩大。这里的市政当局除了负责简单地搞一下厕所卫生以外，其他相关的卫生工作、道路修缮和灯光供应等，根本谈不上。对于居民的福利，当局采取漠不关心的态度，那么，该地的公共卫生就很难指望它了。反过来，市政当局不去帮助和监督，人们就不会注意市政卫生的规则。居住在那里的人如果都有鲁滨孙的精神，情况就会不同。但是我们谁也不知道鲁滨孙的移民区在世界什么地方有。一般地讲，出国大多是为了贸易或者追求财富，但去南非的印度人，大多是贫苦和没文化的农民，他们到了那里，需要更多的关怀和保护。商人和有教育程度的印度人随他们去的很少。

市政当局的不负责任态度和印度居民的无知，使得这个地区的卫生条件很差。当局不检讨改进，相反把自己的行为造成的脏乱环境当作借口，要取消这个地区，为此，他们通过当地立法当局获取了驱逐居民的权力。我定居约翰内斯堡时的情况就是这样的。

在这个地区内印度人既然拥有土地所有权，那当然有获得赔偿的权利。后来委任了一个特别法庭来处理有关赔偿问题。租用人如果对市政当局给予的赔偿不满意，他有权向该法庭起诉，如果经过法庭判决，最后判决的赔款数超过市政当局提出的数额，市政当局就必须按照法庭宣判的赔款数额进行赔偿。

这里的许多住户请我做他们的法律顾问。我不准备从中赚钱，因此我给他们讲，只要他们胜诉，法庭判决多少钱我都满意，不管怎样的结果，我从每个案子中只收 10 英镑费用，而且我将把这些所得的一半拿出来建一家医院或类似的机构，为穷人服务。我这样做让他们都很高兴。

我接了大概 70 个案子，这当中仅有一个败诉。因而律师费数字相当大。然而要支撑《印度舆论》出版，就需要经费，我记得，它支取了 1600 英镑。这些案子让我很忙。当事人围得我团团转，他们大都是来自比哈尔及其邻近地区的人，还有来自南印度的契约工人。为了摆脱困苦，他们自组协会，与自由的印度商人区分开来。在他们中间，有一些人没有偏见，信奉自由主义，品格高尚。蔡朗新先生是他们的主席；巴德立先生同主席一样让人热爱。如今他们两人都已故去。我从他们两人那里得到了很大帮助。我与巴德立先生有密切的交往，他在非暴力抵抗运动中起了很大的作用。通过和这些朋友的交往，使我和来自印度南北的无数侨民建立了亲密的联系。我不只是法律顾问，更是他们的兄弟，那些公私和愁苦由我们共同承担。

这些印度人对我的称呼很有趣。阿布杜拉赛不叫我甘地，而用了一个很好听的称呼——"兄弟"。其他人也跟着喊我"兄弟"，一直到我离开南非。想想被那些当过契约工人的印度人称为"兄弟"，我心头总是泛起甜蜜滋味。

遭遇黑热病（上）

这个地区的所有权由市政当局收回了，但是因为还没有为印度人找好合适的新居住区，所以他们没法让印度人搬离此地。印度人还得与"肮脏的"为伴，面临这种尴尬境地，印度人的情况较之以前更糟了。没有了所有权，印度人在这里变成了市政当局的佃户，环境比以前更脏。当印度人还拥有所有权的时候，这里多少还干净一些，即使他们不讲究干净但还是害怕法律。市政当局可不害怕法律！因此住户越多，肮脏和混乱的情况就越严重。

印度人为此很苦恼，正在这个时候出现一种黑热病，也叫肺炎传染病，厉害程度超过鼠疫。

幸亏黑热病发生在约翰内斯堡附近的一个金矿，金矿的劳作者大都是黑人，白种人雇主负责清洁卫生。这个金矿的一些工作，有些印度工人参加了，他们中有 23 人也感染上这种病，有一天晚上他们回到住处，病情很严重。那个时候马丹吉特先生正好在向用户征订《印度舆论》，也在那里。他是个充满热忱而又无所畏惧的人，看到这种情况，心里极其不安，给我捎了一个铅笔字的条子："突发黑热病，请马上设法解决，否则后果不堪设想。请即刻来此。"

马丹吉特先生开了一间空房，将这些病人安置下来。我骑自行车去了那个地区，并给城里的书记官写了一个说明，告诉他占用那间房子的原因。

那时威廉·戈夫莱医师正在约翰内斯堡做医生，当听到这个消息后也立即赶来参与救护，他既当医生又做护士。然而一下子看护 23 个病人，就我们三个人无法应付得过来。

就经验来说，我的信念中：只要我们有一颗纯洁善良的心，当遇到灾难时，自然会有办法解决问题，也会有人帮助。当时我事务所的印度职员是卡利安达斯、马尼克拉尔、甘樊特莱·德赛先生和另外一个人，我不记得他的名字了。卡利安达斯是我受其父之托来照看的，他做事勤恳又听话，在南非我见得不多。他那时候还没有成家，于是在我安排一些事情的时候大多考虑让他去做，有些是很危险的事情。马尼克拉尔来自约翰内斯堡，当时他好像也没有结婚。因此我决定带他们涉险，甚至牺牲。他们四人中可以不用征求卡利安达斯的意见，其他三人，我分别征求意见，他们全都同意。

他们都简单而又温暖地回答道："你到哪里，我们去哪里。"

李琪先生也准备参加，但是他有一大家子人要靠他，我不忍心让他冒险，所以我没同意他参加，只是让他在外围工作。

那是一个充满警戒、精心看护的可怕的夜晚。我以前看护过的病人不少，但从未遇到过黑热病人。戈夫莱医师的胆量让人折服而感动。我们护理的所有工作不过是：给他们吃药，侍候他们的需要，清洁整理他们的床铺，给予他们安慰。

让我感到欣慰和开心的是这几位青年的工作热忱和无所畏惧的精神。对戈夫莱医师的勇敢和马丹吉特先生的有经验来说，我们容易理解。但作为涉世不深的青年人拥有那种精神，确实让人很难理解！

我记得，那天晚上我们把所有的病人集中在一起了。

全面看待这个事件，它是一种苦难，但同时它又让人很感兴趣，因为在我看来，它更有很高的宗教价值，所以在此花两章的篇幅来叙述这件事。

遭遇黑热病（下）

因为我们腾出空房集中照料病人，市政书记官向我表示感谢。他坦承市政委员会没法处置这种紧急事态，但答应会尽力给予帮助。市政当局感到了应该负责，因此比较快地采取了措施。

第二天市政当局划出了一间仓库供我们集中病人使用，但清扫房子的工作他们不管。我们自己打扫了屋子，有几个热心肠的印度人帮我们安放了几张床和一些护理必需品，做成临时医治点。市政当局也派了一个护士带着白兰地酒和一些医院器械过来。总体管理还是由戈夫莱医师负责。

这位护士很慈祥，她对看护病人很热心，但为了防止传染，我们很少让她接触病人。

按照医治要求，我们按时让病人喝点白兰地酒。这位护士经常也让我们喝一点，当然她也喝，为的是预防，但我们都没喝过。那酒对病人到底好处在哪里？最后，我们征求了戈夫莱医师的意见，有三个不准备用喝酒治疗的病人，我们用土疗法做治疗，在他们的额头和胸口敷上湿土带。他们其中的两个人最后治愈。剩下的21人死了。

而当时的市政当局正忙于采取其他办法。在距约翰内斯堡七英里处有一所隔离医院。我们把救活的那两个人送到那里，并打算将新来的病人也送到那里，以便我们从这个工作中抽出身来。

几天之后，据说那个善良的护士也被传染并且很快死了。我们不明白为何我们没被传染，为何能救活那两个病人，但是有了这次经验，我对土疗法更有信心了，同样我也很怀疑白兰地酒作药物的功能。虽然这种信心和怀疑我说不上可靠的依据在哪儿，但当时的印象还在我的脑海里，所以在此带一笔。

当传染病爆发的时候，我曾经用措辞很强烈的笔调给报界写了一封信，信中对市政当局收回地区的卫生管理权不负责任的行为进行了抨击，并提出关于这次疫情的发生市政当局应该负责。正是因为这封信，我认识了亨利·波拉克先生；并和约瑟夫·杜克神甫成为好友。

前面我说过，我常去一家素食馆用餐。在那里我结识了阿尔伯特·韦斯特先生，他是一家小印刷厂的股东。每天晚上我们在那家素食馆见面，饭后再一同散步。他看见我在报上发表的那封关于疫情的信后，去饭馆没找着我，心感不安。

传染病发生后，我和同事们吃得不多，因为我早有规矩，如有传染病流行，我便少吃饭。因此传染病流行的那些日子我根本没去吃晚饭。午饭也是在别人之前用完。我告诉饭馆的老板，因为看护黑热病人，所以我尽量避免和朋友们接触。

在一两天里韦斯特先生没有找到我，一天当我很早准备外出散步时，他敲开了我的门，一见我就说："去饭馆找不到你，我担心你出事，所以这么早找你，幸好你在。行了，怎么做，你吩咐吧。我就一个人，没什么牵挂，让我去照料病人吧。"

我表示感谢，并对他说："你就别去看护了。这两天病人数如果不再增加，我们就轻松了。但有件事儿。"

"那行，什么事？"

"你能否考虑去杜尔班负责《印度舆论》的印刷工作？马丹吉特先生暂时不能过去，但那里要人管理，你能去的话，我就放心了。"

"你知道我自己有印刷厂，应该能去，但是现在我定不下来，晚上给你回话可以吗？晚饭后散步的时候，我们再商量。"

在我们谈过以后，他答应去，我很高兴。薪酬的问题他没考虑过，因为他志不在此。但是我们还是准备给他每月10英镑薪酬，如果产生利润的话，再分给他些红利。韦斯特先生第二天便搭车去杜尔班了，他的债务由我代理收取。从那儿以后直到我离开南非，我们一直是同甘共苦的好友。

韦斯特先生出身卢特［英国林肯郡］的农业家庭。虽然只受过普通的学校教育，但他通过努力和积累的经验，学会了很多。在我的心目中，他一直纯洁、沉着、有信仰，而且仁爱。

以后的内容中，我还将谈到关于他的一些故事。

印度居民区大火

对病人的照顾告一段落，可是还有许多黑热病带来的其他事情需要处理。

前文我已经讲过市政厅对这个地区的疏于管理。但市政厅对当地白人市民的健康还是分外上心，他们花了很多钱，为灭绝黑热病，花钱如流水。市政厅对印度人不管不顾让我撰文抨击，但对白人的照顾却让我称赞，并去给予帮助。记得那时假如我不与他们合作，当局很难开展工作，市政当局肯定会毫不犹豫使用武装力量。

好处是这一切没有发生。印度人的表现让市政厅比较满意，未来的防疫工作就变得容易多了。我尽力说服印度人去帮助市政厅，这种工作很不容易，但印象中似乎没人反对过我的主张。

印度人的居住地看管严密，未经许可，任何人不得入内。我和同事们都持有通行证。这样做，为的是腾空整个地区的人，让他们住在离约翰内斯堡大约 13 英里的平原上搭的帐篷里住三个星期，然后放火烧毁这个地区。所以去帐篷里住就要带上一些粮食和其他应用物品，当然要花费一些时间，这期间就得有人守护。

我也经常住在那里，这对心情恐慌的人们倒是一种安慰。来这里的很多穷苦人把他们埋藏的节余都挖出来，但没地方存放，也没有银行，所以我的事务所变成了他们的银行：钱像水流一样进入。这是在危难之时，我不能收取任何费用。我想了一个办法，我熟悉我的存款银行的经理，我告诉他准备把这些钱存到他那里。其他银行不在乎这些大量的铜币和银圆，有人也怕银行职员不会接受来自疫区的钱。但这位经理为我提供了方便。那次我们将所有的钱进行了消毒，然后存入银行，记得存入银行的大概有 6 万英镑。同时我也劝一些有点能力的人在银行立个固定账户。后来，有些人接受了把钱存在银行的方式，并习惯了。

住在这个地区的居民整体搬到了约翰内斯堡附近的克里斯普鲁伊特农场，粮食供给由市政厅负责。整个居住地到处都是帐篷，活像一个兵营。这让人们感到不安和惊讶。他们不习惯兵营式的生活，但也没有觉得哪里特别不便。在定居不过一个昼夜之后，他们便忘记全部的疾苦，又快乐地生活了。我每天都骑车去看他们，到那里看到的是有说有笑、欢天喜地。三天时间的露天生活增进了他们的健康。

原来那个地区在居民搬迁后的第二天就被一场大火吞噬了。而在发生火灾时市政当局根本不想挽救一些财物。还把商场里的木料都烧光了，市政当局这样做是根据有人报告说商场里发现了几只死老鼠。

这次，市政厅花费不少，但在阻止疫情蔓延方面很成功，市内的居民可以重新呼吸新鲜空气了。

充满魔力的书

这次黑热病的爆发，使我对穷苦的印度人印象深刻，我的业务从此增加了，我感到我更有一份责任在肩。跟欧洲人又有了新的交往而且变得密切，就道义上讲，我的职责更重了。

就像韦斯特先生一样，波拉克先生也是我去那家素食馆里用餐时认识的。有天晚上，我的不远处有个青年坐在那里，他让人给送了我一张名片，并说想见见我。我请他过来和我同桌而坐。

他说道："我是《评论报》的副编辑，在报上看见你关于疫病的信后，我就想见见你。今天很幸运让我有这个机会。"

我被波拉克先生的诚恳所吸引。就是这次初次相见，让我们了解了彼此。在很多生活方面的重要问题上，我们的观点几乎一致。他是一个对生活要求简单的人，他有个特点就是知而行之。

在生活上他要做出改变的话，很迅速，反差也很大。

《印度舆论》的花费越来越大了。韦斯特先生写了个令人震惊的报告。报告中说："我没有想着通过这个事业挣钱，相反我担心可能要亏损。目前账目不清，还有大笔的欠债在外，这应当追缴，但是谁也没有个头绪。这需要很好的整理。不过请你不要担心这些。我会尽力办妥这些事。不管有无利润，我都要留下来。"

在没有什么可赚甚至可能亏损时，韦斯特先生完全可以撒手不管，那样的话我也不会怪他。按说在无法证明这个事业可以赚钱，而我告诉他有利可图的时候他也可以指责我的，但是他毫无怨言。然而我有一种感觉，韦斯特先生可能因为这件事而认为我这个人容易受人蒙蔽。我只是轻易地认可了马丹吉特先生的预算，在没有详细检查的情况下，便说这个事业可以赚钱。

现在我认识到，要为公众服务，如果没有根据就不要随意发表自己的观点。那么，要信奉真理，就应该缜密。事实未经证实而让人相信，这是损害真理。可是因为我希望多做事却一下子干不了那么多，所以虽然知道对真理是一种损害，可我的习性无法完全避免容易被人蒙骗。这让我很难过。即使我不在意，但我想多干事的热切心情往往使我的同事感到不安。

看到韦斯特先生的来信后，我去了纳塔耳。我去车站的时候波拉克先生来送我，并给我一本鲁金斯写的《给那后来的》一书以便途中阅读，还说我应该喜欢它。波拉克先生在我眼里可说是我的心腹。

开始一读，这本书就吸引了我。从约翰内斯堡到目的地有 24 小时的旅程，晚上到达。夜里读着它，让我产生了改变我的生活的想法，并决定这样做。

读鲁斯金的著作我还是第一次。在学校念书的时候，课外书我读得很少，走出校门，投身社会工作后，读书的时间又很少。所以我没有多少书本知识。然而这种外在因素的限制，我感到没吃多大亏。反而正是因为我没读多少书，倒让我对读过的书更容易读懂贯通。《给那后来的》这本书让我的生活很快发生了实实在在的变化。我后来将它译成了古吉拉特文，取名《万人之福》。

在鲁金斯伟大的著作里我找到了我内心刻着最深印记的信念，我想它之所以吸引我并使我的生活发生变化，原因在此。作为诗人，是他能够呼唤蕴藏在人们内心的良知。每个人的成就有大小，诗人激发人的力量也有所不同。

读《给那后来的》，有下列教益：

1. 个人利益包含在大众利益之中。

2. 律师和理发师的工作具有共同价值，因为依靠劳动谋生是人们共有的权利。

3. 劳动的生活，即种地和做手工的生活，是有价值的生活。

第一点我明白。第二点我的认识有点模糊。第三点我根本没想过。《给那后来的》让我明白：第二点和第三点都包含在第一点里面。夜已尽，我的心也敞亮，收获的这些原则我将付诸行动。

搬至凤凰村

我把这件事和这本书对我的影响告诉了韦斯特先生，我提议找一家农场，把《印度舆论》的工作场所搬过去，去那里以后每个人都要参加劳动，业余时间再干点刊物工作。我的意见韦斯特先生表示赞成，我们决定不管人种、肤色，还是国籍，每人每月生活费一律 3 英镑。

这样的决定，对印刷厂的工人来讲，是不是合适，他们愿不愿去，生活费够不够，的确是一个问题。最后提议，我们的建议如果有人不同意，工资可以继续领取，但希望他们能够慢慢成为我们中的一员。

我向工人们讲了这个计划。马丹吉特先生说我太天真而且鲁莽，还说我这样做会损害他全力为之奋斗的事业，工人们也不会干，《印度舆论》肯定办不下去，印刷厂只能关门歇业。

我的一个堂弟恰干拉尔·甘地是印刷厂的工作人员。在我和韦斯特先生商量这个计划的时候，和他也商量过。他有家室，但他自小就看着我，完全信任我。因此他赞成我的计划，此后一直同我一起工作。还有一位叫戈温达·史华密的机械工人也同意我的计划。再没有人同意我这个计划，但他们都答应印刷厂在哪儿，他们就去哪儿。

不到两天的时间我和这些人一起把事情安排妥当，接着登广告，准备在杜尔班附近靠火车站的地方购置土地。在凤凰区有一块土地应征。韦斯特先生和我一起查看后，一周内买了 20 英亩的一片土地。这里有一清泉流过，零星地长着橘子树和杧果树。在这片土地附近还有一块 80 英亩的土地，里面果木树比较多，还有个老旧的农舍。这片土地我们也买了，共计花费 1000 英镑。

已故的罗斯敦济先生对我这个计划很支持。他给我找来了一张旧波形铁片和其他建筑材料，我们自己动手搞建筑。还在波耳战争中和我是同事的几个印度木匠和泥水匠，在不到一个月时间里，帮我搭建了印刷厂房，厂房大概长 75 英尺宽 50 英尺。当时这个地方少有人烟，杂草丛生，里面还有虫蛇出没，在那里住着非常危险，而韦斯特先生和木工、泥水工，以及其他的人都住在那里。起初大家都住在帐篷里。在一周之内我们用牛车把大部分的东西运到了那里。这地方距离杜尔班 14 英里，离火车站 2.5 英里。

《印度舆论》由外面水银印刷厂承印的只有一期。

我开始专门动员那些和我一起来的亲戚朋友们到凤凰村来。他们原也是碰碰运气的，只是现在做起了各种生意。他们想的是发财，因此很难说服他们来这里，但有些人还是愿意。在这里我就说说摩干拉尔·甘地。他没有像其他人一样去做生意，而是永远放弃了它，跟我做事。他很有才干，又甘于奉献，而且很虔诚，在我进行道德实验的最初一批同事当中他是最好的。就他那精巧的手艺而言，在他们中间他也是首屈一指。

这样，在1904年，凤凰村成立了，《印度舆论》在艰难中正常出版面世。

但是，最初的挫折、行进中的变革、带来的希望和失望，这一切，难以尽述，将在其他章节再叙。

在凤凰村的第一夜

《印度舆论》从凤凰村印发第一期非常不易。我准备了两套预案，否则第一期不是出版不了就是延期。我不想那架印刷机就用一台发动机。在村子里，都是用手工从事农业的，我觉得采用人力印刷才能与那里的气氛相合。但是这种想法脱离实际，最后还是安装了用油发动机。但我还是向韦斯特先生建议，要防止发动机万一不能使用的情况发生。因此他准备了一个手摇的。在凤凰村这样偏远之地，用报纸大小的纸张不适用，所以将它裁小，以备必要时用踏板机印刷。

最初，每期出版，所用的人几乎要工作到深夜。不论老少，都要动手折页。然而给人印象深刻的是第一夜。那时版已经拼好，但发动机却没法用。从杜尔班来的工程师安装这部机器，他和韦斯特先生怎么使劲，但是发动机还是不动。大家都很着急。韦斯特最后很沮丧地找我，眼睛都湿了。他说："发动机不能用，这张报纸恐怕没法按时出版。"

我安慰道："真这样的话，那也没办法。哭有何用？看看人力行不行。手摇机子试过吗？"

他答道："那个手动的轮子要四个人才能摇动，还要换班，我们本就缺人手，而且我们的人都已经很累了。"

那时建筑还没完工，木工还在那里，他们睡在印刷厂的地板上。我指着他们问道："他们指望不上吗？这大概要耗费一个通宵的时间，我想办法试试，让他们出出力。"

"他们太累，我不敢叫醒他们。"韦斯特答道。

"行吧，我去试试看。"我说道。

"如果行的话，我们也许能够应付这件工作。"韦斯特答道。

我叫醒了木匠们，请他们给予帮助。他们没有推辞，还说："在关键的时候我们帮不了你的忙，那还有什么用呢？我们摇轮子，你们休息吧，这工作简单。"我们自己也做好了准备。

韦斯特十分兴奋，工作起来的时候，他还哼起了小调。我们一起轮流换班地干，直到第二天上午七点。但还有很多其他的事没做完。我让韦斯特请工程师过来，看能不能让发动机转起来，如果成功，报纸就可以按时出版了。

工程师被请到了机房，他仔细地在这儿检查，在那儿看看，他一摸，机器轰隆隆转动起来了，这时工厂里所有的人都欢叫起来。"怎么回事？昨天晚上我们费了那么大劲儿都没用，为什么今天早上就动了呢？好像没有什么不对的地方。"我疑惑道。

不知是韦斯特还是工程师说道："不好说，有时候机器像人一样，也需要歇一会儿。"

我想，发动机的事儿是对大家的一种考验，但关键的时候它又动起来，倒像是对我们认真劳动的报偿。

报纸按时发出去了，大家都很快乐。

报纸能按时出版是因为我们开创时期的那种毅力的保证，而这个过程和结果使得凤凰村形成了一种自力更生的氛围。到后来有段时间，我们有意识地采用人力劳动而不用机器。那段日子在我看来是凤凰村中的道德品质上升的最佳时期。

让人信赖的波拉克

让我一直感到遗憾的是凤凰村虽然建立，但我在那儿只住过时间很短的几次。以前我打算慢慢放下律师职业，然后住在那里，自食其力，以维持生计，把我的快乐溶于为凤凰村服务之中。如今事与愿违。凭着经验我认识到，人们再怎么设想，往往都被神灵所推翻，但是如果把追求真理作为最终目标，无论计划设想经受怎样的挫折，其结果常常比预期的更令人满意。凤凰村的变化出乎意料，也出现了意外，这些都说不上比我的好，但都没有害处。

为使大家自力更生，我们把印刷厂周围闲置的空地按段划分，三英亩一段，我也分了一段。我们在分到的地段上用波形铁片搭建房子，这样做是为了节约费用和时间，而且大家都希望赶紧安顿下来，所以没有用土砖和茅草盖房子。

曼苏克拉尔·纳扎还担任编辑。他没有移居，仍然留在杜尔班负责《印度舆论》分社经管工作。我们的排字工作是村里的每一个人边学边干的，我们没有雇用专门的排字工人；排字是印刷作业中轻便工种，但工序最麻烦。因此不会排字的人都开始学起来了。然而我从来没学好。摩干拉尔·甘地学得最好，虽然以前没有做过印刷工作，现在却是一个排字能手，排字速度快，在短时间内精通了印刷业的很多业务，这让我很惊讶也很羡慕。我感到这种能力他自己也没有意识到。

在房子还未盖好，我们还未安顿就绪时，我去了约翰内斯堡。因为那里的工作我再也不能置之不顾了。

到约翰内斯堡后，我告诉波拉克先生我做的重大变革。当他知道是那一本书使我发生这样大的变化时，他的内心是非常快慰的。他问："你们的新体验我能参加吗？"我说："没问题。你如愿意，可以加入那个村子。"他说："你愿意留我，我就去。"

我很敬佩他有这样的决心。于是他向上级打报告，请求辞去《评论报》的职务，之后，他果然到了凤凰村。他长于交际，很快就和大家打成一片，受人喜爱。他简朴纯正，不觉疾苦，生活在凤凰村，如鱼得水。但我不能让他长久留在那里，因为李琪先生要去英国修完他的法学课程，而我事务所的工作一个人忙不过来，所以我劝波拉克来我的事务所当律师。那时我就想在退休以后我们两人去凤凰村居住，但这一愿望一直未能实现。波拉克总是让人那么信赖，他信赖一个朋友时，总是与朋友保持一致而不与他争执。他听了我的劝告后，写了一封信从凤凰村发给我，信中说他喜欢那里，并能快乐地生活，也希望凤凰村发展，如果我认为离开那里更有利于我们的理想，那他还是准备来我的事务所当律师。看到他的信，我表示衷心的欢迎，波拉克便前来约翰内斯堡，与我签订了合同。

与此同时，有个苏格兰通神学者叫马新泰的先生，他原来准备在我的指导下参加当地的法律考试，但在我请他像波拉克一样来我事务所之后，他也来我的事务所当合同文书了。

至此，我大加宣扬的实现凤凰村的理想，却向相反的方向发展，如若不是神灵另有安排，我将会在这简单生活之名的罗网里迷失。

在以后的章节中，我将会说说我和我的理想是如何得救的，又是怎样让人不可想象和预料。

神灵护佑的人

这个时候，我已经放弃不久的将来回印度的打算了。起初我答应妻子一年内回国，可一年已经过去，而回国之事还遥遥无期，因此我打算将她和孩子们都接过来。

他们坐船前往南非，在船上我三儿子兰达斯和船长玩耍时，不慎摔断了胳膊，船长对他悉心照料，找来船医为他治疗。下船时，兰达斯吊着一只手走了下来。船医嘱咐说，到家后一定找个合适的医生治疗。而这时我非常相信土疗法。

那么，对刚满八岁的兰达斯我该怎么办呢？我问他，愿不愿意由我给他治病。他微笑着答应了。在他那个年纪，什么对他最好，他根本无法判断，但他能够分辨土医和正当疗法的不同。而且他也清楚我的家庭疗法，他有把自己交给我的足够的信任。在换解绷带和清洗伤口的时候我内心带着恐惧，然后战战兢兢地给伤口敷上干净的细土，并包扎起来。这样一个月每天换洗，伤口终于好了。他的手臂我没有用绷带包裹，而复原的时间并不长，不像船医说的正常治疗的时间那样长。

这次加上其他几次试验，使我更加信仰这种家庭疗法，而且对这种办法越来越自信。我扩大了治疗范围，试着用土疗、水疗和绝食之法治疗外伤、发烧、消化不良、黄疸病和其他的病症，结果是大部分有效。然而在今天，我没有了南非那时的信心，而且经验告诉我这种试验明显是在冒险。

在此我阐述这些试验，不是讲它们的成功。我不敢说任何试验完全成功。即使医务工作者也不敢肯定他们的试验一定能成功。我仅仅是想表明，任何人要做这种新奇实验，必须从自己开始。这将会引导你更早地获得真理，而那些脚踏实地的实践者总是被神灵保佑的。

就像治病实验一样，与欧洲人建立亲密关系的实验同样要冒严重的风险。只是面临的冒险在性质上不同。当然在建立这种关系时，我一直没考虑到这种危险。

让波拉克过来和我住，就像兄弟一样生活在一起。波拉克与女友订婚有好几年了，一直拖延婚期。我的印象是波拉克想在婚前多挣点钱。

他对鲁斯金的学说理解比我深刻，但他要将学说付诸实践却受到了他的西方环境的制约。我劝他说："如果两个人深深相爱，按你的情况，拖延婚期只是出于经济上的考虑，没有道理。如果富有和贫穷是能否结婚的标准，那贫苦的人还有可能结婚吗？现在我们住在一起，家庭开支没有问题。我认为你还是赶紧结婚的好。"波拉克很赞成我的建议，他立刻与还在英国的女朋友通信联系，说明情况。她高兴地接受了建议，没几个月她便到了约翰内斯堡。他们的婚礼几乎没什么花费，连套新衣服也认为没必要做。波拉克是犹太人，太太生来就是基督教徒，他们有着共同的宗教伦理的宗教，用不着举行什么宗教仪式。

他们这次婚姻有个有趣的事情顺便在此说说。在德兰士瓦的欧洲人结婚注册官不愿给黑人或有色人种办理婚姻登记手续。我是他们结婚时的傧相，其实可以找个欧洲朋友来，但波拉克就是要我来做傧相。这样，当我们三人一起去办结婚登记手续时，登记官怎么都不相信这对白人新郎新娘会用我当傧相？因此他建议等调查清楚后，再行登记。第二天礼拜天，紧接着就是新年元旦，一个公共假日。为什么这么一个理由却成了这个庄严婚姻的绊脚石呢？这叫人无法容忍。这里的县长我认识，他分管登记处，我们三个去找他。他听完我们的说明后笑了，然后写了一张条子，让去找登记官，就这样才办好结婚手续。

迄今为止，和我们同住的欧洲人，以前我们多少了解一些。但现在这个家里来了一个完全陌生的英国妇女。我记不清这对夫妇和我们之间是否有过争执，但可以想见，即使波拉克太太与我妻子发生过不痛快的事，那也只是一个正常家庭里常见的事情而已。应该记住，我们家应当看作一个不同种族、各种不同脾气的人都可以加入的家庭。这样想的时候，就会立刻明白，种族肤色的差别不过是一种假设观念而已。四海之内皆兄弟。

在此，也顺便庆贺一下韦斯特的婚事吧。我的"节欲"的思想当时还没有完全成熟，因而我的想法中希望单身朋友都能够结婚。在韦斯特要去看望他父母的时候，我劝他回来前可能的话成个家。在凤凰村，我们被认为已经全是农民，结婚等通常有的后果，我们并不惧怕。韦斯特果然领着太太来了。韦斯特太太出身莱斯特的鞋工家庭，她很美丽，她在莱斯特的工厂工作过，有一定的经验。说她美丽，我是讲她内在的美。真正的美是心灵纯洁的一部分。韦斯特先生的岳母也跟着一起来了，老人家至今健在。她很勤劳，待人乐观豁达，为我辈所不及。

我一边劝那些欧洲朋友结婚，还鼓励印度朋友们接他们的家眷到这里来。凤凰村从此慢慢变成了一个小村庄，有半打家属定居在这里，开始繁衍生息。

家务点滴

前面已经说到，家庭费用很高，在杜尔班时我们已经倾向简朴。然而依据鲁斯金的训诫，在约翰内斯堡我们的住家做了严格要求。

在一个律师家庭能做到的简朴，我都做了。家里有一点适当的家具。改变思想比改变外在更为宽广深刻。人们愿意从事所有体力劳动的兴趣增加了。依照这些纪律我开始对孩子进行教育。

我们自己根据库赫尼食谱制作黑面包，不再买现成的。我们认为用普通细面粉不好做，而用手磨面粉做起来肯定容易、营养而又节约。之后我花 7 英镑买来一台手磨，一人推磨铁轮子转动很费劲，两个人推便轻松多了。波拉克、我和孩子们经常磨面粉。磨面的时候，我的妻子即使在厨房做饭有时候也会来帮忙。波拉克太太到来后，也加入了进来。磨面成为对孩子们的一种有益的活动。对孩子们我们从不强迫干这干那，他们帮忙只是打发时间。在这些孩子们中间，有几个从来不耽误事情，在以后的章节我还要介绍。我这样说不意味着没有不积极的人，但大部分还是很努力，不愿意工作或找借口偷懒的不多。

我家里专门找了佣人做一些家务。他跟我们一起住，就像自家人，孩子们也经常帮他做点家务活。卫生间由我们自己打扫，从不让佣人打扫，而倾倒粪便由市政厅的清道夫负责。让孩子干点家务，对他们的成长很有好处，我的孩子中没有看不起清道夫的，他们也比较注意清洁卫生的维护。在约翰内斯堡时，家人很少有人生病，即使有谁生病了，也是孩子们自己照顾。对他们的文化教育我从心里还是关心的，只是牺牲了对他们的这种教育而我没有犹豫过。因此孩子们对我有怨言是有理由的。实际上他们有时候会表现出不快，我也会承认自己有缺点。我有给予他们文化教育的愿望，有时候想亲自教他们，但总是被耽误。因为没有给他们请家庭教师，所以我每天都带着他们徒步五英里往返于家和事务所之间，但这让我们有了很好的运动。同时，也可以利用路上的谈话时机教育他们。在约翰内斯堡的时候，除了大儿子哈里拉尔之外，我所有的孩子都是这样抚养大的。我如果每天能拿出一个小时的时间严格地坚持教育他们，我想给他们的教育肯定是理想的。但是我没有做到，这对我和他们来讲是一件很遗憾的事。在私底下大儿子会经常表示他的不满，这种不满有时还公开见诸报端；我其他几个儿子觉得这种失败无法避免，所以就慷慨地宽恕了我。遗憾的是我这个父亲当得不太理想。但我想，牺牲对他们的文化教育是因为我在为侨团服务，我是这么想的，也许是错的。我很明白，为使他们有良好的品格，一些必要的教育我并没有忽略，我相信对孩子这方面的教育，是父母应该担起的责任。这些努力之后，在我发现儿子的欠缺时，我深信，这反映的是他们父母双方的缺点，而不是因为对他们照顾不周导致的结果。

孩子往往会继承一些父母的体貌特征，还会继承他们的一些气质。环境因素虽然很重要，但是孩子成长的原始本钱源自于他们的祖先。好些孩子的不良遗传的影响在成长中能被克服，那是因为他们继承了纯洁的灵魂。

因为对孩子该不该进行英文教育，我和波拉克经常争得面红耳赤。我一直认为印度人如果用英语思维和语言从小对孩子进行训练，那是对他们的孩子和国家的背叛；那是把孩子继承本民族精神遗产和社会遗产的权利给剥夺了，导致孩子们将来无法报效国家。基于这种认识，我决定与孩子的日常交谈都讲古吉拉特语。波拉克对我这样做却嗤之以鼻。他认为我在拿孩子的前途开玩笑。他坚持认为，让孩子从小就学一门像英文一样的通用语言，对他们的将来大有裨益，在充满竞争的生活中会获益更多。这种观点我并不认同。我记不清那时是因为我执着的态度还是正确的方法使他不再坚持。这大概是 20 年前的事，经过这些后我的信念更加坚定。我的孩子们在文字教育上有很大亏欠，但是对本族语言知识的获取还是有利于他们自己和国家，不像外国人一样感到陌生。他们懂两门语言。他们生活在一个主要说英语的国度里，在日常中又有英国朋友来，他们能很轻松地用英文交流和写作。

不实的朱鲁人"叛乱"

我没有定居生活的经历，但在约翰内斯堡我以为自己定居下来了，觉得自己可以安静地歇口气，但又发生意外之事。在纳塔耳的朱鲁人"叛乱"见诸报端。我与朱鲁人素无冤仇，他们与印度人也没过节。我怀疑这场"叛乱"。但是当时的大英帝国在我心目中是为世界谋福利的。我对大英帝国没有恶意完全因为我对它的真诚和忠心。因而我的决定并不受这次"叛乱"是否对错的影响。纳塔耳有一支自卫武装，还在招募新人。据说他们已经被派去"平叛"。

由于与纳塔耳的关系，我觉得自己是纳塔耳的一分子。于是我给省督写信表示，有需要的话，我将准备组建一个印度救护队前去协助。省督马上回信接受建议。

他接受很快是我没有想到的。幸好给他去信前我已经做好准备。我早已决定，我的建议一旦被采纳，就让波拉克租一个小房子，把我的妻子安顿在凤凰村去。我妻子同意我的决定。类似的事情她好像从来没有阻挠过我。这样，当省督一回信，我便正式向房东要求一个月内退租在约翰内斯堡的房子，屋子里的东西一些留给波拉克，一些送到凤凰村。

安排好这些后，我去了杜尔班征集队员。我们需要的人马不多，总共24人，我之外，有四个古吉拉特人，一个自由的巴丹人［pathan 印巴分治以前毗邻阿富汗的部落民族］，其余都是南印度满期的契约工人。

我得到了一个临时的上士军衔，这是出于给我一个职位和工作方便，也因当时的习惯，医务长就这么做了，并由我挑选三个中士和一个下士。组队后，政府还给我们配发了制服。我们救护队忙碌了大概六个星期。可我们到达"叛乱"之地才发现，那里实际上没有所谓的"叛乱"，也没有任何抵抗。把这场骚动定性为叛乱，主要是由于一个朱鲁首领劝人不要缴纳一种向朱鲁人征收的新税，并且杀害了前往收税的一个军士。我对朱鲁人是同情的，到了司令部后知道是由我们负责看护受伤的朱鲁人，我心里很高兴。医务主任欢迎我们到来。他说由于白种人不愿看护受伤的朱鲁人，所以他们受伤的地方感染发炎，这让他们无能为力。他认为有我们的看护，对那些无辜之人来说真是天大的福分，他们把绷带和消毒药水等医用品全部交给我们，带我们去临时医院。看见我们，朱鲁人很高兴。白种人士兵远远望着我们给朱鲁人处理包扎伤口，想阻止我们，但我们不理会他们。于是，他们愤怒了，对朱鲁人破口大骂。

在我和那些士兵有了接触后，他们便不再阻挠。史巴克斯上校和威理上校是这些士兵中的指挥官，在1896年都对我进行过激烈地反对。我的态度让他们很惊讶，专门来看望我并向我道谢。我对马赓志将军介绍了他们。他们可不是职业军人：在杜尔班，威理上校是有名的律师，而史巴克斯上校则是有名的屠宰店老板。至于马赓志将军更是纳塔耳知名的农场主。他们都是志愿参军，都受过军事训练具有经验。

由我们看护的受伤者并非来自战场，部分人是被当作嫌疑犯抓进来的。这位将军处以他们鞭刑，致使他们受重伤。这些伤者无人照料，使得伤口开始溃烂。而一部分人是比较友善的朱鲁人，及时发给他们凭证以有别于"敌人"，但那些士兵们却错误地开枪打伤了他们。

在照顾这些人以外，我还要为白人士兵配药发药。我熟悉这些工作，做起来也比较轻松，因为还在布斯医师的小医院时我有一年的训练经历。这项工作让我比较密切地接触到许多欧洲人。

我们这支队伍精干反应快速。给这支队伍的命令是：危险在哪里，队伍在哪里。这支队伍大部分是骑兵。当营地移动时，我们便抬着担架徒步随军。有两三次我们的行程在每天徒步40英里。但不管在哪儿，我总是感谢神灵，使我们有很好的工作可做。我们用担架抬着那些友善的被误伤的朱鲁人随军而行，并照料看护他们。

心灵的追求

朱鲁人的"叛乱"使我思考了很多，增加了我思考的素材。波耳战争让我感受到了战争的残酷，而朱鲁人"叛乱"却是一种对人的猎取。这样认为的不只是我一个人，在与英国人交谈后，他们也这么认为。每天早晨从无辜的村庄传来密集的枪炮声，置身其中不能不说是一种考验。带着救护队看护受伤的朱鲁人，于我来说是吞咽着一口苦酒。然而，假若没有我们，便没有人照顾朱鲁人，这从良心上讲，我算是得到了一丝安慰。

除此之外，还有许多其他的事也让人深思。此地人烟稀少，仅有几个"未开化的"朱鲁人散居在偏远的崇山深谷之间；在这森严寂静的境地，无论带不带伤者在身边，都会让我深思不已。

我认识到了"节欲"及其意义，而我的信念更为坚定。就这个议题我与同事们进行讨论。那时我还没有认识到要实现自我，它是必要条件，但有一点我十分清楚：一个人要想全身心地投入到为人类服务之中，就少不了它。在将来要做这种服务工作的话我感到有很多机会，但如果我依然留恋肉体之乐、专注儿女，那我就不能愉快地胜任工作。

灵与肉同享的生活我不能拥有。就当前而言，假如我妻子有孕在身，我便不能去冒险。不遵循"节欲"，为家庭和社会服务就避免不了矛盾冲突；遵守"节欲"，两者就能兼顾，获得一致。

想到这些，我就决心想给自己立下誓言，这一决心又鼓舞着我。而同时我的想象力更加丰富，我对自己去服务的前途有更远的预期。

在我们的身心处于紧张的劳作之时，传来消息说，"叛乱"的平息工作即将结束，我们很快就要解散。一两天之后，果然解散了，没几天，我们都回家了。

时间不长，省督向我写信，对救护队的工作表示感谢。

我回到凤凰村后，便急忙找恰干拉尔、摩干拉尔、韦斯特和其他几位来，一起商量"节欲"问题。他们赞成我的意见，认为有必要立誓，但也提出了困难。有几个人很勇敢地实行了，有人也取得了成功。

我也立誓：终身"节欲"。我必须承认，当时我还真不知道这样做的关系那么重大。至今我隐约记得当时的重重困难。这个誓言的重要性逐渐明确。我认为，不"节欲"的生活枯燥乏味，一如禽兽。兽之为兽不知自制；人之为人因能自制。以前，我认为宗教经籍中对"节欲"的赞美过于夸张，如今我明白了，那样的赞美有经验根据，是恰当正确的。

"节欲"有一种奇异的力量，但要做到并非易事，因为它不仅限于肉体方面，也就说"节欲"始于肉体的自制，但不止于此。要臻于完善，还要杜绝不洁的思想。要做到真正的"节欲"，甚至要节制口腹之欲。要达到这个境界，必须付出更大的努力。

实行肉体"节欲"对我来说，却是困难重重。我现在倒是可以自如把握，然而在思想上还不能完全自主，而最重要的就是这一点。我认为我还是意志坚定，也比较努力，就是不知道那种不当的思想来自哪里，怎么会突然袭击我，我仍然百思不得其解。掌控不正当思想的钥匙我认为每个人都有，但需要去寻找。虽然圣哲们留给我们的经验很丰富，但并没有给我们开具任何人都适用的单方。因为只有神灵眷顾才能完美无缺，因此那些心向神灵的人得到庇佑，从而留给我们的许多经典都以吉祥高洁闻名，像《罗摩衍那》等。我们只有无限地依赖神灵赋予的恩典，才能完全控制思想。这样的训诫在每一本宗教典籍里都可看到，我实行完美"节欲"的每一分钟都能真实地感觉到这样的教训。

为达此目标我做的努力和斗争在后文中还将讲述。在这里我只想说明是怎样完成这个目标的。刚开始出于一时的热情，做起来并不难。我首先是改变了自己的生活方式：和妻子分床睡，或者和妻子分房睡。

从 1900 年我仅凭热情而实行的"节欲"，到了 1906 年六七月间我立誓而为，才巩固下来。

非暴力抵抗运动的诞生

发生在约翰内斯堡的事情，使我的这种自洁作为变成了非暴力抵抗运动准备工作。现在看来，我生活中一切因为"节欲"的誓约而做到极致的重要事件，都在为这个运动不知不觉地做着准备。作为非暴力抵抗运动的原则，在还没这个运动的名称之前就已经有了。老实讲，当有了这名称的时候，我自己也不知道它是什么。在古吉拉特文中，我曾经用英文的"消极抵抗"来阐述它。我在参加一次欧洲人集会时发现"消极抵抗"一词含义过于狭隘了，还发现人们把它看作是弱者的武器，它带着仇恨，但最终不能变成暴力。所以我反对这样解释它，而就这个运动真正的性质去作说明。显然，印度人必须用准确恰当的词来表示这个运动。

我绞尽脑汁，依然想不出什么名称恰当，于是我通过《印度舆论》向读者征集高见。结果摩干拉尔·甘地提出的"萨达格拉哈"["萨特"意即真理，"阿格拉哈"意即实力]这个词获奖。为了意思更清楚，我将它改为"萨提亚格拉哈"，经过改动之后，它便成为古吉拉特文中表明这一斗争的通称。

我在南非生活的历史就是这一斗争史，更是我在那里体验真理的历史。这部历史我在耶罗佛达监狱里写了大部分，出狱后才完成了它的全部。最初在《新生活》连载，后来印成单行本。华尔济·戈温吉·德赛先生曾译成英文在《思潮》上发表，我也在考虑尽早出版英文单行本，以使我在南非的重要实验为人们更容易熟知。我倒愿意让更多的人读一读我的《南非非暴力抵抗运动史》。这本书的大意我就不再重复了，在以下章节里我将讲讲在南非时的几件个人遭遇，因为这些内容在这本书里没讲。在此之后，我将把在印度体验真理的情况提供给大家。所以读者想按编年史体裁阅读，从而抓住南非非暴力抵抗运动的历史，现在就可以着手了。

体验更多的饮食方法

我想在思想和言行上尽快地"节欲"，我也渴望给非暴力抵抗运动的斗争投注更多的时间，并有意识地纯洁自己的气质，以便适应这种做法。所以又在饮食上进行了很多改变，对自己更为节制。以前的动机基本出于卫生的考虑，而这一次新实验则是立足于宗教观点。

在我的生活中绝食或节制饮食现在起的作用更大。人的情欲一般是与食欲分不开的。在我身上就是这种情形。在控制它们时我很艰难，至今我不敢说我已经完全克服了它们。我觉得自己很是能吃能喝，那时我对朋友们让我克制的东西没有感觉到。如果我没有一定的克制力，那就会与野兽无异，那样的话，我早就完蛋了。但是，幸好我对自己的缺点有清醒的认识，才去付出更大的努力克服它们，这种努力才使我这些年来得以振作，投身工作。

认识到自己的缺点，又交了气味相投的朋友，我的饮食完全变成以水果为之，或者在"叶卡达希"日绝食，"建摩斯达密"［Janmashtami，印度教神话中黑天的生日，在七八月间的下半月，虔诚的印度教徒在这一天进行绝食纪念］和其他类似的节日也绝食。

起初，我吃水果。但从节制而言，水果和谷物其实没有差别。不管哪种食物，如果有同样的嗜好，一旦习惯，可能会吃得更厉害。所以我对绝食和在节日时吃一餐做法更加看重，只要赶上忏悔之类的时机，我总会借此机会进行绝食。

但我心里清楚，身体慢慢变得枯竭，食物的滋味就更好，而胃口也就大了。我知道绝食对于放纵如同它对于节制一样强有力。我和别人的许多经验将来都能证明这一奇异的事实。我需要锻炼和改善体质，但现在主要的目标是节制和征服口欲，我先挑一种食物，再挑别的，同时限制食量。然而我的胃口旺盛如前，换吃另一种东西时，感到比前一种东西吃起来更可口。

有一些同伴和我一起进行这些实验，其中主要是赫曼·卡伦巴赤。在《南非非暴力抵抗运动史》一书中我已经谈到这位朋友了，就不在此赘述。是绝食还是改变饮食，卡伦巴赤先生都与我同步。非暴力抵抗运动进入高潮时，我住在他家里。我们一起讨论变换食物，谈论时兴味益然，没感到不合适，我们与从中获得了很多乐趣。但是经验告诉我，吃东西不只是口味的满足，更主要的是体力的要求，所以只追求口味不对。每一种感觉器官都效命于身体，且通过身体为灵魂服务，这时候特殊滋味对于食物来说没有意义，而食物才能发挥真正意义上的作用，即大自然期望于它的方法和作用。

要与自然和谐，需要反复试验，需要付出更大的牺牲，这一切都是值得的。然而很不幸，如今的潮流逆向奔涌。为将要消灭的肉体粉饰，为延长片刻的生存时间，而牺牲无数人的生命，我们不以为耻，结果导致我们自己毁灭，肉体与灵魂同归于尽。在医治这种病症的时候，我们却引起了多种其他新的病症；在追求声色享乐的时候，我们却丧失了享受基本快乐的能力。所有这样的事实哪一件我们没有目睹过？然而，人们都视而不见，更加盲目。

讲清楚目的和意图后，下面我就将饮食体验方法详细地说一说。

很有勇气的嘉斯杜白

我妻子一生得过三次重病，差点被夺去生命。最后是用常规用药治愈了她的病。第一场大病发作在非暴力抵抗运动正在进行还是即将开始的时候，我记不清了。那时她患痔疮。一次，我有个医药界朋友建议做手术，她犹豫了一阵子后同意做手术。因为她体质较弱，所以在手术时没有做麻醉。虽然手术做得比较顺利，但她承受了极大的痛苦，并且勇敢地撑了下来，而术后医生夫妇对她进行了全力照顾。这件事发生在杜尔班。医生让我去约翰内斯堡，不必担忧太太的病。

没过几天我收到了嘉斯杜白病情恶化的讯息，她因为体质太弱，恢复不好，都无法坐起，甚而一度不省人事。医生知道假如我不同意，他不能让她吃肉等食物。于是医生打电话到约翰内斯堡找我，请我同意他给她牛肉茶喝。我没同意，但她可以根据她的病情表达自己的意见，看她的意愿。医生说："但这件事我不能征求病人的意见，你还是自己回来看看吧。如果你不让我根据病情的需要安排她的饮食，那你太太的生命我没法负责。"

看到信后的当天我便乘火车赶回杜尔班，与医生会面，他平静地对我说："打电话给你的时候，我已经给你太太牛肉茶喝了。"

我说道："大夫，这是欺诈呀！"

医生坚定地说："给病人看病要开药方，要讲饮食禁忌，谈不上什么欺诈。做医生就是为了救治病人，对病人或者家属采取适当的哄骗或隐瞒也是一种美德。"听他这样说，我感到心痛，但脸上还是表现得很镇静。这位医生是个热心肠，和我们也很友好，我很感激他们夫妇，但我无法容忍他所谓的医学道德。

"大夫，你现在准备怎么做，请告诉我。我决不让我妻子吃肉，哪怕因此使她丧命。如果她同意那样做，我就不说什么了。"

"要讲哲学那是你个人的事，我要说的是，要让我给你太太治疗，我就有权力按我的意见让她吃任何东西。假如你不愿意，那不好意思，请你送她到别的地方治疗，我可不希望眼看着她死在我这里。"

"你是说，让我立刻带走她，是吗？"

"我说过让你带走吗？我是让你给我全权处理的自由。如果你觉得行的话，你可完全放心地离开这里，不必挂怀。这点道理你如果不明白，那就等于是你促使我让你带走她。"

我记得和我一起的还有我的一个儿子。他和我意见一致，他认为不应当喝牛肉茶。嘉斯杜白很虚弱，真不该和她说这件事，但又感到不得已。于是，我去和她本人商量。当我把我和医生交谈的话告诉他后，她坚决地说："我不喝牛肉茶。作为人，来到这个世界上难得而不易，我宁愿在你怀里死去，也不愿用那些东西玷污我的身体。"

我请她自己考虑，不一定按我的意见做。我拿一些印度朋友做例子，说他们也有用肉和酒当药吃喝的时候，并没有禁忌。然而她态度十分坚决地说："不，你还是立刻带我走吧。"

我很欣慰。当我准备带她走的时候，内心也有一点激动。我向医生说了她的决心，医生开始大声责备起我："你这个人的心真够硬的！她都病成这样了，你还忍心告诉她这件事，你不感到惭愧吗？实话告诉你，她现在的情况是一点震动都受不了，她如果半道上死了，我不会奇怪。如果你不听劝，那你看着办吧；不给她喝牛肉茶，我可不敢留她在这里，哪怕一天也不敢。"

于是我们准备马上离开那里。当时天下着蒙蒙细雨，去车站要走好长一段路。先从杜尔班搭乘火车去凤凰村，然后再走两英里半的路，才能到我们住的村子。带着她这样跋涉，危险无疑很大，但我相信神灵会保佑我。我先让人通知凤凰村的韦斯特做好准备：预备了吊床、热牛奶、热水，再找六个人前来接站，准备抬着嘉斯杜白走。我又雇了一辆人力车，以备出现危险时能尽快赶下一趟火车。

嘉斯杜白表现得很坚强，她安慰我："不用担心，我不会有事。"

有好几天她没有吃营养性的东西了，她已经皮包骨了。在火车站没法用人力车，站台又很长，我只能抱着她上了车。我们把她抬到凤凰村，用水疗法给她治疗，她的力气才慢慢地回复了。

到凤凰村几天后，来了一个叫史华密的人带着同情劝导我们。他来时，我记得我的二子曼尼拉尔和三子兰达斯都在。史华密引用《摩奴法典》[Manusmriti，印度教法律的基石，一般观点是，它编成书于纪元前第五世纪，是一部法律汇编。其中有很多法理观念至今被印度教徒所坚持]的话说，吃肉对宗教无损。他在我妻子面前这样讲，我不太喜欢，但出于礼貌，我只能忍着。我读过《摩奴法典》，我有自己的主张。我知道有一派人认为《摩奴法典》的这些话是虚构的，但我的素食观点和宗教经训没有多大关系，况且嘉斯杜白的信仰十分坚定。她从未阅读宗教典籍，然而她从祖先那里继承的传统宗教对她来说已经足够了。我的儿子与父亲的信仰自然一致，因此他们并不听史华密那套。这时，嘉斯杜白马上对他说："史华密，不管你说什么，我还是不想用牛肉茶来治病，不用再麻烦了。我自己已经决定了，如果你愿意，请你与我丈夫和孩子讲去吧。"

家庭内部的非暴力抵抗

1908 年我第一次坐到了监牢了。监犯所要遵守的一些规则，我知道那正是一个实行"节欲"的人必须自觉遵守的。像这条规定：太阳落山前最后一餐必须用完。不管犯人来自哪里，是印度犯人还是非洲犯人，他们都没茶或咖啡喝。只要他们愿意，在熟食里他们可以加点食盐，至于那些为了口味舒适的东西是不能吃的。有次我要求监狱里的医官给我们一点咖喱粉，并且在煮东西的时候让我们加一点盐，他却说："这里不是你们讲究吃喝的地方。咖喱粉并非健康所需，煮东西的时候，煮熟前后加盐，没有不同。"

这些规定在后来大都被修改了，这两条办法却对于自制有很大帮助。严格禁止的办法往往很少有比较好的效果，但如果是自愿的，那效果就不一样了。因此我出狱以后，马上立了这两条规矩。那时可能的话，我不喝茶，在太阳下山前吃最后一顿饭。如今这两条规定对我来说已经没什么困难了。

然而后来因一次机会，我开始不吃盐了，这一条我坚持了十年。我从一些关于素食的书里得知，食盐并非人类的必需品，而且不加食盐的食物还有益于健康。据此我认为，要"节欲"，不吃盐最为合适。根据书本和我自己的认识，体质如果虚弱，不宜吃豆类食物，但我却相反。

嘉斯杜白在手术后情况稍有好转，但时间不长又流血了。这种病情好像很顽固，采用水疗法也不行。而她虽然没拒绝，但对这种疗法并不看好。我用了各种疗法都失败了，这时我恳求她停止吃食盐和豆类。但不管如何劝告，哪怕用权威的例证劝说也不管用，她就是不答应。最后她正告我，不管谁劝她，她都不会放弃这些食物的。我既痛心又高兴，高兴是因为我可以向她表达我对她的爱护。我对她说："你没明白！假如是我生病，我就会听医生的劝诫，如果医生不让吃什么东西，我会坚定地听从。看看我吧，即使医生没劝我，我也准备一年内不吃盐和豆类，不管你会不会这样做。"

她显得非常震惊，便内疚地大声说道："你别这样说了，我听你的还不行吗？但是看在神灵的分上，你还是收回你许的愿吧。这已经让我很难过了。"

"你愿意这样做太好了。我敢肯定不吃这些东西对你会有好处，而我不能收回我的许愿。再说我认为这对我有益，因为不管为了什么，'节制'总是对人有好处，你不用在意我。这是对我的考验，也是帮你下定决心的一种道义支持。"她说："你太倔强，什么话都听不进去。"说完这话，她眼中含着眼泪。她不再管我了。

这是我这辈子最美好的回忆之一，我把它当作非暴力抵抗的一个成功事例。

嘉斯杜白的身体自那以后很快恢复了。这是因为戒除食盐和豆类，还是因为其他食物有所改变；是因为严守其他生活规则，还是因为这个事件带来了精神上的喜悦，如果是这样，那效果到底怎样？这一切我都无从知晓。但终归她很快好了，流血也完全停止了，而我这个"庸医"也获得了很大的名声。

我自己因为这些新限制也获益匪浅。我从不怀念过去的东西。这一年之后，我的感情比起以前更加收放自如了。这个实验让我更加努力地实行自制，就是我回到印度很长时间以后，我依然戒除这些东西。只是我1914年在伦敦的时候，又一次吃了这两样东西。这在后面的内容中我要谈到原因。

我劝我的许多同事戒除食盐和豆类，在南非收到了很好的效果。从医学角度讲，对于这种做法的价值也有不同的观点；然而就道德方面而言，所有自制都有益于心灵的净化，我从不怀疑这一点。厉行自制和贪图享乐这两种人，他们的饮食当然不同，和他们有不同的生活方式一样。奉行"节欲"，就不能采取适于享乐生活的方式，否则肯定失败。

自 制

前一章中已经说到嘉斯杜白的病使得我的饮食方式有一些变化。自那以后为了"节欲"，我在饮食上有了更多的改变。

第一个改变是不喝牛奶［印度教徒禁宰牛，但嗜喝牛奶，自古以来就很普遍］，最初从赖昌德巴伊那里我知道，喝牛奶会刺激性欲，而有关素食论的书籍也持这种观点，但是因为我还没有立誓节欲，所以喝不喝牛奶我拿不定主意。我也早知道牛奶并非身体所必需，但是完全不喝却不太容易。我认识到不喝牛奶对于自制更有必要性，正在这时从加尔各答寄来了几本书，我从中了解到了饲养者是怎么样折磨母牛的。这对我的影响很奇特，我还与卡伦巴赤先生谈过这个问题。

在《南非非暴力抵抗运动史》和前面的一章中，我已经介绍过克伦巴赤先生，但在此还有必要再说说他。我们相识比较偶然。他的朋友可汗先生觉得他气概脱俗，就将他介绍给了我。

我们认识之后，他那喜好奢华和夸耀的特点使我很惊讶。但是刚见面的时候，他向我问了关于宗教的许多问题，我们还说到了乔达摩佛陀出家的事。我们就像老友相见，我们的关系不久便变得非常要好，就连我们的思想还都是一致的，他还准备亲身体验我进行的所有自我改造。

当时他还单身，可每月的花销就达 1200 卢比，这还不包括房租。而现在他的花费每个月只有 120 卢比，变化很大。我们的大家庭拆散和我第一次出狱后，我和他一起住，那时的生活的确很艰苦。

1912 年，在托尔斯泰农场的时候［甘地很崇拜托尔斯泰，深受托尔斯泰思想的影响。托尔斯泰关于农民生活的理想使他在南非开办过一个农场，并以托尔斯泰命名农场］，我和克伦巴赤先生讨论关于牛奶的事情时，他说道："我们总说牛奶有害，干脆别喝不行吗？其实没必要喝牛奶。"他的这个建议让我感到很惊喜，我非常赞成，我决定不再喝牛奶。

但我没有满足于这种改变。此后不久我又决定只以水果为生，而且是最便宜的水果。过一种清苦的生活是我们的心意。

只吃水果就很方便了，免得还要烧菜煮饭。我们的常吃食粮就是生花生、香蕉、枣子、柠檬和橄榄油。

我有必要在此提醒奉行"节欲"的人：在饮食和节欲之间我们虽然找到了密切的关系，但关键在于心灵。一个人如果意识不洁净，那么绝食的目的自然不可能洁净。即使改变饮食也毫无用处。如果贪恋色欲，要达到心灵的洁净，除严格自检、归于神灵、领受神灵的恩典之外，别无他途。心灵和肉体密切联系着，而充满色欲的心灵往往沉迷于美味和华饰。如若不想受这种倾向的左右，显然有必要节制饮食和绝食。心灵不洁，就难以控制情感，相反会被情感支配。因此肉体对于食物，总是要求清洁、没有刺激性，或者定期绝食。

若要自制，但又想轻微地节制饮食和绝食，那就像完全依赖节食和绝食一样。对决心要自制的人而言，我认为节食和绝食很有帮助。实际上，如果不采取节制饮食和绝食，心灵中的色欲无法被完全剔除。

绝食的目的是自制

把绝食当作我自制的手段是在我不喝牛奶和不吃谷物并以水果为主食的时候。克伦巴赤先生和我一起绝食。我以前经常绝食，只是那时出于健康考虑。我为了自制而绝食，这源于我的朋友。

我的家庭属于毗湿奴教派，我母亲对于一切誓约非常坚贞。在印度的时候，我就奉行"叶迦德希"和其他的绝食，但那时候只是仿效母亲，讨父母欢心而已。

当时我不了解也不相信绝食有什么好处。但在我看到那位朋友因绝食而获得好处之后，我开始真正实行"叶迦德希"绝食，以期对我的节欲誓言有精神和心理的支持。印度教徒在绝食的日子，依然喝牛奶吃水果，但是我已习惯了这种绝食，所以现在我绝食时只喝水。

我开始这种实验的时候，当时是印度教历的司罗梵月〔Shravan，公历七八月间〕，这正好与伊斯兰教历的斋月同时。甘地家族信奉毗湿奴教派，但也遵奉赛义德的誓约，所以既去赛义德的教堂，也进毗湿奴的神庙。在司罗梵月我们家里一些人常常整月实行"普拉度萨"，我也决定这样做。

在托尔斯泰农场进行了这些重大实验。当时我和克伦巴赤先生、几户非暴力抵抗者的家庭住在一块儿。在那里我们为青年和儿童开办了一所学校。他们中有四五个人是穆斯林，我一直鼓励他们去遵守自己的宗教信仰和习俗，而且经常检查他们是不是每天都做礼拜。对他们中的基督教徒和拜火教徒我也是这样对待。鼓励他们去遵守自己的教规，我认为是我的职责。

因此在这个月份，我始终会劝导穆斯林青年遵规斋戒。而我自然会实行"普拉度萨"〔pradosha，日间绝食，入夜才进食〕，但是现在我还要求印度教、拜火教和基督教青年一同绝食。我告诉他们，和别人一起进行自制的活动都是有意义的事，农场里的很多人赞成我的建议。穆斯林青年白天斋戒直到太阳落了才吃饭，别人不这样做，这样他们就会做一些好吃的招待穆斯林朋友们。印度教教徒和其他的青年在第二天太阳出来之前吃他们一天的最后一餐，他们并不要求穆斯林作陪，除穆斯林之外，别的人绝食时还可以喝水。

这些实验后，大家都认为绝食很值得，在他们中间产生了一种非常可贵的集体精神。

我们住在托尔斯泰农场的人奉行素食。我感激那些尊重我的感情的人，我想他们表示谢意。在斋月里，穆斯林青年肯定没有吃肉的机会，但他们任何人都不让我知道这些；他们也乐于吃些素食，而印度教青年也经常会给他们做点好吃的素食，这与农场里纯朴的生活契合。

在这一章我有意说开这个话题，原因是这些美好的回忆我无法将之放到别的章节去，而且我的个性中，我喜欢与我的同事共享我认为美好的事。绝食于他们是新鲜的，多亏有"普拉度萨"和"斋月"禁食的习俗，这使我更容易培养他们的兴趣，从而把绝食作为自制的手段。

在一种很自然的过程中形成了自制的气氛。农场里所有的人都开始参加绝食，不管部分的或全部的绝食，我相信这很有意义。这对他们的心灵和肉体的触动和帮助到底有多大，我很难说。就我个人来说，在体力和精神上获益良多。但我也清楚，对大家来说，不一定非要绝食或者遵循类似的规矩才会收到同样的效果。

绝食有助于克制性欲，但目的必须是自制，否则效果不大。我的一些朋友实行绝食后，性欲和食欲反而增强了。（斟酌：对这一点，有必要在此引用几句《薄伽梵歌》第二章的名句：绝食者其情外露，情之所求者消逝，眷恋之情尚存；一俟会见上苍，眷恋之情并无。）

因此绝食和类似之规，只是为达到自制目的的手段，它不能穷尽一切，假如绝食不能在肉体和精神上达到统一，那结果必定是徒劳而虚妄的。

农场的教育问题

这几章里讲到的内容在《南非非暴力抵抗运动史》中几乎没有讲到，请读者朋友们记住这一点，这样的话，就会搞清楚这几章之间的关系。

农场的发展形势让我们不得不考虑孩子们的教育问题。农场里那时男孩女孩来自印度教教徒、穆斯林、拜火教教徒和基督教教徒的家庭，实际情况是没法专门聘请教员，也不必要。主要是因为合格的印度教员不多，那些合格的人也不愿意为那么一点钱，从距我们 21 英里的约翰内斯堡过来。而且当时的教育制度我并不相信它，所以我准备自己想办法，比较好的情况是：真正的教育是以父母为主，再辅以外界的努力和帮助；我作为托尔斯泰农场这个大家庭的一家之主，有责任挑起教育年青一代的重任。

毫无疑问，这个想法存在着局限性。青年们来自不同的生活和成长环境，属于不同的宗教，而且从小不跟我们一起住。这种背景下，我虽然居家长之位，但要公平地对待他们比较困难。

我一直认为内心教化与性格培养是最重要的事，我也相信无论年龄还是教育的差异有多大，精神的陶冶对所有的人适用，所以我决定与他们一起生活，24 小时扮演父亲的角色。首先培养他们良好的性格，为教育打好基础，有比较好的教育基础，我相信孩子们将来一定会学到很多东西。

我认为文字训练非常必要，克伦巴赤和普拉吉·德赛两位先生帮助我开设了几个班。体能训练方面在日常生活中就能做到。因为农场里不雇用别人，做饭到搞卫生都是自己干；还有很多果子树、种植的花木等都需要人来照顾。克伦巴赤先生喜欢种花，他曾在政府的一个示范花园里干过，有一些种花的经验。在农场里无论老少，厨房工作的除外，都有义务参加园艺工作。孩子们挖土、砍树和搬运东西，做了不少工作。这也增加了他们的运动量。他们也乐意，因此他们不必去做别的运动。当然也有人或者偶尔所有人装病和偷懒。有时我睁一只眼闭一只眼，装没看见，但是我对他们还是很严格的。我知道他们不喜欢严格，但没人反抗过。我严格的时候经常给他们说理，让他们认识到工作必须去认真地干。然而过不了多久他们又玩去了。虽然这样，我还是坚持训练他们，他们的身体终归强壮了。农场里很少有人生病，当然这与空气新鲜、水质纯美以及有规律的饮食习惯也有一定的关系。

就职业训练来说，我计划让每个青年人都能掌握一种手艺。为此克伦巴赤先生去一个特拉比斯特修道院学习做鞋。我跟他学会了这种手艺，并教给了愿意做这种工作的人。克伦巴赤先生和另一个人还有点木工手艺，于是我们设置了小木工课程。几乎所有的青年都学会了烧饭。

他们根本想不到有一天会学到这么新鲜的东西。因为，对南非的印度儿童来说，读、写、算才是能获得知识的训练。

我们在托尔斯泰农场有个规矩：凡是教员没有做到的事，不能让青年人去做，要让青年做的工作，总会有教员与他们一起工作。这种氛围，使得青年们不管学习或者做事，都表现积极踊跃。

下面开始谈文化训练和性格的形成。

农场里的文化训练

在托尔斯泰农场的体质训练和职业培训前面直接已经涉猎。虽然在方法上还存在不尽如人意的地方，但毕竟还是取得了一点成功。

但是，文化训练比起体质和职业训练更为艰难。我文字修养不高，又缺少资料，况且这是大工程，我又缺乏更多的投入时间。当我体力劳动结束时，我已经很疲劳，最需要休息一下，但这时我还得上课去。上课时间安排在午后，上午一般做农活、干家务，其他时间不适合安排上课。

文化训练课最多三节。讲授时采用孩子能听懂的方言，主要教印地文、泰米尔文、古吉拉特文和乌尔都文，也教英文。古吉拉特的印度教徒孩子们还要学一些梵文。孩子们都要学的是基本历史、地理和算术。

我讲授的是泰米尔文和乌尔都文。泰米尔文我懂得不多，程度不到波布的《泰米尔语手册》。我认识的乌尔都文字是乘坐一趟船时学会的，而能听懂的乌尔都语也只是我从穆斯林朋友们那里学到的一些通常的波斯语和阿拉伯语。我能听懂的梵文也只是在上中学时学的那一点，而古吉拉特文我也不比别人强多少。

这就是我做教员的资本。与我的同事比我文字修养很欠缺。但是我热爱祖国语文，对于做教员很自信，加上学生们的无知和他们对我的宽宏大量，因此我获得了很多帮助。

在南非生长的泰米尔孩子们大都听不懂泰米尔话，更不说文字了。这样的话我教他们学习文字和基本语法就比较容易。他们都明白，有一天他们的泰米尔知识肯定会超过我，而当不懂英文的泰米尔人找我的时候，他们可以给我翻译。我们的教学很愉快，因为我从不掩饰自己的不足，大家看见的是实实在在的我。对泰米尔文知识我虽然懂得不多，但他们一如既往地尊敬我。学乌尔都文对穆斯林孩子们来说比较轻松，他们记得字母，我只需培养他们读和写的兴趣就可以了。

这些青年们大多没上过学，不识字。边工作边学习的状态下，我还要督促他们学习，这样的话，教给他们的东西其实很少。但我觉得很满足，很多不同年龄段的孩子愿意来学习，他们在同一间教室学习不同的课程。

我们知道有很多课本，但我觉得没必要用。当时怎么用只能找到的书的，我记不清了，我认为没必要给孩子们那么多书，孩子们真正需要的是老师。我的老师很少用书本知识教我，至今我还记得那些老师不用书本教给我的知识。

孩子们通过耳朵获得的东西比用眼睛获得的要多很多，而且轻松省事。我不记得有哪一本书我和我的孩子们一起通读过。但是我把我读过的东西带着我的理解讲述给他们，我敢肯定他们仍然清楚地记得那些东西。要记住我讲的东西对他们来说比较容易，但要记住书本上的东西要费很大功夫。读书是他们的任务之一，但是当我将课程的讲授设计得生动有趣的时候，他们听课的兴致就很高。而我可以通过他们课后提出的问题，了解他们的理解能力。

农场里的精神训练

对孩子们来说，精神的训练与体力和智力训练相比要很困难。我很少依靠宗教书籍对孩子们做精神训练。当然，我相信每个学生对自己的宗教和经典都应该具备一些基本的知识和了解，所以我尽量教给他们这方面的知识。但我认为这只是部分的智力训练。还在托尔斯泰农场我教育那些儿童之前，我就知道精神训练的特殊性。培养精神就是塑造性格、认识上帝和自我实现。我认为训练青年这是基础，因为所有训练如果没有精神陶冶的基础，非但没用，甚而有害。

有些人迷信地认为，在人生的遁世期亦即第四个时期〔印度教徒分属四大种姓，即婆罗门（僧侣）、刹帝利（帝王和武士）、吠舍（农商）和首陀罗（奴隶）。前三大种姓的人又统称为再生族，一生有四个修行期，即"梵行期"（学生生活）、"住家期"（社会生活）、"林栖期"（修行生活）和"遁世期"（游方生活）〕，才可能做到自我实现。然而谁都明白，这种宝贵经验的准备工作宜早不宜迟，要是等到暮年，就不可能得到自我实现，衰老之人譬如再度进入孩童时期，会成为一种负累。这种思想在我 1911—1912 年教书的时候就有，只是那时我没有讲出来。

对孩子们的这种精神训练到底如何做呢？我教他们阅读和背诵圣诗，并且给他们念有关德育的书。但我还是不能以此满足。在对孩子有了更多了解后，我知道光靠书本对他们进行精神训练靠不住。就像体力训练通过体力运动，智力训练要做智力运动一样，精神训练当然要通过精神运动才行。而精神运动的表现反映在老师的生活和人格上。无论他是否与孩子们生活在一起，他总要注意他的言行。

作为一个老师，即使住得离学生很远，但他的生活方式还是有可能影响学生的精神。一个惯于说谎的人不太可能教孩子们说真话；一个精神怯弱的老师不可能教出勇敢的学生，一个行为放纵的人没法让他的学生懂得自制的价值。所以我明白，要教好和我同住的孩子，我必须以身作则。这样既是为了他们，但我也从他们那里懂得了生活应该是充满正直和纯净的，其实他们是我的老师。可以说在托尔斯泰农场的时候，我能严于律己，主要因之于我管教之下的儿童。

这些孩子中有一个行为粗野、喜好撒谎和打架。有一次当他又大发作的时候，我很生气。我这个从来不体罚孩子的人这次实在忍受不了。想办法和他讲道理，他死活不听，还哄骗我。我不得已用戒尺打了他的手臂。打他时，我的手在发抖，他应该也看见了。这对他们是一次全新的经验。当时那孩子哭了，他请求宽恕。我想他不是因为疼痛而哭；他如果报复，完全可以回敬我一拳，因为他是一个十七岁的青年，而且体格健壮。他明白我迫不得已的那种痛苦。从此他变得很好管教了。但是那次对他的暴力让我至今懊悔不已。那天表现在他面前的恐怕是粗暴，而不是我的精神。

一直以来我反对体罚。记得我对我儿子只体罚过一次。至今，我不敢肯定使用戒尺是否合适。那次的确是出于被激怒，而且内心有一种处罚别人的想法，那样做可能是错误的。如果那只是我自己难过的表现，倒可以让我心安一些。然而那终归是一次动机复杂的体罚。

那个青年不久便忘记了这件事，而且对他的以后我也不看好。但这件事让我深刻认识了老师对学生应承担的责任。

此后，犯规的事在男孩子们中间还是经常发生，但我再也没有体罚过任何人。我从孩子们精神训练的体验里，更加体会到精神的力量。

好坏之分

还在托尔斯泰农场的时候，克伦巴赤先生让我注意到一个问题，这在以前我没有理会过。农场里有一些孩子经常犯规，也有几个人整天游手好闲。我的几个孩子每天和他们黏在一起，别的孩子也一样。克伦巴赤先生看到这些感到很不安。但是，他关注的是我的儿子不该和那些不规矩的孩子搅和在一起。

一天他终于对我说："我不赞成你让你的孩子和那些坏孩子在一起，那样的话，他们将来肯定会学坏。"

当时他这样对我说，我记不清是否感到难堪，但我记得我这样对他说：

"我怎能把他们分开呢？对于这些孩子就像我的孩子一样，我都负有同样的责任。我让这些儿童来，现在发点儿钱把他们打发走，他们回约翰内斯堡很快会走上老路。说实在话，他们以及他们的父母可能认为他们来这里是给我的人情。他们来这里很不习惯，这一点我们都清楚。而我也知道我的职责，留他们在这里，必须让我的孩子和他们来往。你一定不要让我的儿子感到他们比别的孩子优越，如果使他们有了这种优越感，那就把他们毁了。让他们与别的孩子打成一片对他们有好处，他们自己也会分清好坏善恶来。我们为什么不相信他们对别的孩子也会有好的影响呢？不管如何，我必须留下他们；即使是冒险，我们也得做。"

克伦巴赤先生听了我的话后，摇头不语。

结果还不能算坏。我的儿子没有因为这种试验变得更坏，相反，我看到了他们还有所收获。他们没有那种自大心理，即使有也被打破了。他们学会和他人相处，经受了考验，懂得遵守纪律。

我从这次和类似的试验中知道，只要他们的父母和监护人尽心监管，把好孩子和坏孩子合在一起教育和生活，好孩子不会有什么损失。

即使用消过毒的布把孩子包起来，也未必能抵御污染。当然，把各种不同教育背景的孩子收归起来进行教育，这对父母和老师是很严峻的考验。他们一定得警惕而又谨慎。

以绝食进行忏悔

我更加明白，将儿童抚养长大，给予他们正当的教育，这很不容易。对于我来说，要真正担起老师和监护人的责任，我必须走进他们心里，与他们喜乐忧愁共享，帮助他们解决面临的问题，使他们的青春热情在正常轨道上奔放。

一些参加非暴力抵抗运动的人出狱后，托尔斯泰农场几乎没剩下几个人，这几个人也都是凤凰村的。因此我让他们全都搬到托尔斯泰农场，我在那里的锻炼将是艰苦的。

那时我在约翰内斯堡和凤凰村之间往来穿梭。一次在约翰内斯堡我听说书院里有两个人行为堕落。对非暴力抵抗运动的那些明显挫折我不是太在乎，但这个消息却让我震惊不已。我立刻赶回凤凰村，克伦巴赤先生看到我当时的神色，便决定和我一同前往。因为那个让人沮丧的消息来自于他。

在路上我在心里检视自己应负的责任。我感到学生或者被监护人堕落，监护人或教师应该承担部分责任。关于这个事件我的责任很清楚。我的妻子很早提醒过我，而我不屑于她的警告，由着自己去相信别人。我认为我的痛苦要让犯罪之人知道，他们的堕落有多么严重也应该让他们明白，要做到这一点我只能去做各种忏悔。由此我决定绝食七天，并立誓四个半月之内每天只用餐一次。克伦巴赤先生对我劝阻无效后，认可了这种忏悔行动，并决定和我一起绝食。他对我的这种关怀，我无法漠视。

这样的决定让我如释重负，轻松多了。对犯罪的人，在我心里怜悯代替了愤怒。我怀着轻松的心情到了凤凰村，对整个事件和其他的细节做了调查和了解。

虽然我为此事忏悔，每一个人也因此难过，但氛围清朗了。大家都知道犯罪是多么可怕，而我与孩子们的关系则更加紧密而真切了。

不久后，发生了一种情况，我必须绝食十四天，其结果让我意想不到。

我讲述这些事情，不是说学生有违犯道德约束，老师就要以绝食来忏悔。但我认为，这种办法在有些时候的确必要，只是这要具备一定的眼光和精神素养。假如师生之间没有真爱、学生的罪行对老师没有触动、学生对老师缺乏敬意，那就不宜绝食，否则可能有害。当然这种情形下，可以怀疑绝食是否可行；但学生犯错，毫无疑问，老师该付一定的责任。

第一次忏悔我们没觉得多难，也没过多地影响到我的日常活动。大家可能还记得，在整个忏悔期间，我完全吃水果。第二次绝食的后期我感到非常难受。当时我对"罗摩南玛"的惊人效力不是全懂，因而我对痛苦的忍受力减少，而且我不懂绝食技术，尤其是绝食时要多喝水，不管喝起来多么让人感到恶心和无味。另外，第一次绝食很容易，而第二次绝食时我轻视了它。第一次，我每天按库赫尼法洗澡，而第二次期间，我只洗了两三天澡便不再坚持了；因为不好喝，喝了以后又不舒服，所以很少喝水。因为喝水少，致使喉咙干燥，身体虚弱，到最后我说话的声音都很小了。即使这样，有工作需要写字时，我还能够口授写作。那时我常听《罗摩衍那》和其他经典。遇有急事，我还有力气做讨论、提意见。

前往伦敦

对南非的诸多回忆，到此只能从略了。

非暴力抵抗运动在1914年结束之时，戈克利诏示我取道伦敦回国。在7月间，我便与嘉斯杜白和克伦巴赤乘船前往伦敦。

在非暴力抵抗运动期间，我旅行时开始乘坐三等车船。因此这趟航行，买了三等舱船位。但是这条航线的三等舱位与印度海岸和国内的三等船位、三等火车座位区别很大。印度车船的三等座位少、睡铺少，而且很不干净。这次去伦敦，舱位足够，也很干净，轮船公司对我们给予了特别照顾：我们有专用盥洗室，因我们吃素食，他们供给我们水果和干果。坐三等舱的话，按规定不能供应水果和干果。有了这些照顾，18天的旅程还算舒服得多。

在这次远航中有一些值得一叙的事。克伦巴赤先生对望远镜很钟爱，他手里有一两架很珍贵。每天我们会说到望远镜。谈论时我总想让他明白，带望远镜不符合我们简朴生活的要求。有一次在船舱靠窗的地方，我们进行了热烈的讨论。

我说："为什么要让这些东西成为我们争论的主题呢？还不如把它扔到海里去。"

他说："的确应该丢掉晦气的东西。"

我说："我说的就是这个。"

他马上说："我指的也是它。"

望远镜被我扔到了海里。这个望远镜值7英镑，而克伦巴赤先生对它的喜爱远超这个价值。虽然舍弃了它，但克伦巴赤先生没有后悔过。

这件事只是我们之间所发生的许多事情之一。

这样的办法让我们每天都能获得一点新东西，因为我们都想遵循真理的道路。克服那些愤怒、自私和憎恨，为的是不断地走向真理，否则很难达到真理。一个人如果被感情支配，他的意图、言语也许都很优美和真诚，但他绝不会找到真理。若要获得真理，就必须摆脱爱与憎、福与祸的双重桎梏。

我停止绝食时间不长就起程了，那时体力还没有完全恢复，所以在航行期间我会经常去甲板上走动一阵，以便恢复我的胃口，促进消化。但是我两腿酸痛，一点也动不了，等到了伦敦时，情况比在南非时还差。

在伦敦我认识了齐弗拉兹·梅赫达医师，他在了解了我绝食和后来所感觉不适的情况后，说："你应该彻底地休息几天，否则你的腿就会完全废掉了。"

我这才知道，人如果长时间绝食以后，要恢复体力时不能太急，还要节制饮食。停止绝食可能比进行绝食更需要小心和节制。

轮船到达马得拉时，我们听说世界大战已经一触即发。而当我们进入英吉利海峡时，传来消息说，大战已经爆发。我们乘坐的轮船停了很长时间。船要通过海峡就要避开布在海里的水雷，这很不容易，等开到南安普敦时整整耗费了两天时间。

战争于8月4号爆发，我们抵达伦敦是6号。

在大战期间我所做的努力

我刚到伦敦就听说戈克利因为健康原因去了巴黎，现在被困在那里。因为巴黎和伦敦之间阻断了交通，他什么时候回来谁也不知道，见不到他我不想回国。

于是我在想，这时候我能做些什么呢？对大战我有什么责任呢？当时索罗布吉·阿达加尼亚正在伦敦学习法律，他曾参加非暴力抵抗运动，和我是狱友。因为坚决支持非暴力抵抗运动，所以他被派往英国学习法律，以便取得律师资格后，回南非代替我的工作，他留学的费用由普兰吉望达斯·梅赫达医师承担。我同他、齐弗拉兹·梅赫达医师以及其他几个在英国留学的人一起开会。经过商量，我们召开了一个英国和爱尔兰的印度侨民大会，我向大会陈述了我的意见。

我认为战争时期在英国的印度侨民应该做点事。英国学生已经投笔从戎，印度人也不该无动于衷。很多人反对这种主张。他们说，我们和英国人有天壤之别，我们是奴隶，他们是主人。主人处于危难时，奴隶怎能同他合作？奴隶就不该乘此机会以求自由吗？对这种议论我当时并没在意。我知道我们和英国人的地位不同，但我不认为我们是奴隶。当时我认为主要错误不在英国制度，而主要在英国官员个人方面，我想可以用爱感化他们。如果我们想用帮助英国人、与他们合作的办法提高我们的地位，那就要在急需帮助的时候，去帮助支持他们，以取得他们的同情。制度虽然也是错误的，但我以为还可以忍受，至今我还这样认为。然而如果我现在对那种制度丧失了信心，因此不与英国政府合作，那么当时对制度失去信心，对官员也厌恶的那些朋友又怎么办呢？

那时反对我的朋友们，认为大胆提出印度人的要求和改善印度人地位，正当其时。

而我认为在英国处于危难之时我们最好不要这样做，战争期间我们以要求相威胁，既不合适又缺乏远见。所以我坚持我的意见，并向那些愿意参加志愿队的人发出号召。有很多人响应，在志愿队里面各省和各个宗教派别都有代表。

我将这些事实写信告诉了克立威勋爵，并表示了我们接受培训担负救护工作的意愿。克立威勋爵迟疑了一阵子后，答应了我们的要求，并对帝国危难之时我们愿意为帝国服务表示感谢。

在六个星期里，著名的康特里埃医师对志愿人员进行了关于救护的基本训练。时间比较短，但却学完了全部初步的课程。

我们这期人员有80人左右，训练后进行考试，仅有一人不及格。政府在这时派贝克上校负责对我们进行了一些军事和其他方面的训练。

这些日子的伦敦很值得一看。人们并未显得惊慌，而是没闲着，尽力做点有意义的事。健壮的成年人接受战斗训练，而妇女和年老体弱之人能做什么呢？凭他们的意愿，可以做一些诸如伤病用的衣物和包裹布等。

有一个妇女俱乐部为士兵们做了很多衣服。在这个俱乐部里沙罗珍尼·奈都女士是最尽心尽力的一位。她把衣料裁好后，拿给我想办法去缝制，缝好再返给她。她提出要求我都欢迎，还在看护训练期间在朋友们的帮助下，我设法缝制了很多衣服。

精神关隘

我和一些印度人为战争服务这件事传到南非后，便有人向我发来电报，有一封是波拉克先生发的，他认为我的行为有悖于我的"非暴力"的信仰。

我对这种责难原本有预感，原因是在我主编的刊物《印度自治》上对这个问题已经有讨论文章，在南非同朋友们也在讨论。我们都认为发动战争不道德。如果我没准备杀害敌人，尤其是在我对这场战争不知所以的时候，就更不应该参加战争。朋友们都知道我参加过波耳战争，他们以为自那时起我的观点已经变了。

那种说法促使我参加了波耳战争，这次行动中也起了作用。参加战争和"非暴力"两者水火不容，这一点我非常清楚。然而一个人有时候总是弄不清楚自己的职责，而那些真理的追求者往往不得不在黑暗中摸索。

"非暴力"是一种原理，它的含义广泛。我们是生存在互相残杀中的无助的平凡人。俗语说生命依生命而生，这句话意义深刻。假如不有意无意对外界进行杀害，人无法生存。在人的生活中，诸如吃、喝和行动等必然带来某种杀害，也就是摧残生命，无论有多微小。所以，一个人只要信奉"非暴力"，只要他带着怜悯之心去行动，只要他竭力避免对动物的摧残，哪怕是微小如虫的动物，并尽力营救，从而致力于摆脱杀生的樊笼，那样的话他的信仰可算是虔诚的。总之，在他的成长中交织着自制和悲痛，他无法完全摆脱杀戮。

也因为"非暴力"包含着一切生命的统一，一个人犯错肯定波及到别人，因而人们不可能完全摆脱杀生。人是社会的生物，社会存在本身进行的杀生，他的参与不可避免。信奉"非暴力"的人有职责阻止两国间的战争。凡是担不起这种责任、无力抗拒战争和不配抗拒战争的人，便可以参加战争，去竭尽全力解救他和他的国家以及整个世界于战争中。

很早我就将改善我和我国人民地位的希望寄托在不列颠帝国身上。我在英国的时候，英国舰队保护了我，在它的庇护下我得以安全，我卷进了它潜在的暴力中。因此，如果我要生活在英帝国的旗帜下，我只有三条道路可选：公开宣布抗拒战争，并且按非暴力抵抗法则抵制帝国，直到它改变其军事政策；不遵从法律以不文明的罪名去坐牢；与帝国看齐，参加战争，获得抵抗暴力战争的能力。这方面的能力和锻炼我是缺少的，除了服务战争之外，别无他法。

按"非暴力"的观点说，我看不清战斗人员和非战斗人员之间的区别。那些参加匪帮的人，不管是为匪帮搬东西还是放哨，或者看护受伤的匪帮，他的罪责与土匪们一样。同理，在战争中那些看护伤兵的人，也要承担战争的罪责。

在接到波拉克的电报之前，我将这件事考虑得很清楚了，他的电报一到，我和几个朋友又讨论了我的看法，结论是我有责任服务于战争。至今，我没发现我的看法有什么不对，我不后悔当时的行动，因为我至今赞成与英国人保持关系。

那时我也清楚一点，我不可能让所有朋友认为我的立场正确。这是个很微妙的问题，它承认各种不同的见解，因此我要尽可能地向信奉"非暴力"和认真实践的人作清楚的说明。追求真理的人不应当不顾及习惯，他必须时刻保持谦逊积极，一旦自己有错，就必须予以纠正并作补偿。

轻微的非暴力抵抗

尽管当作一种责任我参加了战争，但我不能直接参加，实际上关键的时候，被迫之下我还进行了"非暴力抵抗"，虽说是小型的。

前面已讲到，他们在批准我们名单的同时，派了一个军官来负责我们的训练。在我们的印象中，这个军官就技术事务而言是我们的首长，而在内部纪律事务方面由我负责，我算是队长。在队里他要处理问题，要征得我的同意。但这个军官一开始就没按我们的想法做。

索罗布吉·阿达加尼亚先生为人精明，他提醒道："这个人我们要注意，他可能让我们只听他的，我们可不能那么干。将他当作教官，然而由他派来指导我们的那些年轻人却自以为是，自认为是我们的顶头上司。"这些年轻人是来自牛津大学的学生，他们被派来训练我们，并担任我们的小队长。

我不是看不明白这个指挥官的意图，但我劝索罗布吉别急，让他镇静，然而他这人不好说服。

索罗布吉笑道："这些家伙在骗你，你还信他们，等你明白的时候，你就会让我们做非暴力抵抗，而你又开始难过了，还要叫我们陪着你难过。"

"我们既然同甘共苦，那么除了难过，还有什么呢？"我说道。"一个信奉非暴力抵抗的人，天生就要受人欺负。就让他们欺负吧，我不是告诉过你欺人者必自欺吗？"

索罗布吉笑着说："好吧，你就继续受人欺负吧。终有一天你会吃非暴力抵抗的大亏，而我这样的可怜人还要给你垫背。"

他的话让我想起了已故的伊弥丽·贺布豪斯小姐曾经写给我的信，她在信中说："如果有一天你为了追求真理而上了绞刑架，我不觉得奇怪。但愿上帝指引并保护你。"

这次谈话是在那个指挥官到我们队里时间不长的时候。没有几天，我们同他的关系变得非常紧张。我因为绝食十四天，体力恢复比较慢，刚进部队的时候，经常徒步两英里多的路程到指定地点。因此我患了肋膜炎，身体更加虚弱。即使这样我还要在周末参加露营。其他人留下了，而我却回家，非暴力抵抗就这样发生了。

这位指挥官施行他的权威似乎有些随意。他要我们明白，无论军事还是非军事，所有问题都归他一人负责，他有那样的权威。索罗布吉匆匆忙忙地找我，这种粗暴的作法让他根本不知所措。他说："一切命令都要经过你下达，我们还在训练营里，他们下了很多无理的命令给我们，而那些指挥我们的青年和我们之间的差别让人难以忍受。这一点必须让指挥官明白，否则我们待不下去。我们救护队里的印度学生和其他人都拒绝执行不合理的命令。人们为自尊从事的事业，要他们放弃，简直不可理喻。"

我找到指挥官将我听到的意见反映给他，让他注意。他让我用书面形式将意见上报给他，并叫我"告诉那些有意见的人，按程序通过小队长提意见，他们再通过指导员把结果反馈给我"。

对此我回复说，我不要什么权力，其实就军事而言，我与别人没区别，只不过我觉得，我是志愿队的主席，充当他们的代表应当被允许。我还向他转达了人们关注的一些困难和要求，即不考虑他们的情绪而任命小队长引起的不满；允许救护队选自己的小队长，再请指挥官批准，将已委派的小队长召回。

指挥官对这些无动于衷，还说自己选举小队长不符军纪，法纪不容许撤销已有的任命。

因此我们开会决定抵制，我告诉大家，"非暴力抵抗"可能产生严重后果，但大多数人赞成抵制的决议，即撤销小队长的任命，由救护队自己选举队长，否则军事训练和周末露营将被迫停止。

会后我又写信告诉指挥官，我的建议被他回绝令人失望；对我来说，追求权力没有意义，我只是很希望做点事。我把头天晚上的决议也附在信里，并说参加波耳战争时，虽然在南非印度救护队里我没什么官衔，但葛尔威上校和救护队之间没有什么不愉快的事发生，上校作出决定之前，总要和我沟通，以了解救护队里的情况。

结果不尽如人意，那个指挥官反而说我们这样做是严重违纪。

无奈，我把这件事的全部经过写信告诉了印度事务大臣，附带决议。他回复说，南非不同其他地方，让我注意，指挥官任命小队长是按规定的，但是他同时保证，如果以后再任命小队长，指挥官应该征询我的意见。

后来我们之间还有很多信息往来，但这件伤心之事我不想再谈。只剩一点要说，就是我获得的经验一如在印度的日常经验。我们救护队被指挥官威逼利诱而分裂。赞成决议的人中有几个也已屈服，在他们的允许下又回去了。

正在这时，有一大批伤员被运到尼特利医院里，需要我们救护队立刻进入工作。被指挥官劝告过的人去了尼特利，其他人都没去。我因病卧床在家，但和队员保持着联系。那段日子里，副国务大臣罗伯滋先生前来探望过我几次，他力主我去劝导其他人去工作。他提议由这些人另行组成一个救护队去尼特利医院，在那里只对指挥官负责，这样可以不伤他们的自尊心，政府会对此进行调解，同时那些伤员也应该由救护队去照顾。我和同伴们同意这个提议，那些没有去尼特利的最后都去了。因为养病，我没去。

仁爱的戈克利

前面已说过在英国我得了肋膜炎。戈克利不久回到了伦敦。我和克伦巴赤经常去看他。我们谈论的大都是战争问题，由于克伦巴赤去过欧洲很多地方，对德国地理十分熟悉，他常常给戈克利在地图上找出同战争相关的一些地方。

另一方面，关于肋膜炎也是我们讨论的话题。即使在我得病的时候，我还坚持饮食实验。我的饮食包括花生、煮过或者新鲜的香蕉、柠檬、橄榄油、西红柿、葡萄等。谷物、豆类和牛奶等我都戒绝了。

我由齐弗拉兹·梅赫达医生负责治疗。他要我吃饭喝牛奶，我坚决不听他的。戈克利知道了这件事。他不管为什么以水果为生，只是要我听医生的安排，吃医生指定的饮食。

戈克利不容许别人说一个不字，这对我来说，不听他的劝可不容易。所以我让他给我一天考虑的时间。我和克伦巴赤晚上回家后商量怎么办。他和我一直做这种实验。我心里明白从我的健康考虑，他赞成我停止实验。因此我必须听从我的心声。

为这个问题我彻夜未眠。我想如果停止实验，那就等于我放弃那个方向的所有理想，而这些理想没什么错。然而来自戈克利仁爱的压力，使我考虑为了健康在哪些方面做一些修改或者接受多少关爱。最终我决定还是坚持这种实验，因为我的主要动机是宗教的；如果在那些方面动机不纯，就遵从医生安排。因为宗教考虑我戒绝喝牛奶，总有一幅加尔各答的养牛人从牛身上挤下最后一滴奶的悲惨情景浮现在我眼前。我想肉类既然不是人的食物，那么人也就不应当喝动物的奶。第二天早晨起床时，我不喝牛奶的决心很坚定，心情也很轻松。内心我怕见戈克利，但我相信他会尊重我。

到了晚上，克伦巴赤和我去国立自由俱乐部拜见戈克利。一见面他直接就问："嗯，医生的劝告你决定接受了吧？"

我轻声而又坚定地说："我愿意接受那些意见，但有一点请你谅解，我是不会喝牛奶的，肉或者牛制品我也不吃。假如我不吃这些东西会死，那我也愿意。"

戈克利问道："你最后决定了吗？"

我说道："恐怕就这样了，我知道这样做使你很伤心，但我还是请你宽恕。"

戈克利心情十分难过，很慈爱地说道："你这样做，我不赞成。我从中没发现什么宗教出来。但我不会再勉强你了。"说完后，他转身对齐弗拉兹·梅赫达医生说："请你别让他再想这件事儿了。除了他坚持的以外你怎么开药方都行。"

梅赫达医生虽然不赞同，但也没办法。他劝我喝"豆汤"，再加点阿魏树脂，我接受了。两天之后，病痛有增无减，我感到不对症，又开始吃水果了。但是，外敷药没停下来，我的痛苦稍微减轻了一些。我的那些戒律的确给医生带来了许多困难。

戈克利因为难以忍受伦敦十月的重雾，这个时候就回国了。

治疗肋膜炎

肋膜炎久治不愈让我很不安，但我知道这病仅靠内服药是治不好的，应该在饮食上做点改变，再加上外敷药物。

我拜访了艾林生医生，他以素食著名，还在 1890 年时我就见过他，他给人治病就是通过饮食调剂饮食。他给我做了仔细检查。我把不喝牛奶的事向他作了解释。他鼓励我道："牛奶你没必要喝。我只是让你在几天内别吃带脂肪的东西。"他劝我吃黑面包，还有甜菜、萝卜、葱和其他青菜等，蔬菜不用煮，如果不能咀嚼，那就捣碎再吃。另外就是橘子等新鲜水果等。

按他的调剂我吃了三天，但我不适合吃生蔬菜，吃生蔬菜让我不安。我的身体状况使我对自己实验的态度不能保持完全平静公正。

艾林生医生劝我休息时整夜开着房间的窗户，用温水洗澡，在伤痛处用油摩擦，每天坚持在户外走步 15 分钟到 30 分钟，我很赞同这些意见。

我如果将窗户全部打开，下雨的话雨水会打进来。而且法式的扇形窗户不好开，所以我敲碎玻璃，放新鲜空气进来，并把窗户开小一点，别让雨水淋进来。

通过这些办法，我的健康状况稍微有些转好，但病根未除，没完全好。

谢西丽亚·罗伯滋夫人成了我朋友，偶尔会来看我。她竭力让我喝牛奶，我坚持不喝，她就到处给我找其他的可代替食物。有些朋友向她介绍了麦芽奶粉，还保证说和牛奶没关系，只是一种化学制品，但具有牛奶的营养价值。我在宗教方面的顾虑谢西丽亚夫人很重视，因此我对她十分信任。我冲泡了一点奶粉，试着喝了一口，发现味道和牛奶一样，我看了看瓶子上的说明，才知道它实际上就是用牛奶制作的，然而已经迟了。我只能放弃。

我向谢西丽亚夫人说明了情况，她为此赶忙向我道歉，并说她的朋友没有看那说明。我让她不必在意，并为我不能接受她的一片心意向她致歉。我还向她说明，喝牛奶是因为误会，我不会介意，而且也不觉得违反了我的誓言。

在此我不得不从略我同谢西丽亚夫人交往的许多美好的回忆。还有许多朋友在我经受考验和失望之时，给予了我莫大的安慰。凡是心存信仰的人，在经受考验和失望时，能从给他施予援手的朋友身上发现神灵的慈悲，于是悲愁在他看来就是欢乐。

艾林生再次探视我时，稍微宽松一些了，他允许我吃花生酱或者橄榄油之类的，以降低脂肪，喜欢吃的话，我还可以煮饭菜，这是很好的改变，但要我的病痊愈还是不行。我还得把大量的时间花在床上，而且需要精心的照顾。

梅赫达医生有时也来为我诊视，如果我愿意听他的劝告，他会给我一个永久性的治疗建议。

情况这样一直拖延着，一天罗伯滋先生来看我，并劝我回国。他说："就目前这样子，你去尼特利的可能性不大了。我们以后的日子会更加严寒，我建议你还是回印度去，在那里好好养身体。等你好起来，如果战争还没结束，你还有贡献力量的机会。就现在说，我认为你所做的已经是不小的贡献了。"

他的话很有道理，我开始准备回国。

阔别十载重回祖国

克伦巴赤先生与我做伴到英国本是转道去印度。我们一起住，也同乘一条船。但德国人正被严密监视，克伦巴赤先生能否办到护照，谁也说不准。我们都为他想办法，罗伯滋先生还为此打电报给印度总督。然而哈定基勋爵直接说："印度政府很难冒这种风险。"这种答复让我们都明白它的分量。

我只好和克伦巴赤先生分离，我们都很难过。如果他能来印度，现在他必定快乐地徜徉在简朴的农夫和纺织者生活中。如今在南非他过着原来的生活，做个建筑师，生意还不错。

我们搭乘东方半岛轮船公司轮船，原打算买三等舱，但因为没有，最后改买二等票。

归途中船上有新鲜水果，但没法买到干果。所以从南非带的干果我们也随身带着。

齐弗拉兹·梅赫达医生给我的肋骨打上石膏，叮嘱我到了红海以后再取下来。开始的两天还可以撑着，到最后确实不能忍受。我费了好大的劲儿将石膏取下来，这样我就可以自由地去做沐浴了。

途中我主要吃干果和水果。我感到我每天都有好转，当我们的船驶入苏伊士运河时，我觉得大有好转，只是依旧衰弱，但已经感觉不到危险了，于是我逐渐加大了运动量。然而，我想正是温带气候的新鲜空气下，身体才好起来了。

不知是因为过去的经验还是其他原因，我发现船上的英国人和印度人之间的距离感在从南非回归途中我没见过。我同几个英国人交谈的时候也只是普通的寒暄，远没有那种诚恳。其原因可能是在英国人的潜意识中有一种自以为是统治民族的感觉，而印度人则觉得自己是被统治民族。

我受不了这种气氛，巴不得赶快回到家里。

轮船到了亚丁，我们感觉像到家了一样。还在杜尔班的时候，我们和克科巴·卡瓦斯吉·丁索先生就认识了，和他们家关系密切，所以对亚丁人比较了解。

几天之后，我们到达孟买，回到了阔别十载的祖国，那种欢乐心情无以言表。

戈克利在孟买为我组织了接风会，他还拖着病体前来迎接我。我是抱着一颗和他同呼吸共命运的心到印度的，身心自当轻松自若。然而命运却是另有安排。

回忆做律师时的时光

在叙述我回印度以后的生活前，我觉得有必要追述一下我曾故意略去的在南非的一些体验。

我有几个朋友是律师，他们让我谈谈关于我当律师的往事。这类事多得很难全部记述清楚。为妥当起见，在此仅追述那些带有真理之实践的性质的事情。

我记得我说过，我从未在职务上做过什么欺骗性的事情，我从事律师工作基本都是为了公益，而为这些事所收的费用从不超过实际开支，有时实际开支高出的部分由我自己补贴。我的律师业务，我想就讲这些可以了。但朋友们希望我多说一点。可能在他们看来，如果我简单地谈几件我必须讲的事，做律师就可以受教了。

在我当学生的时候，就有人说律师行业是个撒谎行业。但这种说法并没有影响我，因为我并不想欺世盗名。

在南非时我的这一原则经受了好多次考验。我知道我的对手经常教唆证人；那时如果我给我的当事人和他的证人一点鼓励，叫他们撒谎，我们就能赢得官司。但我拒绝这么做。我记得有一次赢了一场官司，但我怀疑我的当事人骗了我。我从心底希望我赢的案子都是正当的。我在收取费用时，从不把胜诉作为一个条件。无论我的当事人胜诉与否，我都没指望费用多收或少取。

当每个新当事人找我时，首先我要告诉他我不接欺诈性的案子，也别想让我钻证人的空子。这样一来，我声誉大振，那些欺诈的案子从不光顾我。实际上，有一些当事人愿意交给我办理清白的案子，而那些可疑的案子再交由别人去办。

我曾经有个最好的当事人交办了一件案子，这是一次真正的考验。这件案子中涉及一笔非常复杂的账目，拖得时间很长。曾有几个法院分别受理过这件案子的一部分。最后法院将有账目的部分由指定的会计师仲裁。结果对我的当事人很有利，仲裁人不小心在计算时出错，虽然数目不大，但案情十分严重，原因是他们把借方搞成了贷方。因为别的原因对方反对这个仲裁。我是助理律师。主事律师发现问题提后，他认为这个差错我们的当事人不该承认。他的意思很明显：作为律师，不应该承认任何有违当事人利益的事。我的观点恰恰相反。

主事律师反驳道："这样做的话，全部仲裁极有可能被法院取消，任何一位稳重的律师都不会这样做。不管怎样，我是不会轻易冒这种险的。这个案子如果上报重审，我们的当事人到底要花多少钱，结果如何？很难预料。"

我们讨论这个问题时当事人也在。我说："我认为我们大家应当承认错误。总想着让法院支持一个错误的仲裁，那靠得住吗？如果我们承认错误，使当事人受损，那又能怎么样呢？"

主事律师说："为什么我们要承认这个错误呢？"

我说："我们凭什么认为法院或者我们的对手肯定发现不了错误呢？"

"既然这样，对这个案子你愿意辩论吗？按你的想法，我可不准备和同人家争论。"主事律师的回答很坚决。

我带着歉意答道："你不愿意去的话，我去申辩，只要我们的当事人同意。错误不改正，办这个案子对我没什么意义。"

我的当事人显得有些为难。从一开始我就参与了这个案子，当事人了解并相信我。他最后说："好吧，你去申辩，把差错改过来吧。如果失败不可避免，我们相信神灵保护正当。"

这使我很高兴。我期待他的仅此而已。主事律师对我的固执又是警告又是怜悯，但依然向我表示祝贺。

最后到底怎样了，下一章再叙。

是欺诈吗？

我的意见是否正确我不怀疑，但对这个案子能否处理得当却没把握。高等法院辩论如此棘手的案子我感觉的确是在冒险，当我站在陪审员的面前时，我开始发抖了。

但我说账目中有个差错时，有个法官说道："甘地先生，这不是狡诈吗？"

他这样说简直就是诬蔑，我心里很恼火，心想无端指责人家不诚实，无法容忍。我自语道："碰见个法官一开始就带着成见，看来这个案子成功的希望不大了。"然而我理清思路后回答说：

"我还没讲完，阁下指责人家有欺诈行为，真让人惊讶。"

那个法官说："这只是设想，不存在指责一说。"

"我认为这种设想不只是指责。请阁下听我说完，再评判。"

"很抱歉！我打断你讲话了，请继续说吧，说说为什么出了差错。"

我做的说明有足够的材料支持。这位法官提出的问题使法院一开始就关注我的辩论。我深受鼓舞，于是借此机会做了详细的解释。法院认真听了我的解释，这让我有机会说服法官们相信是由于疏忽而导致的账目差错。所以他们认为没有必要撤销整个裁决。

对方的律师认为纠正这个错误后，再不需要做多少辩论，好像很安心。但是法官们相信核对这样的错误很容易，于是他们继续对他盘诘。那位律师对这个裁决百般攻击，然而最初持怀疑态度的法官这时和我站在一起。

他问道："甘地先生如果不承认这个错处，那你怎么办呢？"

对方律师说："我们不可能再去找一个比他更有能力和更公正的会计专家。"

法官说道："本法院必须假定你非常清楚自己所办理的案子。如果你不能指出任何会计专家都有可能犯这种错的理由，本法院将强制双方当事人重起诉讼，为一个明显的错误再花一笔钱。如果这个错误可以改正，双方就不用再申诉了。"

结果没有采纳那位律师的。最后法院是肯定了纠正错误以后的裁决，还是要求仲裁人重新审查，我记不清了。

我、当事人和主事律师都很高兴。我的信念更加坚定了：不能坚持真理，就当不了律师。

但是，我们必须知道：保持一种诚实之心去履行职务，但实践中出现的根本性错误也避免不了。

当事人变成同事

在纳塔耳当律师不同于在德兰士瓦当律师。在纳塔耳有一种律师，只要有辩护士资格，也可以做状师；而在德兰士瓦，辩护士和状师的职责范围有区别，这和孟买一样。作为律师，当辩护士或状师，他拥有选择权。在纳塔耳时，我已拥有辩护士资格，而到德兰士瓦要当状师，我还得申请。因为当辩护士，我不能和印度人有直接联系，而在南非，白种人状师不会找我。

在德兰士瓦，状师也可以去县法院出庭。有一次，在约翰内斯堡的县法院里我办理一桩案子时，发现我的当事人在欺骗我，没经过辩论我便要求撤销这个案子，这让对方的律师感到很惊讶，但院长却很高兴。我指责当事人的行为，他清楚我从不受理虚假案子，我将这件事向他作了说明，他承认是他错了。在我的印象中，我请求院长做出了不利于他的判决，但他没生气。在这个案子中，我这么做其实并没有影响我的业务，反而提高了我的工作时效。从中我也看到，忠诚于真理使我在同行中的声誉更高，尽管存在着肤色歧视的阻力，但在某些案子中，我还是得到了他们的支持。

做律师时，我有个习惯：我不懂的，我从不向我的当事人或同事隐瞒。当我感到没有把握时，我就建议当事人另请高明；如果他非我不找，我便请他允许我向大律师请教。我的坦诚赢得了信任和好感。如果必须找大律师时，他们也愿意承担费用。不仅如此，我的公众工作也受益于这种信任和好感。

前面已说过，在南非做律师，我是为侨团服务为目的的。即便这样，赢得别人的信任是不可缺少的。印度人心地宽厚，善于挣钱，但当我劝诚他们为争取自己的权利而斗争，甚至为此坐牢时，他们许多人欣然接受。这固然说明他们明白这样做是正确的，但我更觉得是他们对我的信任和好感起了很大作用。

书写至此，许多美好的回忆涌上我的心头。原来的当事人成千地成了朋友，成了公众工作中真诚的同事，由于他们的支持与配合，使原本就满是艰难和危险的生活变得美好了。

如何解救当事人

巴希·罗斯敦济这个名字读者应该比较熟悉了。他就是因找我受理案子变成同事的人，准确地说，先成当事人再为同事。他对我的信任达到了将家务事也和我商量并听从我的意见的程度。甚至在他生病时也找我帮忙，我们的生活方式差别很大，但他对我的治疗土法会毫不犹豫地接受。

有一次这个朋友境况非常不佳。他向我讲了很多事，但有一件事他隐瞒了。他做大宗进口生意，经常从孟买和加尔各答进口，有时也干点走私的事儿。由于他和海关官员关系很好，没有人怀疑他，凭着这种信任，他们经常凭货单收税，不经查验。也许走私有时候是默许。

有一天，我的这位朋友巴希·罗斯敦济跑来找我，显得慌乱而痛苦，他说："老兄，我瞒了你，我走私，今天被发现了。完了，一切全完了。我一定会坐牢。我很绝望，也许只有你才可以拯救我。我没有向你瞒过什么，我以为这种做生意的事不该让你烦扰，因此走私的事，我就没告诉你。但是现在，我太后悔了！"

我安慰他道："你能不能得救全靠神灵了。你也了解我，坦白认错是我救你的唯一办法。"这位善良的波希人感到无比的绝望。

他说："我在你面前承认错误，难道也不够吗？"

"你没有对我犯错，而是对政府，向我认错有用吗？"我轻声说道。

他说："我肯定会奉命去做，我只是想要不要和我的老法律顾问××先生协商？你给拿个注意。他也是个朋友。"

调查后得知，他走私已有了很长时间了，只是这次才被发现，钱数也不多。我们一同找了那位法律顾问，看完文件后他说："这件案子应该是陪审员审判的，而纳塔耳陪审员不会轻易放过印度人。但我不会感到绝望。"

这个法律顾问和我不熟悉，巴希·罗斯敦济接口说："谢谢！我和甘地先生很熟悉，我想请他帮忙办理这件案子。如果有需要，还请你给予指点。"

法律顾问再没来得及说什么，我们便前往巴希·罗斯敦济的店里了。

这时我对他说："我想，这个案子没必要上法院。对你进行控诉或者不了了之，纯粹看海关官员的态度，而他又听命于检察长，我们去找找这两个人。按规定给他们交罚款，我想他们可能会同意。如果不同意，你就要准备坐牢。我认为坐牢不丢人，丢人的是犯法，而你已经做了。你要好好地忏悔，不再犯错，坐牢就是一种忏悔。"

巴希·罗斯敦济是否同意我的意见，我说不上。他这个人很勇敢，但当时还是缺乏一些勇气。他处于名誉受损的危险中，一旦声名被毁，他将如何是好呢？

最后他说："好吧，我答应过你，我听凭你处理。"

我找海关官员，向他讲述了整个事情，答应让他审查所有账目，并告诉他巴希·罗斯敦济感到非常悔恨。

那个海关官员说："我喜欢这个老波希。他干这样的傻事，让我也难过。你也知道我的责任，我得听检察长指示，你还是去尽力说服他吧。"

我说："如果你不坚持让他上法庭，我就感激不尽了。"

之后，我给检察长写信并去拜访他。让我很高兴的是，我的坦率真诚让他很欣赏，他相信我没有向他隐瞒什么。

我不记得，到底是因为这个案件还是其他事情，我的坚持和坦率使他这样说："在我看来，否定的回答你永远不可能得到。"

经过调解，了结了巴希·罗斯敦济的案子。以他承认的走私款项的两倍交了罚款。这件事情被罗斯敦济比较详细地写下来，然后装上镜框悬挂在他的办公室墙上，目的是警示他的后代和同行。

罗斯敦济的朋友曾经提醒我，让我小心以防上当，说他的悔改靠不住。我将此事告诉了罗斯敦济，他说："如果我骗你，我还会有将来吗？"

我为真理祈祷

初次体验

按原定计划，我应该先回国，但因为在英国忙于战争方面的工作而延误，所以从凤凰村启程的那些人在我之前先到了。我的计划全被打乱，眼看在英国受阻，回印度遥遥无期，这样，找地方安顿凤凰村这一帮人是我面临的主要问题。我考虑如果有可能，在印度让他们也住在一起，就像凤凰村那样生活。我不知道该介绍他们去哪里住，所以发电报给他们，让他们找安德鲁先生，并听他安排。

他们先被安顿在康格立的古鲁库尔，当时史华密·史罗昙纳吉把他们看作是自己的儿女。后来他们又搬到圣提尼克坦书院［Shantiniketan，在加尔各答以北一百英里；那里的书院后来发展成为有名的国际大学］，在那里他们受到诗人［泰戈尔］和他的同人的爱护。在这两个地方获得的体验使他们和我都受益匪浅。

我常对安德鲁说起，诗人、史罗昙纳吉和苏希尔·鲁德罗院长是三位一体。还在南非的时候，安德鲁每当谈起他们时，神情总是那么敬仰。我在南非许多美好回忆中，安德鲁这些谈话是最为生动甜美的。安德鲁先生把凤凰村来的这些人介绍给了苏希尔·鲁德罗。鲁德罗院长把他的家整个交给凤凰村的人去使用。一天之后，凤凰村来的人感到像来到自己家里一样，没有离开凤凰村的那种失落。

凤凰村的人被安顿在圣提尼克坦，我是在孟买上岸后才知道的。所以在见过戈克利之后，我才前去看他们。

在孟买我的受欢迎程度为我提供了一次进行小型非暴力抵抗运动的机会。

欢迎会的举办地在杰罕济·贝迪特先生的地方，参加欢迎会时我不敢用古吉拉特语讲话。我常年与契约工人生活在一起，所以当我进入满眼金碧辉煌的宫殿式之地的时候，我就感到自己是一个十足的乡巴佬。我上穿卡提亚华外衣，戴着头巾，扎着"拖地"，显得比现在的样子还要文明一点［后来的甘地习惯赤裸上身，扎"拖地"，脚蹬木屐；天冷时，上身披一件大围巾］，但是身处贝迪特先生的壮观豪华的大厅，我依然感到手足无措。幸亏费罗泽夏爵士在一旁陪着我，我才勉强得以应付。

后来又有一次由乌昙拉尔·特立维第组织的古吉拉特人的欢迎会，真纳先生［Jinnah，1876—1948 年，原国民大会党的领导人之一，后转而参加全印度穆斯林联盟，1940 年后主张成立巴基斯坦，另建国家。1947年印巴分治后成为巴基斯坦总督，被称为巴基斯坦国父］是古吉拉特人，他也参加了这次活动，我不记得那次他是主持还是主要讲话人，他的演说简短美妙。我记得，其他大多数人像真纳先生一样是用英文发言的。而我发言时用古吉拉特语表达了我的谢意，以表明我喜欢古吉拉特话和印度斯坦语，我以谦虚的语气说在古吉拉特人的聚会上不该讲英语。我也考虑过我这样做可能显得很失礼。但是，好在没有人误会我致辞时坚持讲古吉拉特语。事实上，我很高兴，大家好像都很同情我这个离开祖国很久而又缺乏经验的人的所为。

经过这次欢迎会，我认识到我可以在同胞面前提出我的新观点和主意。在孟买停留的时间很短，但体验很充实，接下来我去浦那会见戈克利了。

会见戈克利

戈克利在我刚到孟买时便通知我，省督想见我，并说按规矩先去见省督再到浦那去看他。所以我先前去拜会省督。

寒暄之后，省督说："请求你一件事。在你准备进行与政府相关的活动时，不管什么时候，都希望我们能在这里见个面。"

我答道："这个好办，因为我是非暴力抵抗者，按惯例我要知道对方的意见，并尽可能同对方达成协议。在南非时，我是这么做的，在这里我也要这样做。"

威灵顿勋爵向我道谢，并说："任何时间我们都可以见面，你会明白我们不想做错什么。"

我说："我之所以能坚持下来，就是因为有这种信仰。"

和他会见后，我去了浦那。在这个令人难忘的时间里的许多回忆，我无法一一记述。戈克利和印度公仆社的朋友们给予我非常热情的欢迎。记得当时他召集了他们所有的人欢迎我，在一种坦率的氛围中，我们讨论了各种问题。

戈克利希望我参加印度公仆社，我也有此意。但是其他成员感到我与他们的思想和办事方法区别很大，我加入的话恐怕多有不便。而戈克利却认为，即使我有时喜欢坚持己见，但我还是愿意加入他们并能容忍他们的意见。

戈克利说："我知道你准备和他们妥协，但他们不知道，他们固执己见，毫不动摇。但愿他们能接受你，如果不接受，也请你不要介意，他们还是敬重你的。他们怕这样会对你不敬，所以他们不愿冒险。但是不管加入与否，在我看来你就是其中的一员。"

我向戈克利说了我的想法：无论我加不加入，我都想创办一个学院，用来安顿凤凰村来的那些人，学院应该在古吉拉特。我认作为古吉拉特人，为古吉拉特服务是为国家服务的一部分。戈克利同意我的想法，他说："这完全可以。你和他们协商的结果不管怎样，请一定让我去筹划学院的经费，我将把学院看作我自己的，为它全力以赴。"

和戈克利商量之后，我很高兴。我既不担筹措经费的责任，也不必单打独斗去开创工作，只要确保在遇到的时候，提供一定的帮助和可靠的指导就可以了。这时，我心里感到轻松多了。

接下来，他请德夫医师过来，让他在社里的账目内单独为我立个账户，并随时把创办学院的所需款项和其他公共开支划拨给我。

至此，我准备去圣提尼克坦了。出发前，戈克利为我组织了一个小范围的茶会，并且亲自订了些我喜欢吃的水果、干果等。茶会地点离他的房间只有几步之遥，但他体力微弱，以前的活动他都无法前来，只因为太钟爱我，这次他竟然参加了，但最后却昏倒而不得不被抬走。他经常昏厥，他在体力不支时，还吩咐我们茶会继续，不要受他影响。

这次茶会实际上是一次座谈会，在该社招待所对面的空地上，朋友们一边吃花生、枣子和水果，一边交谈。

然而，在我的一生中，戈克利的这次昏厥事件并不平常。

这是威胁吗？

离开浦那之后，我去了拉奇科特和波尔班达探望我的寡嫂和其他的亲戚。

在南非进行非暴力抵抗运动时，为了密切接触契约工人，我在穿着上改变了很多，就是在英国，不出门的话，我穿得还是非常简单。登陆孟买时，我穿了一身印度布做的卡提亚华服装：一件衬衫，一条"拖地"，加上外衣和一条白围巾。因为要从孟买坐三等火车去旅行，觉得围巾和外衣有些多余，于是这两样我没带，只是花了八九个安那买了一顶克什米尔帽子。这样的穿着打扮，在人们眼中我一定是个穷光蛋。

那时正流行着黑热病，现在记不清是在维朗坎还是八德弯，有人进入三等车厢对乘客的健康情况进行检查。当时我有点发烧，检查员让我到拉奇科特时，去医务所报告，并做了姓名登记。

可能有人知道我要经过八德弯，因为有个叫莫迪拉尔的裁缝到站上接我，他是当地知名的公共工作者。他向我讲了维朗坎的风俗习惯和火车乘客因此必须遭遇的困苦。由于发烧，我想多说话，便简单地问了一句：

"你准备进监狱吗？"

我以为莫迪拉尔做事轻率，说话不假思索，但这个青年人可不是这样，他语气坚定地说：

"如果你做我们的领导，我们愿意坐牢。当然，今天我们没打算留下你，但你一定要保证返回时在这里做个停留，如果你看我们这些青年人的工作和精神，你肯定会高兴，只要你一声号令，我们会马上响应，你可以相信这一点。"

我对莫迪拉尔的话很感兴趣。而他的同志对他很赞许："他只是个裁缝，但他对业务很娴熟，每月他只花 15 卢比，所以他每天只干一小时的活，其余的时间他都花在公众工作上。由他领导我们，这让原来受过教育的我们感到惭愧。"

在我与莫迪拉尔的深入交往中，我了解到了为什么人们那么夸他。他每个月抽出几天到刚成立的学院来教孩子们学裁缝，同时也为学院的裁缝工作帮忙。他和我每天都谈维朗坎的情况和火车乘客的困难问题，他说他对这些问题已经无法容忍。

到拉奇科特的第二天我就去医务所报告。那里的人认识我，他们感到很不好意思，对那个检查员也很生气。我觉得没必要生气，那是检查员的责任。再说检查员不认识我，即便认识，也不能做别的。

在流行疫病时，很有必要对三等乘客的健康情况做检查。大人物假如乘坐三等车，无论地位怎样，他们都应当和穷人一样遵守规矩，而铁路官员也当一视同仁。我觉得铁路官员没有把三等车的乘客看作自己的同胞，而把他们当作可驱使的一群绵羊，对待他们时态度蛮横而傲慢，他们必须服从官员，就像奴仆一样，他们还被官员无故殴打和勒索，经常在受到无以复加的整治后他们才能买到火车票，延误车次或时间的事经常发生。我亲眼目睹了这一切，而且有决心为消除偏见而斗争。

在卡提亚华，我走到哪儿都会听见人们对维朗坎海关弊端的意见。看到这种情况，我决定采用威灵顿勋爵的建议。我开始查阅和收集有关这个问题的文献和资料，最后证实了那些意见之后我和孟买政府通信。我拜访了威灵顿勋爵的私人秘书，并请拜见勋爵阁下。勋爵对此种情况表示同情，但说那是德里的责任。他的秘书说："这件事不归我们管，否则关卡早就撤了。这事你该找印度政府。"

于是我写信给印度政府，他们只说收到了我的信件，其他什么都没说。这个问题一直到我见到了詹士福勋爵后才得以解决。我把这些事实告诉詹士福勋爵时，他觉得很惊讶，说他不知道这些情况。他耐心地听我讲述，听完后他马上打电话调阅关于维朗坎的文件，并答应：当局如果不能就此事说明理由或解释，他将撤销关卡。和他会见后没几天，维朗坎关卡被撤销的消息见报纸了。

我将这次事件当作在印度进行非暴力抵抗的前奏。因为我去找孟买政府时，那个秘书对我在巴格斯拉的演说时提到的非暴力抵抗很蔑视。

他问："你在威胁吗？你觉得一个强有力的政府会屈服于你的威胁吗？"

我答道："这不是威胁，而是教育人民如何合法地去解除疾苦，这是我的责任。一个民族要自立，就应该知道如何获得自由。获得自由之法通常包括暴力，而暴力被看作最后的办法，可非暴力抵抗顾名思义就是不使用暴力。我有责任向人们解释它的做法和界限。不列颠政府强有力我不怀疑，同样非暴力抵抗的效果我也不怀疑。"

那位秘书转了转聪明的眼珠子，怀疑地点点头，说道："我们走着瞧吧。"

前往圣提尼克坦

我从拉奇科特赶往圣提尼克坦。在那里我受到了师生的热烈欢迎。欢迎会朴素、文艺，充满了爱。在这里我第一次会见了卡卡萨希布·柯列卡。

当时我不知道柯列卡怎么叫作"卡卡萨希布"。到后来，我才知道在英国时的好友柯沙福劳·德希潘特先生，他如今在巴洛达邦创办了一所学院叫"甘伽纳斯学院"，他为了让学院有一种家庭氛围，经常给教师们起一些家常名字。柯列卡先生曾在那里当过老师，因此叫"卡卡"［伯伯之意］。伐德克叫"摩摩"［舅舅之意］，哈利哈尔·夏尔玛则称为"安纳"［兄弟之意］，其他人也有类似的名字。卡卡的朋友阿难达南［史华密］、摩摩的朋友巴特华昙［阿巴］，他们都加入了这个学院，成了我的同事。而德希潘特先生则经常被称为"萨希布"。这个家后来随着学院解散而散伙了，然而他们精神上的联系并未断绝，他们的别名依然还在。

卡卡萨希布去各个院校学习经验，我到圣提尼克坦时，恰好他也在那里，还有和他们一起的金大满·萨斯特立。他们在那里帮助讲授梵文。

在圣提尼克坦凤凰村的人都拥有了住处。摩干拉尔·甘地作为他们的领导人，他的职务就是监督人们严格遵守凤凰村学院的规矩。他在圣提尼克坦深受尊敬，我认为就是因为他的爱心、知识和坚韧的品格。

在那里还有安德鲁、皮尔逊，以及和我走得比较近的孟加拉教员贾格丹南德巴布、尼巴尔巴布、孙托斯巴布、克希提穆罕巴布、纳庚巴布、沙罗巴布和卡里巴布。

　　和往常一样在那里我很快和师生们熟悉起来，并且与他们一起讨论如何自食其力。我向教师提出：不用雇人给孩子做饭，管理厨房是学生身体和道德上的需要，还能给学生提供自力更生的实践机会。个别教员显得不以为然，但有的教员非常赞成我的意见。可能是出于好奇心，学生们也欢迎这个建议，于是我们便开始试验了。我请诗人讲讲自己的看法，他说教员们赞成就行了，他没什么可说的。他对学生说："这个试验包含着自治的钥匙。"

　　为保证试验成功，皮尔逊不顾自己的身体，全身心地投入。他将人员分成组，一组切菜，一组洗米等。纳庚巴布和其他几个人负责厨房及其周围的卫生清洁工作。看到他们个个出去工作，我打心里高兴。

　　但是，你要想使这一百多名学生和老师的这种体力劳动尽如人意，那有点太难为他们了。后来，有些人已经有些厌倦，但皮尔逊却兴致不减。我们常常会看到他在厨房内外开心地忙来忙去，甚至还去洗一些较大的餐具。为了消除疲劳，一些学生为正在洗餐具的学生弹"希达"〔sitar，一种印度弦乐器〕。大家做这件事的时候显得很开心，圣提尼克坦就像勤劳而忙碌的蜂群聚居地。

　　自力更生给大家带来很大的变化。凤凰村的人不仅自己做饭，而且饭菜很简单。他们不用作料，在一个蒸笼里同时蒸饭、做豆汤和青菜。为改革孟加拉的厨房，圣提尼克坦的学生们也开始做类似的试验。由一两个教员和几个学生负责这项工作。

　　但是后来试验中途结束，我认为这次试验时间虽短，也没有损失什么，而所获得的经验对于教员来说也有益无害。

　　在圣提尼克坦我本想多待些时日，但在我到那里不到一周时，便接到了戈克利逝世的电报。整个圣提尼克坦陷入悲痛之中，人们在学院神庙里举行了庄严的集会，以哀悼国家的损失。当天我只带着妻子和摩干拉尔赶赴浦那。

安德鲁为我们送行，到八德弯时，他问我："在印度进行非暴力抵抗你认为可以吗？可以的话，应该是什么时候？"

我答道："不好说，一年内，我不准备做什么。我曾答应戈克利，要游遍印度全境，以拓宽见闻、积累经验。在这期间，对于公众问题我不能发表意见。就是一年满了，我也不想急着发表什么意见。所以我想在5年之内，大概不会进行什么非暴力抵抗运动。"

我的关于印度自治的想法常常被戈克利拿来说笑。他说："在印度住上一年后，你再看看，你的想法肯定会有变化，会得到纠正。"

经历三等乘客的疾苦

在八德弯时，我们经历了三等车乘客一票难求的尴尬和困苦。售票员语带轻蔑地说："三等车票不可能那么早开始卖。"有好心人告诉我去哪里找站长，我找站长向他说了我们的困难，他的答复与售票员说的一样。于是我们只好等着开始卖票，售票窗一开，我赶了过去。然而力气等于权利，上前买票的人把我不断地挤了出来。我是第一批的最后一个买到票的。

然而，上车又是一种考验。已上车的人和要上车的人相互吵架，你推我搡。我们在站台上跑来跑去找能上去的地方，可都说："这里没位子。"我找车守帮忙，他说："能挤上去赶紧挤吧，否则，只能等下一趟车。"

我恭敬而急切地说："我有急事呀！"他根本不听我说。情急之下我让摩干拉尔随便挤挤找个地方，我则带着妻子进入二等车车厢。到阿三索尔站时，车守过来让我们补票。

我对他说："你有责任给我找位子。坐这里是因为我们找不到位子。如果在三等车厢里你能给我们找个位子，我们很乐意去那里。"

车守说："你别给我说那么多，我不能给你找位子。你要么补票，要么下车。"

我急着赶路，也就不打算和车守理论，按他的要求补票，但所受的这种不公待遇着实让我气愤。

火车于第二天上午抵达莫加尔沙莱。摩干拉尔想办法在三等车厢里找到了一个座位，我搬了过去，将实际情况讲给查票员，请他开具证明，说明我是在莫加尔沙莱时搬到三等车厢的，他不同意。我又向铁路部门陈述这种情况，要求改正，但答复是："按规定没有证件则不能退费，但你可以例外。不过，自八德弯到莫加尔沙莱的补票费不能退。"

从这次以后，我乘坐三等火车的经验我可以写一本书。所以我在此只能顺便讲一讲。后来由于健康原因，我只能放弃乘坐三等火车的做法，这让我一辈子都觉得遗憾。

毫无疑问，是铁路当局直接造成了三等车乘客的疾苦，但是也不能否认乘客本身的粗野、肮脏、自私和无知也是带来苦痛的原因之一。只可惜他们对自己的不雅、肮脏或自私根本没有任何意识，他们认为自己所为是再自然不过的事，而产生这一切疾苦的根源是我们这些有教育背景之人的漠视。

当我们到达卡利安时，已经很疲劳了。我和摩干拉尔从车站的水管里打来一些水用于洗澡。当我给我妻子找地方洗澡时，碰见了印度公仆社的高尔先生，他也要去浦那。他建议让我的妻子去二等车厢的浴室去洗澡。我有些不想接受这个好意，我明白她没有去二等车厢的浴室洗澡的权利，但我最后还是接受了。我知道作为崇奉真理的人是不该如此的。这样做倒不是因为我的妻子必须洗，而完全是因为对妻子的偏爱胜过了对真理的尊崇。《奥义书》说：在玛耶的金纱幕后有一张真理的脸。

在追求中更加明白

在浦那参加完葬礼之后，我们很自然地讨论起了印度公仆社的前途问题，以及考虑我是否应当加入这个组织。入社的事情，对我来说的确很麻烦。戈克利在世时，我不必请求入社，只要遵从他的意愿即可，这也是我乐意的。现在，既然我已经置身于印度公众生活的波涛之中，就必须有个可靠的舵手，而戈克利曾经就是这样的人，他的庇护让我有安全感。现在他已经不在了，我只能自己去努力。我觉得我加入公仆社才能告慰戈克利先生的英灵。于是，我便毫不犹豫地提出了入社申请。

那时大多数公仆社社员在浦那，我力图打消他们我的疑虑，不断地游说他们。但我可以看出来，对我的入社申请，他们有不同的意见。其中一部分人同意，而另一部分人则极力反对。就对我的友好程度来说，这两部分人不相上下，但是，他们好像更加忠于印度公仆社，那种忠诚度并不亚于对我的情谊。因此，我们的讨论仅限于原则问题，而不是意气用事。反对我入社的人认为，在重大的问题上，他们的观点和我的看法相差甚远，他们害怕我入社以后，会深深地影响印度公仆社原来的宗旨，这一点他们无法接受。

经过长时间的讨论之后，我们便四散而去，此事只好等日后再做决定。

回到家的时候，我内心有些激动。我想，倘若大多数人投票赞成的话，我是不是应当加入印度公仆社呢？这种做法是否符合我对戈克利的忠心呢？既然社员们对于我的入社问题意见如此相左，我觉得最好还是撤销入社的申请，免得让反对我入社的人为难。我想这样做，才能表达我对印度公仆社和戈克利的忠心。有了这个瞬间的决定之后，我马上给萨斯特立先生去信，请他不必再开会讨论。反对我入社的人对我的这一决定非常赞同。这不但让他们免于陷入进退两难的境地，而且还增进了我们的友谊。撤销了入社申请，倒使我成为一名真正的社员。

后来的经验告诉我，我不当正式的社员更为合适，当时他们反对我入社也有道理。经验也证明，在原则问题上我们的观点有很大分歧。但承认分歧并没有让我们疏远，我们仍然情同手足，我经常出入印度公仆社在浦那的驻地。

我虽然不是印度公仆社的正式社员，但从精神上讲我始终是它的一名社员。和物质上的关系相比，这种精神上的关系更为珍贵。

缺乏精神的物质关系，只是没有灵魂的躯壳而已。

参加坎巴庙会

接下来，我便去仰光看望梅赫达博士，途中在加尔各答做了短暂停留，在已故的巴布·普本德罗纳斯·巴素那里做客。在这里我体会到了孟加拉人的好客是多么极致。那时，我还严格地遵守只食水果的信念，所以加尔各答能搜罗到的水果和干果我全都买遍了。在主人家里，妇女通宵为我剥果皮，想尽办法按印度的办法来调制新鲜的水果，还为我们一行人——包括我的儿子兰达斯做了很多好吃的东西。对他们热情的款待，我们极为感动，但一想到他们全家人忙前忙后招待两三个客人，心里就很不好受，而我又找不到办法避免这种境况。

我是乘统舱去仰光的。在巴素先生的家里所受到的过分热情的接待，和船上受到的粗野待遇相比，简直是天壤之别。在船上，连一个统舱的乘客最起码的安适条件也没有。浴室脏得令人难以忍受，厕所更是污浊不堪。要上厕所，就得踩着屎尿或者跳着走才行。

这种条件简直让人无法忍受。我去找了大副，但是毫无结果。除了这幅场景，更让人难以忍受的是旅客们毫不在乎的坏习惯。他们随地吐痰，吃剩的东西、烟头和槟榔叶子扔得到处都是，周遭肮脏不堪。此外，吵闹嘈杂之声不绝于耳，每个人都想霸占大块地方，行李占的地方更大。两天的里程中我们经受了非常严峻的考验。

一到仰光，我便写信给轮船公司的代理，把遇到的情况告诉了他。因为这封信，加上梅赫达博士的帮忙，回程时虽然还是乘坐统舱，但没有来时那么难捱。

在仰光，我拿水果当饭吃，这给主人增添了不少麻烦。不过，梅赫达博士的家就像我家一样方便，对一些奢侈的菜单我还能稍微控制一下。对我能吃的水果的数量并没有任何限制，眼前的水果让我目不暇接，所以就很难管住自己的胃。当时吃饭的时间并不固定，我喜欢在日落以前吃晚饭，但往往要等到晚上九点的时候才能吃上。

那是 1915 年，适逢坎巴庙会的会期（Kumbha fair，印度教徒十二年一次的大庙会的节日，印度北方省的哈德瓦地方举行——编译者）。我对这种集会并没有多大兴趣，只是很想到古鲁库尔去见摩哈德玛·孟希朗吉。戈克利的印度公仆社已经派了一大批志愿队去坎巴工作，潘迪特·赫立达亚纳斯·孔知禄任队长，已故的德夫医师担任随队医官。应他们请求我派凤凰村的人前往协助，所以摩干拉尔·甘地比我到得要早。从仰光返回后，我便同他们会合。

从加尔各答到哈德瓦的旅程特别劳累。有时车厢里没有灯光，列车经过沙哈兰埔之后，我们被赶进了装载货物和牲口的车厢。这种车皮车顶敞开着，人进入后头顶炎炎烈日，脚踩滚烫铁板，我们差点被烤熟了。然而，即使是这样的旅程，虽然干渴难忍，但正统的印度教徒还是不肯饮用穆斯林提供的水，他们要等到有了印度教徒提供的水才肯喝。需要一提的是，正是这些印度教徒，在他们生病的时候，医生让他们喝点酒或牛肉汤，抑或由一个穆斯林或基督教徒药剂师给他们水喝时，他们就不会那么犹豫了。

在圣提尼克坦时，我们就已经明白，在印度如果我们有什么特殊作用，那就是干一些清道夫的工作。现在哈德瓦志愿队都集中住在一起，德夫医师已经挖了一些坑当做厕所。他雇用了清道夫打扫这些厕所，所以这就是来自凤凰村的人所做的事了。我们建议用土掩盖粪便，德夫医师高兴地接受了。我提了建议，但却由摩干拉尔·甘地执行这项任务。我的任务是把大部分时间用在接待来帐篷里"朝拜"的数不尽的香客上，并与他们讨论宗教等问题。这样一来，留给我的时间几乎连一分钟都没有。甚至在我去河边沐浴或者吃饭的时候，"朝拜者"们也都紧跟在我后面，寸步不离。至此，我才认识到我曾在南非所做的微不足道的服务工作，如今对整个印度有多么深刻的影响。

但这并不值得炫耀。我好像陷入充满魔鬼的深渊之中。在没有人认识我的地方，与国内千百万人一样，我饱受疾苦，像乘坐三等车那样的经历。但在有人认识我的地方，我被"朝拜"的狂热包围。这些境况下哪种更为可怜呢？我常常很难得出结论。但这些"朝拜者"盲目的爱往往使我感到痛心和生气。当然旅行虽然劳累，我的情绪还算好，也很少生气。

那时，我的身体还很强壮，可以到处走动，没有多少人认识我，所以上街走走也不会引来多么大的麻烦。在闲逛中，我看到了香客们的心不在焉、虚伪和无聊远胜于他们的虔诚。而在这里的"沙陀"们，像生来就是为了享受人生的富贵似的。

在这里，有一头五脚母牛让我很惊讶，但很快有人告诉了我内幕。这头五脚母牛何其不幸，它只是一个贪婪者的牺牲品。它的第五只脚是从一只活生生的小牛身上砍下来，然后缝到母牛身上的！这种残暴的行为只是为了骗取无知者的钱财。除印度教徒外，这头五脚母牛并没有吸引其他人，也只有印度教徒才愿意为这么一头奇牛布施。

对我来说值得纪念的庙会日子到了，然而去哈德瓦，我并没有香客的那种心情。据说参加这次庙会的人达到一百七十万人。他们不都是伪善者，或者只是为了游玩，他们中有相当多的人来此是为了功德修行和身心洁净。这种信仰对提升人们的灵魂到底有多大功效，我无从知晓。

因此，我辗转反侧、夜不能寐。这群虔诚之人生活在伪善者之中，却能出污泥而不染，在造物主的面前，他们无可厚非。来哈德瓦如果是一种罪过，我会公开抗议这么做，并在开会那天离开；如果没什么过错，我当有一种克己苦行的自觉，为那里流行的罪恶忏悔以期达到一种自我洁净的目的。因为我生活的基础是遵守纪律，所以这对我来说很自然。在加尔各答和仰光我受到了优厚款待，这的确给主人增添了不少麻烦。因此，我决定节制自己的饮食，在日落以前进晚餐。我深信，假如我不这样做，以后将会给接待我的人带来诸多不便，结果便是别人为我服务，而不是我为别人服务了。我决定在印度的时候，每天的食物不过五种，天黑后不再进食。我也考虑到可能遇到的困难，并做了充分的准备。我对自己说，如果我生病了，那就把五样食品中之一当作药物，而不要求其他特别食品，这会是怎样的情形呢？最终我决定，不管在什么情况下，都毫无例外。

算起来，这一誓言我已经信守了十三年。说实话这是一种严峻的考验，但也证明，它保护了我。我认为，这一做法不但让我增加了几年的寿命，还让我避免了很多疾病。

拉克斯曼·朱拉桥

在古鲁库尔会见身体高大的摩哈德玛·孟希朗吉之后，我感到如释重负，觉得古鲁库尔的宁静和哈德瓦的喧闹形成了一种鲜明的对比。

摩哈德玛对我十分友好,，而且对实行"节欲"的人他也很周到。这里我第一次遇见了阿恰立亚·兰玛德福吉，我一眼就看出他这个人很有力量。虽然在很多问题上我们有不同的观点，但我们还是成了朋友。

我和阿恰立亚·兰玛德福吉，还有其他教授一起，就古鲁库尔实施工业教育的必要性进行了很长时间的讨论。临别之时，我们都感到有些相聚匆匆。

很早我就听到有很多人赞美拉克斯曼·朱拉桥。这座桥离赫里希克斯很近。在离开哈德瓦时许多朋友建议我去看看那座桥。我想步行前往，这样我的行程就变成了两个阶段。

到达赫里希克斯之后，很多游行僧人前来看我，有一个还和我十分亲近。那里也有凤凰村的人，这让那位史华密感到了许多问题的存在。

我们谈论宗教，因为他知道我对宗教怀着深厚的情感。我从恒河沐浴回来，光着头，也没有穿衬衣，头上也没有"饰嘉"（Shikha，一般印度教徒男子在脑后所蓄留的一绺头发，有吉祥和却邪祛病的意思——编译者注），脖子上也没有圣环（Sacred thread，是印度教徒前两等种姓的人到一定年龄，参加一种仪式时套在身上的一根细绳或线的环，以与其他种姓的人区别开来。第三等种姓一般不戴，而第四等种姓按规矩不能佩戴——编译者注），当他看见我这样的时候，难过地说："作为一个有信仰的印度教徒，束发，戴圣环，是印度教徒的一种外表象征，任何印度教徒都应当有，而你让我实在难过。"

有一段时间我不戴这两样东西。十岁的时候，我看见婆罗门的孩子们用圣环把成串的钥匙穿起来，做游戏玩儿，于是也很想能玩儿同样的游戏。那时，卡提亚华的吠舍家族还不曾戴圣环，但有人提倡这项运动，强迫前三等种姓的人遵守这个规矩。于是甘地家族中就有人开始戴圣环。有一个婆罗门教我们几个小孩子《罗摩护》，给我们戴了圣环。当时我没找到成串的钥匙，只是弄了一把钥匙来玩。后来，丝线断了，我也就没有再戴新的圣环了，心里到底有没有惋惜，我就不记得了。

长大之后，不管是在印度还是在南非，还是有人向我建议重新戴上圣环，但我没有答应。我认为，如果首陀罗阶级的人不能戴圣环，那么其他阶级的人有什么权利来佩戴它呢？而且也没有让我遵守这些不必要的风俗的理由。我并不反对别人戴圣环，只是戴的理由不充分而已。

因为我是毗湿奴派信徒，所以在脖子上戴小项圈是当然的，而长辈们则必须有"饰嘉"。但我在赴英国前夕剃掉了"饰嘉"，因为我怕他们取笑我光着头，甚至怕英国人说我是野蛮人。这种自卑的心理越来越厉害，甚至我还在南非的时候，让堂弟恰干拉尔·甘地也剃掉了他的"饰嘉"，为的是便于他的公众工作，而我没有考虑他的感受。

我把这一段告诉了史华密，并且说：

"我不戴圣环，因为我觉得没有必要。有许许多多印度教徒，他们不戴圣环，照样是印度教徒。况且，圣环是精神上再生的象征，戴它的人理当将更加高尚纯洁的生活作为一种追求。如今印度教徒中以及全印度戴圣环的人，能否维护佩戴有那种意义的标记的权利，的确让人产生疑问。只有印度教本身废除'不可接触'的规矩，打碎一切尊卑贵贱的界限，摆脱其他在教内蔓延着许多罪恶和虚伪，否则，印度教徒就没有戴圣环的权利。因此，我现在非常反对戴圣环，倒是你让我'饰嘉'一事是可以考虑的。我原来留过，只是怕别人取笑才剃掉。留起来其实挺好，但我觉得最好和大家再商量一下。"

我的不戴圣环的看法史华密并不赞同。他看来，我不应戴圣环的理由，正是他认为应当戴的理由。但至今，和在赫里克斯时一样，我的态度依然如故。在我看来，只要存在各种不同的宗教，每一种宗教都会有某种特殊的外表象征。但是，如果将一种象征看做圣物并崇拜它，或者说把它看作是比别的宗教更为优越的标志，那就应该将它放弃。在我眼里，圣环并非提高印度教的一种手段，因此它就显得无足轻重了。至于"饰嘉"，我出于怯懦而剃掉，在和朋友们讨论后，保留了它。

然而，还得说回拉克斯曼·朱拉桥。我非常欣赏赫里克斯和拉克斯曼·朱拉桥的天然美景。我们的祖先崇尚这种自然美，并赋予其宗教意义，这无疑让人肃然起敬。

然而，让我不安的是人们利用这些美景的方式与美景大相径庭。不管是赫里克斯还是哈德瓦，马路和恒河两岸的美丽景致都被人们弄得肮脏不堪，他们甚至不惜玷污恒河的圣水。本来，解决大小便问题只是走几步路的事，可有些人偏要在光天化日之下解决。看到恒河边上的这种情形，一种难过便会涌上心头。

拉克斯曼·朱拉仅仅是恒河上的一座吊桥。据说，这里本来有一座很好的绳索桥，后来听一位马尔瓦蒂慈善家的主意，拆掉了绳索桥，花巨资架设了一座铁吊桥，而将钥匙交由政府管理。我从未见过绳索桥，因此无法说什么，但就这座桥而言，处在这里的确大煞风景。虽然我忠诚于政府，但对由政府把持朝圣的桥梁的钥匙一事，我总觉得非常过分。

走过这座桥就是福舍，这里就是些波形铁板搭起的架子，而且破败不堪，除此之外，什么也没有。这种福舍，据说它是专门为那些善男信女们修建的。当时几乎没有人住在这里。住在大屋里的人留给大家的印象不太好。

但是，对我而言，在哈德瓦的经历是非常有价值的。从此获得的经验有助于我对挑选住的地方和要做什么事做出更加明智的决定。

创立非暴力抵抗学院

1915 年 5 月 25 日，创立非暴力抵抗学院。

我第二次到访哈德瓦是去坎巴庙会朝圣。史罗县纳吉希望我就住在哈德瓦，几个加尔各答的朋友极力说服我住在卫提亚纳士潭，还有人给我推荐拉奇科特。而当我恰好路过阿赫梅达巴时，又有很多朋友要我住在那里，他们在为建立学院积极筹款，还费心为我们寻找住处。

我对阿赫梅达巴有着特殊的情感。作为一个古递拉特人，我认为应该通过古递拉特语更好地为国家服务。而古递拉特的首都阿赫梅达巴正是古代手工纺织业的中心，这似乎是恢复乡村手工纺织业最适宜的地方，在这里要获得有钱人的资助总比别的地方容易的多。

在与阿赫梅达巴的朋友们讨论时不可避免地谈到了不可接触者的问

题。我首先声明，我会利用这一机会为学院招收一名具备了条件的不可接触者学生。

"可去哪里找一个合格的不可接触者呢？"一个毗湿奴派的朋友怀疑地问道。

最终，我将学院的地址定在了阿赫梅达巴。

律师吉望拉尔·德赛先生是我在的阿赫梅达巴的主要帮手，在科赤拉布有一所洋房。他愿意将这所房子租给我们，这样便解决了我们的住所问题。

现在需要我们解决的首要问题便是学院的名称。有人提议用"西伐士兰"（服务之家），有人提议用"塔普凡"（俭朴之家），不一而足。"西伐士兰"这个名称很好，但没有明示服务的方法。"塔普凡"似乎是一个不错的选择，但我们虽提倡俭朴，却难以自称为俭朴之人。我们的信条是忠于真理，任务是追求和坚持真理。我想将在南非试验过的办法拿到印度运用一下，我希望知道这个办法在印度运用到底能达到什么程度。因此我和同伴们选定了"非暴力抵抗"这个名称，因为它既强调了我们的目标，又表明了我们的服务方法。

接着需要制订一个校训，以便使学院在言行上有所遵循。有人提出邀请朋友们发表尽可能多的意见。当时收到了很多意见，其中我至今仍记得古鲁达斯·班纳济爵士的意见。他建议在校训中加上"谦恭"一条，因为他认为青年一代尤其缺乏这一点。我虽然也注意到了，但却害怕一旦将谦恭作为校训，谦恭将不成为谦恭。谦恭包含了自卑的含义。而自卑是自救，否则，就要另想办法求得实现。一个奉行自救的人或一个奴仆如果缺乏一种谦恭或无私的话，就别指望自救或服务。服务而无一点谦恭，那只是自私自利而已。

这时我们大约一共有男女 25 人。泰米尔人约有 13 个，其中 5 个青年是随我们从南非来的，其余的则来自全国各地。

就这样，学院成立了。我们在一起吃饭，将生活尽力过得像一家人一样。

讨 论

学院刚刚成立不到几个月，我们便遇到了一次出人意料的考验。安立特拉尔·塔卡尔寄给我一封信，说："有一个不可接触者家庭希望进入你们的学院，他们是品格正直而谦逊的一家，你们是否能够接受？"

这实在让人为难。真没想到这么快就会有不可接触者家庭想加入学院。而介绍人又是塔卡尔这么一个大人物。于是我把这封信拿给同伴们看，他们都表示愿意接受。

于是我给安立特拉尔·塔卡尔回了一封信，说我们欢迎这一家人，只要他们愿意遵守学院的校规。

这家人的成员包括在孟买当过教员的杜达白，其妻子丹尼朋及他们的女儿拉克斯密，还有一个刚刚蹒跚学步的孩子。他们同意遵守校规，于是都进入了学院。

然而那些帮助过学院的朋友们对此事意见很大，麻烦事也接踵而至。头一桩便是水井的使用问题；学院所使用的那口水井，房东要行使一部分管理权。管理水井的人认为我们吊桶里滴出来的水会玷污他，于是便出言不逊，并侮辱杜达白。我嘱咐大家不要理会，照旧去打水。他看到我们并不还口，便自感惭愧，就不再为难我们了。

第二桩是资助问题，由于此事，来自各界的资助都停止了。这是大家都不曾料想到的事情。此外，还有一种谣传说有人要发起社会舆论，以封锁对付我们。对此我们都有所准备。我告诉同伴们说，如果我们因封锁而形成不便，最后即使搬到不可接触者那里去自食其力，也绝不离开阿赫梅达巴。

一天摩干拉尔·甘地告诉我说："我们的基金马上就用完了，估计下个月就难以维持下去了。"

我淡然地答道:"那我们就搬到不可接触者的地区去。"

我已经历过数次类似的考验了。而每当遇到这种情况时,神灵总是在最后一刻眷顾我。在我从摩干拉尔·甘地那里收到经济困难的警告后不久,一日清晨,一个小孩过来告诉我,说外面有个客人在车子上等着要见我。我出去见他时,他问:"我想给这个学院一点帮助,你愿意接受吗?"

我答道:"当然,我不得不承认,目前我已经山穷水尽了。"

他说:"明天这个时候我再来,你在吗?"

我说了"在"后,他便走了。

第二天,那辆车子如约而至。孩子们进来报了信。我仍就出去见他。他将13000卢比的钞票放到我手里,便开车走了。

我从没料到会以这样的方式得到一笔捐款!这位绅士并不曾到过学院。我记得我们仅见过一面,但没有进行过正式的交谈,可他竟给了帮助便走了,真是一件奇特的帮助!对我而言是一次仅有的出乎意料的经验。这一笔钱完全可以使我们在一年之内安安稳稳地过日子了,所以不用再搬往不可接触者地区了。

然而外面的风波尚未平息,学院内部也一波三折。在南非的时候,常有不可接触者朋友来我家里做客,与我们同吃同住。而在学院里收容他们,我妻子和别的妇女却好像不太愿意。我不愁经济上的困难,但在我妻子和其他妇女在对待丹尼朋的做法上我无法忍受,虽然她们谈不上厌恶,但却很冷淡。丹尼朋是个普通妇女,杜达白受教育不多但是很有思想。偶尔他也会发脾气,但是总的说来,他的耐性与容忍,给我留下了很深的印象。我劝他对一些说不上多大屈辱的事儿还是忍一忍。他不但爽快地答应了,还劝其妻子也这样做。

我们对这一家人的接受犹如给学院上了一堂很有价值的课。一开始我们便向世界宣布：我们绝不容忍不可接触者制度。这样，让那些愿意帮助学院的人事先有了精神准备，这样一来学院的工作也就相对简单得多了。学院日益增多的开支大多来源于正统的印度教徒的捐助，这就说明，从根本上不可接触者制度已经动摇了。当然，还有其他不少证据可以说明这一点，然而印度教徒中的优秀人物愿意帮助一个接受不可接触者可以与别人一起用餐的学院，这本身便是一个很有说服力的证据。

遗憾的是，在这里，我不得不省略掉有关这个问题，以及我们如何处理因主要问题而引起的一些微妙的事情、怎样克服一些意想不到的困难，以及其他与体验真理有关的众多事情。在下一章也会出现同样的不足。对一些细节我之所以要略去，是因为涉及这出戏的大部分人物依然健在。在叙述与他们有关的事情而不得不提及他们的名字时，必须征得他们本人的同意。而征求意见，或随时请他们修改与其有关的内容，是不现实的。况且这也不属于这本自传的范围。因此，我不得不加以省略。我的愿望与神灵的意志一致，那便是将这本书述至进行不合作运动的时间为止。

废除契约移民制度

现在我们得暂时抛开从创建之初就经历着内忧外患的学院，将注意力放到另外一件事情上。

根据契约，从印度移民到国外做工的人，必须签订五年左右的契约。这就是所谓的契约工人。依照 1914 年的《史沫资—甘地》协议规定，虽然废除了去纳塔尔的契约移民的三英镑税，但还有来自印度的一般移民的纳税问题有待解决。

潘迪特·马丹·穆罕·马拉维亚吉于 1916 年 3 月在帝国立法议会上提出了一个废除契约制度的议案。哈定基勋爵接受了这一议案，并说他已得到"英王陛下政府在一定时期内废除这个制度的承诺"。但我想对这样空洞的承诺印度不会满意，我们应当争取立即废除它，就是因为疏忽大意而使印度能够容忍这个制度。该是推翻这一制度的时候了。在会见过一些领袖并在报纸上撰文后，我觉得公众舆论的基础也已打好。我认为这的确是有关非暴力抵抗的一个很好的命题，但是我还没想好该从何入手。

对"终必废除"这句话到底是何含义，总督已不再回避，据解释，这是"在合适的时间，找到可行的办法"后再予以废除的意思。

所以，当潘迪特·马拉维亚吉于 1917 年 2 月提出立即废除这种制度的议案时，遭到了詹士福勋爵的拒绝。

对我来说，现在是时候去全国各地做宣传鼓动工作了。

出发之前，我先去拜见了总督大人。我和他的私人秘书马菲先生，也就是现在的约翰·马菲爵士一直有密切的往来。最后詹士福勋爵答应帮忙，虽然没有明确的表示，但我们的谈话是很令人满意的。

我是从孟买出发的。杰罕济·贝迪特先生准备以帝国公民协会的名义召开一次大会。为此协会的执行委员会提前开会，拟定一个在大会上提出决议案。出席委员会会议的包括史丹立·李德博士、拉鲁白·沙玛尔达斯先生（现为爵士）、纳达罗建先生和贝迪特先生。所讨论的问题是确定一个时间期限，请政府在这个规定的时间内废除这个制度。当时有"尽快废除"、"7 月 31 日以前废除"、"立即废除"三种建议。我认为应该为限期废除，因为如果政府不答应我们的限期要求，那我们就可以有宽裕的时间想办法应对。拉鲁白先生认为"立即废除"，他认为这样就比 7 月 31 日前废除的期限短。但我觉得对"立即"的解释和理解政府与人民的理解肯定有不同之处，再则，广大人民甚至可能不大懂得"立即"这个字的含义。如果要让他们采取行动，需要用词准确。而"7 月 31 日"这一具体的日子不致使人产生理解上的误差，如果到那一天政府没有什么行动，那我们就可以采取进一步的措施。最后拉鲁白先生明白了这种说法的力量。于是我们将 7 月 31 日定为政府宣布废除这个制度的最后期限。接着，这一决议在公众大会上得以通过，在印度各地的集会上也都相继通过。

嘉芝·贝迪特夫人尽己所能组织了一个妇女请愿团。这个请愿团的影响很大，我记得来自孟买的妇女中有塔塔夫人和已故的狄尔莎夫人。她们去向总督请愿后，得到的答复令人鼓舞。

我到过许多地方，包括卡拉奇和加尔各答等地。那些地方的集会都很不错，人民的热情很高。在开始宣传工作的时候，这一切都出乎我的意料。

那段日子里，我常独自旅行，因此获得了很多奇妙的体验。罪犯调查局的人员总是如影随形，但因我做事向来光明正大，所以我们互不打扰，相安无事。幸好那时我还没得到"摩哈德玛"这一头衔，虽然认识我的人见面时总是大喊这个名字。

在好几个车站，特务人员故意找我的茬，他们检查我的车票并记下号码。对于他们的提问我都很配合。与我一起的旅客以为我是一个"沙陀"或是化缘修行的"法吉尔"。见我每到一个车站都被骚扰，他们便愤愤不平地大骂那些特务。他们抗议说："你们为什么无缘无故地找一个沙陀的麻烦呢？"然后又对我说："别给这些流氓看你的车票，没必要！"

我温和地说："这没什么，看车票是他们的职责。"旅伴们并不满意，他们对我更加同情，对虐待无辜的人的行径表示强烈的反对。

其实，特务的确算不上什么，坐三等车旅行才使人感到真正的痛苦。从拉合尔到德里是最让我难受的一次经历。从卡拉奇到加尔各答，路上得在拉合尔换车。车上人挤人，根本找不到坐位，挤进去的人也都是靠一身的力气。要是门关了，就从窗口爬进去。我必须赶到加尔各答参加一个集会，如果错过了这一班车，就不能按时到达那里。就在我几乎绝望的时候，有个挑夫发现了我的急迫与狼狈，于是跑到我跟前说："你给我十二个安那，我给你想办法弄个坐位。"我说："没问题。"那个挑夫便逐个车厢挨个恳求旅客，可没一个人理他。车马上要开的时候，有旅客说："座位肯定没有了，如果觉得可以，就把他推上来，他只能站着。""怎么样？"那个年轻挑夫问我。我立刻同意了，于是我被他从窗口处塞了进去。如此，挑夫赚了钱，我也上了车。

那真是让人无比煎熬的一夜。别的旅客好歹有座，我却只能紧紧抓住上铺的链子站着，挨了两个小时。一些乘客还不厌其烦地反复问我："你怎么不坐啊？"我一次次解释说我无位可坐，尽管他们自己有可以躺着的上层卧铺，但他们还是容不得我站着。我对他们的态度并不烦恼，而且总是温和地应答他们的问题。后来，他们的态度总算好了一些。这时，有人问起我的名字，我告诉他们后，他们便更觉得不好意思了。他们向我道歉，并让地方给我。这就是忍耐回报。我疲惫至极，头晕目眩，在我最需要的时候，神灵又一次帮助了我。

就这样，在迷迷糊糊中我来到了德里，从这里转到加尔各答。这次加尔各答大会的主席是东道主喀辛巴剎王公。和在卡拉奇一样，这里的人也很热情。此外，参加这次集会的还有几个英国人。

7月31日这个最后期限还没到来时，政府便宣布停止从印度契约移民。

我于1894年初次草拟抗议这个制度的请愿书时就认为这种"半奴隶制"（汗德爵士常常这样称呼这个制度）终有结束的一天。

1894年为此发动斗争的时候，得到了很多人的帮助。但不得不承认，非暴力抵抗的潜在力量的确对其成功起到了催化剂的作用。

如需对那次斗争的具体情况和参加那次斗争的人做一详细了解，请阅读我的另一部作品《南非非暴力抵抗运动史》。

靛青的污渍

三巴朗处于贾纳卡王（King Janaka，印度教传说中一个国王，有哲人的修行，三巴朗位于喜马拉雅山脚——编译者注）的统治之下。那里到处都是芒果林，但在 1917 年之前却不是这样，那时这里遍布着靛青种植园。按照法律规定，三巴朗的佃农，在每耕种的二十卡塔（一卡塔等于三分之一英亩）土地中，要有三卡塔为地主种靛青。这种制度被称作做"三卡塔"制。

我当时从没听说过三巴朗这个地方。至于靛青种植园，我也是知之甚少。我曾见过小包的靛青，但没想到它是由三巴朗成千上万的农民辛勤劳作种植和制造的。

拉兹库玛尔·苏克拉便是一位遭受过这种苦难的农民。他充满激情地要为成千上万像他一样的人洗掉靛青的污渍。

1916 年，当我去勒克瑙出席国民大会党的大会时，这个人一把抓住我，急切地说："我们的困苦律师先生会告诉你。"他还一再要求我去三巴朗看看。而他提到的"律师先生"便是布拉兹吉索尔·普拉沙德巴布，后来他成了我在三巴朗值得尊敬的同事，而现在他可是比哈尔公众工作的核心人物。我在拉兹库玛尔·苏克拉带领下，去了他的帐篷。当时布拉兹吉索尔·普拉沙德巴布穿着黑绒衣服和裤子，给我的印象不是特别深刻。我原以为他肯定是欺诈纯朴农民的律师。在他介绍了一些三巴朗的情况后，我像往常一样说："那里的情况我没见过，所以也提不出什么意见，决议案请你在大会上提出来，但是请你暂时放开我。"国民大会党自然支持了拉兹库玛尔·苏克拉的提议。布拉兹吉索尔·普拉沙德巴布提出同情三巴朗人民的决议也得到了一致赞同。

拉兹库玛尔·苏克拉很高兴，但并不完全满意。他竭力要求我亲自去看看三巴朗农民们的艰难处境。我答应了他的要求并且住一两天。他说:"一天就足够了,你很快就会知道那里的情况。"

接着,从勒克瑙到康埔,拉兹库玛尔·苏克拉一直跟着我。

"三巴朗离这里不远,请你去一趟吧。"他很坚决地求我去。"请原谅,不过我肯定是要去的。"我进一步承诺说。

我回到学院时,拉兹库玛尔也到了那里,他说:"现在请你订个时间吧。"我答道:"好吧,某日我去加尔各答,你去那里找我,我跟你走。"我对将要去什么地方、干什么、看什么,心中一点底也没有。

在到达加尔各答布本巴布家之前,拉兹库玛尔·苏克拉就早已等在那里了。我完全被这个无知、率直但坚决的农民征服了。

我们于1917年初从加尔各答出发去三巴朗。我们就像两个乡下佬一样。我不知道该坐哪趟火车。他带我上车,一直坐在我旁边。我们一大早便到了巴特拿。

我是第一次来巴特拿这个地方,所以实在没有什么朋友或熟人可以去借宿。我本以为老实巴交的拉兹库玛尔·苏克拉在这个地方会有一点影响。但在进一步了解之后,我已经对他不报任何幻想了。他老实得可爱。他自认为是自己朋友的律师们,其实就像他的主人一样,可怜的拉兹库玛尔似乎是这些所谓朋友的奴仆。他哪里知道,在农民当事人和其律师之间一直存在的鸿沟正如波涛滚滚的恒河那么宽。

拉兹库玛尔·苏克拉后来带我到了拉金德拉巴布(前任印度总统拉金德拉·普拉沙德博士)的家里。拉金德拉巴布当时不在家,说是出门去了。当时屋里的一两个佣人并没有招呼我们。我随身带了点吃的。在我的要求下,我的同伴还去市场帮我买了一点枣。

比哈尔的不可接触者制度非常严格。佣人们在井边打水时,不允许我到那里取水,因为在无法确认我是属于哪个种姓这一事实之前,他们怕我桶里滴下来的水会玷污他们。拉兹库玛尔要带我上屋里的厕所方便时,佣人却马上带我去了屋外的厕所。我对这一切已习以为常了,所以并没有感到任何不快。佣人们那样做是其职责所在，他们认为这正是主人希望他们做的。

这种经历让我更加了解了拉兹库玛尔·苏克拉的为人，并开始敬重他。但我心里明白，我必须亲自接过缰绳，拉兹库玛尔·苏克拉已不能继续指引我了。

优雅的比哈尔人

正是在伦敦我认识了大毛拉·马志哈鲁尔·哈克，那时的他正在学习法律。当我 1915 年在孟买国民大会党的大会上遇到当时任穆斯林联盟主席的他时，我们又重叙旧交，他请我不管什么时候去巴特拿的话，一定要去他家住。想起这个邀请，我便写了一张此行的目的的条子给他。他立即驱车来看我，并且要好好地款待我。我谢绝了他的好意。但是考虑到我对此地完全陌生，火车时刻表不会有太大的帮助，于是我请求他告诉我怎样乘最早的一班火车到我的目的地去。他和拉兹库玛尔·苏克拉商谈了一会儿之后，他建议我先到穆扎伐埔，再搭乘当晚的火车去那里。是他送我去车站的。

当时克里巴兰尼校长也在穆扎伐埔。在访问海德拉巴以后，我才听说他的名字的。蔡特朗博士告诉了我他的事情，比如他所做出的重大牺牲、他的简朴生活，以及他如何资助蔡特朗博士办学院等等。他原来是穆扎伐埔公立学院的教授，但是当我到达穆扎伐埔时，他刚辞职。我给他发了电报告诉他我要到那里，他大半夜的带了一大帮学生到车站来接我。他没有自己的住处，而是寄住在马尔康尼教授家里。因此，马尔康尼的家也就成了我的暂住地。作为一个公立学院的教授，他能收留像我这样一个人，在当时实属罕见。

克里巴兰尼教授向我讲述了比哈尔的境况，尤其是狄哈特区那令人绝望的情形；同时还告诉了我在执行任务时可能会遭遇到的困难。他和比哈尔人有着密切的联系，他向他们讲了我这次到比哈尔来的使命。

第二天上午，来了一小群律师看我。我记得他们中有兰纳弗密·普拉沙德，他的热情让我感动。他说如果我住在马尔康尼教授的家里就不可能完成此行的工作。因此，他代表这里有名的律师伽耶巴布请我去伽耶巴布家里住。他还说，虽然他们有点害怕政府，但还是会尽力帮助我。他还告诉我说拉兹库玛尔·苏克拉告诉我的事情基本都是真实的，只可惜他们的领导人布拉兹吉索尔·普拉沙德巴布和拉金德拉·普拉沙德巴布今天不在这里。但是他已经给他们发了电报，他想他们不久就会回来，并且相信他们也一定会告诉我想知道的一切事情，还会给我很大的帮助。

对于这样一个要求，我实在难以拒绝。虽然我觉得这会使伽耶巴布为难，但他宽慰我说这没有关系的，于是我便搬到他的家里去住。他和他的家人都对我非常热情。

正如我们所愿，两位领导人——布拉兹吉索尔巴布和拉金德拉巴布——分别从达尔班格和普里回来了。在勒克瑙我曾见过布拉兹吉索尔巴布，但已今非昔比，他已经不是从前的布拉兹吉索尔·普拉沙德巴布了。他具有比哈尔人的典型特征，那就是：谦逊、单纯、善良，具有非凡的信仰。这让我十分欣慰。看到比哈尔的律师对他很尊敬，我既高兴又惊讶。

不久我便和这一帮朋友建立了终生的友情。布拉兹吉索尔巴布告诉了我这件事情的原委。他善于受理贫苦佃农的案子，碰巧我到那里的时候，他正受理两宗这样的案子。一旦赢了这种案子，他就感到很欣慰，因为是替穷人做了一点好事。但是他并不是免费服务。律师们都认为如果他们免费服务，他们自己就无法生活，也就无法进一步帮助穷人。但是和孟加拉以及比哈尔的律师比较起来，这里律师的收费标准实在高得让人吃惊。例如，有人告诉我随便请律师出个主意，就需要10000卢比。即使很一般的案子，收费也很少是低于四位数字。对此，我委婉地说了他们。对于我的谴责，朋友们也都接受，并没有形成误解。

我告诉他们在研究了这些案子以后，我得到了一个结论：那就是不能把案子告到法庭上去。即使告上法庭也不会有任何好处，因为农民们既然如此受欺压，又如此畏惧，上了法庭，他们也不敢为自己伸张正义。要真正解救他们，首先就要消除他们的恐惧，那就是要推翻比哈尔的"三分制"，否则就不能安定下来。我还告诉他们我原以为在这里的工作两天就可以完成，现在看来恐怕两年也做不完。不过我已经有了充分的思想准备，但是我需要他们的赞助。

布拉兹吉索尔巴布是位冷静稳重之人，他泰然自若地承诺说他们会鼎力相助，只要我告诉他们怎样做就行。于是我们做了一次深夜长谈。我对他们说我需要有人帮我做文书工作和翻译工作，至于法律知识，我是基本用不上。另外，我们也许会冒银铛入狱的风险。虽然我愿意让他们去冒这种风险，但到底能走多远还是由他们自己来决定。别的不说，仅就让他们放弃自己的职业充当文书这件事而言，就已经不小了。而且我还需要他们帮我做翻译工作，我不懂本地的印度方言，凯达语或乌尔都文的文件，我也看不懂。重要的是做这一切都是没有报酬的，要完全出于爱和服务的精神，因为我们付不起钱。

布拉兹吉索尔巴布立刻明白了我的意思。他进一步问了一些问题，比如服务期限长短，人数多少，能否轮流工作等。然后，他又问他的同伴究竟能做出多大的努力。最后他们向我做出这样的保证：他们其中有一批人愿意听我调遣，还有一些人愿意无限期地和我并肩作战，即使坐牢，他们也在所不惜。

面对着"非暴力"

调查三巴郎农民的情况和他们与靛青种植园主的关系是我的主要目的。为此我得会见成百上千的农民。但在这样做之前，要搞清楚种植园主的情况，还要与这个地方的主要官员见个面。我的这些要求，得到了他们的同意，并约定了见面时间。

在见面时，种植园主联合会的秘书认为，在种植园主和佃农之间的事件中，我是一个局外人，不该来调查此事，如果我真有什么意见，可以用书面的形式提出来。我客气地告诉他，我受佃农们的委托，有权利对此事进行全面调查。

我到狄哈特拜会地方官员，他们威吓我，让我马上离开。

在这件事的调查中，我可能要受到政府的阻挠，更有可能会被逮捕。如果真有一天会发生这件事，我希望是在莫提哈里或在贝提亚被捕。我告诉我的同事们这一切情况，并向他们说明，我要尽早到达那些地方。

三巴朗是狄哈特专区的一个县，县城是莫提哈里。拉兹库玛尔·苏克拉的家在贝提亚附近，那里的"料提人"佃农最为穷苦。拉兹库玛尔·苏克拉要我去看看他们，我认为这也是当务之急。

当日我和同事们便动身到莫提哈里去。戈拉克·普拉沙德巴布邀请我们住在他家里，这使得他的家就像一个客栈，拥挤不堪。同一天，我们听说离莫提哈里五英里的地方有一个佃农受到了虐待，于是决定第二天一大早由达郎尼塔·普拉沙德巴布陪同一起去看他。我们打算骑着象过去。顺便说一句，在三巴朗骑象，就像在古遮拉特坐牛车一样平常。走了不到一半的路程，就有一个警察局的人赶来告诉我们说警察局长向我们问好。我明白他的意思。于是让达朗尼塔巴布先到那里去，自己就坐上了那个差役雇来的车子。后来，他给了我一个通知，要我离开三巴朗，再后来就把我送到我的目的地。然后，他要我写一张收条证明我已收到离境的通知。我写了张收条给他，同时在上面写到如果我不能完成调查，我是不会离开三巴朗的。接着我就收到了传票，让我第二天去接受审判，理由是我违反了离开三巴朗的命令。

那一夜我通宵未眠，一直忙于写信，同时给布拉兹吉索尔·普拉沙德巴布一些指示。通知我离境以及传讯我受审的消息像野火一样迅速传开。我听说，那一天莫提哈里的景象是前所未有的。戈拉克巴布的家里以及法庭都是人山人海。多亏我已在头一天夜里做完了所有的工作，否则要应付这么多人，根本无法写信安排工作。我走到哪里，人群就跟到哪里，多亏有我的同伴们帮忙维持秩序。

收税官、县长、警察局长等那些当官的人和我之间产生了一种友情。本来从法律上来讲，我完全可以拒绝接受那些通知。但是我却接受了，对待那些官员我也是态度诚恳。这让他们明白，我对于他们个人并无冒犯之意，只不过对他们的命令进行文明的抗抵而已。因此他们便放心了，不再来为难我。相反，他们和我的同事们一起帮忙维持秩序。这显然表明他们的权威已经动摇了。此时此刻人们忘却了对于刑罚的恐惧，而服从于我们所运用的爱的力量。

三巴朗在恒河北岸很远的地方，正好在喜马拉雅山脚靠近尼泊尔的地方，它和印度的其他地方是隔绝的。那里的农民愚昧无知。在那里没有人认识我，更别说知道国民大会党了。即使有人听说过这个名称，他们自己也不敢提及，更别说参加这个组织。可是如今国民大会党及其党人却到了这里，这具有极其重大的意义。尽管我们不是以国民大会党的名义出现的，但是我们所需要的是工作而不是名义，是实质而不是形式。因此，我和同事们商议决定不用大会党的名义进行任何工作，因为政府及其统治者——种植园主都不喜欢这个名字。他们认为大会党不过是一个代名词，代表着律师们争吵的地方；代表他们利用法律的空隙来破坏法律的工具；代表炸弹和无政府罪行；代表外交和讹诈。为了打消他们的这种想法，我们决定不提大会党这个名称，也不让农民知道有这么一个组织。只要他们了解并遵循其精神实质就够了。所以没有人以大会党的名义被派到这里来公开地或秘密地为我们的到达进行准备活动。拉兹库玛尔·苏克拉也没有在农民中开展什么政治工作，也不能号召成千上万的农民。除了三巴朗之外，他们对外面的世界一无所知，然而对我却一见如故。毫不夸张地说这一次和农民的聚会，是我和上帝的见面，是"非暴力"与真理的见面。

仔细回想我之所以从人民那里得到"圣雄"这个称号，那无非是因为我对他们的爱。而我对他们的爱，又是我对"非暴力"持有不可动摇的信念。在三巴朗的那一天对于农民和我而言，都是一个值得纪念的日子，也是我终身不能忘怀的事件。根据法律，我是要去受审的，但真正受审的却是政府。那个专员本来为我布下了天罗地网，不料却使政府陷了进去。这也许是他取得的一点点胜利吧！

撤销控告

随着审判的开始，那些政府律师、县长和其他官员都不知如何是好。政府律师要求县长延期开审。但是我反对延期，因为我供认我有罪，我违背了离开三巴朗的命令。我作了简短的声明，内容如下：

"请法庭准许我作简短声明，说明我为什么会采取好像是违背根据刑法第 144 条命令的举动。我个人认为，问题在于地方政府和我的意见有分歧。我之所以来到这里是本着要为人道和国家服务的目的，同时应许请求到这里来帮助农民的。据说农民们受着靛青种植园主不公平的待遇。如果不弄清这个问题，我就无从帮助他们。因此我来这里，就是希望在政府和种植园主的帮助下来弄清这个问题。我没有其他的目的。我相信我到这里不会给扰乱公众治安或者生命等造成任何损失。在这类事情上，我自认为还是有经验的。但是地方政府却不这样认为。在这点上我完全谅解他们，知道他们只能依据情报来办事。我遵纪守法，遵从政府的命令是我的第一本能。但是我不能这样做，否则就会违背我对那些请我到这里来的人的责任感。我认为要帮助他们，就必须留在他们当中。因此我不能遵从命令离开三巴朗。这样的话，要我离开他们的责任在政府。我完全意识到在印度的公众生活中，像我这样地位卑微的人，干任何事都要小心翼翼、身体力行。我深信在目前这样复杂的体制及环境中，任何一个有自尊心的人唯一安全而得体的做法就是像我一样，虽然对处分不满，但还是接受而不抗议。

"我之所以声明，并不是希望能够减轻对我的处分，而是说明我违背命令并不等于不尊重合法的当局，而是遵从良知——这个我们生活中更高的法则。"

如今已没有延期开庭的理由，但是因为县长和政府律师都对我的声明感到意外，县长当即宣布延期判决。同时我向总督、巴特拿的友人、以及潘迪特·马丹穆罕·马拉维亚和其他友人发去电报，说明详细情况。

在我到法庭接受判决以前，我收到了县长的书面通知，告知我省督已经下令撤销我的案子，同时收税官（英治印度时期，县长兼法官，税收官负实际行政责任——编译者）也写信告诉我可以自由地进行调查，如果需要还可以从政府官员那里得到帮助。谁也没有想到这件事的结果会这么迅速而圆满。

随后我去拜见了收税官海柯克先生。他好像热衷于主持公道，是个好人。比如他告诉我如果需要什么文件，可以到他那里去调阅；也可以随时去找他。

就这样，印度第一次直接地接受了文明的不服从运动的实际教训。这件事引起了地方及各大报纸的很大反响，这又为我的调查做了意想不到的宣传。但是我不需要政府及社论的任何宣传。三巴朗的局势非常复杂，任何过分的批评或色彩太浓的报道都会破坏我的调查。因此，我写信告诉各主要报纸的主编，让他们不要派记者来，如果有东西要刊载的话，我会给他们送去。

我知道政府容许我住在三巴朗，但是当地种植园主并不喜欢；我还知道，虽然那些当官的不敢公开说什么，但是他们内心也是不高兴的。因此我担心报道会引起误会甚至刺激他们，使得他们向那些可怜的农民泄愤，这就会阻碍我为这件案子寻求事实证据。

虽然我事先有所警戒，但种植园主还是对我进行了恶毒地攻击，他们在报纸上发表文章污蔑我及我的同事。而我却依然坚持真理、丝毫不苟，这使他们的锋芒不得不有所收敛。而对于布拉兹吉索尔巴布，种植园主却采用各种各样的手段来攻击他，但越是这样人民就越发敬佩他。

在极其复杂的形势下，我认为不适宜邀请其他省的领袖来这里。虽然潘迪特·马拉维亚吉曾保证说，无论我何时需要他，只要通知一声就好了，但我没有给他添麻烦。这就使这次斗争避免带有政治色彩。偶尔我会给那些领袖们和主要的报纸发去一些报告，但那并非是让他们刊载而只不过是供其参考而已。我悟出了一个道理：一件非政治性起因的政治性事情，如果我们有意识地给它加上政治色彩，那一定会坏事，反之亦然。三巴朗的斗争就证明：在任何方面只要给人民以无私的援助，最后都会在政治上有利于国家。

调整工作方法

对真理和"非暴力"的大胆尝试是对三巴朗的调查。如果要详细记载这次调查，这几章内容无法办到，而必须讲清楚三巴朗农民本身的历史，这里记的只是一些我觉得有必要记录的情况而已。如要了解更加详细的情况，建议读者看看拉金德拉·普拉沙德先生用印地文写的《三巴朗非暴力抵抗运动史》，据说该书已经有英文译本问世了。

现在就说说我们的调查。虽然我们都住在戈拉克巴布的家里，但是调查不可能在那里进行，除非租用整个屋子，但那时莫提哈里的人仍然心怀恐惧，他们不敢租给我们。多亏了布拉兹吉索尔巴布想办法弄到了一所房子，四周空地较大，于是我们就搬了过去。

进行调查工作需要花钱。布拉兹吉索尔巴布和他的朋友大部分都是律师，他们要么自己出钱，要么找机会向朋友募捐。他和他的朋友认为当他们还出得起钱的时候，就不能向公众募捐。我个人也决心不接受三巴朗农民的任何东西，以免引起误会，当然也不会为这次调查向全国发动募捐，因为那可能会使调查这件工作带有全国性和政治色彩。所以当孟买的朋友们捐助 15000 卢比时，就被我谢绝了。我决定通过布拉兹吉索尔巴布的帮助，向不住在三巴朗的比哈尔富户募捐。如果不够的话，只有求助于梅赫达医师了，因为他曾答应我们如果需要钱，他会寄过来。这样经济问题就解决了。考虑到三巴朗的穷苦情况，我们决心尽量节约开支。因此，并不需要大笔的钱。事实证明，果然如此。我记得我们总共花了不到三千卢比，募捐到的钱，还有好几百个卢比的剩余呢。

起初，我的那些同事们的那种生活方式让人觉得很奇特，常常使他们难堪尴尬。因为每一个律师都有一个佣人、一个厨子以及各自的厨房，但是他们经常到了午夜才吃饭。尽管他们自己支付费用，但这还是让我发愁。只是因为是好朋友的关系，我嘲笑他们时也不致产生误会。到后来大家一致同意不雇佣人，合并使用厨房，并且在一定的时刻用餐。考虑到两个厨房太费钱，大家又都不是素食者，因此决定只要一个素食厨房，并坚持饮食从简。这样一来开支大大地减少了，同时也节省了好多时间和精力，这正是大家所迫切需要的。

那些农民成群结队地前来向我们申诉，空地和花园被挤满了人。他们都要求向我面诉，尽管同伴们努力使我免除那些前来的人的"朝拜"，但都无济于事。因此，我不得不亲自接见他们，同时至少需要五到七个志愿工作者来记录他们的谈话。就是这样，也有不少人等待一天而没有机会谈话，到了晚上不得不离开。他们的所述中有很多重复之处，并不完全有用，但如果不说出来，他们心里会不舒服。其实，我也体谅他们的心情。

在向我们申诉之前，做记录的人对每一个农民都进行了反复的盘问，如果不合格就不得申诉。这虽然花了许多额外的时间，但得到的大部分材料却更可靠了。

当我们做记录的时候，总有一个罪犯调查所官员在场。本来我们可以不让他来。但是我们认为罪犯调查所的官员在场，这对我们有益无害。一方面，当农民看到在那些官员面记录谈话的事实，就可以消除农民对于他们的畏惧心理；另一方面，农民们谈话时也不会言过其实。罪犯调查所的职责就是考查人民，所以农民们说话必然会小心谨慎。因此，我们从一开始就对罪犯调查所的官员以礼相待，并且尽可能地提供其所需要的情况。

为了不激怒种植园主，我想办法对他们尽量温和一些。于是我给那些被人严厉指控的人写信。我还去见种植园主联合会的人，向他们讲述农民的疾苦，并听听他们的意见。种植园主们有的恨我，有的不理我，也有少数几个人以礼待我。

同伴们

布位兹吉索尔巴布和拉金德拉巴布可谓举世无双之人。他们热情地帮助了我。要不是他们，我的工作就无法推进。他们的弟子兼同伴山浦巴布、安努格拉哈巴布、达朗尼巴布、兰纳弗密巴布以及其他几个律师，一直和我们"并肩作战"。作为比哈尔人的文提亚巴布和贾纳克达立巴布也经常前来帮助我们记录农民们的谈话。

克里巴兰尼教授也投入到我们的工作中来。尽管他是信德人，但却具有比哈尔人的气质，这胜过任何一个土生土长的比哈尔人。克里巴兰尼是我见过的为数不多的那种能够入乡随俗、随遇而安的人。他给人的感觉都不像是一个外省人。他可以说是我的看门总管。他的生活的目的就是设法挡住那些不必要接见却要求见我的人。他时而运用其源源不竭的幽默，时而又运用他那温和的威吓，以此来挡住人们。到了晚上，他又当起了教员，给他的同伴讲解历史研究和观察见解，这使那些胆怯的来客鼓起了勇气。

大毛拉·马志哈鲁尔·哈克是我们长期的赞助者。他每月必来一两次。只要我们有需要，他就会解囊相助。如今他过着简单的生活，这和当年他所过的那种豪华奢侈的生活形成了鲜明的对比。虽然他着装华丽，给陌生人一种完全不同的印象，但我们感觉他就是我们当中的一员。

在比哈尔我受益匪浅，我积累了更多的经验。同时我认识到要从事一种永久性的工作，就必须有适当的乡村教育。因为这里的农民们是那样的无知，他们要么让自己的孩子到处游荡，要么让他们在靛青园里从早到晚做工挣钱。在那个时候，工资低得可怜，男工不过十个派士，女工不过六个派士，而童工才三个派士。而每天能够挣到四个安那，那算是非常幸运的事。

于是我和同伴们商议决定在六个村子里开办小学。农民们只负责供给教员食宿，而我们则负担其他的费用。乡下人没有现钱，但是他们有粮食，他们也表示愿意供给谷物和其他原料。

现在面临的大问题就是教员从哪里来。要找那些肯为微薄的津贴或毫无薪水而工作的教员，这在当地很难的。而且要找的教员还不能是普普通通的教员，他们不但要有学问，更重要的是要有高尚的道德品质。

于是我公开呼吁征寻义务教员，呼吁很快就得到了反应。甘伽达劳·德希潘特先生让巴巴萨希布·索曼和彭达立克来找我们。阿望蒂克白·戈克利夫人和阿难蒂白·卫珊巴扬夫人则分别从孟买和浦那来找我们。另外，我派人到我们的学院里去找卓达拉尔，苏伦德罗纳斯和我的儿子德夫达斯。正在这个时候，摩诃德夫·德赛和纳罗哈立·巴立克带着他们的妻子来投奔我。嘉斯杜白也应召前来。这样一来就构成了一支相当强大的队伍。但是他们的学问层次不齐，阿望蒂克白夫人和阿难蒂白夫人都受过良好的教育，但是杜尔嘉·德赛夫人和曼尼朋·巴立克夫人只懂一点古遮拉特文的水平，而嘉斯杜白甚至连古遮拉特文也不懂。因此她们不可能用印地语来教导儿童。所以我向她们说明，我希望她们主要教给儿童清洁和礼貌，而不是教他们文法和读、写、算。我还告诉她们，就文字来说，古遮拉特文、印地文和马拉提文，不是如她们想象的那样区别很大。不管怎么说，在低年级教授简单的字母和数字并难。结果表明，这几位夫人所教的班次成绩最好。这就大大地增加了她们的自信心以及工作的兴趣。阿望蒂克白倾注全部精力在工作上，这使得她的学校成为模范学校。在某种程度上，我们可以通过这些夫人接近农村妇女。

然而我并不满足于兴办小学教育，我还决定尽可能多做一些卫生工作，并深入到农民生活的各个方面去。因为农村不讲究卫生，当街上堆满了污物，井口的四周泥泞不堪，臭味熏天，院子里也是脏得不堪入目。尤其是年老的人，他们患有各色各样的皮肤病。因此，他们最需要清洁教育，而清洁教育则需要医生。于是我要求印度公仆社把我的好朋友德夫医师（现已故）借给我们，协助我们做这个工作。他立即答应服务六个月，并且管理所有的男女教员。

他们都遵循明确的指示，不过问任何政治的事情，也不过问涉及对种植园主的控诉。如果人民有什么意见就让他们来见我。谁也不许超越自己的职守。朋友们都非常认真地执行着这些指示。也没有发生过不守纪律的事。

到农村去

每个学校都分配一男一女的志愿者去管理。除了学校工作，他们还必须做医药卫生工作。妇女还要做妇女工作。

医药工作相当简单。志愿者那里只有蓖麻油、奎宁和硫磺膏三种药品。患者如果舌上有苔，或患便秘，就用蓖麻油；如果发烧，就先服蓖麻油，再吃奎宁；对于烫伤和疮疥之类的疾病，志愿者便先将患处清理干净，再敷以硫磺膏。这些药品不能让病人带回家。如果遇都复杂的病症，他们便去找德夫医师商量解决。每个星期德夫医师都会在特定的时间到各个中心区指导工作。对于人民来说，这种安排是最好的了。因为这里流行病较少，简单的疗法就可以治愈，用不着专家帮忙，而且有很多人接受了这种简单的医疗方法。

但是卫生工作却是令人头疼的事。人民自己并不注意讲究。田地里的工人连个人卫生都不搞。然而德夫医师是个锲而不舍的人，他和志愿人员一起打扫道路和院子、洗刷井台、填平附近的水沟，全力以赴地把一个村子打扫得特别干净。同时还劝导一些村民自愿加入清洁工作。受他们的感染，有些村子的人自己开始承担这种清洁工作。还有一些村子的人非常热心，除了清洁工作，他们甚至还修路，这样我的汽车就能到达各处。当然，也有些村民对此非常冷淡，他们明确表示不喜欢这种工作，这也没有使我们感到痛苦，经验还是美好的。

在这里我认为谈一下我过去曾在多次集会上谈到的一次经历是有必要的。比提哈瓦是一个小村子，在那里我们开设了一个学校。一次我碰巧到附近的一个更小的村子去的时候，发现那里的妇女穿着很脏。于是我让妻子去问她们为什么不把自己的衣服洗干净。你猜怎么着？一个妇女领我的妻子到她的茅草屋里，指着空荡荡的屋子说："你看，这里没有箱子，也没有衣服橱柜。我穿的是我仅有的一条纱丽，我怎么洗啊！请你转告摩哈德玛吉，让他给我另买一条纱丽，那我就会每天洗澡，天天穿干净衣服。"在很多印度村庄里，像这样的茅草房子数不胜数。那里面既没有家具，也没有衣服可以，一条褴褛不堪的破布就是人们遮身蔽体的衣物。

还有一次经历我认为也有必要一提。三巴朗胜产竹子和茅草。在比提哈瓦的小学就是用这些材料建成的。一天夜里，可能是附近种植园主的人放火把它烧了。大家认为再也不能用这些材料重建房子了。这个学校原来由苏曼先生和嘉斯杜白负责管理。因此，苏曼先生决定要盖一所砖房子。在他和许多人的共同努力下，砖房子终于建起来了。现在就用不着担心这所房子会被烧毁。

就这样这些志愿人员通过学校、卫生工作和医药工作获得了乡下人的信任和尊敬，同时对乡下人产生了良好的影响。

遗憾的是，我不得不承认，我想使这种建设性的工作永久进行下去的希望并没有变成实现。志愿者从事的工作只是短期工作，而我又无法从再找其他人来补充，而在比哈尔又找不到愿意长期干这些工作的志愿者。我在三巴朗的工作一经完成，又不得不离开，因为外面还有其他的工作等着我去完成。尽管这样，在三巴朗几个月的工作对那里的影响还是深远的。

好省长

在进行学校工作、卫生工作和医药工作这些社会服务工作的同时，记录农民疾苦的工作也在进行中。数以万计的农民前来诉苦，他们的谈话都被记录下来。这使得种植园主更加的愤怒，于是他们想方设法来阻止我的调查。有一天，我接到比哈尔政府的一封信，信中措词客气，但用意明显。信中是这样说的："你的调查时间已经够长了，现在还不打算结束调查，离开比哈尔吗？"

我回信说，除非调查的结果使人民获得解救，否则我不会离开比哈尔。同时我指出，政府也可以采取措施来结束我的调查工作，那就是：必须承认农民的疾苦是真实的，并为他们解除这种疾苦；或者是承认农民已经提出一个案情，政府应当即刻介入调查。

省长爱德华·盖德爵士召见了我，他听取了我的提议，表示愿意成立一个调查委员会进行调查，还请我担任委员。在弄清其他委员的名字，并和我的同事们商议后，我决定参加委员会的工作，但是必须满足以下的条件：首先，在进行调查进行中，我可以自由地同我的同事们商谈；其次，政府应当承认我是委员会的成员，但仍然可以为农民辩护；最后，政府还应当承认，如果调查的结果不能使我满意，我有权领导农民，并劝告他们采取什么行动方针。爱德华·盖德爵士接受了这个合情合理的条件，随即宣布成立调查委员会。弗兰克·史礼爵士被任命为委员会主席，不过他现在已经不在了。

委员会经过调查认为种植园主对农民的榨取是非法的，他们应该归还压榨所得的一部分给农民，同时通过法律的形式废除"三分田"。显然，这个结果对农民是非常有利的。

种植园主们千方百计阻挠废除"三分田"，但是盖德爵士态度坚定，运用他所有的智略来处理这件事，这才使得委员会提出了全体一致同意的报告书，也使得土地改革法按照委员会的建议通过。要不是盖德爵士的努力，废除"三分田"的建议不可能实现一致同意。因为种植园主们对土地改革法极力反对，但是盖德爵士始终坚持，不与妥协。终于存在了将近一百年的"三分田"制被废除了；三巴朗的种植园主的"王国"也解体了。一向遭受靛青种植园主压迫的农民，终于获得了解救，如今总算可以抬起头了。

我多么希望能把这种建设性的工作再继续几年，多办些学校，使得教育更有效地深入农村。然而由于命运的安排，我不得不去别处去工作了。

接触劳工

正是我在委员会的工作即将结束的时候，我收到了穆罕拉尔·潘提亚和商卡拉尔·巴立克先生的一封信，信中说凯达县的农作物歉收，农民交不起田赋，要我去指导他们的工作。没有做实际调查前，我不想给出任何意见。同时我也收到了安娜舒耶朋夫人的来信，她告诉我阿赫梅达巴劳工的情况。那里的工人工资低，工人们早就要求增加工资，可能的话，我也愿意去领导他们。但是三巴朗离那里这么远的距离，即使这件小事情，我也没有给他们指导的信心，于是我先去了阿赫梅达巴。想着尽快办完这两件事情，然后再回三巴朗督促那里的建设性工作。

然而事与愿违，这里的工作并不是我想的那么顺利，我无法回三巴朗。结果，我和我的同事们努力开办的学校一个个都关门了。

在农村除了搞好卫生和教育工作外，在三巴朗展开护牛运动是理想中的工作之一。旅途中，我就已经看出马尔瓦底人对护牛和印地文宣传非常关心。在贝提亚，有一个马尔瓦底朋友在他的"福舍"招待我。但是我的兴趣却在当地的其他马尔瓦底朋友的牛奶场里。当时我已形成了护牛的思想，而且至今这个想法没有改变。我认为护牛不仅仅指好好地对待耕牛，还包括畜牧、改良牲畜品种、组织模范牛奶场等等。在护牛这个工作上，马尔瓦底的朋友们曾答应给我充分的配合，但是因为我不能住在三巴朗，这个计划就没能实现。

结果，贝提亚的牛奶场依然如故，也没有成为模范牛奶场；三巴朗的耕牛依然超负荷地耕作着，牲口还在遭受着不幸。就这样护牛运动没有实现，于我而言，终是一件憾事，每当我到三巴朗，听到马尔瓦底和比哈尔的朋友们善意的责备时，我会因不得已而放弃的计划而深为感叹。

在许多地方各种教育工作依然在进行着。然而护牛工作却没有得到预期的进展。还在讨论凯达的农民问题时，我已着手处理阿赫梅达巴纺织工人的事情了。但是这个问题很棘手，而我的处境也很艰难。安娜舒耶朋夫人为了工人的利益不得不同她自己的哥哥安伯拉尔·沙罗白先生作斗争，因为他代表着工厂老板与工人作对。而我和他们两人的关系很不错，这就使我很难和他们作斗争。在和他们商议中，我建议向仲裁机构提交这个纠纷，但是他们却不承认仲裁的原则。

既然这样，我只能让工人继续罢工。但是我告诉他们及其领导，要想使罢工取得胜利，应当具备以下的条件：绝不使用暴力；绝不进行破坏；绝不依靠施舍；不管罢工多久，必须坚定不移，罢工期间，应当用其他正当的劳动维持生活。

罢工的领导人接受了这些条件，而工人们则在一次大会上宣誓，要么他们的要求被接受，要么工厂老板同意将这个问题提交仲裁，否则他们决不复工。

在这次罢工期间，我结识了伐拉白·巴德尔和商卡拉尔·班克先生。至于安娜舒耶朋夫人正如前文所述我是早就认识了的。为了罢工事宜，我们每天都会在沙巴玛底河边一棵大树下开会讨论。在发言时，我总会提醒与会者记住自己的誓言，要保持和平与自尊，这是他们的责任，因为参加罢工的工人成千上万。他们在市内的进行和平游行的同时，举着一面上书"绝不违言"的大旗。

在罢工持续的二十一天里，我常去找工厂老板，与他们商量并劝说他们公正地对待工人。那些老板们总会说："我们也有誓言，工人和我们的关系如同子女和父母的关系……你想想我们能容忍第三者的干涉吗？有仲裁的可能吗？"

学院一瞥

在深入讲述劳工纠纷的情况之前，先说说学院的情况我觉得很有必要。还在三巴朗的时候，我一直没停止对学院的关注，一有时间我会去那里看看，即使是匆匆一瞥。

学院位于靠近阿赫梅达巴的一个名叫科赤拉布小村子里，那一年，这个村子发生了传染病，这对学院的孩子无疑是很危险的。因为，不管学院里的环境搞得再好，也难免校外的卫生差给学校的影响，传染不可避免。然而，我们既无力说服科赤拉布的村民们保持清洁，也没能力为这个村子增加其他的安全措施。于是，我们期望把这所学院搬到远离城市和乡村的安全地带，但从各方面考虑又不能太远。我们决心为我们拥有自己的土地而奋斗。

在我看来，这次传染病给了我们搬离科赤拉布一个明显的信号。潘嘉白·希罗昌德先生是阿赫梅达巴的商人，对阿赫梅达巴他很熟悉，和我们的学院往来密切，这时，他主动要给我们找一个合适的地方，于是陪着我们在科赤拉布到处去找土地。在我的建议下，他在向北三四英里的地方找到了现在学院的位置。此地就在沙巴玛第中央监狱附近不远，因为奉行"非暴力抵抗"的人坐监牢是常事，因此很喜欢这个地点，而且我知道监狱所在的区域环境比较清洁。就这样，刚过一个礼拜，我们便买下了土地。当时土地上什么都没有，仅仅是河边的荒野地带。

我们决定先住帐篷，再用铁皮搭建一个厨房，然后再盖永久性的房子。我们的学院在这里慢慢地壮大起来，里面包括男女老幼总共已经有四十多人了。我们的饭是一起吃的。搬家的事自然由摩干拉尔去干，因为是我提出搬家的。

在我们的住处还没有固定之前，的确遇到了很大困难。当时临近雨季，所需粮食需要从四英里外的城市运来；土地荒芜，虫蛇很多。与孩子们住在这样一个地方，确实很冒险。

我们规定一般不准打蛇，实际上我们都怕毒蛇，至今依然如此。

事实上，在凤凰村、托尔斯泰农场和沙巴玛第，我们就实行了不伤害毒蛇的规定。这些地方在我们最初到的时候都是一片荒芜。然而，我们中没有人因被蛇咬而致命。我由此看到了仁慈的神灵的护佑。千万别自以为是，说神灵永远不会偏心，说神灵没有功夫管那么多细微的事儿。这些事的真相我无法用语言来表述，也不知道用什么适当的语言表达自己那如一的体验。

人类的语言无法完美准确地描述天之道。在我的感觉中天之道无法描述且不可捉摸。但是，假如有哪个普通人想描述天之道，除了他无声的语言以外，他是没有别的办法去体会的。有人认为，如果二十五年不杀生的话，就能够完全避免灾难，而且还认为这不是偶然的，而是来自上天的慈悲。如果把这种想法看作是一种迷信的话，那我依然保持这种迷信。

绝　食

阿赫梅达巴的纺织工人正在罢工的时候，学院为建造织布室打地基。当时学院的主要的工作是对我们来说还不可能。头两个星期，工人们表现了极大的勇气和自制力，天天都举行盛大的集会。在这些场合，我总是提醒他们注意自己的誓言，而他们总是高声向我保证说：他们宁死也不食言。

但后来，他们开始渐渐表现出松懈的迹象。就象一个身体衰弱的人容易发脾气一样，当罢工看起来已经松懈的时候，他们对于工贼的态度越来越发忿怒，而我也开始担心他们会发生暴动。每天，他们参加集会的人数越来越少了，而那些来参加集会的人神情也是沮丧而绝望的。最后有人通知我说，工人开始停止罢工了。我感到深深的不安，不得不认真考虑在这种情况下我的责任究竟是什么。虽然在南非的时候我也曾经过大规模罢工，然而这里所面临的形势却和那里不同。纺织工人是根据我的建议下罢工的，虽然他们天天在我面前强调他们会坚守誓言罢工到底，然而我却认为他们可能会违背誓言。这个念头对我来说是不堪设想的，在这种感情的背后究竟是我对于工人的骄傲呢，还是对于他们的爱和我对于真理的热诚呢？——谁说得上？

一天早上，在纺织工人的集会上，我正在束手无策时，忽然感到有所启发。我情不自禁地向大会宣称："除非工人重新集合起来，继续罢工直到问题获得解决，或者直到他们全部离开纺织工厂，在此之前，我决不接触任何食物。"

工人们大为震动，泪水沿着安娜舒耶朋的面颊滚滚而下。工人们齐声叫道："你不要绝食，我们绝食。你要是绝食，那我们就太不近人情了。我们松懈了，请你宽恕吧，现在我们一定忠于我们的誓言，坚持到底。"

"你们不必绝食，"我回答道："只要你们遵守自己的誓言就够了。你们都明白，我们没有资金，而我们又不愿意依靠公众的救济来继续我们的罢工。因此，你们应当想办法找点工作来维持生活，不管罢工继续多久，你们都能免于忧愁。至于我的绝食，不到罢工得到解决，决不停止。"

同时，伐拉白正设法在市政厅里给罢工的工人找一点零活干，然而希望不大。摩干拉尔·甘地建议可以雇一些人为学院正在兴建的纺织学校建沙土奠基。这个建议受到了工人们的赞同，安娜舒耶朋头上顶着一筐子沙土带头干，不久便看见有一条川流不息的工人洪流，他们头上顶着一筐筐的沙土从河底走上来。这是很壮观的景象，工人们感到自己产生了一种新的力量，可是要付工资给他们却是一件困难的事情。

但我的绝食有严重缺点。我在前一章已经提到，我同工厂老板们有着非常密切而良好的关系，我的绝食肯定会影响他们的决定。作为一个非暴力抵抗者，我知道不应当用绝食来反对他们，而应当放手让纺织工人们的罢工去产生影响。我之所以绝食，是因为工人们自己松懈了。我既然是他们的代表，便觉得自己有一份责任。对纺织工厂的老板们我只能讲理，用绝食反对他们等于使用暴力。然而尽管我自己也明白我的绝食一定会对他们产生压力，事实也是这样。但我觉得不得不这样做，因为对我来说进行绝食的责任是很清楚的。

我设法安慰纺织工厂的老板，对他们说："你们没有丝毫必要从你们的位子上撤退，"然而他们对我的话很冷淡，甚至对我进行尖酸刻薄的挖苦，当然他们完全有权这样做。

对于罢工采取不妥协的态度的纺织工厂的老板们，主要的幕后人物是赛·安伯拉尔，他坚定的意志和明确诚恳的态度令人惊讶，并使我衷心钦佩。同他对抗是一件乐事，我的绝食对以他为首的对方所引起的紧张刺痛了我的心，且他的夫人沙罗拉德维待我象亲姊妹一样的亲切，我看见她因为我所采取的行动而难受，自己也觉得过意不去。

安娜舒耶朋和其他许多朋友和工人，第一天便同我一起绝食。但是经过若干困难以后，我终于说服了他们不再继续绝食。最后，善意的气氛总算是建立起来了。纺织工厂的老板们被感动了，他们开始寻找解决问题的办法。安娜舒耶朋的屋子变成了他们的讨论地点。阿难商卡·特鲁瓦先生也介入罢工事件，于是他便成了仲裁人。在我绝食仅三天后，罢工便宣告结束了。纺织工厂的老板们在工人中间散发糖果庆祝罢工结束，历经 21 天的罢工事件就这样得到了解决。

在庆祝罢工结束的集会上，纺织工厂的老板们和当地的专员都出席了。这位专员在会上劝导纺织工人："你们应当自始至终按照甘地先生的意见行事。"这件事之后不久，我迫不得已和这位绅士又打过一次交道。也许是环境变了，他也跟着环境一起变了，他竟对凯达的农民发出警告，不准他们遵从我的意见。

在我没有说明一件既令人好笑又痛心的事情前，不应当结束这一章。这件事的发生和分发糖果有关。纺织工厂的老板们定购大量的糖果，然而怎样在成千上万的工人当中散发的确是一个问题。他们认为工人们发誓的那棵大树底下的空地是散发糖果的最佳地点，尤其是把他们集合到其他任何地方都是一件极不方便的事情。

我认为，工人们在整整 21 天罢工中严格遵守纪律，因此，在分发糖果的时候保持纪律并且不发生争先恐后的现象是理所当然的。可是，那天分发糖果的一切办法都失败了。每次分发糖果不到两分钟，队伍便乱了。工人领袖们极力要维持秩序，但是都失败了。混乱、拥挤和争抢的情况严重到践踏了不少糖果，在空地上散发糖果的行动最后不得不放弃。我们费了九牛二虎之力总算把剩下的糖果搬到赛·安伯拉尔在米尔扎埔的屋里去。第二天，糖果在那栋屋子的草地上顺利地分发了。

这件事的荒谬之处是显而易见的，然而令人痛心的一面却值得一提。后来，经过调查才知道，原来阿赫梅达巴的乞丐风闻在那棵"发誓"的大树底下要散发糖果的消息，便都聚集到那里去，正是由于他们拼命争抢才造成秩序混乱。

我们的国家正遭受的这种赤贫如洗和饥饿的状态，年年迫使更多的人沦为乞丐，他们为了面包所进行的拼命斗争促使他们置一切礼仪和尊严于不顾。而我们的慈善家们不仅不给他们工作，并坚持他们必须工作才能有面包，才能给予他们施舍。

凯达的非暴力的抵抗

我连喘息的时间都没有，阿赫梅达巴纺织工人的罢工刚刚结束，我又投入到凯达的非暴力抵抗的斗争中。

由于收成不好，凯达县出现了饥荒的情况，而凯达的农民正在考虑暂停缴纳那一年的田赋。在我向农民们提出明确的建议之前，安立特拉尔·塔卡尔先生已经调查过并且写了调查报告，此外还亲自和当地的专员讨论了这个问题。穆罕拉尔·潘提亚和商卡拉尔·巴立克也已经投入了这场战斗，并且通过维达尔白·巴德尔先生和已故戈库尔达斯·卡罕达斯·巴立克爵士，在孟买的立法议会中鼓动大家。所以，现在有不止一个代表团为了这个问题在等候首长的接见。

那时我是古遮拉特大会的主席，大会向政府递交了请愿书、打了电报，甚至忍气吞声地承受专员的侮辱和威吓。这些官员们在这次事件中的行为是非常荒唐且不成体统，现在回想起来，实在令人难以置信。

为了问题得到重视，农民们的要求温和且清晰。根据田赋税则的规定，如果收成是在二分五以下，农民可以要求完全停付那一年的田赋。然而，按照官方的数字，收成据说是在二分五以上。与此相反，农民们却吵着说收成不足二分五。政府根本不听农民的申诉，而且认为要求仲裁是"大逆不道"。最后，所有的请愿书和祈求都失败了。我和同事们商量以后，便劝导农民们进行非暴力的抵抗。

除了凯达的志愿人员以外，我在这次斗争中的主要同志有伐拉·白·巴德尔，商卡拉尔·班克，安娜舒耶朋夫人，印都拉尔·扬兹尼克，摩诃德夫·德赛先生等人。伐拉白先生因为参加了这次斗争，被迫停止了他那前景美好且日益兴旺的律师业务。此后，由于种种原因他再也没能复业。

我们的总部设在纳底亚·安纳塔斯朗，因为别处再也找不到能够容纳这么多人的地方。下面是非暴力抵抗者所签订的誓言：

"由于我们这几个村子的收成不足二分五，我们要求政府停收田赋直到下年再收。由于政府不理会我们的请求，因此我们这些签名的人在这里郑重宣布：对于我们这方面，我们决不交纳今年所有的或余下的田赋。我们要求政府采取他们认为恰当的任何合法措施，并将乐于承受因为我们不交租所应得的后果。我们宁肯让我们的土地被抵押，决不自动交税，或承认我们的请求是错误的而使我们的自尊心受到损伤。然而，如果政府同意停收全县第二批田赋，我们当中有能力负担的人一定交纳应交纳的全部或差额的田赋。有能力交纳而不交纳的人抗税，原因是如果他们交纳了田赋，贫苦农民就可能因为混乱而把他们的东西变卖掉，或者向他们借债来交纳租税，这样就会给他们自己带来困境。在这种情况下，我们觉得，为了照顾贫苦农民，甚至那些有能力交纳田赋的人也有责任不交纳田赋。"

关于这一次斗争，我不能用很多篇幅来叙述。所有同这次斗争有关的很多美好的回忆都不得不割爱了。凡是愿意对这次重大战斗进行更充分和深入研究的人，可以读一读商卡拉尔·巴立克先生写的完整而详实的《凯达非暴力抵抗运动史》。

洋葱贼

由于三巴朗位于在印度偏远地区，又没新闻报道那次罢工运动，所以并没有吸引多少外来的关注。而凯达罢工运动的情形则全然不同，那里所发生的事情报纸上天天都有报道。

古遮拉特人对这次斗争很有兴趣，因为这对他们来说这是一次新奇的体验。为了斗争的胜利，他们准备全力加以支援。他们还不能理解，非暴力抵抗单单靠钱是不行的，钱是它最不需要的东西。我虽然作了劝告，孟买的商人给我们汇来的钱还是远远超过实际所需，所以运动结束的时候我们还剩下许多钱。

同时，自愿进行非暴力抵抗的人员还得学习生活俭朴，这对他们来说是全新课程。我不敢说他们完全接受了这种思想，不过他们的生活方式还是有了很大的改变。

对于农民们来说，这次战斗也是一件十分新鲜的事情，因此我们得走遍各村向他们说明非暴力抵抗的原则。重点是要消除农民的恐惧心理，使他们懂得当官的并不是主子而是民众的仆役，因为是纳税人供给他们薪水。但是要这些农民认识并勇敢地承担自己的社会责任，几乎是不可能的。一旦他们消除了对于官员的恐惧，怎么能阻挡得他们对之前所受到的侮辱不加以报复呢？可是如果他们不能文明地维护自己的权益，那就会破坏非暴力的抵抗，就象一小点砒霜掉进牛奶里一样。后来我才知道，他们所学到关于文明的课程并没有我期望的那么多。经验教训使我明白，文明才是非暴力抵抗中最困难的部分。这里所说的文明并不是指在这种场合讲话要斯文，而是指对于敌人也有一种内在的善意胸怀，并且应当在非暴力抵抗者的每一个行动中体现出来。

开始的时候，人们表现出了很大的勇气，政府似乎也不打算采取强硬的措施。但当民众表现坚定且没有动摇的迹象时，政府就开始施加压力了。收税的官员卖掉人们的牲口，带走他们所能带走的一切东西，处罚的通告到处张贴散发，许多地方农作物也被抵押了。这使农民们惊慌失措，有的人赶紧去交税，有的人则按照官员们的方法把他们的便于携带的东西放在官员们经过的路上，以便让他们拿去抵押交税。另一方面，则有一些人打算斗争到底。

这些事情正在进行的时候，商卡拉尔·巴立克有一个佃农把他的土地应交纳的田赋交付了。这引起了农民的不安，商卡拉尔·巴立克立刻纠正了他的佃农的错误，他把那块已经交了田赋的土地捐献出来作为救济之用，因此挽回了他的荣誉并且为别人树立了一个良好的榜样。

为了坚定那些受到恐吓人们，我劝导他们，并在穆罕拉尔·潘提亚先生的领导下，把当作抵押品的那些田地里的洋葱收割起来。我认为这样做是一种对文明的不服从，然而纵然如此，这种征收尚未收割的农作物的办法即使是依据法律，那它在道德上也是错误的，这无异是一种掠夺。因此，农民有责任把洋葱收割起来，不管它是否已有征封的命令。这是农民们学会承受罚款或遭受拘捕的好机会，因为这些都是违抗命令的必然结果。对于穆罕拉尔·潘提亚来说，这正合他的心意。他不想这次运动没有人因为坚持非暴力抵抗的原则而遭受拘捕就悄悄结束了，所以他自告奋勇要去收割地里的洋葱，接着便有七、八个朋友和他采取了同样的行动。

政府对此采取了行动，穆罕拉尔先生和他的同伴的被捕了，然而这却增加了人们的继续进行非暴力抵抗的积极性。当人们对了坐牢也没有恐惧的时候，就再也克制不住自己的愤怒了。开庭那一天，群众包围了法院。潘提亚和他的同伴被判处短期的拘禁。我认为这个判决是错误的，因为收割洋葱的行为并不能按照刑法"盗窃"的定义定罪。入狱那天，成群结队的人护送"犯人"入狱，穆罕拉尔·潘提亚先生从此得到了人们给他的"洋葱贼"的光荣称号，一直到今天他还享有这个称号。

关于凯达非暴力抵抗运动的结束，将在下一章详述。

凯达非暴力抵抗的结束

最后，这次运动获得了一个出人意表的结果。人们显然已经精疲力竭了，而我也有点犹豫，不愿将那些不屈服的人引向彻底的毁灭。我正竭力寻找一种能为非暴力抵抗者接受的可靠办法来结束这场斗争，然而这样一个办法却完全出乎我的意料地出现了。纳底亚税区的收税官派人来告诉我，只要有能力的农民交纳了田赋，贫苦的人今年可以缓交。我要他写一个书面的东西作为保证，他居然写了。然而一个税区的收税官只能负责他辖区内的事情，因此我便去问县里的税务长，因为只有他有权力对全县的税收负责。我问他区收税官的作法是否适用于全县，他回答说区收税官来信已经将停收田赋的命令发下去了。这个情况我还不知道，但如果是事实的话，人们的誓言算是实现了。我们都应当记得，那个誓言的目的和政府的目前下发的命令是完全一致的，所以我们对于这个结果表示满意。

然而，这个结果远没有使我感觉快乐，因为它缺少每次非暴力抵抗运动结束时人们所应得的好处。县税务长实施他的办法，好像根本没有经过什么调解。贫苦的人可以缓交，但是几乎没有人得到好处。人民有权决定谁是贫苦的人，可是他们不能运用这种权利，为此我觉得很难过。所以，运动的结束虽然被当作非暴力抵抗的胜利来庆祝，我却没有因此得到鼓舞，因为它缺乏彻底胜利的要素。

非暴力抵抗运动的结果，只有当它使非暴力抵抗者比开始时力量更加强大、精神更加焕发时，才算是值得的。

但是，这次运动还是带来了一些我们今天能够看得到的间接成果，对我们现在非暴力抵抗的胜利也产生了良好的影响。凯达的非暴力抵抗运动标志着古遮拉特农民觉开始自我觉醒，这是他们真正接受政治教育的开始。

虽然贝桑特博士辉煌的自治运动确实深入到了农民中间，然而，推动受过教育的民众工作者去接触农民的实际生活的却是始于凯达的斗争。他们学会了怎样使自己和农民打成一片，并找到了适当的工作范围，他们自我牺牲的能力增加了。伐拉白在这次运动中表现很好，这件事本身就是不小的成就。我们可以根据去年的水灾救济活动和今年八度里的抵抗运动，来了解非暴力抵抗运动成就的大小。古遮拉特的公众生活由于有了新的生命力和蓬勃气象而显得生动活泼了，农民们开始深刻地意识到自己的力量。这次教训不可磨灭地印在公众的心中，即解救要依靠他们自己，依靠他们受苦和牺牲的能力。通过凯达的运动，非暴力抵抗的观念在古遮拉特的土地上深深地扎了根。

所以，虽然我觉得非暴力抵抗的结束并没有什么特别值得庆幸的，凯达的农民却欢欣鼓舞。因为，他们知道他们所获得的成就是与他们的努力密不可分的，而且他们发现了摆脱疾苦的真实而可靠的方法。基于这一点，他们是有十足理由为此而感到高兴。

然而，凯达的农民并没有完全了解非暴力抵抗的内在意义，我们在以后几章中就会明白，他们是付出了代价才懂得了非暴力抵抗的真正意义。

热爱团结

凯达的运动开始的时候，欧洲的战争还在进行，并且已到了危急关头。总督邀请了各方面的领袖到德里去参加作战会议，我也受邀去参加会议。前面我曾提到，总督詹士福勋爵和我有着诚挚的关系。

我应邀赶到德里，然而对于参加这次会议，我是有意见的，主要原因是象阿里弟兄这样的领袖没有得到邀请。他们当时还在狱中。我只见过他们一两次，虽然我听见很多有关他们的事情，人们对他们的服务和勇气交口称赞。我那时还没有和哈金·萨希布有密切的往来关系，但鲁德罗校长和丁纳班度·安德禄曾对我讲过很多称赞他的话。在加尔各答穆斯林联盟的办公处，我见过苏埃布·顾列希先生和克华嘉先生，并且和安沙立博士和阿布杜·拉赫曼也有过接触。我正在寻求善良的穆斯林的友谊，渴望通过和他们当中最纯洁和最爱国的代表们的接触，来了解穆斯林的心情。所以，无论他们带我到什么地方去，我总是毫不犹豫地跟着他们走，为的是要和他们有密切的接触。

当我远在南非的时候，就明白在印度教徒和穆斯林之间没有真正的友情。我从来不错过任何机会，消除障碍求得团结。我秉性不喜欢用奉承或有损自尊心的方法去与人相处，然而，南非的经验使我确信，我的不杀生的原则在印度教徒和穆斯林的团结问题上将要受到最严厉的考验。我现在还是相信，在我生命中的每一分钟，我都感觉神灵在考验着我。

既然我抱着这样坚定的信念从南非回国，所以我很珍视和这两个兄弟的接触。然而，在我和他们建立更密切的关系之前，他们却被隔离了。大毛位·穆罕默德·阿里在获得狱吏许可的情况下，常常从贝都尔和金特华达给我写来长长的信。我申请到狱中去会见这两位兄弟，但是没有结果。

在阿里弟兄被捕入狱后，穆斯林朋友们邀请我参加加尔各答穆斯林联盟的会议。我应他们的请求在大会上讲了话，主要讲的是穆斯林营救阿里弟兄出狱的责任。会后，这些朋友们便把我带到阿里伽的穆斯林学院去，我在那里号召未来的律师们为祖国服务。

接下来，我便和政府取得联系，要求释放阿里弟兄。为此，我研究了这两个兄弟的观点和他们有关基拉法（拉法（Khilafat）是土耳其伊斯兰教主，由土耳其王兼任。第一次世界大战期间，印度的穆斯林已有拥护基拉法的要求，土耳其战败后，基拉法的权位有被剥夺之势。这在印度的穆斯林之中引起了强烈的反应，于是有基拉法运动的兴起，要求战胜国之一英国保护基拉法的权利。甘地对此运动，曾积极加以支持——译注。）的活动。我觉得如果要成为穆斯林的真正的朋友，我应当尽力帮助营救这两个弟兄出狱，并使基拉法问题得到合理的解决。我不想评论这个问题的对错，只要他们的要求无损于道德。然而，宗教信仰的问题则不同，每个人的信仰对他自己来说，都是至高无上的。如果所有的人在宗教上具有同样的信仰，那么世界上便会只有一个宗教了。随着时间的推移，我发觉穆斯林关于基拉法的要求不但不违背什么伦理原则，而且英国的首相已经承认穆斯林的要求是正当的。因此，我觉得应当竭尽所能来帮助他们，首相的承诺是明确的。因此可以说，若就是非问题来检验穆斯林的要求，那只能满足我自己的良心。

朋友和批评家们曾批评过我对于基拉法问题的态度。虽然如此，我觉得我并没有理由要去修改它，或者因为同穆斯林合作而感到遗憾。如果有同样的事情发生，我还会采取同样的态度。

所以，当我动身去德里的时候，就打算把穆斯林这个问题向总督提出来。当时基拉法问题还没有出现后来的情况。但是到德里以后，我参加会议的事又遭到另一困难。安德禄提出关于我参加这次作战会议是否合乎道德的问题，他告诉我英国报纸正在争论英国和意大利签订秘密条约问题。如果英国和欧洲的另一个强国缔结了秘密条约，我怎么好去参加那个会议呢？安德禄先生这样问我。对于这些条约，我一所知。但是丁纳班度·安德禄的话在我看来已经足够了，因此我写了一封信给詹士福勋爵，说明我对于参加这次会议有些犹豫。他请我去面谈这个问题，我同他和他的私人秘书马菲先生进行了长时间的讨论，结果我同意参加会议。总督的论点实质上就是这样："你当然不相信，英国内阁所做的每一件事情总督都知道。我不敢说，而且谁也不敢说，英国政府不会做错事情。但是如果你同意总体上说大英帝国是一个好的强国，如果你相信总体上印度和英国的关系是对印度有利的，那么难道你不认为每一个印度公民有责任在帝国需要的时候去帮助它吗？我自己也看到英国报纸上关于秘密条约的消息。我可以向你作保证，除了报纸上所说的以外，我什么都不知道，你知道这些报纸是常常造谣。难道在这样一个紧急关头，你可以单凭报纸上的报道就拒绝帮助英国了吗？战争结束以后，你可以提出任何你愿意提出的道德问题并可以随意向我们挑战，但不是在今天。"

这番争论并不新鲜，它对我来说之所以新鲜是因为它是用这样一种方式，在这样一个时刻提出这样的问题。因此，我答应出席这次会议。至于穆斯林的要求，我要写一封信向总督提出来。

招兵运动

我就这样参加了会议，总督希望我支持关于招兵的决议。我请总督准许我用印度斯坦语发言，他答应了，并建议我同时用英语讲话。我没有多余的话，只有一句话："责任心驱使我竭诚拥护这个议案。"

一些人前来向我道贺，他们说在这种会议上讲印度斯坦语还是第一次。他们的祝贺，还有我发现在总督主持的会议上自己是第一个用印度斯坦语讲话的人，此事伤害了我的民族自尊心，我觉得非常惭愧。在本国举行的讨论国事的集会上，却不能用本国语言，直到像我这样一个偶尔出席的人用印度斯坦语讲话后，竟得到了庆贺，这太可悲了！这类事情让我们认识到自己的地位已经变得如此低下了。

我在会议上讲的那句话意义重大。我铭记这次会议和我所支持的那个决议。在德里期间，我还有一件事要做——我必须给总督写一封信，这对我来说这并非易事。为了政府和人民双方的利益，我有义务在信中说明我参加这次会议的原因和过程，还需说明人民对政府的期望。

在信中，我对于象罗卡曼尼亚·狄拉克和阿里兄弟这样的领袖没有收到会议邀请而表示遗憾，并说明了在战争造成的形势下，人民和穆斯林在政治方面的最低要求。我要求总督准许我将此信公开发表，他同意了。

这封信得送到西姆拉（在新德里西北的希马拉雅山麓，曾是英印政府的夏都——编译者），因为会议结束后，总督会立刻赶去那里。对我来说，此信是至关重要。通过邮局寄会耽误时间。我想节约时间，可又不愿随便派人送去。我想找一个可靠的人带去，最后亲自送到总督的手上。丁纳班度·安德禄和鲁德罗校长建议委托剑桥教会的爱尔兰牧师，他答应送信，但要求先让他先一览信件，如果他认为满意才愿意送信。我没有反对他的提议，因为这并不是一封私人信件。他看完信后对内容很满意，表示愿意完成这件事。我想给他买一张二等火车票，但是他却拒绝了，说他一直都坐二等半的火车。于是一整夜的路程，他真的坐二等半的火车去了。他的简朴和率直的态度令我心悦诚服。这封信就这样由一个靠谱的人带走了，我想它收到了预期的效果。我放下了心，眼前的障碍扫除了。

我还有一项招幕新兵的任务。除了凯达，我还能从哪里入手呢？除了我自己的同事以外，我能请谁先来应征呢？所以，一到纳提亚，我便和伐拉白及其他朋友商谈此事。有些人不太能接受这个建议，而赞成的人又怕它不能实现。这些人从政府官员那里承受过的痛苦经验，依旧记忆犹新。

不过，他们还是赞成进行这项工作。可当我开始着手进行的时候马上就明白了，我的乐观主义受到了无情打击。以前进行抗税运动的时候，人们很乐意把牛车免费给我们使用，一旦我们需要一个志愿人员的时候，便会来两个。现在连车子都租不到，更别说志愿人员了。然而，我们并不灰心。我们决定步行，这样我们每日必须走二十英里左右。如果连车子都没有，要人们供给我们饮食，那就是妄想。因此，我们决定每一个志愿工作者必须自备干粮，幸而是夏天不用带铺盖。

我们走到哪里就将集会举行到哪里。参加集会的人不少，但是难得有人应征。"你是一个主张非暴力的人，怎么叫我们拿起杀人的武器呢？""政府为我们印度干过什么好事，值得我们同它合作呢？"他们常常拿这类问题为难我们。

终于，我们的坚持逐渐有了效果。报名的人很多，我们希望把第一批人送走以后，还能有源源不断的人前来应征。我已开始和当地的专员商量应征者的住宿问题。

每一个分区的专员都仿照德里的办法举行会议，其中一次会议在古遮拉特举行，我和我的同事们都受邀参加了。不过我觉得在这里，我的地位不如在德里，这里的气氛充满奴性，我感到十分不安。我发表了一个相当长的发言，不能说取悦于那些官员们的话，的确有几句不中听的话。

我经常去发传单，请求人们报名应征。我主张人们应征的理由之一是不合那位专员的想法的，我认为："在英国统治印度期间所干的那些坏事中，历史会判定那个剥夺全印度武装的法令是最坏的。如果我们想要取消这个法令，如果我们想要学习使用武器，那这就是一个千载难逢的机会。如果在政府遭受考验的时刻，中产阶级肯出来帮忙，信任就会建立，不准携带武器的禁令也就会撤消。"那个专员提到这一点时表示，虽然我们彼此见解不同，他还是欣赏我出席了会议。而我则不得不尽量客气地说明我的观点。下面就是我前面提到的给总督的那封信："正如你所知道的，经过慎重的考虑之后，我不得不向阁下表明，由于我在本月（4月）26日的信上所说的那些理由，我本来能不参加这次会议，但是您接见面谈之后，我终于决定参加，这不为别的，而是出于我对您的最大的尊敬。我不想出席的理由之一，也许是最主要的原因，乃是罗卡曼尼亚·狄拉克、贝桑特夫人和阿里弟兄没有收到参加这次会议的邀请。我认为他们是公认的最有力的领袖。至今为止，我仍然为没有请他们参加而感到遗憾。因此，我向您建议，如果在以后省级会议中（我知道这是接着就要举行的），这些领袖们能够被邀请贡献他们有益的意见帮助政府的话，这次的损失尚可弥补。恕我斗胆直陈，任何政府都会重视像这些代表着广大人民群众的领袖，即使他们的观点与政府的观点相左。同时，令我欣慰的是，在这次会议的各个委员会上，各党各派都可以自由发表意见，就我来说，我是有意克制自己不在我所属的委员会或在大会发表意见的。我觉得只要我拥护大会通过的决议，就算是很好地为大会的宗旨服务了，而这一点我毫无保留地做到了。我希望尽早化语言为行动，只要政府接受我的建议，详情我已另函附上。"

在这危急的时刻，我们必须遵从我们的决定，给帝国真诚和坚定的支持，我们期望不久的将来能成为帝国的一个具有自治地位的伙伴。这不过是一个简单的真理：我们的响应是因为期望我们的目标能够加快实现的步伐。由此说来，即使主动承担起这种责任能够带来相应的权利，人民仍有理由相信，在您的讲话中所谈到的重大改革，将体现在国大党联盟方案的一般主要原则中，我相信正是基于这种信念，才使大会的很多成员愿意与政府真诚合作。

如果我能让我的同胞收回他们的要求，我一定要他们撤销国大党的一切决议。而在这大战的危急时期，不再反复陈述要什么"自治"或"责任政府"。我要说服印度，贡献她所有身强力壮的男儿，在帝国告危的时刻为帝国牺牲。

我相信印度采取了这个行动后，便会成为帝国最受欢迎的伙伴，而种族歧视也就会成为历史的陈迹。但事实上，印度整个知识阶层的决定却是采取一些消极的办法，而现在谁也不能再说知识阶层对于广大群众影响甚微。自我从南非回国以后，一直和农民们保持着极为密切的接触。我希望您能相信，自治的要求早已广泛地深入人心。上届的国大党大会我参加了，而国大党大会通过了要由国会机构明文规定在一定的时间内给予英属印度一个拥有完全责任的政府的决议，我也是这个决议的起草人之一。我承认这是迈出了大胆的一步，但是我认为，除非在最短期间将自治的梦想实现，否则印度人民是不会满意的。我知道印度有很多人愿意为达到这个目的付出任何牺牲。并且他们也很清楚，既然他们希望在帝国的范围内取得最后的地位，他们就应当为帝国作出同等的牺牲。所以，我们也懂得只有全心全意地埋头苦干，把帝国从当前的危险中拯救出来，我们才能缩短达到那个目标的过程。不承认这个基本的真理，便是一种民族自杀。我们必须知道，如果我们拯救了帝国，我们在那个行动的本身中也就取得了自治。

因此，有一点我很清楚，为了保卫帝国我们必须竭尽所能给帝国所有可能的人力支援；但是在财政上，我们就力不从心了。我同农民们的交往使我相信，印度捐献给帝国国库的财富已经远远超出了印度人民的能力范围。我知道我这样说是代表着我国大部分同胞的意见。

这次会议对我，以及很多人都一样，意味着是为了共同的事业而贡献生命的一个明确的步骤。但是我们处在特殊的地位，直到今天我们还不算是帝国的伙伴。我们的贡献是期望有一个更美好的未来。如果我不把我们的希望清楚地、如实地告诉您，那我对您和我的同胞就不诚实。我并非为了实现这个梦想而讨价还价，但是您应当懂得，失望就等于幻灭。

还有一件事情我不能忽略，您曾经呼吁，要我们放弃内部的分歧。如果这个呼吁是指容忍官员们的专横和错误行为，那我无力响应。这个呼吁应该是指向官员们，要他们不得虐待平民、抛弃过去一贯的做法，要多和人民协商，多尊重群众的意见。在三巴朗的时候，因为抗拒那种长期的专制，我最后竟不得不诉诸英国司法的最高权力。在凯达那些曾经不断诅咒政府的人们，现在却觉得真正有力量的并不是政府，而是那种愿意为真理受难，并代表着真理的力量。

所以，他们已经不再感到痛苦了。他们认为，政府应当是代表人们的利益。当人们受到不公平待遇的时候，这样的政府能够容忍有秩序和文明的抵抗。三巴朗和凯达的事件便是我对于此次战争直接、明确和独特的贡献。若让我停止在这些方面的活动，无异让我失去生命。爱的力量使我将这种精神传播四方。如果用爱代替暴力，我知道我可以为您呈献一个能遏制全世界恶行的印度。因此，我将年复一年地锻炼我自己，终生运用这种忍受苦难的永恒法则，并把它提供给那些愿意接受的人。如果我参加了其他任何活动，其动机也是为了展示这个法则无比的优越性。

最后，我要恳请您，转请陛下的政府就穆斯林土邦问题做出明确的保证。我相信您知道每一个穆斯林都深切关注着这个问题。身为一个印度教徒，我不能对他们的事情漠不关心，他们的忧愁就是我们的忧愁。我认为，帝国的安全就在于以最慎重的态度尊重那些土邦的权利，尊重穆斯林对于礼拜场所的宗教感情，并且您能够对印度自治的要求持公正的态度。我写这封信不仅是因为我热爱英国，而且我希望唤起每一个印度人对英国人的忠诚。

濒于死亡

在招兵过程中，我的身体几乎给搞垮了。那些日子里，花生、牛油和柠檬成了我主要的食物。我很清楚，吃太多的牛油对健康不利，但就是管不住自己的嘴，结果让我患上了轻微的痢疾。和平常一样，那天傍晚我还是去了学院。我没怎么吃药，以为饿一顿就会好的。第二天早上我没有吃早饭，觉得身体也舒服了好多。我认为，要想好彻底，就必须延长不进食的时间。所以，除了果汁之外，我什么都没有吃。

那天刚好是节日，虽然我告诉嘉斯杜白不吃午饭，但还是经不起她的诱惑。因为我发誓不喝牛奶或吃奶制品，她就特意给我做了甜麦粥，里面没有放酥油，而是放了一些植物油。她还留了一碗豆汤给我。这两样东西都是我爱吃的，为了不让嘉斯杜白扫兴，也为了满足自己的食欲，我就把这两样东西都给吃了。然而，魔鬼正在等待着时机。我吃得很饱，结果召来了死亡的天使。不到一小时的时间，痢疾就严重了起来。

当天晚上，我得赶回纳提亚去。到沙尔玛第车站不过一英里多的路程，我却走得异常吃力。和我同路的伐拉白先生看出我有病，但我没有让他知道我我病得是多么厉害。

到达纳提亚的时候，大概是十点钟。我们总部所在地印度教安纳塔学院，离车站虽然只有半英里，但我却觉得不下十英里远。我艰难地回到学院之后，疼痛感愈来愈剧烈。厕所离我住的房间很远，我就让他们在隔壁的房间里放了一个便盆。虽然觉得惭愧，但那也是不得已。博尔昌先生很快就找来了一个便盆，朋友们都围在我的身边，个个都为我担心。他们的厚爱和关心并不能消除我的疼痛。我的固执让他们无可奈何。我拒绝接受治疗。我宁愿为自己的过错忍受惩罚，也不愿吃药。他们只好沮丧而束手无策的看着我。一昼夜之间，我大约泻了三、四十次。我接着绝食，开始连果汁也不喝，一点胃口也没有。我向来认为自己的身体如钢铁一样强壮，但现在却变成了一滩烂泥，失去了一切抵抗力。康努加医生来看我，劝我吃药，我拒绝了。他要给打针，我也没有答应。当时，我对注射治疗的无知是十分可笑的，以为用来注射的药物一定是兽类身上的液体，后来才明白要给我注射的是从一种植物提取出来的，但为时已晚。腹泻还是没有止住，我已经精疲力竭，身体的衰竭引发了一种致人昏迷的发热症状。情急之下，朋友们又请来了几个医生。然而，对于拒绝就医的病人，他们能有什么办法呢？

赛·安巴拉尔和他的善良夫人来到纳提亚，在和我的同事们商量之后，把我接到了他们在阿赫梅达巴的洋房里。我在病中享受到的关爱和照料是无与伦比的。低烧还在持续，我的身体日益消瘦。我感到这场致命的疾病可能还将持续下去，在安巴拉尔的家里受到的无微不至的关心和照料让我十分不安，于是我要求把我送回学院。在我的坚持下，他们只好答应了。

正当我在床上痛苦呻吟之际，伐拉白先生带了好消息，说德国已经战败。那位专员也捎信说不需要再招募新兵了。这让我感到欣慰，因为我再也不用操心招兵的事了。

这时，我开始试用水疗法，感觉比以前舒服了一些，但要恢复健康，却不是一件容易的事情。许多药师给我出主意，但我总不愿吃东西。因为我发誓不喝牛奶，其中有两三个人采取了变通的办法，劝我喝肉汤，还引用了《夜柔吠陀》中的权威观点。其中有人还劝我吃鸡蛋。但他们的建议最终都被我拒绝了。

在我看来，饮食问题不是由经典的权威来决定的。饮食问题和我的生活息息相关的，而指导我生活的原则，是不能靠外界的权威的。我不想背弃自己的原则而生活。我铁面无私地要求妻子儿女，要求朋友们去遵循的原则，怎么能在自己身上被破坏呢？

所以，一生当中第一次长病不起的经历给我了一个绝佳的机会，来检查我和试验我的这些原则。有天晚上，我已濒临绝望，感到自己已经到了死神的门口。我派人去通知安娜舒亚朋，她立即跑到学院。伐拉白和康努加医师都来了，康努加医师摸着我的脉搏说："你的脉搏很好，我觉得绝对没有危险。你患的是一种神经衰弱，是由于身体极度衰弱而引起的。"但我还是不相信他的话。那天晚上，我整夜都没有睡觉。

天亮之后，死神并没有降临。但我依然觉得死期已经不远。因此，在所有清醒的时间，我都让学院的好友给我读《薄伽梵歌》。我已没有力气阅读。也不愿意说话。稍说一点话，脑子就会紧张起来。我对生存已经没有了兴趣，因为我从来不想苟且偷生。自己不能做事，还要麻烦朋友和同事，并且眼看着自己的身体一天不如一天，既无奈，又痛苦。

就在我躺在床上等死的时候，有一天达瓦尔卡医师带了一位客人。他是马哈拉斯特拉人，没有什么名气，但我一眼看出他和我一样也是一个有癖好的人。他来的目的是想在我身上试验他的疗方。他曾在孟买的格兰特医学院学习，读到都快毕业了，但没有取得学位。后来我才获悉，他是梵社的会员。他的名字叫克尔卡，是一个独立而固执的人。克尔卡拿手的疗法是用冰来治病，他要我也试试。我们给他起了一个外号叫"冰医生"。他自认为发现了别的有资质的的医生都没有发现的东西。遗憾的是，他的疗法并不能让我信服，我觉得他的某些结论下得为时过早。

不管结果如何，我还是让他在我的身上做了试验。他的疗法就是在全身敷上冰块。虽然我不敢肯定会不会得到他所说的那种效果，但它确实给我灌输了新的希望和精力，这种心理自然也影响了身体。我开始有了胃口，而且还能坚持五到十分钟缓慢的散步。这时他建议改变我的饮食。他说："我敢保证，只要吃几个生鸡蛋，你的精力就可以恢复得更快。鸡蛋和牛奶一样，对你绝对没有坏处。它们当然不能算作肉类。而且你也知道不是所有的鸡蛋都能孵出小鸡。市面上也有消过毒的鸡蛋出售。"可我连消过毒的鸡蛋也不愿吃。不过，我的的身体已有所好转，我也开始对公众活动有了兴趣。

劳莱特法案和我的窘境

朋友们和医生们都劝我到马特朗去休养，说那样我的身体会恢复得快一些，我便答应了。可是，马特朗的水是硬水，这让我很难坚持住下去。因为那场痢疾，肛门极为软弱，加上裂疮病，大便时让我痛不欲生，所以一提到吃东西，便充满了恐惧感。在那里住了不到一星期，我就匆忙离开了。当时，商卡拉尔·班克自命是我健康的监护人，他极力劝我找达拉尔医师咨询一下。于是我就去了。我很佩服他的当机立断。

他说："如果不喝牛奶，我就不能保证你的身体会得到恢复。如果你还同时接受铁质和砷酸注射，我保证你的身体可以完全康复。"

"打针，我可以接受，"我回答道，"但喝牛奶不行，因为我发过誓不喝牛奶。"

"为什么会发这样的誓？"这位医生很不解。

于是，我把整个故事的始末和我发誓的理由都告诉了他。我还告诉他，自从知道了母牛被挤尽牛奶的过程之后，我就不愿意喝牛奶了。此外，我始终认为牛奶并非天然食物，所以发誓根本不沾牛奶。在我讲述的过程中，嘉斯杜白一直站在床边听着。

"那么喝羊奶应该可以吧。"她插嘴说。

这位医生也借机说道："假如你愿意喝羊奶，那也可行。"

我做出了让步。热切希望进行非暴力抵抗斗争的愿望使我产生了一种生存下去的强烈欲望，所以我决定只遵守誓言的字面意思，而牺牲其精神本质。我当时发誓的时候，心中虽然想的只是牛奶，但它的含义应该包括所有动物的奶。再者说，既然我认为动物的奶不是人类的天然食物，就不应该食用它。对此我心知肚明，但我还是答应喝羊奶。生存的欲望要比对真理的虔诚更为强烈。一个崇尚非暴力抵抗斗争的人突然对自己神圣的理想做出了让步。对这一行动，至今还是记忆犹新，让我懊悔不已。我常想应当如何停止喝羊奶，但就是摆脱不了那种不可思议的诱惑。

我非常看重对于饮食的实验，把它视作寻求非暴力的一部分。这些实验让我感到精神舒畅，心情愉快。然而对于喝羊奶的不安，并非是出于饮食不杀生的观点，主要还是站在真理的视角，因为这等同于对自己誓言的违背。和非暴力的理想相比，我觉得对真理的理想要了解得更多一些。经验告诉我，如果放松了对真理的理想，我就永远解决不了非暴力的谜团。真理的理想要求我们从内里到外在都要遵守自己的誓言。

从目前的情况来看，我杀害了精神，即我誓言的灵魂，而只遵守了其外在形式，这也是让我苦恼的原因。然而，尽管我对此非常清楚，但却没有什么好的办法。换言之，也许我还没有勇气采取果断措施。归根到底，是信仰缺乏或者信念脆弱的结果。所以我日夜祷告："主啊，赐予我信仰吧！"

我开始喝羊奶之后不久，达拉尔医师便为我的裂疮做了手术。随着身体的逐渐康复，想活下去的愿望又活跃了起来，特别是因为神灵已经给我准备了很多的工作。

在我的身体还没有完全恢复的时候，在报纸上偶然看到了劳莱特委员会的报告书（此委员会的任务是就应付当时正在孟买如火如荼的革命运动提出建议，报告书主张采取严厉手段，"犯人"不经审判即可监禁——编译者）。它的建议使我惊讶。商卡拉尔·班克和乌玛尔·苏班尼来找我，建议我在这个问题上迅速采取行动。大约一个月之后，我便去了阿赫梅达巴，把我的担忧告诉了伐拉白，他几乎每天都来看我。他问我在目前情况下能做点什么呢？我说应该找到哪怕是少数几个人，让他们签名反对，如果拟议的内容在不顾我们反对的情况下获得通过，成为法律，那我们就马上进行非暴力的抵抗。我说如果不是病到这个样子，我一定会全力去斗争。但就我目前这无奈的情况来看，根本不配担任这个任务。

通过这次谈话，决定召开与我有接触的少数几个人的会议。在我看来，就劳莱特委员会的建议，其报告书里所列举的证据是不能让其成立的。我认为有自尊心的人绝不能屈从这些建议。

这次会议是在学院里举行的。受邀的不到二十人。我记得的参加的人除伐拉白外，还有沙罗珍尼·奈都夫人，洪尼曼先生，已故的乌玛尔·苏巴尼先生，商卡拉尔·班克先生和安娜舒耶朋夫人等。在这次会上起草了非暴力抵抗的誓约，我记得所有与会人员都在上面签了名。当时我还没有主编刊物的经历，但我常常通过日报表达我的观点。这一次我还是采取了同样的做法。班克非常热心地参加了这次斗争，我第一次发现他这个人组织能力很强，而且工作很踏实。

我认为依靠现有的组织，来运用非暴力抵抗这种新颖的武器，是毫无希望的，所以在我的建议下，新成立了一个非暴力抵抗大会。该大会的主要会员都在孟买，所以总部也就设在这里。很多会员都已经在誓约上签了名，还有人印发了传单，并且到处举行群众大会，这一切都像凯达运动一样。

我有幸被选为非暴力抵抗大会的主席。不久，我发现自己和大会里的知识分子之间似乎很难有一致的意见。我坚持大会一定要使用古遮拉特语，我所提出的一些工作方法看起来也很特别，这让他们感到不安和为难。不过公道地说，他们大都很宽容，也很迁就我。

虽然在创始之初，大会活动进行得红红火火，运动的发展也很迅速。然而，从一开始我就看出这个大会不会支撑多久。我觉得有一部分会员并不喜欢我所强调的真理和非暴力观点。

惊人的壮观

结果，一方面反对劳莱特委员会报告书的声势愈来愈大，另一方面政府实行该建议的决心日益坚定。最后，劳莱特法案公布了。这一生，我只参加过一次印度的立法议会，这次立法议会讨论的也正是这个法案。会上，萨斯特立吉的慷慨激昂发言，对政府提出了义正言辞的警告。总督似乎在认真倾听，萨斯特立吉滔滔不绝地发言时，他的话是那么真切而深情，我想总督不可能没有触动。

然而，无论如何，你怎么也叫不醒一个装睡的人。当时政府的处境正是如此，它只是急于要通过这样一道法律程序而已。事实上，政府早就做出了决定。因此，萨斯特立吉的警告，只能是对牛弹琴。

在这种情况下，我的话和旷野中的呼声没有什么差别。我给总督写了许多非公开的和公开的信件，诚恳地向他呼吁，清楚地告诉他，政府的行动使我除了采取非暴力抵抗之外，别无他途。然而这一切都于事无补。

该法案还没有在政府的公报上正式公布。当时，我的身体还十分衰弱，但是在接到去马德拉斯的邀请时，我还是决定冒险做一次长途旅行。那时，我还没有力气在大会上大声讲话。即使到了今天，我依旧不能在大会上站着讲话。倘若站着长时间讲话，我就会全身发抖，脉搏异常。

我很适应南方的生活。幸亏我在南方工作过，我觉得对于泰米尔人和德鲁古人有种特殊的感悟，南方善良的人民也从来没有让我失望过。请帖是已故的喀斯柱立·兰格·艾扬伽先生签名发来的。但我在赴马德拉斯之后才知道，建议邀请我的却是拉贾戈帕拉查里。这也是我第一次接触他。

拉贾戈帕拉查里离开沙列姆到马德拉斯之后当律师的时间不长。他是应已故喀斯柱立·兰格·艾扬伽先生等朋友的一再邀请才来了这里，其实他来这里也便于更积极地参加公众生活。到马德拉斯后我们就同他住在一起。直到过了两三天之后，我才发现这个问题。因为我们住的那栋洋房是喀斯柱立·兰格·艾扬伽先生的，所以我们一直以艾扬伽先生的客人自居。幸亏摩诃德夫·德赛纠正了我的想法。他很快就和拉贾戈帕拉查里非常熟悉了，而拉贾戈帕拉查里因为怕难为情，一直不大露面。摩诃德夫有一天提醒我说："你应当栽培这个人。"

于是，我就照他的意见去做了。我们每天在一起讨论斗争的计划，但是除了举行公众集会之外，我想不出任何其他的措施。假如劳莱特法案最终通过并成为法律，我也不知道如何以文明的方式来反对。要想不服从它，政府总得先给人们不服从的机会才行。假如没有这种机会，我们能不能对其他的法律以文明的方式表达不服从的意愿呢？如果可以，那么界限又是什么？

这一大堆类似的问题，就是我们讨论的主题。

喀斯柱立·兰格·艾扬伽召集了一个小小的会议。参加这次会议的人中，最引人注意的是维加耶罗卡瓦恰立先生。他建议我起草一份明确的非暴力抵抗说明，甚至包括详细的细节。我毫无保留地向他承认，我不能胜任这项工作。

就在我们踌躇不决的时候，得到了劳莱特法案已经公布为法律的消息。那天晚上，我在思索这件事情的时候，不知不觉地睡着了。第二天天没亮我就醒来了，比平时要稍微早一点。在我还在介乎沉睡和清醒之间的时候，突然有了一个主意，仿佛在梦境里一样。早上我便把它告诉了拉贾戈帕拉查里。

我告诉他在梦里得到的主意，那就是号召全国举行总罢市（是不是"罢工"更好一点，请查对）。我又告诉他，非暴力抵抗是一种自我纯洁的过程，我们的斗争又是一项神圣的斗争，因此开始的时候应该有一个自我纯洁的行动，让印度全体人民在那一天停止工作，把它视作绝食和祈祷的日子。穆斯林的绝食不能超过一天，所以绝食的时间不超过二十四小时。各省是否都会响应我们这个号召还很难说，但我觉得孟买、马德拉斯、比哈尔和信德是靠得住的。即使只有这几个省份参与，我们也应当感到很满意了。

拉贾戈帕拉查里立刻接受了我的意见。其他朋友得知以后，纷纷表示欢迎。我起草了一份简短的呼吁书，总罢市的日期最初定在1919年3月30日，但是后来又改到4月6日。

全印度从东到西，从城市到农村，那一天进行了总罢市，真是惊人而壮观的一幕。

难忘的一周！（上）

在印度南部的短期旅行之后，我到达了孟买。大概在4月4日，我接到商卡拉尔·班克先生的一封电报，让我赶去参加4月6日的庆典。

关于总罢市延期至4月6日举行的电报到达得太晚，因为德里已经于3月30日举行了罢市。当时还健在的史华密·史罗昙纳吉和哈钦·阿兹玛尔汗·萨希布的话，在那里就算是法律。德里过去从未遇到过那样的总罢市。印度教徒和穆斯林团结得就象一个人一样。史华密·史罗昙纳吉应邀到朱姆玛大寺去做演讲。所有这一切都是当局不能容忍的。总罢市的游行队伍在去往火车站的时候被警察堵住了，警察还向游行群众开枪，造成了很大的伤亡。德里开始了镇压统治，史罗昙纳吉叫我火速前往德里。我回电说，等4月6日孟买的庆典之后，我就立即动身。

德里发生的事情，在拉合尔和阿姆里察也都重新上演了。沙提亚巴尔博士和克其鲁博士从阿姆里察给我发来了邀请，叫我快点赶过去。当时我同他们还互不相识，但我还是回复他们，等德里的事办完之后便去阿姆里察。

4月6日早晨，孟买成千上万的市民涌到乔巴蒂海边去沐浴，然后结队游行到塔库德华。游行的队伍里有一些妇女和儿童，也有很多穆斯林参加。同行的几个穆斯林朋友把人群从塔库德华带到附近的一个伊斯兰教堂，并说服奈都夫人和我做演讲。维塔尔达斯·捷罗嘉尼先生建议我们趁这机会让人们举行使用国货和印—穆团结的宣誓，但我不赞成这个提议，因为宣誓不是一件草率的事情，而且我们应当对人民正在进行的事业感到满足。我认为，一旦宣誓，就不能违背。因此，使用国货的誓言，其含义应当让民众充分了解。而印—穆团结的誓言要求承担的责任，也应当为让参与者有深刻认识。最后我提议，凡是愿意参加宣誓的，可在第二天早晨再举行集会。

毋庸置疑，孟买的总罢市十分成功。以文明的方式表达了不服从的意愿。我们曾经就此问题讨论过两三件事情。后来决定，不服从的对象应当是那些让群众不愿意服从的法律。那时的盐税极不得人心，而且在这之前还举行过一次声势浩大的抵制消盐税的运动。因此我建议民众可以继续抵制盐税，自己在家里用海水制盐。我的另外一个建议是销售禁书。我的《印度自治》和《给那最后的一个》（鲁斯金同名书的古遮拉特文改写本）这两本书，是被禁止了的，这时刚好用得着。重版这两本书并公开销售，似乎是以文明的方式表达不服从的好办法。于是这两本书被大量翻印，安排好那天晚上绝食结束以后在大会上发售。

6日晚上，有一组志愿者按预定计划销售这两本禁书。所有的书很快便销售一空。售书所得的钱都用来开展进一步的文明不服从运动。这两本书的定价都是四个安那，但我记得从我手上买书的人不是按定价付钱的。很多人把自己口袋里所有的钱都拿出来购买。为了买一本书，五卢比和十卢比的钞票像雪花一般飞来。我记得我还卖了一本书，售价是五十卢比！我们会向买书的人讲清楚，所卖的是禁书，买这种书有可能会被捕入狱。然而，当时他们全然没有对坐牢的恐惧感。

后来，我们听说政府为了不陷于被动，说我们出售的书并不在禁书的范围之列。政府把我们翻印的这些书看做是以前禁书的新版本，出售新版书不算是犯法。

这个消息让大家大失所望。

第二天早晨又召集了一个关于使用国货和印—穆团结的宣誓大会。维塔尔达斯·捷罗嘉尼这才第一次认识到，闪闪发光的不一定都是金子。那天到会的人寥寥无几，会场男人很少。我很清楚地记得几位到会的姐妹。我在之前已经写好一份誓词。宣誓前，我给到会者讲清楚了誓词的含义。对于到会者很少这件事，我既没有难过，也没有意外。我已经注意到了群众在态度上的差异。他们喜欢搞激动人心的事情，而不愿做埋头苦干的建设性工作。即使现在，这种差异依然存在。

对于这一问题，我将在另外的章节来谈。现在回到主题，7 日晚我动身前往德里和阿姆里察。8 日火车在马都拉临时靠站时，阿恰利亚·齐德万尼到车上来看我，把我会被捕的确切消息告诉了我，并问我他能帮我做点什么。我感谢了他的好意，说需要的时候，一定请他帮忙。

还没有到达巴尔瓦尔车站，我便接到一份书面命令，不准我进入旁遮普境内，因为我可能会造成当地秩序的混乱。警察让我下车，我拒绝道："我是应紧急邀请到旁遮普去的，不是去那里扰乱秩序，而是去安定人心的。所以不能服从这个命令。"

最后火车进了巴尔瓦尔站。我让与我同路的摩诃德夫去德里把路上所发生的事情告诉史华密·史罗昙纳吉，并要求民众保持镇定。我让他解释清楚我没有服从命令的原因，并准备接受违法的处罚，同时还让他说明，不管我受到什么处罚，只要民众能保持克制，胜利一定会属于我们。

在巴尔瓦尔车站，我被警察拘押。不久有一列火车从德里开来，在几个警察的看管下，我被迫上了三等车厢。到达马都拉后，我被带到了警察局，但是没有哪个警官知道该如何处罚我，或者准备把我送到哪里去。第二天临晨四点，我被叫醒，然后被押上了开往孟买的一列货车。中午他们又在沙威·马渡坡叫我下车。有一个警官让鲍林先生从拉合尔乘特别快车赶来，负责押送我。他把我押上头等车厢，于是我便从一名普通的犯人变成"绅士"式的犯人了。这个警官开始滔滔不绝地称赞米凯尔·奥德耶爵士。他对我说，米凯尔爵士个人与我并没有什么过不去的地方，只是担心我到了旁遮普会引起群众的骚乱。最后他让我答应不去旁遮普，赶快回孟买去。我说我不能服从这个命令，也不打算自己回去。他知道拿我没办法，就告诉我他不得不按法律办事。我问他："那么你准备拿我怎么办？"他说他自己也不知道，只能等候新的命令。

"现在我要做的就是把你送回孟买去，"他说道。

到达苏拉特之后，我被移交给另一名警官。到孟买的时候，这个警官对我说："你现在自由了。"但他又接着说："你最好在海滨车站下车，我可以让火车在那里停一停。科拉巴车站可能有会很多人拥在那里。"我表示愿意听从他的安排，于是他很高兴，并向我道谢。后来我就在海滨站下车了，恰好有一个朋友的车子从那里经过，他就把我带到了雷瓦沙卡·捷维礼的家里。那位朋友说我被捕的消息引起人们极大的愤慨，他们激动到了几乎发疯的地步。他还说，在白敦尼附近，随时都可能发生暴乱，县长和警察都已经赶到了那里。

我刚到目的地，乌玛尔·苏班尼和安娜舒亚朋便赶过来，让我立即坐汽车到白敦尼去，说民众十分愤慨，可能只有我亲自去，才能将它们安抚下来。

我马上出发赶往白敦尼。在白敦尼附近，我看见一大群人涌在那里。他们一见到我欣喜若狂，立刻结成队伍。空中响彻了"祖国万岁"和"上帝至上"的呼喊声。可是，当遇到一队骑马的警察之后，砖头就像雨点从天而降。我要求群众冷静，可是当游行队伍经过阿布杜尔·拉赫曼大街，正要向克罗福特市场进发时，突然发现有一队骑马的警察挡住了他们向要塞进发的道路。群众把道路挤得水泄不通，他们几乎突破了警戒线。在如此庞大的人群队伍里，我的声音根本不可能听见。就在这个时候，警官下令驱散群众，紧跟着马队冲向群众，他们一边冲一边挥舞着武器。当时，我以为自己免不了要受伤。但我的担心并没有必要，枪矛挥过来的时候，只不过擦到了汽车上面。游行的队伍很快就被冲散，慌乱之中，有的被踏伤，有的被挤伤。在鼎沸的人海中，根本没有让马走过的空隙，也没有让群众散开的出路。于是骑马的警察们就在人群中横冲直撞，杀开了一条通道，他们也许都不知道自己是在干什么。眼前呈现出的是一种极端恐怖的景象，警察和民众乱作一团。

就这样，群众被驱散了，游行队伍被瓦解了。我们的汽车获准前行。我在警察局门前停下来，进去向警察局局长控诉警察们的暴行。

难忘的一周！（下）

我走进了警察局局长格立菲斯先生的办公室。走廊里的空气异常紧张，在通往局长办公室的楼梯两边，站满了全副武装的士兵，像是在准备军事行动。被引进办公室的时候，我看见鲍林先生坐在格立菲斯先生身边。

我把刚才所见的情景对局长描述了一番。他简略地回答说："我之所以不让游行队伍向要塞前进，是因为在那里难免会发生骚乱。如果群众不听劝告，我只能下令让骑警驱散他们。"

"可是，"我说道，"你知道那样会造成怎样的后果。那些马一定会踩到群众，完全没有必要派骑警去镇压人民。"

"你不能这样断言，"格立菲斯先生说，"作为警官，我们要比你更懂得群众带来的影响。如果不采取断然措施，局面就会失控。我告诉你，群众一定不会受你的影响。他们很快就会接受服从法律的思想；他们不明白保持和平的责任。你的本意我了解，但群众不会懂得你的意图。他们只会受到本能的驱使。"

"我不同意你的说法,"我答道,"人民的天性不是凶暴的而是和平的。"

我们就这样辩论起来。最后,格立菲斯先生说道:"如果人们不理会你的那一套说法,你又将怎么办呢?"

"如果真是那样,我就要求停止这一运动。"

"这是什么意思?你不是对鲍林先生说过,获释后还要到旁遮普去吗?"

"没错,我原来打算乘下一趟火车去。看来今天是去不了了。"

"如果你能耐心一点,就一定能坚守你的信念。你知道阿赫梅达巴现在发生了什么吗?你知道阿姆里察已经发生了什么吗?各处的群众都好像疯了。我还没有掌握所有的事实。有些地方的电线都被割断了。但我告诉你,所有的骚乱都应当由你负责。"

"我可以保证,凡是需要我负责的地方,我一定负责。但是,如果阿赫梅达巴也发生骚乱,我将感到极为痛心和惊讶。我不能为阿姆里察负责,因为我没有到过那里,那里也没有人认识我。说到旁遮普,如果不是旁遮普的政府阻止我入境,对于维持那里的治安,我无疑可以起到一定的作用。但他们不让我入境的举动,反而激怒了民众。"

我们就这样无休止地争论下去,当然我们是不可能有一致看法的。我告诉他我打算在乔巴蒂举行一次群众大会,我要向民众发表演说,要求他们保持冷静,然后就向他告别了。群众大会是在乔巴蒂海滩上举行的。我详细解释了非暴力的责任和非暴力抵抗的界限,并且告诉他们,非暴力抵抗是诚实人的一种武器,非暴力抵抗者一定要坚守非暴力的原则。只有民众在思想上、言论上和行动上都遵守这个原则,才能进行群众性的非暴力抵抗运动。

安娜舒亚朋也接到了阿赫梅达巴发生骚乱的消息。有人还散布谣言,说她也被捕了。纺织工人听到她被捕的消息气得都发疯了，他们举行了罢工，采取了暴力行动，还打死了一名警官。

我赶到了阿赫梅达巴。有消息称有人企图破坏纳提亚车站附近的铁轨，维朗坎的一名政府官员也被杀害了，阿赫梅达巴宣布戒严。民众十分恐慌，他们曾经肆无忌惮地采取暴力行动，现在该轮到他们来还债了，还得加上利息。

车站上有一名警官正在等我，他把我护送到了警察局局长普拉特先生那里。我发现他满脸怒色，我温和地和他讲话，说对当地的骚乱深感遗憾。我说戒严是不必要的，我愿意和他合作，力争恢复和平。我要求他准许我在沙巴尔玛第学院的广场上举行一次群众大会，他同意了。大会是在 4 月 13 日（星期日）举行的，戒严令也就在那一两天撤销了。我向大会做了演讲，极力想让民众认识他们的错误。为了表示忏悔，我宣布自己将绝食三天，并呼吁民众绝食一天，还建议犯有暴行罪过的人自首。

对自己的责任，我是非常清楚的。让我无法忍受的是，工人们也参加了暴乱。我和工人们相处已久，并且我曾为他们服务，对他们寄予厚望。现在他们犯了罪，我感到自己也难脱干系。

一方面，我建议民众承认罪过；另一方面，也建议政府宽恕他们的罪行。但双方都不接受我的意见。

已故的罗曼白爵士，还有阿赫梅达巴的朋友们前来劝我停止非暴力抵抗运动。其实他们的劝告完全没有必要，因为我已经下定决心，在民众没有懂得对和平的理解之前，终止非暴力抵抗运动。听到我的决定之后，那几位朋友都高兴地离开了。

然而，另外一些人对我的这个决定很不高兴。他们认为，如果我处处要求和平，并把和平看做发动非暴力抵抗运动的先决条件，那么群众性的非暴力抵抗运动就不可能实现。可如果就连曾经同我一起工作过的人，还有那些我指望能够服从非暴力的原则并能够自己受苦的人都不能放弃使用暴力，那么非暴力抵抗运动当然是不可能实现的。我坚持认为，那些领导民众进行非暴力抵抗运动的人，应当有能力让民众的行为不超出非暴力的界限。时至今日，我依然持这种观点。

"一个喜马拉雅山般的错误"

阿赫梅达巴的群众大会结束后，我就立刻赶到纳提亚。在这里，我第一次用了"喜马拉雅山般的错误"这个词。后来，它便广泛流传开了。在阿赫梅达巴时，我就已经隐约察觉到了自己的错误。等到了纳提亚，看到实际情况，并且听到凯达县有很多人被捕的消息之后，我才恍然大悟。正如我现在认识到的一样，号召凯达县和其他的地方过早地开展文明的不服从运动，一开始就是一个严重的错误。我在一次群众大会上讲话的时候，承认自己犯了大错，却引来了不少的嘲笑之声。但我绝不后悔，因为我始终认为，只有用放大镜来看待自己的错误，同时用相反的方法来对看待他人的错误，才有可能对于自己和别人的错误有比较公正的评价。我还认为，打算实行非暴力抵抗的人，更应当认真遵守这一原则。

现在让我们看看"喜马拉雅山般的错误"到底是怎么回事吧。一个人在有资格进行文明的不服从之前，必须先自愿地尊重和服从国家的法律。在通常情况下，我们之所以服从法律的原因是害怕受到法律处罚，尤其对那些不包含道德原则的法律，更是如此。例如，不管有没有禁止偷窃的法律，一个正直、受人尊敬的人绝不会突然去偷东西。然而，同样一个人，对于遵守夜里骑自行车必须开灯的规则，却不一定认同。的确，他是否能很好地接受别人在这方面的善意劝告，是会让人怀疑的。但是，要避免因违反此项规定而带来的麻烦，他就有遵守这一法规的义务。这种顺从不同于非暴力抵抗者应具备的有意识的、主动的服从。非暴力抵抗者一定会自觉服从法律，因为他们认为这是自己神圣的职责。只有当一个人能够小心谨慎地服从法律，他才能够判断哪些具体的法律是好的、公正的，哪些法律是不好的、不公正的。只有这样，他才有资格在确定的范围内进行文明的不服从运动。我的错误就在于没有遵守这个必要的限度。在民众还没有具备这种觉悟之前，我便号召他们参加文明的不服从运动，在我看来，这个错误就像喜马拉雅山一样大。我一走进凯达县境内，当年进行非暴力抵抗运动的往事又一次涌现在我的眼前。让我感到惊奇的是，这么明显的事情，为什么当时却没有觉察到。现在我清楚地明白，民众在进行文明的不服从运动之前，必须十分清楚地了解文明不服从的深刻含义。所以，再次发动群众性的文明不服从运动以前，必须首先建立一支久经考验、心地纯洁而又完全懂得非暴力抵抗的严格条件的志愿者队伍。他们可以向民众解释这些原则，并且确保能正确地坚持。

我怀着这样的思想到了孟买，并通过当地的非暴力抵抗大会成立了一支非暴力抵抗志愿者队伍。在他们的帮助下开始做群众的教育工作，让他们明白非暴力抵抗的意义所在以及其内在的真正含义。

这些主要是靠印发教育意义的小册子来实现的。

然而，就在这项工作正在进行的时候，我就发现，要让民众对非暴力抵抗的和平方式产生兴趣，的确是一项艰巨的任务。愿意承担志愿工作的人也不多。即使真正报名参加的人，也并不是全部都能接受有系统的训练。而且，时间一长，担任这项工作的人不但没有增加，反而越来越少了。我这才意识到，文明的不服从的训练，进展并不像我所预计的那么快。

《新生活》和《青年印度》

就这样，当非暴力运动稳步而缓慢开展的同时，政府非法镇压的政策也在紧锣密鼓地推进，尤其在旁遮普表现得最为严重。运动领袖们纷纷被捕入狱，政府公布了戒严的法令，还成立了特别刑事法庭。特别刑事法庭并非正常的法院，而是贯彻专制者意志的工具而已。判决书往往是在没有证据并且公然违法的情况下下达的。在阿姆里察，无辜的民众就像热锅上的蚂蚁，惶惶不可终日。尽管发生在嘉里安瓦拉花园的悲剧引起了印度乃至全世界人民的关注，但与这次暴行相比，我觉得简直微不足道。

　　我被催促立刻动身到旁遮普去。我给总督写信、发电报，请求准许我去那里，但是都没有结果。如果在没有得到许可的情况下贸然前往，我势必无法进入旁遮普境内。这让我陷入两难的境地。很明显，违反禁止我进入旁遮普的命令，就不能算作文明的不服从行为，而旁遮普境内肆无忌惮的镇压则进一步扩大和加深了民众愤慨的情绪。对我来说，就在这个时候进行文明的不服从，既使有可能，也只能是火上添油。因此，我决定不顾朋友们的建议，放弃去旁遮普的打算。这对我来说，无异于像服下苦药一样难受。每天都能收到旁遮普迫害民众的消息，而我却只能无可奈何地咬牙切齿。

　　就在这个时候，通过《孟买纪事报》带来一股巨大力量的洪尼曼先生突然被当局驱逐出境。我认为政府当局的这一行为污秽不堪，我至今还能闻它的恶臭。我知道洪尼曼先生一直以来都不赞成不合法的行动。他也不赞成我未经非暴力抵抗委员会的准许而去破坏旁遮普政府禁止我入境的命令，而且对于停止文明的不服从的决定，他也非常拥护。事实上，在我还没有宣布停止文明的不服从的决定之前，他就已经来信劝诫我这样做了。只是因为孟买和阿赫梅达巴的距离太远，所以直到我在宣布这一决定之后才接到了他的来信。所以，他突然遭到驱逐之事，既令我痛心，也使我惊诧不已。

　　由于发生了这样的事情，《孟买纪事报》的董事们便要求我来指导这份报纸。布列维先生已经在那边工作，所以用不着我做太多的事情。不过依我的性格，担负的这种责任就成了一种额外的负担。不过政府替我解了围，下令《孟买纪事报》停刊。

那些负责《纪事报》的朋友们，如乌玛尔·苏班尼和商卡拉尔·班克先生等，还掌管着《青年印度》，因为《纪事报》停刊，他们建议我担任《青年印度》的主编一职，而且为了弥补《纪事报》被封后留下的缺憾，《青年印度》由周刊改为双周刊。我赞成这种做法，因为我也正想把非暴力抵抗的内在含义向公众进行宣传，希望通过这一努力至少为旁遮普的形势主持公道。我所写的文章，还隐含着对非暴力抵抗运动的宣传，对此政府也很清楚。所以，我很愿意接受朋友们的建议。

然而，该如何通过英语来训练普通群众参与非暴力抵抗呢？我的主要工作领域是古遮拉特。印都拉尔·扬兹尼克先生当时与苏班尼和班克等人有些联系。他正在负责古遮拉特文《新生活》月刊，这份刊物得到了这些朋友的资金资助。他们把这个月刊也交由我负责，而且印都拉尔也答应继续干下去。这份月刊也改成了周刊。

后来，《孟买纪事报》允许复刊了，所以《青年印度》也恢复到了原来的周刊。在两个不同的地方出版两种不同的周刊，对我来说很不方便，而且开支也更大。因为《新生活》原来就在阿赫梅达巴出版，所以在我的建议之下，《青年印度》也搬到了那里。

这种改变还有别的考虑。我在办《印度舆论》时已经有了经验，我认为这种刊物应当有自己的印刷厂。而且根据当时印度的出版法，通常为做生意而开设的印刷厂就不大敢于承印我不受限制发表的意见。所以建立我们自己的印刷厂就十分迫切，既然这在阿赫梅达巴做起来比较便利，《青年印度》也就需要搬到那里去。

有了这两份刊物，我就开始尽我所能向读者开展有关非暴力抵抗的教育。这两份刊物销路很广，有一个时期两份刊物的发行量各达到了四万份之多。但是，正当《新生活》发行量激增的时候，《青年印度》的发行量却增加得很慢。我受到禁闭之后，两份刊物的发行量便降了下来，后来还不到八千份。

一开始，我便反对在这两份刊物上刊登广告。我并不认为这会对它们带来损失，相反，我相信这样做将非常有助于它们保持独立。

没有料到的是，这两份刊物帮助我保持了内心的和平。这是因为，既然立即进行文明的不服从是不可能的，那么这两份刊物就有可能让我的思想和观点可以自由地与民众进行沟通。所以，我觉得这两份刊物确实为民众提供了很好的服务。而对于揭露戒严法令的专横残暴也算是出了一些微薄之力。

在旁遮普

米凯尔·奥德耶爵士让对旁遮普省发生的事件负全责，一些激进的旁遮普青年也把政府的戒严行动归咎于我。他们说我当初如果不停止文明的不合作运动，就不会有嘉里安瓦拉花园发生大屠杀事件。有人甚至恐吓我说，如果下次我去旁遮普省，他们就要把我除掉。

但是，我的立场是十分正确的。只要是有理解能力的人，都不会产生误解。

我没去过旁遮普，因此更想亲自去看看那里的情况。曾经邀请我到那里去的沙提亚巴尔博士，克其鲁博士和潘迪特·兰巴兹·杜德·乔达理，现在都被关进监狱了。但是我相信政府不敢让他们像别的囚徒一样关得太久。每次去孟买，都会遇到很多旁遮普人过来看我，我总是鼓舞他们，给他们安慰。当时，我自信是能够鼓舞他们的。

然而我去旁遮普的计划总是一而再，再而三地拖延下去。每次见总督要求准许我前往旁遮普的时候，他总是推说时机未到，所以这事也就这么拖延了下来。

就在此时，汉德委员会宣布要调查旁遮普政府在戒严时期所做的事情。当时，西·弗·安德禄先生已经抵达旁遮普，他在信中叙述了那里令人触目惊心的事情，让我感到戒严令导致的暴行要比报纸上所报道的糟糕得多。他催促我和他一起到那里去展开工作。而马拉维亚吉也来电让我立刻前往旁遮普。我又一次发电报给总督，可他给我回电说要等到合适时候才行。现在我已经记不清具体的时间了。我想大约是 10 月 17 日。

在拉合尔所看到的景象让我终生难忘。车站月台上人山人海，好像全市的人都到了这里似的，我在月台上欣喜若狂地期盼着，就像在迎接一位阔别多年的亲戚。我住在已故老朋友潘迪特·兰巴兹·杜德的家里，接待我的是沙罗拉·蒂维夫人。

旁遮普的主要领导都尚在狱中，我发现他们的地位已经被潘迪特·马拉维亚吉、潘迪特·莫迪拉尔吉和已故史华密·史罗昙纳吉替代了。马拉维亚吉和史罗昙纳吉这两人以前跟我就很熟悉，但和莫迪拉尔吉建立密切的私人关系，这还是头一遭。所有这些人，还有当地有幸没有被捕的领导们，都让我感到极其亲切的感觉。

至于我们如何一致决定不给汉德委员会提供见证的事，现在已经成为了历史。其原因在当时曾公开发表过，所以这里不再赘述。不过回想起来，我依旧认为当时做出的决定是完全正确的。

抵制汉德委员会的结果是，我们决定成立非官方的调查委员会，代表国民大会党来做平行调查。我和潘迪特·莫迪拉尔·尼赫鲁，已故德希班度·西勒·达斯，阿巴斯·铁布吉先生，姆·勒·贾亚卡先生一同被任命为该委员会的委员，主席由潘迪特·马拉维亚吉承担。为了方便调查，我们每人分担了一个地区。委员会的组织工作由我负责，所以很多地区的调查工作都得由我来参与。于是我便有机会来深入地考察旁遮普人民和村庄的状况。

在旁遮普进行调查的过程当中，我还结识了当地的许多妇女。我和她们好像已经认识了数百年一样。我每到之处，她们都会成群结队来找我，送给我她们带来的棉纱。在调查工作中，我明白了这样一个道理：可以把旁遮普变成一个了不起的纺织工作园地。

在一步步深入调查人民所遭受的暴虐行为的过程中，我听到了许多政府专制和官员蛮横霸道的事例，这确实让我感到非常意外，也这让我倍感痛心。直到现在依然让我惊讶的是：这个大战期间曾经为英国政府输送了大量士兵的省份，竟然也免不了这样残酷的暴行。

同时，我也受委托为委员会起草报告书。想要了解旁遮普人民遭遇的人，我还是希望他们读一读这份报告书。就这份报告书我想说明一点，里面绝没有夸张的言词，所记载每一件事情都是有据可查的。而且报告书里的证据也只是委员会所掌握的一部分。凡是稍微有点疑问的材料，都没有收录其中。这份报告书的目的旨在说明事实真相，这些真相能够让大家看清英国政府为了维护自己的政权竟然做出了多少惨绝人寰的事。据我所知，没有任何人曾推翻过这份报告书里记载的事实。

反对在基拉法问题的印—穆联席会议提出护牛问题

现在，我们必须暂时不讨论在旁遮普发生的这些黑暗的事件。

国民大会党在旁遮普对德耶主义进行调查伊始，我便接到邀请，出席在德里举行的讨论基拉法问题的印—穆联席会议。当时在邀请书上签名的有已故的哈钦·阿兹玛尔汗·萨希布和阿沙夫·阿里先生。已故的史华密·史罗昙纳吉先生也准备参加那次会议。而且如果我没有记错的话，他还是那次大会的副主席。我记的那次会议预定在 11 月举行。会议要讨论的议题是基拉法被出卖所引起的紧张形势及印度教徒和穆斯林是否应当参加和平庆祝等问题。我还从邀请书中得知，会议要讨论的不只是基拉法问题，而且还包括护牛问题。对于解决护牛问题而言，这的确是一个千载良机。但我不太建议护牛问题就这样被提出来。因此，在回信中答应尽可能去参加会议的同时，也提出了我的意见，即我认为这两个问题不应该在一种讨价还价的氛围中进行讨论，而应该具体问题具体对待。

我带着这种想法参加了会议。尽管它没有后来的一次有成千上万人参加的集会那么可观，但参会人数还是不少。在会上，我同已故的史华密·史罗昙纳吉讨论了上述问题。他很赞同我的观点，建议我在会上提出来。之后我又同哈钦·萨希布探讨了这个问题。我在会上提出，如果基拉法问题有其正当、合法的根据，如果政府的处理有失公平，那么印度教徒理所当然会支持穆斯林教徒的要求，来纠正基拉法的错误。但是，如果他们借此机会提出护牛问题，甚至借机和穆斯林教徒讨价还价，那就不对了。这个问题正如穆斯林教徒不应当以停止屠牛为代价来换取印度教徒支持基拉法问题。但是，倘若穆斯林教徒停止屠牛是出于尊重印度教徒的宗教感情和生活在同一片土地上的邻居责任感，那就是另一种性质了。那就变成了一件好事，体现了相互间的信任。我认为，这种独立的态度应当是他们的责任，有利于提升其尊严。倘若穆斯林教徒认为作为邻居，他们有停止屠牛的责任，那他们就无需考虑印度教徒在基拉法的问题上有没有可能帮助他们。因此我认为这两个问题应当分开来讨论，这次会议的议题应当只限于讨论基拉法问题。我的提议得到了赞同，于是，这次会议放弃了讨论护牛问题。

尽管我建议在那次会议上不提护牛问题，但大毛拉·阿布杜尔·巴里·萨希布还是说："不管我们是否得到了印度教徒的帮助，但作为印度教徒的同胞，应当尊重印度教徒的宗教感情，停止屠牛行为。"

还有人提出旁遮普问题也应当作为一个附带的问题和基拉法问题一并提出。我不赞同这个意见。我认为，旁遮普问题是一个地方性事件，不能和是否参加和平庆祝的问题相提并论。如果把地方问题和基拉法问题混在一起讨论，那就犯了轻率的错误。我的观点很快也得到了大家的认可。

参加那次会议的还有大毛拉·哈斯拉特·穆罕尼。在这之前我已经和他认识了，但直到这次会议上，我才重新认识了他。我们几乎从一开始就各持己见，而且在许多问题上各不相让。

这次会议通过的众多决议中，有一个是号召印度教徒和穆斯林教徒宣誓使用国货，其结果自然是抵制洋货。由于土布在当时还没有适当地位，因此这个决议是哈斯拉特·穆罕尼难以接受的。他的观点是，如果大家关于基拉法的要求得不到合理解决，就对不列颠帝国进行复仇。因此他提出，如果需要，可以专门抵制英国货。对他的建议，我不但在原则上，而且在实践上也不能认可。关于我反对的理由，想必大家现在已经熟知了。在会上，我还提出了我对于非暴力的看法，这一发言给听众留下了很深刻的印象。在我讲话之前，哈斯拉特·穆罕尼的发言博得了听众热烈的掌声，让我鼓起勇气发言的原因是我觉得如果我不在会上提出自己的观点，那将是对自己职责的亵渎。让我惊喜的是，我的发言引起了大家的极大关注，并博得了坐在主席台上的人的大力支持，后面发言的人无不支持我的观点。大家都明白，抵制英货非但不能达到目的，而且这个议案通过后将会成为大家的笑柄。事实上，与会者几乎人人身上或多或少都有英国制造的东西。我的发言让许多听众都认识到，通过一项连投票赞成的人都难以推行的议案，结果只能是有百害而无一益。

大毛拉·哈斯拉特·穆罕尼说："只抵制外国布是难以让我们满意的，谁知道土布的产量要到何时才能满足我们的需要，等到何时才能对外国布进行有效的抵制呢？我们得做一些能立竿见影的事情。抵制外国布的意见可以保留，但另外得给我们一点更快更有效的举措吧。"就我而言，在听他讲话的时候，我也感到除了抵制外国布，我们还需要另外再做些什么。在当时，要马上抵制外国布，在我看来是显然不可能的。那时候的我还不知道，如果我们愿意的话，可以制造足够多的土布以满足国内需求，直到后来我才发现这一点。另外，我当时认为，仅凭我们的纺织厂来抵制外国布，注定是要失败的。在穆罕尼结束发言的时候，我还处在两难之中。

因为我不怎么懂印地语和乌尔都语，所以会上发起言来很不方便。在一个大部分来自北方穆斯林教徒的集会上发表辩论式的演讲，对我来说还是第一次。在加尔各答举行的穆斯林联盟的会上，我曾经用乌尔都语讲过话，但当时不过几分钟的时间，而且也仅是情感上的一点呼吁。然而，在这次会议上，面对的却是即便不是充满敌意也是带着批判态度的听众。所以，我必须向他们解释，力争让他们懂得我的观点。在这里，我不是用德里穆斯林的乌尔都语来发言，而是用支离破碎的印地语向他们表述我的观点。最终，我还是成功了。对于这次会议，最直接的感受就是：印地语和乌尔都语混合起来的语言有可能成为印度的官方语。如果用英语讲话，我的发言就不可能取得良好的效果，而穆罕尼也许就不会觉得有必要向我提出挑战，或者即便他提出了，我也不可能有效地反驳他。

因为找不到一句恰当的印地语或乌尔都语来表达新的思想，多少让我感到为难。最后，我用"不合作"一词来表达我的观点，这也是我第一次在会议上采用这个词。在穆罕尼发言的时候，我就觉得，如果武力不能达到目的的话，他对政府进行有效的抵抗的言论就只能是空话，因为他不止在一件事情上与政府合作。所以，我认为只有停止与政府之间的合作，才能做到对政府真正意义上的抵抗。因此我就想到了"不合作"一词。当时我自己对于这个词所包含的多方面的意义并不了解，所以就并没有对它作详细说明，而只是说："穆斯林教徒已经通过了一项十分重要的决议。如果和平条款不利于他们的话——愿上帝不要让这样的事情发生——他们将停止和政府之间的一切合作。不合作原本是公民的一项不可剥夺的权利。我们并不一定得要坚守政府给予的封号和荣誉，甚至是继续为其服务。倘若政府在基拉法这样重大的问题上公然背弃我们，那么除了不合作之外，别无他法。在遭受背弃的时候，我们有权利不和政府进行合作。"

几个月之后，"不合作"这个词终于流行起来。但在当时，它还只在会议的记录里。一个月后，当我在阿姆里察国大党的会议上支持合作的决议时，依然希望政府不会有背信弃义的行为。

阿姆里察国大党大会

旁遮普政府无正当理由长期监禁本族人，因为这些本族人是在戒严时期被押入监狱的，也没有充分的证据证明他们有罪，况且这起案件是由法庭上的一群乌合之众办理的。故而此举引起了社会各界的强烈不满，在国大党大会开幕以前，大部分人就被释放了。大会进行期间，拉拉·哈基山拉尔和其他的领袖们都获得了自由。人们感到无比欣慰的是阿里弟兄获得自由后直接赶往会场。潘迪特·莫迪拉尔·尼赫鲁获释后放弃了高薪的律师职业，献身于旁遮普人的自由事业，以主席的身份出席此次大会，而华密·史罗昙纳吉也担任了接待委员会的主席的职务。

截至目前，我在国大党大会上的提议主要是建议国人要使用印地语进行交际，并且把印地语定为国语，此外也涉及有关印度海外侨民方面的一些提议，今年我的提议依然不变。可是，我依然接到了要我负责旁遮普事件的命令。

英皇宣布了改革方案，然而，我并不十分赞同，实际上大家都对此方案很不满意。此方案虽有种种不足，不过我认为可以勉强接受。在英皇的公告中，我从字里行间发现了辛哈勋爵的语气，这给了我对此方案的一线希望。然而，像罗卡曼尼亚和德希班度·齐达朗建·达斯这些久经沙场的老战士却不以为然，潘迪特·马拉维亚吉则采取了中立态度。

我和马拉维亚吉同住一室。早在印度教徒大学的奠基典礼上，我已领略过他简朴的生活作风。这一次却有幸能够细致地观察他的日常生活。他的房间给人以清贫的感觉，屋子里面拥挤不堪，可以说无立足之地。屋子里唯一上档次的摆设就是角落处的一张棕木床。即使在这样的环境下，他的客人仍然很多，客人们经常和他倾心畅谈。

马拉维亚吉的生活方式并不重要，现在言归正传吧。

这样我每天就可以同马拉维亚吉进行讨论，他是我的老大哥，给我解释各党派的不同观点。这些常识对于要负责旁遮普事件的我来说很有必要，要起草此事件的报告书，还需要和政府保持联系。与此事相关的还有基拉法的事情，当然，我相信蒙太鸠先生不会出卖印度。阿里弟兄和其他人获释，是一个良好的开端，所以，我觉得我们应该接受这一改革方案。然而，德希班度·齐达朗建·达斯的态度非常坚决，完全否定此方案。罗卡曼尼亚虽然采取中立态度，但还是倾向于支持德希班度的观点。

我和这些久经沙场、受人敬仰的领袖们的意见有所不同。因此，我心里面非常清楚，如果我不参加所有的会议，就对大家都有好处。否则，我就和受人尊敬的领袖们产生分歧。

我的建议自然没有得到两位前辈的赞同，也有人把我的意见告诉了拉拉·哈基山拉尔。哈基山拉尔认为我的想法会大大地伤害旁遮普人的感情。我同罗卡曼尼亚、德希班度和真纳先生讨论了这个问题，可他们根本不同意我的观点。最后，我把我的苦衷告诉了马拉维亚吉："要让这几位前辈妥协，基本没有什么希望。如果我在会上提出我的议案，那解决的办法就是对我的议案进行表决。然而，在以往的会议上，我们一向采取举手表决的方式，但是，这样做有一个弊端，那就是很难区分正式代表和列席人员。所以，举手表决的方式也不会有什么好结果。"于是，拉拉·哈基山拉尔给我出了一个主意，他说："举手表决的那一天，我们不让列席人员进入会场。至于怎么计算票数，我有办法。但是你千万不能离开会场。"

我接受了拉拉·哈基山拉尔的建议，把议案写好，准备在大会上提出来。潘迪特·马拉维亚吉和真纳先生打算支持我，这些我也看得出来，其实我们的分歧还没有到你死我活的地步，因为我们各自的理由都是基于冷静的思考，但是我们有不同意见这个事实本身，就是人们所不能容忍的，因为大家需要的是全体一致的意见。

我在会上发言的时候，领导人在主席台上酝酿着解决分歧的办法。马拉维亚吉千方百计地为消除我们的分歧而努力，正在此时，捷朗达斯递给我一个修正案。他也在为我们的分歧而奔波，他的修正案正合我意。这时，马拉维亚吉也看到了希望，因为我告诉他这个修正案在我看来似乎双方都可以接受。罗卡曼尼亚看完修正案之后说："如果西·勒·达斯同意，我也不反对。"接着，德希班度看了比彬·昌德罗·巴尔先生一眼，意在寻求他的支持。马拉维亚吉满怀希望地抢过那份修正案，在德希班度还没有说出"同意"以前，就向大会宣布："各位代表，你们一定乐于知道，我们的意见已经一致了。"当时的情景实在无法形容，会场里响起了热烈的掌声，代表们严肃的脸上立即露出了轻松的笑容。

修正案的内容在此不赘述了，我要说的是这个议案的通过过程。此次解决分歧的过程增强了我的责任感。

国大党的入党礼

通过参加国大党阿姆里察会议，我就名正言顺地参与了国大党的政治活动。我也参加过以往国大党的会议，那只不过是我忠于国大党的表现而已。以往参加更多的是为了私事，不像现在这样，我觉得自己有责任去做更多的事情。

我参加阿姆里察会议的经历，说明我有能力做一些有利于国大党发展的事情。事实证明，我在旁遮普所进行的调查工作，罗卡曼尼亚、德希班度、潘迪特·莫迪拉尔等领导人是非常肯定的。因此他们常常邀请我参加他们组织的一些非正式会议，许多议案就是在这些会议上讨论形成的。参加这些会议的要么是领导信任的人，要么是领导需要的人，有时也邀请一些其他人员来列席会议。

第二年我特别关注了举行纪念嘉里安瓦拉花园大屠杀的活动。国大党通过了一项决议，要为此事募集五十万卢比以上的基金来建立一座纪念堂，此项决议得到了人们广泛的支持。潘迪特·马拉维亚吉在公益事业中享有广泛的声誉，而我这方面的能力与马拉维亚吉不相上下。虽然在向印度权贵们募集大笔基金的能力方面，我远不及马拉维亚吉，但是，我相信自己有能力向王公贵胄们募捐建立嘉里安瓦拉花园纪念堂所需的资金。正如我所料，募捐的事情让我来负责。当时孟买的市民非常慷慨地踊跃捐款，纪念堂的基金至今还有一大笔余款。然而，今天人们争论的焦点是利用这笔余款再建一座什么样的纪念堂。为了解决这个问题，印度教徒、穆斯林和锡克教徒三个教派的人唇舌相击，争论不休，整个印度社会也无法解决此事。

我对国大党的另一贡献就是我经常起草文件。我在长期实践中练就了使用简练语言表达的能力，国大党的领导人发现了我的这种能力，就让我来修订党章。当时国大党的党章是戈克利起草的，他起草的党章只有几条，戈克利把制定这些章程的历史依据给我讲过。然而，由于国大党的事务越来越复杂，大家都感到这些章程已经不能适应目前社会发展的需要了，因为国大党没有专门的机构来处理日常事务或者突发事件。目前的章程中，三个党的书记来负责日常工作，但是实际上负责的只有一个书记，并且还是兼职的。一个人怎么能够顾全整个国大党的事务，党内部有许多工作，还有思考未来的工作，国大党大会上规划了来年的工作等等。当时，大家都觉得解决这个问题已迫在眉睫。国大党大会的代表构成非常不利于讨论公众的事务，因为大会不限制代表的总人数，各省的代表也没有人数规定。我对修订党章的任务提出来一个条件：当时的两位领导人罗卡曼尼亚和德希班度在群众中有很大的影响，所以他们也应当参与党章的修订工作。如果他们无暇参加，应当派两个亲信与我协同工作，修订党章的人员不能超过三人。罗卡曼尼亚和德希班度接受了我的建议，他们提名由克尔卡和埃·比·沈先生作为他们的代表参与党章的修订。虽然我们三人没有开过会，但是通过通讯的方式我们起草了一份大家都认可的报告书。我为制定出这一党章而自豪，这也体现了我的责任感，故而我已经正式参与了国大党的政治活动。

土布运动的诞生

1908 年，我在《印度自治》一书中写道：印度摆脱贫困的救命稻草就是织布机或纺车，虽然当时我并没有见过这些东西，但我知道只要印度广大群众推广使用织布机或纺车，他们就能够得到自治。实际上，1915 年我从南非回到印度的时候，也没有见过一台纺车。我是在非暴力抵抗学院成立之时购买了几台织布机以后才看到的。当时印度各行各业的人都不会使用织布机，于是我们从巴兰埔找了一个师傅，可是他并没有把他的全部手艺传给我们。但是，摩干拉尔·甘地却心有不甘，他是一位机械天才，很快便掌握了织布技术，于是学院培养了一批纺织者。

我们奋斗的目标就是要亲手织出我们所需要的布匹，因此，我们做衣服不用纺织厂生产的细布，学院全体师生都要穿用印度土纱和土法织出来的粗布做成的衣服。这种做法使我们获得了极为珍贵的经验，因为我们可以直接接触纺织工人，了解他们的生产和生活状况，采购棉纱的难度，受人欺诈的程度，以及背负债务的情况等等。我们生产的布匹还不能满足自己的需求，所以我们还向民间购买一些，而印度纺纱厂的本国棉纱布数量有限，生产的细布大多是采用外国棉纱纺成的。我们几经周折找了几家愿意帮我们纺本国棉纱的织布作坊，他们的条件是我们学院必须包销他们所生产的布匹。这样就等于说我们用纺纱厂的布匹做衣服，同时我们为印度纺纱工厂做宣传。这种做法就使得我们能够直接接触纺纱厂，也就能够了解他们的经营状况和困境。纺纱厂的目标自然就是织布都用他们生产的布匹，他们和土布纺织作坊合作纯属无奈。我们的棉纱还不能自给自足，我们也很着急，如果我们自己不能纺纱，就得长期依赖纺纱厂。不过，作为印度纺纱厂的代理人，我们觉得这样做对国家也有好处。

我们的纺织之路遇到了重重困难。我们既买不到纺车，也请不到一个熟练纺工来教我们纺纱。我们学院里有几个卷棉纱的轮子和纺织线轴，实际上这些东西就可以当作纺车用。一个偶然的机会我们找到了一个纺织妇女，她说愿意给我们演示一下纺纱的技艺。学院便派了一个接受新生事物很强的学员向她学习，然而，该学员也未能掌握纺织手艺。

光阴荏苒，我们已经不能再等了。只要遇到来学院参观并且对纺纱略知一二的人，我们都虚心向其咨询纺纱的相关技术。可是，纺纱技术只有妇女掌握，也差不多快要失传了，再者，我们也不知道她们生活在哪个犄角旮旯。

1917 年，几位古遮拉特的朋友请我去主持布洛亚赤教育会议。在会议上，我发现了一位非同寻常的妇女，她叫甘嘉朋·马兹蒙姐。她虽然是一个寡妇，所接受的普通意义上的教育并不多，但是她具有无上的事业心，她的胆识非一般妇女所能及。她敢于与旧的制度作斗争，敢于为受压迫者的权利呐喊奔波。在戈德罗会议上我对她有了更深的了解之后，我和她谈了谈我们在购买纺车与掌握纺纱技术方面的实际困难，她欣然答应帮我们解决此方面的问题，她的爽快让我感到莫大的欣慰。

终于找到了！

甘嘉朋的足迹踏遍了古遮拉特，最后总算在巴洛达邦的维嘉埔找到了纺车。在那里，很多人家都有纺车，可是早已丢弃，或者束之高阁了。妇女们对甘嘉朋表示，只要答应纺织棉条的供给并收购纺出来的棉纱，她们可以重操纺纱业。甘嘉朋把这个可喜的消息传达了给我。棉纱供给是一件很困难的事情，我把这件事情告诉了已故的乌玛尔·苏班尼，他便立即让自己的工厂供给足够的棉纱条，这便解决了我们的燃眉之急。我把乌玛尔·苏班尼所供给的棉条送到甘嘉朋那里不久，大量的棉纱便生产出来了。产量之多，出乎我们所料。

尽管乌玛尔·苏班尼先生非常慷慨，但我们不能总占他的便宜。从他那里不断地收购廉价棉条，让我觉得非常不安。同时，使用纺织厂的棉条，我觉得是一个很大的错误。既然可以使用机器棉条，那么为什么就不能使用机器棉纱呢？难道古人也是从纺纱厂得到棉条供应的吗？如果不是，他们又是怎样造棉条的呢？有了这样的念头之后，我便建议甘嘉朋找一些梳棉匠来供应棉条。于是她雇了一个梳棉匠，梳棉匠提出每个月要 35 卢比的报酬，我豁出去同意了。甘嘉朋训练了几个年轻人把梳好的棉花做成棉条。我提出从孟买采购棉花，亚斯望普拉沙德·德赛先生立即就答应了下来。甘嘉朋的生意一下子兴隆了起来。她又找了一些人，把维加埔纺成的棉纱织成布匹，这样维加埔的土布一下子便出名了。

当棉纱业在维加埔开展得如火如荼的时候，纺车在学院里也有了自己的地位。摩干拉尔·甘地还凭借他出色的机械天赋，对纺车作了很多改进。这样一来，非暴力抵抗学院便开始制造纺车和纺车的部件了。学院自己织出来的头一匹布的价格是每码 17 安那。虽然布的质量粗糙，价格也不菲，但我还是毫不犹豫地在朋友当中推销，他们也乐意出这个价钱去购买。

　　我在孟买得了病，但还是可以勉强出去寻找纺车。一个偶然的机会我遇见了两名纺工。他们每纺 1 西尔的棉纱要价 1 卢比，也就是 28 个拖拉或近四分之三磅。我当时不知道土布的行情，只觉得能买得到手纺棉纱，再贵也不在乎。后来，当我把自己所出的价钱同维加埔的价钱一比较，才发现自己上当了。但是，这两个纺工却不愿意减价，我就把他们给辞掉了。不过，他们教会了阿望蒂嘉白夫人，商卡拉尔·班克的寡母罗密白·康达夫人和华素玛蒂朋夫人怎样纺纱，这倒也算是一件好事。于是，我的房里响起了纺车的辘辘之声。毫不夸张地说，它的声音让我的健康恢复了不少。我承认，对于我的身体，心理效果要大于生理效果。这也证明心理对生理的影响是多么的大。我自己也纺纱，不过纺得并不多。

　　在孟买，又一次出现了供应手工棉条的老问题。有一个梳棉工每天都在列瓦商卡先生的门前路过，我一问才知道他是弹棉被的。后来，他答应给我们梳棉条，虽然要价很高，但我还是照付了。我把他梳的棉纱卖给毗湿奴教派的朋友们，以作"叶迦德希"绝食时献花环之用。另外，许福济先生在孟买办了一个纺纱培训班。做所有的事情花了不少资金，但具有爱国主义和热爱祖国的朋友们，对土布运动满怀信心，也愿意花这些钱。所以我也认为，花这些钱是值得的。它不但让我们积累了丰富的经验，而且让运用纺车成为可能。

　　对于自己还没有用上土布这件事，使我自己也觉得难以容忍了。我用的"拖地"还是用印度纺织厂生产的细布做的。非暴力抵抗学院和维加埔生产的粗布宽度只有 30 英寸，于是我给甘嘉朋说，如果一个月之内不给我一条 45 英寸宽的土布"拖地"的话，我就穿短土布的"拖地"。这让她十分震动。事实证明，她是完全能够满足我的这个要求的。不到一月，她就送来了两条 45 英寸宽的土布"拖地"，把我从困窘中解救了出来。

大约就在此时，拉克斯密达斯先生和夫人甘嘉朋带着纺织工兰芝先生从拉底来到非暴力抵抗学院，从事土布"拖地"的纺织工作。夫妻两人在推广土布的运动中起了举足轻重的作用。在古遮拉特内外，他们带动了一批人从事手纺棉纱的工作。甘嘉朋在织布机旁边工作的情景着实让人感动。这个一字不识但十分沉着的大姐在织布机前的时候，全神贯注，忘却了身边的一切，要让她离开心爱的织布机，的确是一件很困难的事。

一场有启发性的对话

土布运动（当时又被称为经济自主运动）一开始便引起了许多当地人的批评。已故的乌玛尔·苏班尼是一个纺织厂的厂长，他的知识和经验让我很受启发，同时，在他那里我还了解到了其他纺织厂主的观点。其中一个厂主的议论让他印象深刻，他极力劝我过去看看。苏班尼先生安排了这次会谈。那位厂主开门见山便问：

"你是否知道，此前也曾搞过一阵经济自主？"

"我知道。"我回答说。

"那你也知道，在分治阶段，我们这些纺织厂主曾充分利用了经济自主运动。在运动发展到高潮的时候，我们抬高了布匹的价格。当然，还做了比这更可怕的事情。"

"是的，我有所耳闻，也觉得心里很不舒服。"

"你的心情我可以理解，但我看不出有什么理由觉得难过。我们做生意的目的并不是为了办慈善事业，而是为了赚钱。商品的价格是根据市场而定的，谁能够限制供求关系呢？孟加拉人应当明白，他们闹事，刺激了需求，所以国产布的价格势必然会上涨。"

我打断了他，说道："孟加拉人和我一样，秉性诚实。他们深信，纺织厂主不会那么自私自利、没有爱国心。我不相信，他们会在国难当头之际出卖国家，丧心病狂到把洋布冒充国产布而出售。"

"就是因为你相信人的天性，"他反驳道，"我才请你屈驾来这里，以便警告你，别像这些头脑简单的孟加拉人一样重蹈覆辙。"

说完这番话，他向身边的一位职员招手示意，让他把厂里的样本拿来。他指着样本说："你看这种布，是我们厂的最新产品，它的销路很广，而且价格便宜，因为是用废布纱头织的。我们把它推销到北方，乃至喜马拉雅山区。而且，我们全国各地的代理人都已经饱和，就连你们永远都到不了的地方，都有我们的代理人。此外，你还应当明白，印度所产的布匹，远不能满足国内需要。经济自主问题说到底就是生产问题，只要我们能增加产量，而且把质量提高到一定水平，洋布就自然难以进口了。因此我要劝告你的是，应该转变你们运动的方向，把注意力转移到建立新的纺织厂上面来。我们所需要的不是用宣传让人们买我们的布匹，而是增加产量。"

"如果我已经在朝这个方向而努力，那么，你一定会祝福我吧？"我问道。

"这怎么可能呢？"他大声喊道，觉得有点不可思议。"或许你正在提倡建立新厂，如果真是这样，祝贺你！"

"不过我的所做所想和你不太一样，"我解释道，"我做的是怎样努力把纺车恢复起来。"

"这怎么讲？"他更是觉得摸不着头脑。我把有关纺车的详情告诉了他，然后说："我完全赞同你的观点。我自己变成纺织厂的代理人并没有什么好处，对国家也是弊大于利。今后相当长的一段时间内，我们的布厂一点也不担心没有顾客。所以我急需要做的就是组织生产手纺土布，并设法将其推销出去。所以，目前我的注意力还是土布的生产。我所倡导的经济自主，就是通过它，让印度半饥饿半失业的妇女能够有工作可做。让这些妇女去纺纱，然后用纺出来的纱织布给印度人民穿，这才是我的意图所在。这个运动到底能有多大的成果，我不知道。现在还只是开始。但我有足够的信心，不管如何，它总会利大于弊。那怕土布的产量再小，对于国内布匹的生产来说，总会有一定的帮助，这也不失为是一大收获。相信你可以看到，我提倡的运动，不可能有你刚才所提到的那些坏处。"

他回答说："如果你的目的在于增加生产，我并不反对。至于纺车在这个动力机器时代能起到多大作用，那将另当别论。不过我个人还是祝你成功！"

土布运动的兴起

对于土布运动进展的情况，我不想在此赘述了。要想把群众注意到我的活动之后的事全讲述出来，显然不是一两章就能办到的，而且这也不是我的本意。我写这几章的目的是想证明在体验真理的时候，有一些事情是如何自然显现的。

下面，我将继续讲述不合作运动的故事。这阿里弟兄鼓动起来的基拉法运动如火如荼地开展的时候，我和已故的大毛拉·阿布杜尔·巴利以及其他的穆斯林贤哲就此问题做了长时间的讨论，他们都认可我的观点。而且，倘若他们立誓要采纳这个政策，就应当忠实地奉行才是。最后，不合作的决议在基拉法会议上提了出来，并且经过长时间的讨论之后通过了。我清楚记得，在阿拉哈巴，有个委员会就这一问题还讨论了一个通宵。刚开始，对于非暴力的不合作行动能不能行得通，已故的哈钦·萨希布还感到十分怀疑。可是，等疑虑消除之后，他就全力以赴地支持，他的赞助对于运动的开展是意义重大的。

不久之后，在古遮拉特的政治会议上，我提出了不合作的议案。反对者起初认为，国大党没有采取措施之前，不应该由省会议通过类似的决议。我不同意他们的观点，我认为，这种限制只能适用于后退的运动，对于向前发展的运动，下级的组织应该有必要的勇气和信心，他们不但有资格，而且也有责任这么做。我认为，只要是有助于提高上级机构威信的行动，都大可不必等到许可之后才实施。会上讨论十分热烈，充满了"甜美的理性"气氛。最后表决时，以绝大多数赞同而通过。该决议能够得到通过，伐拉白和阿巴斯·铁布吉先生的功劳不小。阿巴斯·铁布吉先生是大会的主席，也是完全支持不合作的决议的。

国大党全国委员会定于 1920 年 9 月在加尔各答召开。

召开此次会议之前成立了大会特别会议，进行了大量的准备工作。拉拉·拉兹巴特·莱当选为主席，从孟买到加尔各答为大会和基拉法的代表备有专车。代表们和列席参观的人都聚集到了加尔各答。

应大毛拉·绍卡特·阿里之邀，我在火车上准备了不合作决议的草案。目前为止，在起草的文件中我总是避免使用"非暴力"这个词，在讲话中我更少用。这个问题的语汇还依然在形成的过程当中。我觉得用梵文的相当于"非暴力"的这个词恐怕很难让穆斯林听众弄明白。所以，我就请大毛拉·阿布尔·卡兰·阿沙德帮我找到一个与其意义相当的词汇。他的建议是用"巴—阿曼"这个词。至于"不合作"一词，他则建议用"塔克—伊—玛瓦拉特"。

就在我忙于为不合作运动寻求适当的印地文、古遮拉特文和乌尔都文的词语时，接到邀请为大会起草一份不合作的决议。在草案当中，由于疏忽，我把"非暴力"给漏掉了，在我把它交给同车厢的大毛拉·绍卡特·阿里时，也没有注意到这一点。直到晚上我才发现了这一错误。第二天早上，我送信给摩诃德夫，让他在付印之前将其更正过来。然而，草案还没有来得及更正就印好了。因为提案委员会晚上就要开会讨论，所以我不得不在印好的草案上进行改正。后来我才知道，倘若我预先没有把草案准备好，就会面临巨大困难。

其实，我遇到的问题还不止这些。我还完全不清楚有哪些人会支持这个决议，哪些人会反对它，甚至连拉拉吉持怎样的态度我也不清楚。我只是看到贝像桑特大夫、潘迪特·马拉维亚吉、维加耶罗伽华恰立先生、潘迪特·莫迪拉尔吉和德希班度等这样的久经锻炼的战士们正云集在加尔各答。

我的提案当中，不合作的目的只是想为旁遮普和基拉法的错误伸雪。但维加耶罗伽华恰立对此并不以为然。"既然宣布不合作，为何要提到一些具体的错误？没有自治权，正是我们国家面临的最大错误；应该把不合作的矛头指向它才对，"他说。另外，潘迪特·莫迪拉尔吉也建议把自治写入决议。我立即接受了他们的建议。在经过充分的、认真的和免不了的一些争吵之后，该决议通过了。

第一个参加这一运动的人是莫迪拉尔吉。记得我和他曾一起讨论过该决议案。对于他提出的文字上的修改意见，我都接受了。他还答应把德希班度争取过来，一起参加运动。虽然德希班度内心倾向于这一运动，但他对人民实现这个计划的能力则持怀疑态度。他和拉拉吉全心全意地接受这个运动，是拿格埔大会的时候才开始的。

在加尔各答特别大会上，我深感罗卡曼尼亚去世损失之巨大。时至今日，我依然坚信，如果他当时还活着，一定会在大会上给我很大的帮助。即便他也反对这个运动，我也同样对他的反对表示敬意。我会从中吸取教训，获得教育。虽然我们经常各持己见，但从未伤过感情。我始终相信，我们之间的友谊是坚不可摧的。此时此刻，他逝世时的情景仍然历历在目。当时大约夜半时分，同我一起共事的巴特华昙打电话告诉罗卡曼尼亚先生去世了。处在许多同伴包围中的我不知不觉喊道："我最坚固的堡垒垮掉了。"其时，不合作运动正发展到高潮，我正热切地希望得到他的鼓舞与启发。对于不合作他到底会采取什么样的态度，我们不得而知，但有一点是肯定的——出席加尔各答大会的人无不沉重地感受到他的离去给大家留下的空虚感。在民族危机的紧急关头，大家都觉得再也不能获得他深思熟虑的意见了。

在拿格埔

在加尔各答特别大会上通过的决议，还得在拿格埔年会上复查。像在加尔各答一样，这次又有大量的旁听者和代表们赶到拿格埔。当时，对参加大会的代表人数并没有限制。结果竟然有一万四千多人参加了这次会议。拉拉吉竭力主张修改抵制学校的条文，我接受了他的提议。另外，德希班度也提出一些修改的意见。之后不合作的决议案在大会上得到了一致通过。

修改国大党党章的决议也提交这次大会讨论。在加尔各答的特别大会上，小组委员会的草案就已经提出来了，但需要在拿格埔大会上做最后的决议。大会主席是西·维加耶罗伽华恰立。提案委员会对草案做了重要修改之后顺利通过。记得我在草案中提议将大会代表的人数规定为1500人，而提案委员会改成了6000人。我个人认为，这个数字增加得过于仓促。接下来这几年证明我的提议是对的。事实上，认为代表多数人的利益一定有利于大会的进行或者有利于维护民主原则的观点完全是一种空想。可以想象，关心人民利益、心胸宽广的1500名代表，无论如何要比随便选出6000名不负责任的代表更能够维护民主。维护民主，人民必须独立、自尊和团结，挑选善良诚实的人做他们的代表。但是，重视代表人数的提案委员会，让人数增加到了6000。显然，该数字的限制具有一定妥协的性质。

大会热烈讨论的话题是国大党的宗旨问题。我在党章中提出，国大党的宗旨是，如有可能就实行帝国内部的自治，如有必要就实行脱离帝国的自治。一部分代表提议党的宗旨仅限于在不列颠帝国内自治。这一观点的代表人物是潘迪特·马拉维亚吉和真纳先生。然而，他们得票不多。党章草案再一次提出，实现这一目标的手段将是和平的。但是，这一条件也引起了一些人的反对。他们的意见是，在党章中不必规定应当采取什么样的手段。在经过一场有教育意义和坦诚布公的讨论之后，保留了原来的意见。在我看来，倘若党章是由人民真诚、理智并且满怀热情地制定出来的，它将会成为群众教育的有力工具。同时，制订党章的过程本身就会给我们带来自治。不过，它不是在这里讨论的主题。

这次大会还通过了关于印—穆团结，取消不可接触制度和提倡服用土布的决议。从此，国大党的印度教徒党员就担负起从在印度教中消除不可接触制度的责任。由于提倡服用土布，国大党也和印度的"骷髅"建立起了联系。大会通过的为基拉法进行不合作的决议，是国大党为了促进印—穆团结所作的一次重大尝试战略。

告　别

现在，该告一段落了。

我此后的生活便完全是公开的了。此外，1921 年之后，我和国大党的领导人在工作上联系十分紧密，因此我以后生活中的任何事件，都和他们有着千丝万缕的联系。今天，虽然史罗昙纳吉、德希班度、哈钦·萨希布和拉拉吉已经与世长辞，但幸运的是我们还有很多有资历的国大党领导人同我们一起工作、一起生活。国大党的历史，在经历上述的重大改变之后，依然还在塑造过程当中。我自己在过去七年中的体验，大都是从国大党学到的。所以，要讲述我的体验，就不得不提到我同这些领导人的关系。这是我不能做的，至少目前还不能这么做。

最后，要对我现在进行的试验下一个结论。我有责任让自己的叙述就此结束。事实上，我手中的的笔已经本能地拒绝我继续写下去了。

要和读者告别，心里自然感触良多。对于自己的体验，我的评价还是颇高的。能不能公正地对待这些体验，我不知道。我要说的是，为了忠实地把它描述出来，我从来都不敢草率行事。如实描述我的感觉和我确切得出的结论，一直是我努力追求的。这一尝试让我心理上得到了无比的宁静，因为我的梦想就是让思想动摇的人相信真理，相信非暴力。

经验告诉我，除真理之外，没有任何别的上帝。如果说前面的每一页都没有向读者阐述实现真理的唯一途径就是非暴力的话，那么我写这本书的心血就白费了。即使我的努力没有达到预期的效果，读者也应该明白，问题一定在于方式，而绝非是原则。对非暴力的追求，虽然我态度十分真诚，但远非达到完美的境界。所以，顷刻间感悟到的真理，我很难把它的光芒完全描述出来，它的光芒，要比平日里看到的太阳的光芒强烈万倍。事实上，我捕捉到的只不过是真理光芒的微弱一抹而已。但我可以肯定，只有完全实现了非暴力的人，才能感悟到真理的全部光芒。

要感悟无处不在的真理精神，人们必须像爱护自己一样爱护最为卑微的生物。一个有志于感悟真理精神的人，就不能用超然的态度来对待生活的任何方面。这就是我为了追求真理而投身政治的原因。可以肯定地说，认为宗教与政治无关的人，其实不懂得宗教的真正意义所在。

要和每一样生物相融，不进行自我纯洁是做不到的。遵循非暴力的原则也是同样的道理。心地不纯洁的人，绝没有认识上帝的可能。所以，自我纯洁包括生活中的各个方面。因为纯洁是有感染力的，所以，个人的纯洁必然会感染到周围的环境，让周围的环境也纯洁起来。

然而，自我纯洁的路程并不是一帆风顺的。要实现个人的完全纯洁，就必须完全摆脱思想、言论和行动中的感情成分，超越爱慕、憎恶、迎合、拒绝等态度。虽然我一直在努力，但还没有实现这个三方面的纯洁。这也是为什么在我遇到赞誉的时候非但不动心，反而感到难过的原因。我认为，克服微妙的情欲要比使用武力征服世界更加困难。自从回到印度之后，这种感受一直潜伏在我的内心，让我感到无比惭愧。但是，我并没有感到气馁。积累的经验和各种尝试支撑着我，给我带来了巨大的快乐。然而，我面前还有一条十分艰难的路要走。我必须从零开始，没有甘居末位的态度，就无法得到解脱。非暴力的实质做到最大限度的谦让。

在和读者暂做告别的时刻，让我和他们一同向真理的上帝祈祷，愿他给我思想、言论和行动的非暴力的恩赐！

甘地大事年表

1869年10月2日　生于印度南部卡提亚华邦波尔班达城，即苏达玛普里。

1876年　随父迁居拉奇科特，入小学读书。与嘉斯杜白订婚。

1882年　与嘉斯杜白结婚。

1885年　父亲去逝，时年63岁。

1887年　就读于巴弗纳伽城沙玛尔达斯学院，后辍学。

1888年9月　赴伦敦大学攻法律。

1891年6月　取得律师资格，回国。

1892年　去孟买当律师。

1893年4月　前往南非处理债务纠纷。

1894年　为南非杜尔班印度侨民起草请愿书，反对歧视印度侨民的规定。在纳塔耳登记为第一个有色人种律师。

5月22日　组织成立南非印度侨民第一个政治团体纳塔耳印度人大会。

1896年夏　回国，先后在加尔各答、阿拉哈巴、孟买、浦那、马德拉斯、拉奇科特等，宣传南非印度侨民的疾苦境况，结交新闻界名人和印度国民大会党领袖。

11月　再度赴南非。

1897—1899年　在南非从事律师工作。研究印度侨民的生活状况。

1899年10月　波耳战争爆发。组织了印度人救护队赴前线为英军服务。

1900年2月　解散救护队。为英军服务的行为受到英国政府的赞赏。

1901年12月　前往加尔各答参加第十七届国大党全国委员会，提出关于南非印侨案，获得通过。

1902年12月　应邀赴南非准备向英国殖民大臣张伯伦递交请愿书，请求给予印度侨民平等待遇，没有结果。

1903年　研究南非印度契约工人问题。

1904年　在南非创办《印度舆论》周刊，并在杜尔班附近买地建"凤凰村"，开印刷厂，印刷《印度舆论》。

1905年　专心从事印度侨团各教派的团结工作。

1906年4—6月　实行绝对节欲。

8月　德兰士瓦政府规定印度"苦力"在德兰士瓦居留八年以上方可定居，并须办理登记手续，否则将受到惩处。为取消这一规定而组织侨民斗争，无果。

10月　参加赴伦敦南非印侨请愿团，会见英国首相和印度事务大臣，取得他们同意，终止该项政令。

1907年　甘地初次偿试"非暴力抵抗"，12月底被传讯，并被判驱逐出德兰士瓦。但拒绝离境，后被投入监狱。后来南非政府建议：印度侨民如果自动登记，即可撤销该法令。甘地接受。

1908年1月31日　获释。

9月29日　再度被捕，并被判罚25英镑或做苦工两月。接受后者，拒绝逮捕。

12月初　出狱。

1909年2月　返回德兰士瓦，因无证件，被判刑三月，5月24日获释。

6月23日　率团前往伦敦请愿无果。"印度自治"的概念开始形成。

11月13日　离开英返回南非。印度国内大力支持他领导的斗争。

1910年5月　在约翰内斯堡近郊办托尔斯泰农场。

1911年　为抗议南非歧视印度人的移民法，组织非暴力抵抗运动。

1913年9月　再度组织印度侨民进行非暴力抵抗运动，以抗议歧视印度侨民的立法。嘉斯杜白参加了运动，并被捕。

10月　领导印度矿工罢工，要求政府取消征收三英镑人头税的法令，被捕，监禁达九个月。

1914年　史沫滋将军取消人头税，承认印度人的合法婚姻，同意印度人按指模后，可进入南非。

7月　离开南非，取道伦敦回国，第一次世界大战爆发。

1915年　回国后在阿赫梅达巴创立非暴力抵抗学院。

1916年　在贝奈勒斯和马德拉斯呼吁，经济自主，反对不可接触者制度。

10月　参加阿赫梅达巴印穆［穆斯林］政治领袖联合会议，极力主张印—穆团结。

12月　印—穆合作公约通过。

1917年　前往三巴朗，调查靛青工人的情况，促使政府成立委员会进行调查，废除靛青工人的契约制度。

1918年　赴阿赫梅达巴组织纺织工人罢工，要求增加工资，甘地以绝食迫使资方让步。

1—4月　参加印度总督的作战会议，并答应总督的请求，为英帝国招募新兵，以应付欧洲前线的需要。

1919 年　在孟买成立非暴力抵抗大会，并发动非暴力抵抗运动，决定在 4 月 6 日举行全国总罢市。在孟买创办《新生活》周刊并接编《青年印度》周刊宣传非暴力抵抗原理。

11 月　在德里主持基拉法会议，第一次提出抵制英国的"不合作"主张。

1920 年 8 月 1 日　为了抗议英国强加给土耳其的苛刻和约，发动不合作运动，号召拒绝爵位封号，抵制学校、法院等，提倡土布，不买英国布。

9 月　国大党在加尔各答举行特别会议，通过了甘地不合作运动的决议，在修正案中加入自治要求，将印度自治与印—穆团结联系起来。

11 月　在阿赫梅达巴创办古吉拉特国民学院，宗旨为印度统一，保存固有文化。

12 月　在拿格埔国大党举行年会，从此，成为现代政党。会上甘地以一年内自治的口号再获得支持。

1921 年 1 月　加尔各答 3000 名大学生罢课响应一年内自治的口号。

2 月　赴加尔各答为国民学院揭幕，各地纷纷创办国民学校，学生纷纷离开英国学校，抵制英国式教育。

7 月　游历全国各地，宣传使用土布。

9 月　削发，裸露上身，从此始终保持这种装束，丘吉尔讥讽是"半裸的游方僧"。

10 月　谴责印度政府迫害穆斯林领袖阿里弟兄，全印国大党会议通过支持甘地等人宣言的决议。

11 月 17 日　威尔斯王子抵达孟买，全印举行总罢市，孟买发生大骚乱，甘地违背他的非暴力主张，于是绝食"忏悔"。

1922 年 2 月 1 日　向印度总督李定勋爵提出要求举行全国各党派圆桌会议讨论印度地位问题；要求释放被捕者，公开宣布不干涉非暴力的

活动；要求开放言禁；限期于七日内加以接受，否则将展开全国规模的
"文明的不服从运动"。

2月6日　政府发表公报，完全加以拒绝。

2月12日　进行五日的绝食。其决定引起了党内外的普遍不满和
攻击。

3月10日　英印政府逮捕甘地并判其六年徒刑。全国反英运动进入
低潮。

1924年2月5日　因盲肠炎施行手术获释。

3月22日　开始同罗曼·罗兰通信，并重新主编《青年印度》和
《新生活》，宣传印穆团结的重要性。

6月　国大党在阿赫梅达巴举行年会，提出四个议案。

9月　科哈特印穆发生严重的武装冲突，死伤155人。绝食21天。
26日因绝食未参加在德里举行的印—穆团结会议。

11月　国大党开年会。和达斯、尼赫鲁发表联合声明，停止不合作
运动，但以后国大党员必须交纳2000码土布以代替四安那的党费。

12月26日　国大党在贝尔关举行大会，当选为国大党主席。

1925年初　甘地在卡提亚华、中印度、孟加拉、马拉巴和特拉凡哥
尔、马德拉斯旅行；下半年在比哈尔和联合省旅行，大力宣传土布运动
和废除不可接触者制度的主张。

9月　国大党在巴特那举行年会，在甘地倡议下成立全印纺织者
协会。

12月　《青年印度》周刊开始连载甘地自传。

1926年　退居阿赫梅达巴非暴力抵抗学院。

12月　赴阿萨姆省戈哈地参加国大党年会，提出反对南非种族歧视
的决议，并把它同取消国内不可接触者制度的主张联系起来。

1927年　上半年在孟加拉、比哈尔、中央省、马哈拉斯特拉、卡那

达克等省邦旅行；下半年在迈索尔、马德拉斯、泰米尔纳德等地旅行，宣传服用土布、妇女参加社会活动、取消贱民阶级、统一语言等问题。

10月 应印度总督邀请赴德里商谈英国政府即将宣布成立西蒙委员会调查政府系统工作情况的问题。

11月 访问锡兰。

12月 赴马德拉斯参加国大党年会，同意穆斯林联盟划分选区的建议以促进印—穆团结。

1928年2月 西蒙调查团到达孟买，全印举行总罢市和示威游行，发生流血事件。

5月 参加马德拉斯国大党全国会议。

12月 国大党举行全国委员会会议，提出自治领议案，并限期于1930年12月31日以前接受，否则将重新发动非暴力的不合作运动。

1929年2月 访问信德省。

3月 访问缅甸。

3月底 返加尔各答参加群众集会，会上焚毁英国布，因此被拘留。

5月 赴安德拉旅行六周。

5月底 参加孟买国大党全国会议，决定于1930年8月以前组织750000人迎接革命高潮。

6—11月 访问联合省各地。

9月 国大党工作委员会在勒克瑙开会，支持贾瓦哈拉尔·尼赫鲁当选为国大党主席。

10月 参加印度各党派领袖在德里的集会，要求给予自治领地位，并发表共同宣言。

12月 参加国大党在勒克瑙召开的全国会议，同意将党章宗旨之"自治"改为"完全独立"，并通过相应的决议。

1930年1月2日 国大党工作委员会决定于1月26日举行全国大

示威，支持完全独立的决议。提出禁酒，减少田赋、盐税，释放政治犯，取消罪犯侦缉局等 11 点要求，如得到满足，即可停止文明的不服从运动。

2 月　国大党工作委员会开会讨论如何展开文明的抵抗运动，建议以争取削减盐税为主要内容。

3 月 12 日　挑选了来自全国各地的 78 名志愿人员，亲自率领自沙尔玛第出发至丹地海边淘盐，各省响应。

5 月 4 日　在苏拉特县被捕，全国举行大罢市和罢工抗议政府暴行，抵制英国布，形成革命高潮。

7 月　英国政府为缓和矛盾，宣布将在伦敦举行圆桌会议，讨论印度地位问题。

1931 年 1 月　圆桌会议在伦敦举行，国大党无人参加。

1 月 26 日　英印政府无条件释放甘地等国大党领袖，并取消对国大党的禁令。

2 月 17 日　赴德里与印度总督艾尔文会谈，提出六点要求作为和谈条件。镇压仍继续进行。

2 月 27 日　二次应邀与艾尔文会谈，仍无结果。

3 月 1 日　三次应邀与艾尔文会谈。艾尔文同意在下一次圆桌会议上讨论印度政府组织法，但拒绝讨论独立问题。甘地接受，国大党工作委员会勉强通过了甘地的意见。

3 月 5 日　与艾尔文签订"休战协议"，革命高潮转趋低落，这个协定引起强烈反对。

8 月　由于政府在联合省、西北边省等地仍继续镇压政策，屡经呼吁无效，甘地等国大党代表取消赴伦敦开会的决定，以示抗议。

8 月 25 日　赴西姆拉会晤印度总督威灵顿。28 日发表声明说，政府承认原协议有效，答应对破坏协议事件进行调查，甘地遂决定代表国大党赴伦敦参加圆桌会议。

9 月　赴伦敦参加圆桌会议，并提出自治要求和大选建议。

12 月 5 日　离伦敦返印度，途经法国，会见罗曼·罗兰，并访问罗马。

1932 年 1 月　回到印度，发现政府对孟加拉、联合省、西北边省的国大党及其他党派仍进行迫害，便向总督呼吁，无效。国大党工作委员会通过决议抵制英国布，关闭酒店，进行非暴力抵抗。

1 月 4 日　被捕，大规模的迫害又开始。

8 月 17 日　英国首相麦克唐纳宣布印度少数民族选举法，各省议席增加一倍。

8 月 18 日　致电麦克唐纳，表示：对贱民阶级的选举法提出抗议，并提出政府如不收回成命，将自 9 月 20 日起绝食至死。

9 月 19 日　全国各地集会要求英国政府撤销上述决定。

9 月 20 日　开始绝食。全国各地寺庙均为贱民开放，为其祈祷。

9 月 25 日　国大党领袖与贱民阶级代表就议席和选举法问题协商一致。27 日停止绝食。此次运动转为要求废除贱民阶级运动。

1933 年 2 月　创办贱民周刊《哈里人》。

5 月 8 日　为呼吁取消贱民阶级绝食 21 日。

6 月 26 日　宣布解散沙尔玛第非暴力抵抗学院。

8 月 1 日　以煽动治安罪被捕，4 日获释，但不准其离开浦那。后因违禁再度被捕，判处一年徒刑，但因绝食又予假释，后赴各地宣传哈里人运动，并募款进行社会改革。

1934 年 3 月　赴比哈尔参加救济地震灾民的工作。

4 月　决定停止文明的不服从运动。

5 月　在国大党全国会议上提出国大党参加大选的议案。

6 月　印度政府下令解禁国大党。

10月28日　宣布自国大党退休，专心致力于社会改革工作。

12月14日　全印农村工业协会在瓦达成立，协会宗旨是遵照其指示从事农村改组和复兴工作。

1935年　通过全印纺织者协会、全印农村工业协会、甘地哈里人之仆社和《哈里人》周刊发表宣言，并亲临各地宣传，为1937年国大党在大选中取得胜利打下基础。

1937年2月　英属印度举行大选，国大党在11省中的7个省份获得绝对优势。国大党工作委员会在瓦达开会，根据其建议，定印地语代替英语为印度国语。

3月　国大党通过草拟的决议，要求各省英国省督保证不干预国大党政府，否则拒绝组阁。

8月　提出禁酒决议。

1938年4月　赴加尔各答参加国大党工作委员会，并提出决议草案，指责英印政府歧视印度商人。

4月28日　赴孟买与真纳会谈印—穆团结问题，无结果。

10月　访西北边省，与"边疆甘地"加法汗讨论国内形势问题。

1939年1月31日　国大党第一次以竞选方式选举主席，孟加拉少壮派苏巴斯·鲍斯击败了甘地所支持的候选人当选。

2月　亲赴拉奇科特与政府谈判，提出政治改革和释放政治犯的要求。

3月3日　开始绝食，抗议土邦的高压手段。

3月4日　孟买、比哈尔、中央省国大党政府致电印度总督要求干涉土邦的高压政策，林里资哥总督立即致电，答应派人斡旋。

3月15日　赴德里与印度总督会谈印—穆关系问题，无结果。

4月16日　在拉奇科特广场上做祷告。

4月29日　国大党在加尔各答举行全国委员会。但由于其抵制，鲍斯未能成立新的工作委员会，而旧的工作委员会又拒绝同他合作，结果导致鲍斯辞去国大党主席职务，在国大党内另组前进集团，与其相抗衡。

9月3日　英国对德国宣战。同日，印度总督未与印度各党派会商，径自宣布对德作战。

9月5日　始邀请各党派领袖会商。

9月14日　国大党工作委员会在瓦达开会，讨论印度对第二次世界大战的态度，表示印度人民与德、日人民无隙，对战争采取中立态度。

10月17日　林里资哥总督宣布承认穆斯林联盟对印度穆斯林有发言权，宣布战后可以给予印度自治领地位。国大党工作委员会声明反对，并呼吁各省国大党政府辞职抗议。

1940年3月　穆斯林联盟在拉合尔的会议中通过要求成立巴基斯坦的决议，同国大党的关系日趋对立。

8月8日　林里资哥总督发表声明，同意战后给予印度自治，但有两个条件。国大党对此表示反对，而仍坚持完全独立。

9月27日　赴西姆拉与印度总督会谈印—穆关系和印度未来地位问题，无结果。

10月13日　在国大党工作委员会上提出展开非暴力的抵抗运动的建议。

10月17日　授权文诺巴·巴维发表反战演说，展开个人的不服从运动。

10月21日　文诺巴被捕，政府禁令报刊透露任何有关反战活动的消息。

11月10日　《哈里人》被迫停刊。

11月中旬　展开第二阶段的所谓"代表性的非暴力运动"。

12月24日至1941年1月4日　下令暂停非暴力的抵抗运动，作为对圣诞节的善意。

1941 年 1 月 5 日　第三阶段的非暴力的抵抗运动开始，规模较前更大。

4 月　开始第四阶段的斗争，被捕者达两万人。

6 月中旬　德军侵略苏联，国际形势更为紧张。

7 月　印度总督宣布扩大执行委员会，企图取得印度人更大的支持，国大党仍坚持抵制。

10 月　国大党各级领袖已全部入狱，纷纷要求停止这种无效果的斗争，但仍在坚持。

12 月 3 日　在战争形势更为紧迫的情况下，英国政府宣布释放贾瓦哈拉尔和国大党主席阿沙德。

12 月 4 日　全部非暴力抵抗被捕者被释放。但是国大党的政策并未改变。

12 月中旬　发表有名的"建设纲领"。

12 月 23 日　国大党工作委员会在八度里开会，讨论日本扩大战争后的国际形势和对策，通过决议对被侵略国家和人民表示同情，但仍坚持印度独立，否则就不可能保卫自己。

1942 年 3 月 7 日　仰光陷落。

4 月　开始宣传英国"滚出印度"的主张。

8 月　国大党全国委员会正式要求英国人交出政权。9 日，甘地被捕，国大党工作委员会全体成员也被捕，全国骚动。

1943 年 2 月 10 日　为抗议政府的高压政策，开始绝食三周。全国人民要求解放甘地和国大党的其他领袖。

1944 年 2 月 22 日　夫人嘉斯杜白死于狱中，全国各地举行大罢市，抗议政府的镇压。

5 月 6 日　甘地及国大党其他领袖全部获释。

9 月 8 日　同真纳举行最后一次会谈，试图解决印穆关系和印度未来地位问题。

10 月 2 日　75 岁生日，全国各地热烈庆祝。

1945 年 6 月 14 日　印度总督魏菲尔建议让印度自治。

6 月 25 日　会议在西姆拉举行，甘地未参加会议，而是幕后指导国大党。

7 月 26 日　英国工党政府成立。

8 月 21 日　印度政府宣布全印度举行大选。

9 月 21 日　国大党全国委员会在孟买举行，甘地因病未参加。

11 月　赴孟加拉视察饥荒灾区。

12 月 7 日　在加尔各答参加了国大党工作委员会。

1946 年 1 月　自孟买转赴阿萨姆视察饥荒灾区。

2 月　赴马德拉斯视察饥荒灾区。

2 月 19 日　皇家印度海军印度籍官兵在孟买提出独立要求，英国政府派兵镇压，于是发生兵变。其发表声明谴责印兵行动。

5 月 2 日　抵西姆拉参与关于成立制宪会议和国民政府问题的谈判。但谈判又告失败。

6 月底　英国内阁代表团建议以教派为基础成立制宪会议，组成印度联邦。

9 月 2 日　以贾瓦哈拉尔·尼赫鲁为首的临时政府组成。

10 月　到处宣传和平团结，但效果不大。

1947 年 1—3 月　在比哈尔进行"一日一村"的徒步旅行，继续宣传教派和平和团结问题。

4 月 1 日　赴德里参加亚洲关系会议。

4 月 15 日　与真纳发表联合声明，呼吁停止教派冲突。

8 月 14 日　巴基斯坦自治宣告成立。

8 月 15 日　印度联邦宣告成立。

9月1日　由于加尔各答发生大规模的冲突，其在加尔各答开始绝食，要求国内各民族保持团结与和平。

10月2日　度过78岁生日，接受各方的祝贺。

10月27日　克什米尔宣布并入印度联邦，印度空运部队入克邦抵抗来自巴基斯坦的军事进攻，甘地加以支持。

11月15—17日　国大党全国委员会举行独立以后首次会议，大会根据甘地的建议通过了关于印—穆关系、难民、教派组织、土邦地位和粮食配给的决议。

1948年1月13—18日　进行最后一次绝食。他再次试图用个人威望平息冲突。

18日　德里的印、穆、锡克人三派领袖签订宣言，答应甘地和睦相处。

1月27日　写文章《国大党的地位》，要求国大党为印度取得经济、社会和道德上的自由而斗争。

1月29日　为国大党草拟了一个新的党章。他认为国大党应致力于经济、社会和道德建设工作，不应与其他党派竞争政权。

1月30日下午　在赴祷告场途中被枪杀。

［甘地年谱根据德·格·丹达尔卡著八大卷英文版《甘地传》编辑而成］